Susanne Kaul, Jean-Pierre Palmier, Timo Skrandies (Hg.)
Erzählen im Film

medien·kultur·analyse | herausgegeben von Reinhold Görling | Band 6

SUSANNE KAUL, JEAN-PIERRE PALMIER, TIMO SKRANDIES (HG.)
**Erzählen im Film.
Unzuverlässigkeit – Audiovisualität – Musik**

[transcript]

Bibliografische Information der Deutschen Nationalbibliothek
Die Deutsche Nationalbibliothek verzeichnet diese Publikation
in der Deutschen Nationalbibliografie; detaillierte
bibliografische Daten sind im Internet über
http://dnb.d-nb.de abrufbar.

© 2009 transcript Verlag, Bielefeld

Die Verwertung der Texte und Bilder ist ohne Zustimmung des
Verlages urheberrechtswidrig und strafbar. Das gilt auch für
Vervielfältigungen, Übersetzungen, Mikroverfilmungen und für
die Verarbeitung mit elektronischen Systemen.

Umschlaggestaltung: Kordula Röckenhaus, Bielefeld
Umschlagabbildung: RECONSTRUCTION (2003),
Regie: Christoffer Boe, Produktion: Nordisk Film,
Foto: Linn Sandholm. © 2003 Nordisk Film.
Satz: Jean-Pierre Palmier
Druck: Majuskel Medienproduktion GmbH, Wetzlar
ISBN 978-3-8376-1134-2

Gedruckt auf alterungsbeständigem Papier mit chlorfrei
gebleichtem Zellstoff.

Besuchen Sie uns im Internet:
http://www.transcript-verlag.de

Bitte fordern Sie unser Gesamtverzeichnis
und andere Broschüren an unter:
info@transcript-verlag.de

INHALT

SUSANNE KAUL, JEAN-PIERRE PALMIER
UND TIMO SKRANDIES
Einleitung
9

MICHAEL SCHEFFEL
**Was heißt (Film-)Erzählen?
Exemplarische Überlegungen mit einem Blick auf Schnitzlers
Traumnovelle und Stanley Kubricks *Eyes Wide Shut***
15

UNZUVERLÄSSIGKEIT

ROBERT VOGT
**Kann ein zuverlässiger Erzähler
unzuverlässig erzählen? Zum Begriff der ›Unzuverlässigkeit‹
in Literatur- und Filmwissenschaft**
35

SUSANNE KAUL
Bilder aus dem Off. Zu Hanekes *Caché*
57

SANDRA POPPE
**Wahrnehmungskrisen – Das Spiel mit Subjektivität,
Identität und Realität im unzuverlässig erzählten Film**
69

GUDRUN HEIDEMANN
**Narrative Duplikate – Dostoevskijsche
Schein- und Seinskämpfe in Finchers *Fight Club***
85

SABINE NESSEL
Ferien vom Erzählen:
Leerstellen, Ellipsen und das Wissen vom Erzählen
im neuen Autorenfilm der Berliner Schule
105

JOSEF RAUSCHER
Unzuverlässigkeit des Erzählens als Steigerung
des Reflexionsgrads von ›Bild-Texten‹
121

AUDIOVISUALITÄT

JEAN-PIERRE PALMIER
Gefühle erzählen. Narrative Unentscheidbarkeit und
audiovisuelle Narration in Christoffer Boes *Reconstruction*
141

BERNARD DIETERLE
Erzählerstimme im Film
159

SASCHA SEILER
Audiovisuelles Erzählen in Peter Greenaways frühen Filmen
173

ROY SOMMER
Vom Theaterfilm zum *mock-documentary*:
Audiovisuelles Erzählen im Fernsehen am Beispiel der
britischen Situation Comedies *Dad's Army* und *The Office*
187

MUSIK

LARS OBERHAUS
Jazz erzählt – Narrativität zwischen Konstruktion
und Improvisation in Jazzfilmmusik der 1950er Jahre
205

ANDREAS BLÖDORN
Bild/Ton/Text. Narrative Kohärenzbildung im Musikvideo, am Beispiel von Rosenstolz' »Ich bin ich (Wir sind wir)«
223

OLIVER KRÄMER
Erzählstrategien im Videoclip am Beispiel des Songs »Savin' Me« der kanadischen Rockband Nickelback
243

LAURA SULZBACHER UND MONIKA SOCHA
Forschungsübersicht zum unzuverlässigen, audiovisuellen und musikalischen Erzählen im Film
255

Hinweise zu den Autorinnen und Autoren
275

Einleitung

Susanne Kaul, Jean-Pierre Palmier und Timo Skrandies

Die in diesem Band versammelten Beiträge gehen auf eine Tagung zurück, die unter dem Titel »Filmnarratologie« vom 16. bis 18. April 2008 im Bielefelder Zentrum für interdisziplinäre Forschung (ZiF) stattgefunden hat. Wir danken dem ZiF für die organisatorische und finanzielle Unterstützung der Arbeitsgemeinschaft sowie der vorliegenden Publikation. Insbesondere danken wir Marina Hoffmann (Tagungsbüro) und Johannes Roggenhofer, der als Geschäftsführer des ZiF das Projekt unterstützt hat und überdies als Beiträger vorgesehen war. Er starb im Januar 2008 plötzlich im Alter von 45 Jahren.

Das große Interesse, das in den letzten Jahrzehnten in vielen verschiedenen Disziplinen das Erzählen gefunden hat, hat nicht zu ebenso großer Klarheit über die Umgrenzung des Phänomens geführt. Die Anwendung des Erzählbegriffs auf Medien jenseits der Literatur erfordert eine interdisziplinäre Verständigung darüber, welche spezifische Form und Erkenntnisfunktion das Erzählen haben kann. Bilder, Ton und Musik haben für die Erzeugung der Ereignisse in der erzählten Geschichte einen eigenen Anteil; sie können sogar in Konkurrenz miteinander geraten. In jedem Fall erweitern und verschieben sie die Möglichkeiten und Formen des Erzählens wesentlich. Insbesondere das unzuverlässige Erzählen ist zu einer wichtigen Strömung des Gegenwartsfilms geworden und es lohnt zu fragen, wie es dazu kommt und warum audiovisuelle Medien gerade für diese narrative Möglichkeit prädestiniert zu sein scheinen.

Erzählerische Unzuverlässigkeit ist eine literaturwissenschaftliche Kategorie, die seit der sprunghaft angestiegenen Produktion von Filmen mit überraschenden oder ausbleibenden Auflösungen gegen Ende der 90er Jahre Einzug in die Filmwissenschaft gehalten hat. Die Frage nach der Unzuverlässigkeit des mehrdimensionalen filmischen Erzählens zielt aber auch auf die Verbindlichkeit und Verlässlichkeit seiner einzelnen Narrationskanäle und damit auf Kategorien spezifisch audiovisuellen Erzählens. Die enge interdisziplinäre Verzahnung und Verknüpfung literaturwissenschaftlicher, medien- und filmwissenschaftlicher Erzähltheorie und philosophisch-analytischer Bildtheorie spiegelt sich in der thematischen Bandbreite der Beiträge wider, deren gemeinsames Interesse der Spezifik der (Un-)Zuverlässigkeit und Audiovisualität des filmischen Erzählens gilt. Sie sind hier hinsichtlich ihrer Schwerpunktsetzung in zwei Sektionen unterteilt. Die dritte Sektion fokussiert das musikalische Erzählen und bündelt Überlegungen zur narrativen Musikbedeutung im Film und zum Erzählen im Videoclip.

Den Sektionen vorangestellt ist ein einführender Beitrag von *Michael Scheffel*, in dem zunächst ein Überblick über generelle Definitionen des Erzählbegriffs gegeben wird, vor deren Hintergrund sodann die Besonderheiten des Erzählens im Medium des Filmes aufgezeigt werden. Diese erzähltheoretischen Grundlagenreflexionen werden in einem weiteren Schritt durch den Vergleich zwischen Arthur Schnitzlers *Traumnovelle* und Stanley Kubricks Verfilmung *Eyes Wide Shut* veranschaulicht und ausgearbeitet.

Die erste Sektion des Bandes widmet sich der *Unzuverlässigkeit*. Über welche Instanz verläuft die Unzuverlässigkeit der filmischen Erzählung, wo ist sie angesiedelt? In welchem Verhältnis stehen filmische und literarische Unzuverlässigkeit? Welche Spielarten unzuverlässigen Erzählens im Film gibt es? Sind vage, für den Rezipienten erkennbare von stringenten, letztlich nicht aufzulösenden Formen der Unzuverlässigkeit zu unterscheiden? Welche Aussagen lassen sich durch die Beschäftigung mit unzuverlässigem Erzählen über die Medialität des Films als solchen treffen? Diesen und ähnlichen Fragen gehen die sechs Beiträge dieser Sektion nach.

Sie wird eröffnet von *Robert Vogt*, der sich die Frage stellt, ob ein unzuverlässiger Erzähler zuverlässig erzählen kann. Indem er sich mit Fällen aus Literatur und Film befasst, kann Vogt zeigen, dass eine Konzentration auf die Unterscheidung von personalisierbarer und nicht personalisierbarer Erzählinstanz kein hinreichendes Modell für das Verständnis unzuverlässigen Erzählens ist. Sinnvoller erscheint es, verschiedene Formen von Unzuverlässigkeit herauszuarbeiten, wie sie etwa im Makel der Erzählerpersönlichkeit und auch im Erzählvorgang selbst liegen können.

Auch *Susanne Kaul* geht in ihrem Beitrag davon aus, dass unzuverlässiges Erzählen nicht an einen personalisierten Erzähler gebunden sein muss. In der exemplarischen Auseinandersetzung mit Michael Hanekes *Caché* entfaltet sie einen strengen Begriff des unzuverlässigen Erzählens, dessen zentrales Kriterium sie mit der Formulierung der »unentscheidbaren Inkohärenz« anzeigt. Diese wird in *Caché* durch die Vermischung von Objekt- und Metaerzählebene erzeugt, denn die im Film gezeigten Videos sind nicht nur von rätselhafter Herkunft; die Lösung des Rätsels sprengt vielmehr paradoxerweise den Rahmen der Diegese: Die Videobilder kommen gleichsam aus dem Off. Es stellt sich heraus, dass die von einer radikalen Unentscheidbarkeit markierte Unzuverlässigkeit nicht nur ein formales Moment von Narratologie ist, sondern auch medientheoretische und – in diesem Fall – politische Implikationen trägt.

Sandra Poppe wendet sich in ihrem Beitrag der Frage nach dem Zusammenhang von Subjektivität, Weltwahrnehmung und Unzuverlässigkeit zu. Die filmische Fokalisierung erscheint hier als zentrales Mittel, Zuverlässigkeit bzw. Unzuverlässigkeit der Narrationen zu konstituieren und zu steuern, wie Poppe an Filmen Finchers, Lynchs und Nolans zeigen kann. Denn über die nicht markierte interne Fokalisierung stellt sich dem Zuschauer die gezeigte, subjektive und möglicherweise gestörte Wirklichkeit des Protagonisten als neutrale, objektive Realität dar. Zudem bieten die Filme medien- und bildästhetische Mittel auf, diese subjektiven Wahrnehmungen einer Rezeption zugänglich zu machen. Die Konsequenz für die gezeigte Welt: Der subjektiven Wahrnehmungsproblematik entspricht die Unzuverlässigkeit des filmischen Erzählens, die Grenzen von Einbildung und Erzählung werden fraglich.

War David Finchers *Fight Club* schon in den vorangegangenen Beiträgen immer wieder ein Referenzpunkt neben anderen für die Analyse filmisch-narrativer Unzuverlässigkeit, legt *Gudrun Heidemann* in ihrem Beitrag eine detaillierte und konzentrierte Analyse des Films vor. Als vergleichbares Gegenstück dient ihr Dostojewskijs *Der Doppelgänger*. Im Vergleich beider zeigt sich, dass die Figur bzw. der Typus des Doppelgängers, die mit ihm einhergehende Spiegelungsfunktion des Erzählersubjekts und das mediale Auftreten des Doppelgängers (Brief, Telefon, subliminale Bilder) konstitutiv für die Unzuverlässigkeit der Narrationen ist. Die Doppelgänger übernehmen nicht nur die Position der Spiegelung der vermeintlich zentralen Protagonisten, sondern sind zugleich die Instanzen »narrativer Duplikate«, die die Erzählung formen, deformieren und unterlaufen.

Eine Unzuverlässigkeit des Films anderer, primär nicht-narrativer Art wird im Beitrag von *Sabine Nessel* herausgearbeitet. Mit der Beschreibung von Szenerien aus Thomas Arslans Film *Ferien* und der Erörterung filmtheoretischer Positionen der Berliner Schule zeigt sich, dass etwa Zeigen, Attraktion, Zurschaustellung und Enunziation als bildstrategische Verfahren neben die Narration treten, in denen es um ein »Zeigen« und um elliptische und reflexive Formen des Erzählens (wie etwa Auslassungen) geht. Gerade durch die narrative Zurückhaltung der Bilder, ihre Skizzenhaftigkeit, und durch die Suchhaltung der Kamera öffnen sich dem Betrachter Räume der eigenimaginativen Erzählung, die nicht mehr nur an der Handlung sich entzünden muss, sondern die Bildhaftigkeit und Medialität als solche als Ausgangspunkt nutzen kann. Der Betrachter findet sich so in einer Bewegung zwischen Erzählen und Zeigen wieder.

Der Beitrag von *Josef Rauscher* verfolgt das Spannungsfeld von Bild und Narration und verdeutlicht, dass beide in einem durchaus paradoxen Verhältnis stehen. Ist die Verknüpfung von Bildern einerseits Bedingung dafür, dass Erzählung ›ablaufen‹ kann, ist es andererseits gerade die mögliche Eigenständigkeit und individuelle Auffälligkeit des Bildes, die die Narration, als Erzählfluss verstanden, zu stören oder gar zu zerstören vermag. Ebenso lassen sich Beispiele finden, in denen auffällige, einzelne Bilder oder Brüche in der Bilderfügung die Erzählung gerade ermöglichen oder fundieren und zudem die Reflexion über Medialität und über Zuverlässigkeit bzw. Unzuverlässigkeit der Erzählung evozieren. Der medienästhetische Rahmen dafür, dass über Unzuverlässigkeit ausgesagt werden kann, besteht insofern darin, dass die Zusammenkunft von Bildern allererst einen narrativen Bildraum konstituiert, in dem dann – zuverlässig oder nicht – erzählt werden kann.

Die Sektion *Audiovisualität* wendet sich Fragen spezifisch filmtechnischen Erzählens zu. Welche Rolle spielt das sinnliche Erleben für die narrative Kohärenz, wiegt sinnliche Evidenz stärker als narrative Logik? Wie lassen sich Ton, insbesondere Erzählerstimme, und Bild hinsichtlich ihrer Funktion für die Illusionsbildung hierarchisieren? Welche Bedeutung haben sie für die Unzuverlässigkeit des Diskurses? Was kennzeichnet audiovisuelles Erzählen in Fernsehserien, welche Erzählstrategien verfolgen (pseudo)dokumentarische Formate? Diese thematischen Schwerpunkte setzen die vier Beiträge der zweiten Sektion.

Jean-Pierre Palmier leitet mit einer Untersuchung des Zusammenhangs von unentscheidbarem und audiovisuellem Erzählen in die zweite Sektion über. In seiner genauen Analyse der sinnlichen Wirkung von Christoffer Boes *Reconstruction* gelingt es Palmier zu zeigen, dass die gestimmten audiovisuellen Elemente zur Rekonstruktion eines Narrativs anstiften, das in seiner Kohärenz der inkonsistent und inkohärent erzählten Handlung entgegengesetzt ist. Dabei stellt sich heraus, dass die narrativ unentscheidbaren Handlungseinheiten und metafiktionalen Elemente die emotionale Beteiligung nicht unterbinden, sondern forcieren. Unentscheidbares Erzählen wird hier somit zum wesentlichen Faktor für die sinnliche Evidenz des audiovisuell Erzählten und bereitet die Basis für ein Verstehen, das emotional grundiert ist und in der Evokation eines stereotypen Narrativs ausgeprägt wird.

In seinem filmhistorischen Beitrag untersucht *Bernard Dieterle* die Bedeutung der Erzählerstimme für die Etablierung der Fiktion. Ausgehend von besonders kunstvoll eingesetzten Erzählerstimmen insbesondere in Filmen von Ophüls, Duras, Resnais und von Trier zeigt er ihre vielfältigen Einsatzmöglichkeiten auf. So erweist sich etwa durch Ophüls' auf mehreren diegetischen Ebenen operierende Spielleiter-Erzähler die filmische Gattung als die moderne Form inszenierten narrativen Spektakels, die alle übrigen in sich einbegreift und mit Vorliebe Sprache, das einfachste Erzählmedium verwendet. In Filmen von Duras und Resnais klaffen Bild und Erzählerstimme plötzlich experimentell auseinander und die Asynchronie wird zum Stilprinzip erhoben. Schließlich stehen bei von Trier Illusionsbrechung auf der Bildebene und traditionelle Erzählerstimme gegenüber: Die Autorität der Fiktionsbildung ist gänzlich der inhaltlich und klanglich hervorgehobenen Stimme zugewiesen.

Experimentelle Formen audiovisuellen Erzählens untersucht *Sascha Seiler* am Beispiel der frühen Filme Peter Greenaways. Der Regisseur wird in diesem Beitrag als Pionier interaktiver audiovisueller Kunstwerke herausgestellt, in denen sich textuelle und visuelle Diskurse überlagern. Inkohärente Bilddarstellungen, die auf Malerei und Kartografie basieren, erfahren durch die scheinbar gegensätzlich operierende auditive Ebene konkrete, psychologisch fundierte Narrativierungen.

Roy Sommer betrachtet audiovisuelles Erzählen aus einer anderen Perspektive: Die narratologische Analyse von Fernsehunterhaltung unterscheidet sich aufgrund der Medienspezifik der Narrativität von der ›klassischen‹ Filmnarratologie und trägt somit zur weiteren Entwicklung der Poetik audiovisuellen Erzählens bei. Sommer fragt nach den Formen und Funktionen von Erzählstrategien für die Ausprägung von Gattungskonventionen in dem TV-Format der Situation Comedy – einem massenkompatiblen kulturellen Seismografen. Im Zentrum der Analyse der audiovisuellen Erzählstrategien stehen das selbstreflexive Zusammenspiel von Bild und Ton in den exemplarisch untersuchten Sitcoms *Dad's Army* und *The Office* und insbesondere die experimentelle auditive Informationsvermittlung. Im Spannungsfeld zwischen theatralischer Inszenierung und parodiertem dokumentarischem Erzählen erweisen sich die audiovisuellen Metaisierungstendenzen als charakteristisch für neuere Sitcoms.

Die dritte Sektion untersucht die filmische Verwendung von *Musik*. In welchem grundsätzlichen Verhältnis stehen Musik und Erzählen? Welche funktionalen Erzählverfahren gibt es in der Filmmusik? Wie funktioniert die narrative Bedeutungsbildung in Musikvideos? Auf welche Weise kann Musik Inkohärenzen und semantische Leerstellen der erzählten Geschichten überbrücken oder aufheben? Diese und andere Fragen stehen im Fokus der drei Beiträge dieser Sektion.

Im ersten Beitrag beleuchtet *Lars Oberhaus* das Spannungsverhältnis von Musik und Erzählen und weist am Jazzeinsatz in Filmen von Kazan und Malle exemplarisch die narrative Funktion von Filmmusik nach. Oberhaus liegt daran, das negative Image von Jazzfilmmusik als klischeehafter atmosphärischer Untermalung in Sozialdramen zu revidieren. Zwischen *On the Waterfront* und *Ascenseur pour l'échafaud*, zwischen Bernsteins konstruierendem und Davis' spontanem Erzählen entspannt sich ein narrativer Bedeutungsraum des Jazz, der das filmische Erzählen wesentlich mitgestaltet.

Inwieweit die verschiedenen Ausdruckskanäle des Musikvideos Kohärenz und Bedeutung erzeugen, obwohl Song und Filmbild in einem Divergenzverhältnis stehen, beleuchtet *Andreas Blödorn* in seinem Beitrag exemplarisch an dem Musikvideo »Ich bin ich (Wir sind wir)« von Rosenstolz. Die Verschränkung der Sprechinstanzen in Text und Bild und das widersprüchliche Gegenüber von Song und Bild transzendieren zu einem Erlebnis- und Bedeutungsraum, in dem die narrativen Inkohärenzen in einem Verdichtungs- und welchselseitigen Erklärungsprozess semantisch in Kohärenz überführt werden. Den medialen Raum des Musikvideos charakterisiert daher nicht eine logisch-kausale Raum-Zeit-Kontinuität, sondern eine imaginative Bedeutungswelt, die auf Konsistenz und Konstanz der bedeuteten Stimmungen und Gefühle basiert.

Auch *Oliver Krämer* untersucht in seinem Beitrag die narrative Bedeutungsbildung im Musikvideo. Am Beispiel von Nickelbacks »Savin' Me« zeigt er, wie Musik, Text und Bilder in einem synästhetischen Zirkel gegenseitige Funktionen übernehmen. Indem die Musik erzählt, der Songtext Sprachbilder zeichnet und die Bilder durch Rhythmus- und Tempostrukturen zu klingen versuchen, werden die Ausdruckskanäle des Videoclips zu inhaltlicher Kohärenz verwoben. Dabei wird die Bedeutung jedoch nie zu konkret: Der Videoclip braucht wie der Songtext eine bestimmte semantische Offenheit. Auf dieser großen Projektionsfläche ermöglichen sich somit die vielen konkreten Individualisierungen.

Was heisst (Film-)Erzählen?
Exemplarische Überlegungen mit einem Blick auf Schnitzlers *Traumnovelle* und Stanley Kubricks *Eyes Wide Shut*

Michael Scheffel

Im Zuge des sogenannten ›cultural turn‹ in den Geisteswissenschaften hat auch die aus dem Geist des Strukturalismus geborene und als Teil der Literaturwissenschaft entwickelte Narratologie ihre Fixierung auf literarische Erzählungen aufgegeben, um nunmehr ›interdisziplinär‹, ›transgenerisch‹ und ›intermedial‹ zu operieren.[1] Zu den Folgen einer solchen Erweiterung des Blickfelds zählt, dass die Bedeutung des Begriffs ›Erzählen‹ zuweilen verschwimmt. Ein möglichst klares Bild von dem, was die im Zeichen eines vielfach diagnostizierten ›narrative turn‹ (vgl. Eibl 2004: 255) oder gar eines neuen ›narrativistischen Paradigmas‹ (vgl. Meuter 2004) in so viel unterschiedlichen Zusammenhängen gebrauchte Rede vom ›Erzählen‹ eigentlich meint, scheint mir für eine fruchtbare Ausweitung des narratologischen Blicks jedoch grundlegend zu sein. In meinem Beitrag zum Problem des Erzählens im Film verfahre ich daher wie folgt: Zunächst entwickle ich ein möglichst allgemeingültiges Verständnis von Erzählen, um vor seinem Hintergrund die spezifischen Bedingungen der Narration im Medium des Filmes zu ermitteln. Anschließend versuche ich meine allgemeinen Überlegungen durch den vergleichenden Blick auf ein Beispiel des Erzählens in Literatur und Film zu konkretisieren.

Merkmale des Erzählens

Was überhaupt heißt ›Erzählen‹? Bemühungen um einen konturierten Begriff von Erzählen finden sich vor allem in dem Bereich der Narratologie, der sich mit dem verbalen Erzählen und insofern mit der wohl äl-

---

1 Grundlegend hier z.B. Nünning/Nünning (2002).

testen, gemeinhin als ›prototypisch‹ verstandenen Form von Erzählen befasst. Mustert man die zahlreichen Bestimmungsversuche der neueren, im Ansatz wahlweise der Volkskunde, der Philosophie, der Theologie oder aber der Geschichts-, Literatur- oder Sprachwissenschaft entstammenden Forschung,[2] dann lassen sich hier, vereinfacht gesagt, zwei verschiedene Gruppen von Bestimmungsversuchen finden.

Die eine Gruppe definiert das Erzählen vergleichsweise weich und mit entsprechend weiter Extension. Als Minimalbedingung für ein Phänomen mit Namen Erzählen betrachtet sie nichts weiter als die Darstellung von – wie schon Edward Morgan Forster in seinen *Aspects of the Novel* formulierte – »zeitlich aufeinander folgenden Begebenheiten« (1949 [1927]: 36). In dieser Tradition spricht etwa Wolf Dieter Stempel im Blick auf das Erzählen von der »Abbildung eines Wandels« (Stempel 1982: 10), Dietrich Weber formuliert: »Erzählen ist serielle Rede von zeitlich bestimmten Sachverhalten« (Weber 1998: 11), und der im Kontext der klassischen, d.h. strukturalistisch geprägten Narratologie und vor allem im englischsprachigen Raum einflussreiche Gerald Prince postuliert: »narrative is the representation of at least two real or fictive events or situations in a time sequence, neither of which presupposes or entails the other« (Prince 1982: 4).[3] So gesehen verbindet sich mit jedem Erzählen notwendig die Darstellung irgendeiner Art von Geschehen, nicht aber der Entwurf von Geschichten.

Eine andere Gruppe von Forschern fasst den Begriff enger, indem sie das Minimalkriterium der Darstellung einer zeitlichen Folge von Ereignissen oder Situationen um ein weiteres Kriterium ergänzt. In der Regel ist das das Kriterium der Kausalität. Am Ursprung vieler neuerer Ansätze, die in diese Richtung zielen, stehen formale Überlegungen, wie sie A.C. Danto entwickelt hat. Danto sieht die Grundlage allen Erzählens nicht allein in der bloßen Darstellung einer zeitlichen, mehr oder minder kontingenten Folge von Sachverhalten. In seiner *Analytischen Philosophie der Geschichte* geht Danto einen Schritt weiter und betrachtet als Kern des Erzählens die Ordnung von Geschehen zu einer oder auch mehreren Geschichten.[4] Zum Erzählen in diesem Sinne gehört die Darstellung einer Folge von Begebenheiten oder Situationen, die nicht nur auf-

---

2 Für einen Überblick vgl. z.B. Scheffel (2004).
3 Zur Problematik dieser und ähnlicher Definitionen vgl. Wolf (2002), bes. S. 34.
4 ›Geschehen‹ versteht Danto dabei als eine zeitliche Folge von Zuständen, deren Minimalstruktur darin besteht, dass einem Gegenstand zu einem Zeitpunkt t-1 ein Prädikat A zukommt und zu einem Zeitpunkt t-2 ein zu A konträres Prädikat B (vgl. Danto 1974: 376); dazu und zum Folgenden vgl. auch Martínez (1996), bes. S. 22.

einander, sondern auch auseinander folgen. Mit anderen Worten: Neben der bloßen »Darstellung von ›Situationsveränderung‹« (Weber 1998: 17) schließt das Erzählen immer auch die Darstellung irgendeiner Art von Zusammenhang im Sinne einer motivationalen Verkettung der dargestellten Veränderungen ein (wobei diese ›Verkettung‹ im Sinne eines möglichen, wahrscheinlichen oder notwendigen Zusammenhangs gestaltet sein kann). Im Anschluss an diese zweite Gruppe von Bestimmungsversuchen lässt sich das Erzählen etwa im Sinne einer immer noch sehr allgemeinen Formel von Karl Eibl als die Darstellung »einer nicht-zufälligen Ereignisfolge« (Eibl 2004: 255) verstehen. Natürlich ist das Merkmal ›nichtzufällig‹ im Einzelfall problematisch. Gleichwohl gilt: Will man die Extension des Begriffs nicht auf jede Form der Darstellung von Geschehen ausdehnen und unter Erzählen auch die Auflistungen subsumieren, die wir z.B. in einer Chronik finden, dann scheint mir eine solche, über das Prinzip der bloßen Reihung hinausführende Bestimmung zweckmäßiger und operabler zu sein. Erzählen in diesem Sinn hat dann jedenfalls immer auch etwas mit ›Konstruktion‹ im Sinne einer »Herstellung von Zusammenhang aus Einzelheiten« (Klotz 1982: 334) oder auch einer – in der Terminologie von Paul Ricœurs epochaler Studie *Temps et récit* (1983-85; *Zeit und Erzählung* [1988-91]) formuliert – »Synthesis des Heterogenen« (Ricœur 1988: 106) zu tun.[5]

Im Blick auf das verbale Erzählen hat die in erster Linie literaturwissenschaftlich orientierte Narratologie eine Reihe von weiteren allgemeinen Charakteristika benannt. Diese Charakteristika sind am Beispiel des verbalen (und überdies zumeist schriftlichen und literarischen) Erzählens entwickelt, werden aber zumindest unausgesprochen oft als allgemein, d.h. transmedial gültig präsentiert. Tatsächlich erlauben zumindest einige von ihnen – wie zu zeigen bleibt – gewissermaßen *ex negativo* medial bedingte Spezifika der Darstellung von Geschehen zu bestimmen.

An erster Stelle zu nennen ist hier eine der wichtigsten Grundlagen jeder Art von narratologischer Modellbildung, nämlich die Annahme, dass Erzählen eine Tätigkeit ist, deren Produkt, die Erzählung, aus unterschiedlichen Komponenten besteht. Im Rahmen der klassischen Narratologie hat Seymour Chatman das entsprechende Modell wie folgt erläutert: »each narrative has two parts: a story (*histoire*) [...] and a discourse (*discours*) [...]. In simple terms, the story is the *what* in a narrative that is depicted, discourse the *how*« (Chatman 1978: 19).

Diese zwischen dem ›Wie‹ und dem ›Was‹ beziehungsweise zwischen ›Discours‹ und ›Histoire‹ unterscheidende Vorstellung vom Aufbau von Erzählungen ist vielfach kritisiert, differenziert und auf bis zu

---

5 Vgl. Bd. I (*Zeit und historische Erzählung*, 1988), bes. S. 87-136.

vier Ebenen erweitert worden.⁶ Gleichwohl darf das in der Tradition von Formalismus und Strukturalismus entstandene und im Blick auf literarische Erzählungen entwickelte Zwei-Stufen-Modell der narrativen Konstitution im Kern wohl immer noch als kanonisch gelten. An die Seite dieses Strukturmodells treten weitere Merkmale des Erzählens, die man der Sache nach im Rahmen verschiedener Ansätze nennt, auch wenn man sie im Einzelnen unterschiedlich ausformuliert. Zu ihnen zählt, dass die Tätigkeit des Erzählens an ein ›Aussagesubjekt‹ gebunden ist, das man in der Regel mit dem althergebrachten Ausdruck ›Erzähler‹ versieht, das man aber, um für den Fall von fiktionalen Erzählungen die Assoziation einer realen ›Person‹ zu vermeiden, auch als ›Aussageinstanz‹, ›Vermittlungsinstanz‹ oder ›narrative Instanz‹ bezeichnet.⁷ In der Terminologie der scharfsinnig pointierenden Studie von Dietrich Weber *Erzählliteratur* lassen sich überdies noch folgende Spezifika benennen: (1) »Erzählen gilt Nichtaktuellem« (Weber 1998: 24), d.h. aus der Sicht des Erzählenden betrifft das Erzählen insofern ›Nichtaktuelles‹, als es für ihn Nachvollzug von mehr oder minder lang Vergangenem oder aber Vergegenwärtigung von etwas Imaginärem ist (vgl. ebd. 24-32).⁸ Aus dieser Tatsache wiederum folgt (2), dass Erzähler im Verhältnis zum erzählten Geschehen im engeren Sinne nicht Handelnde, sondern »Außenstehende« sind, und (3), dass zum Erzählen eine spezifische »Zweipoligkeit« gehört: »Erzählen«, so Weber, »hat zwei Orientierungszentren«, nämlich ein »Orientierungszentrum I« des Erzählenden in seinem »Ich-Hier-Jetzt-System« und ein »Orientierungszentrum II« der »Personen, von denen erzählt wird, in ihrem Ich-Hier-Jetzt-System« (ebd. 43).

Spezifika der filmischen Darstellung von Geschehen

Schaut man vor dem Hintergrund der oben vorgestellten, zuallererst im Blick auf das verbale Erzählen entwickelten Merkmale auf die Darstellung von Geschehen im besonderen Medium des Films, so lassen sich

---

6 Ein schematischer Überblick zu den verschiedenen Modellen findet sich bei Martínez/Scheffel (2007: 26). Für eine detailliertere Rekonstruktion der entsprechenden Positionen in der internationalen Forschung vgl. Scheffel (2009).
7 Grundsätzlich dazu Scheffel (2006).
8 Culler spricht in einem vergleichbaren Sinn von der »priority of events« (Culler 1981: 179).

schnell Gemeinsamkeiten und Unterschiede benennen, die von der vergleichsweise jungen filmnarratologischen Forschung z.T. auch schon benannt und reflektiert worden sind.

Grundsätzlich ist festzustellen, dass der Film, wie schon Käte Hamburger in ihrem Entwurf einer »Phänomenologie des Films« bemerkt, eine »gemischte Kunstform« (Hamburger 1956: 874) ist,[9] d.h. dass sich die in diesem Fall audiovisuelle Darstellung von Geschehen im Unterschied zu dem an das Prinzip der Mündlichkeit oder Schriftlichkeit gebundenen ›monomedialen‹ verbalen Erzählen prinzipiell verschiedener Medien beziehungsweise Zeichensysteme bedient. Diese Medien beziehungsweise Systeme wirken zusammen, ihre Bedeutung lässt sich im Einzelfall aber unterschiedlich hierarchisieren. In der Regel allerdings gilt, dass sich – mit Käte Hamburger gesprochen – »der bildepische Faktor dem gesprochenen Wort« (ebd. 890) überordnet. Anders als im Fall des Dramas, an dessen Ursprung der Figurendialog steht, ist im Fall des Films eben nicht der Ton, d.h. das gesprochene oder in Schrift notierte Wort oder auch die Musik, sondern das qua Bewegung per definitionem irgendeine Art von Geschehen darstellende Bild als Ursprung und Leitmedium anzusehen.

Wie genau ist nun der Schritt von der reinen Geschehensdarstellung zur Darstellung einer »nicht-zufälligen Ereignisfolge« im oben ausgeführten Sinn von ›Erzählen‹ zu bestimmen? Aus theoretischer Sicht scheint mir die Frage nach der Bildung von Kohärenz für den Fall der Darstellung von Geschehen in Bildern noch weit diffiziler als im Fall des verbalen Erzählens. Ich werde sie hier nicht klären können, möchte aber doch darauf hinweisen, dass gerade auch das im Film dargestellte Geschehen jedenfalls eine Art von – mit David Herman gesprochen – »story logic« (vgl. Herman 2004) braucht. Andernfalls müssten wir das, was etwa die in der Eingangshalle einer Bankfiliale aufgestellte Videokamera oder die Webcam auf irgendeinem beliebigen Berg aufzeichnen, ebenfalls mit dem Etikett ›Erzählen‹ versehen. Und um das Prinzip der mit jeder ›Story logic‹ verbundenen Kohärenzbildung für den Fall des Films zu erfassen, müssen wir zum einen mit Hilfe der Erkenntnisse von Kognitions- und Schematheorie die konstruktive Leistung des Rezipienten reflektieren – so wie das z.B. David Bordwell in *Narration in the Fiction Film* im Ansatz auch schon tut.[10] Zum anderen müssen wir berücksichtigen, dass zu dieser konstruktiven Leistung bestimmte materielle Voraussetzungen gehören und wir auch im Fall des Films prinzipiell zwischen dem ›Wie‹ und dem ›Was‹ beziehungsweise zwischen einer Ebene des ›Discours‹ und einer Ebene der ›Histoire‹ unterscheiden können. Das Kriterium der dann im Einzelnen noch zu bestimmenden Kohärenz – wie

---

9   Vgl. dazu auch Dane (2003).
10 Vgl. dazu Bordwell (1985), bes. S. 29-47 (»The viewers activity«).

übrigens auch die Verletzung von Kohärenz z.B. durch das unzuverlässige Erzählen und andere Formen der Ambivalenzbildung im zunehmend komplexeren, auf die DVD-Technik und das wiederholte Sehen angelegten Film der Gegenwart – ist insofern auf wenigstens zwei unterschiedlichen Ebenen zu verfolgen: nämlich erstens auf der Ebene der dargestellten Ereignisse und ihres Settings und zweitens auf der Ebene der Abbildungsverfahren (also Standortwahl und Bewegungsverhalten der Kamera, Schnitt, Blendentechnik, Ton und ggf. Musik).[11]

Wie steht es nun um das Kriterium des Erzählers? Der Film nimmt hier offensichtlich eine Zwischenstellung zwischen der zuallererst mimetischen Darstellung von Geschehen im Drama und seiner zuallererst diegetischen Re-Präsentation in der verbalen Erzählung ein. Anders als auf der Bühne ist das dargestellte Geschehen im Fall des Films, so führt etwa Anke-Marie Lohmeier aus, »von der Vermittlungstätigkeit einer zwischengeschalteten, auf der Abbildungsebene agierenden Instanz abhängig« (Lohmeier 2003: 514). Dieser Instanz, so Lohmeier weiter,

»kommt mithin der erzähllogische Status einer Erzählers zu, eines Erzählers freilich, der die erzählte Welt nicht, wie der sprachliche Erzähler, nachbildet, sie im Medium der Sprache wiedererstehen lässt, sondern ihr buchstäblich zuschaut (und zuhört) [...]. Dabei vollzieht er Operationen, die denen des sprachlichen Erzählers zumindest vergleichbar sind: Er betrachtet das Geschehen aus je bestimmter Perspektive (Kamerastandort) und entscheidet über Dauer, Rhythmik und Reihenfolge seines Erscheinens auf der Leinwand (Montage). Auf der Abbildungsebene herrschen daher die Bedingungen der narrativen Sprechsituation: Das im Modus dramatischer Selbstdarstellung erscheinende Geschehen wird durch den Abbildungsakt in die genuin narrative Subjekt-Objekt-Relation von Erzählen und Erzähltem überführt. [...] Filme sind ›erzählte Dramen‹« (ebd.).[12]

Die Problematik der von Lohmeier gebrauchten, im Fall des Films mit guten Gründen umstrittenen Rede vom ›Erzähler‹ als Vermittler des dargestellten Geschehens kann ich hier nicht im Einzelnen diskutieren.[13] Mit Hilfe einer ›Übersetzung‹ in die von mir entfaltete Begrifflichkeit scheint

---

11 Zum Versuch einer solchen, in Systematik und eigenwilliger Terminologie allerdings problematischen Unterscheidung vgl. z.B. Lohmeier (2003), bes. S. 515.
12 Vgl. auch z.B. Hagenbüchle (1991), bes. S. 65-100 (»Die narrative Struktur als tertium comparationis der Verfilmung«).
13 Für eine knappe Zusammenfassung der entsprechenden Diskussion vgl. Griem/Voigts-Virchow (2002), bes. S. 161-163. Vgl. außerdem André Gaudreaults Versuch, eine Theorie des Erzählers im Film zu entwerfen (1987); zur Weiterentwicklung vgl. z.B. Burgoyne (1990).

mir gleichwohl folgende Präzisierung möglich: Dietrich Webers oben zitierter, für alles verbale Erzählen grundlegender Satz »Erzählen gilt Nichtaktuellem« trifft im Fall der filmischen Darstellung von Geschehen bestenfalls aus der Perspektive des Rezipienten zu. Im Blick auf die Struktur der, wie Hamburger sagt, Erzählfunktion des Filmbildes findet sich dagegen grundsätzlich keine ›oratio post actum‹, sondern, gewissermaßen in Analogie zur teichoskopischen Rede, nur ein Mitvollzug von Aktuellem, eine ›oratio coram actu‹. Zwischen Kamera und dargestelltem Geschehen gibt es eine mehr oder minder große räumliche, aber keine zeitliche Distanz. Aus diesem konstruktionsbedingten Fehlen jeglicher Distanz zwischen dem Zeitpunkt der Darstellung und dem des dargestellten Geschehens wiederum folgt, dass hier kein wirklich ›Außenstehender‹ ›erzählt‹ und zugleich die für das verbale Erzählen konstitutive ›Zweipoligkeit‹ infolge zwei unterschiedlicher Orientierungszentren fehlt. Die Analogie von Kamera und Erzähler erscheint mir insofern problematisch. Tatsächlich bedeutet die Notwendigkeit einer wie auch immer gearteten Kameraeinstellung zunächst einmal nicht mehr und nicht weniger als die Präsenz einer den Film vom Drama grundlegend unterscheidenden ›Vermittlungsinstanz‹, deren Orientierungszentrum wahlweise und durch das Prinzip von ›Schuss‹ und ›Gegenschuss‹ auch unmittelbar nacheinander das eines Handelnden oder das eines Beobachtenden sein kann. Niemals aber kann allein die Kamera, wie das im Rahmen des verbalen Erzählens etwa durch das Prinzip der *dual voice* in der erlebten Rede möglich ist, die Orientierungszentren von Handelndem und Beobachtendem (oder gar Sich-Erinnerndem) *simultan* präsentieren.[14] Die filmische Darstellung von Geschehen unterscheidet sich insofern grundlegend sowohl vom verbalen Erzählen als auch von der Geschehensdarstellung im Drama, und Filme sind dementsprechend – wenn man denn ihre gewisse Nähe zum Drama zur Veranschaulichung nutzen will – wohl besser als ›vermittelte‹ Dramen zu bezeichnen.

Formen der Geschehensdarstellung in der *Traumnovelle* und in *Eyes Wide Shut*

Wie unterschiedlich die audiovisuelle Darstellung von Geschehen im Film und das verbale Erzählen in der Literatur *in concreto* verfahren, möchte ich abschließend an einem Beispiel zeigen, das überdies einen

---

14 Wohl aber kann sie offen lassen, um welches Orientierungszentrum es sich im Einzelfall tatsächlich handelt, und insofern Ambivalenzen schaffen. Am Beispiel des diese Möglichkeit systematisch nutzenden Films *Swimming Pool* vgl. dazu etwa Drexler (2006).

Blick auf die historische Entwicklung in der filmischen Darstellung von Geschehen erlaubt. Zu diesem Zweck habe ich das Werk eines Autors ausgesucht, der im Blick auf diese Fragestellung besonders interessant und auch für weiterführende Untersuchungen bestens geeignet ist. Denn Arthur Schnitzler, um dessen *Traumnovelle* es im Folgenden gehen soll, ist ein Autor, der im Schaffensprozess zunächst Skizzen für Figurenkonstellationen und Handlungsfolgen entwirft und der erst im Verlauf des Produktionsprozesses entscheidet, welche Geschichte er daraus entwickelt und in welchem Medium er sie präsentiert, d.h. ob er sie zu einem Drama oder aber einer Erzählung ausarbeitet. Dabei ist Schnitzler ein Autor, dessen Interesse für die künstlerische Darstellung von Geschehen sich nicht auf das Medium der Sprache beschränkt. Tatsächlich hat er die Erfindung und Verbreitung des Films ab den 1890er Jahren sehr genau beobachtet und reflektiert; er hat einzelne seiner Werke schon früh, nämlich ab 1914 zur Verfilmung frei gegeben, und überdies hat er selbst Drehbücher für die Verfilmung seiner Texte und auch Drehbuchentwürfe für eigenständige Filme verfertigt.[15]

Die *Traumnovelle* ist ein Spätwerk Schnitzlers, das erstmals 1925/26 in der Zeitschrift *Die Dame* erschien und das Anfang der 30er Jahre von Georg Wilhelm Pabst als Tonfilm verfilmt werden sollte. Zu diesem Zweck hat Schnitzler im Dezember 1930 selbst die Umarbeitung seiner Erzählung in ein Drehbuch begonnen. Aus äußeren, nicht von Schnitzler zu verantwortenden Gründen wurde dieses Projekt dann allerdings abgebrochen und die *Traumnovelle* wurde erst rund sechzig Jahre später durch Stanley Kubrick in prominenter Besetzung verfilmt.[16]

Da ich den literarischen Text, das Drehbuch und den Film im Rahmen dieses Beitrags nicht detailliert vergleichen kann, beschränke ich meinen Blick auf die Form der Geschehensdarstellung am Anfang der drei ›Erzählungen‹. Zur Erinnerung: Die *Traumnovelle* erzählt die Geschichte eines Ehepaars mit einem Kind, einer Kernfamilie, die plötzlich auseinanderzubrechen droht. Und zwar deshalb, weil Mann und Frau für sich selbst und einander entdecken, dass sie, sehr grob gesprochen, sexuelle Begierden haben, die nicht an ihren Ehepartner gebunden sind. Eben diese ›Entdeckung‹ gehört wesentlich zum Anfang der erzählten Geschichte, d.h. sie ist das entscheidende, einen Wandel herbeiführende Ereignis im Kontext des dargestellten Geschehens. Wie wird dieses Ereignis nun auf der Discours-Ebene präsentiert?

Schauen wir zunächst auf die *Traumnovelle*, deren Text wie folgt beginnt (zum Zwecke der Anschaulichkeit gebe ich ein etwas längeres Zitat):

---

15 Grundlegend dazu Wolf (2006).
16 Zu den entsprechenden Hintergründen vgl. Wolf (2006), bes. S. 139-144.

»»Vierundzwanzig braune Sklaven ruderten die prächtige Galeere, die den Prinzen Amgiad zu dem Palast des Kalifen bringen sollte. Der Prinz aber, in seinen Purpurmantel gehüllt, lag allein auf dem Verdeck unter dem dunkelblauen, sternbesäten Nachthimmel, und sein Blick –‹ Bis hierher hatte die Kleine laut gelesen; jetzt, beinahe plötzlich, fielen ihr die Augen zu. Die Eltern sahen einander lächelnd an, Fridolin beugte sich zu ihr nieder, küsste sie auf das blonde Haar und klappte das Buch zu, das auf dem noch nicht abgeräumten Tische lag. Das Kind sah auf wie ertappt. ›Neun Uhr‹, sagte der Vater, ›es ist Zeit schlafen zu gehen‹. Und da sich nun auch Albertine zu dem Kind herabgebeugt hatte, trafen sich die Hände der Eltern auf der geliebten Stirn, und mit zärtlichem Lächeln, das nun nicht mehr dem Kinde allein galt, begegneten sich ihre Blicke. Das Fräulein trat ein, mahnte die Kleine, den Eltern gute Nacht zu sagen; gehorsam erhob sie sich, reichte Vater und Mutter die Lippen zum Kuß und ließ sich von dem Fräulein ruhig aus dem Zimmer führen. Fridolin und Albertine aber, nun allein geblieben unter dem rötlichen Schein der Hängelampe, hatten es mit einmal eilig, ihre vor dem Abendessen begonnene Unterhaltung über die Erlebnisse auf der gestrigen Redoute wiederaufzunehmen.

Es war in diesem Jahre ihr erstes Ballfest gewesen, an dem sie gerade noch vor Karnevalschluß teilzunehmen sich entschlossen hatten. Was Friedolin betraf, so war er gleich beim Eintritt in den Saal wie ein mit Ungeduld erwarteter Freund von zwei roten Dominos begrüßt worden, über deren Person er sich nicht klar zu werden vermochte [...]. Aus der Loge, in die sie ihn mit verheißungsvoller Freundlichkeit geladen, hatten sie sich mit dem Versprechen entfernt, sehr bald, und zwar unmaskiert, zurückzukommen, waren aber so lange fortgeblieben, dass er, ungeduldig geworden, vorzog, sich ins Parterre zu begeben, wo er den beiden fragwürdigen Erscheinungen wieder zu begegnen hoffte. So angestrengt er auch umherspähte, nirgends vermochte er sie zu erblicken; statt ihrer aber hing sich unversehens ein anderes weibliches Wesen in seinen Arm: seine Gattin, die sich eben jäh einem Unbekannten entzogen, dessen melancholisch-blasiertes Wesen und fremdländischer, anscheinend polnischer Akzent sie anfangs bestrickt, der sie aber plötzlich durch ein unerwartet hingeworfenes, hässlich-freches Wort verletzt, ja erschreckt hatte. Und so saßen Mann und Frau, im Grunde froh, einem enttäuschend banalen Maskenspiel entronnen zu sein, bald wie zwei Liebende, unter andern verliebten Paaren, im Büfettraum bei Austern und Champagner, plauderten sich vergnügt, als hätten sie eben erst Bekanntschaft miteinander geschlossen, in eine Komödie der Galanterie, des Widerstandes, der Verführung und des Gewährens hinein; und nach einer raschen Wagenfahrt durch die weiße Winternacht sanken sie einander daheim zu einem schon lange Zeit nicht so heiß erlebten Liebesglück in die Arme. Ein grauer Morgen weckte sie allzu bald. Den Gatten forderte sein Beruf schon in früher Stunde an die Betten seiner Kranken; Hausfrau- und Mutterpflichten ließen Albertine kaum länger ruhen. So waren die Stunden nüchtern und vorbestimmt in Alltagspflicht und Arbeit hingegangen, die vergangene Nacht, Anfang wie Ende, war verblasst; und jetzt erst, da beider Tagewerk vollendet, das Kind schlafen gegangen und von nirgendher eine Störung zu gewärtigen war, stiegen die Schattengestalten von der Redoute, der melancholische Unbekannte und die roten Dominos, wieder zur Wirklichkeit empor; [...].« (Schnitzler 2006: 5-7)

Und wenig später heißt es überleitend zu der dann szenischen Darstellung des folgenreichen Gesprächs zwischen Mann und Frau:

»Doch aus dem leichten Geplauder über die nichtigen Abenteuer der verflossenen Nacht gerieten sie in ein ernsteres Gespräch über jene verborgenen, kaum geahnten Wünsche, die auch in die klarste und reinste Seele trübe und gefährliche Wirbel zu reißen vermögen [...].« (Ebd. 7)

Nutzt man das von der klassischen Narratologie entwickelte begriffliche Instrumentarium,[17] so lässt sich das Profil des zitierten Erzählanfangs wie folgt charakterisieren: Es handelt sich hier um einen Anfang *in medias res* und zugleich einen Beleg dafür, wie das literarische Erzählen Formen des mimetischen und diegetischen Erzählens beziehungsweise des dramatischen und narrativen Modus verbindet. Sieht man davon ab, dass der Text mit einer Geschichte in der Geschichte beginnt,[18] so findet sich zunächst eine Form von mimetischem und zeitdeckendem Erzählen mit geringer Distanz, die im Verlauf des dritten Absatzes in das diegetische und summarische Erzählens übergeht (»Fridolin und Albertine aber, nun allein geblieben [...], hatten es mit einmal eilig, ihre vor dem Abendessen begonnene Unterhaltung über die Erlebnisse auf der gestrigen Redoute wiederaufzunehmen«). In Rahmen des narrativen Modus wird dann eine Analepse von geringer Reichweite und Umfang eingeführt. Interessant in diesem Zusammenhang wiederum ist die Verwischung der Grenzen von drei Orientierungszentren, die drei grundsätzlich zu unterscheidende »Ich-Hier-Jetzt-Systeme« betreffen:

1. eine nicht näher bestimmte Gegenwart des Erzählens,
2. eine Gegenwart des Erzählten I (i.e. die Gegenwart der Handlung am Abend in der Wohnung von Fridolin und Albertine),
3. eine Gegenwart des Erzählten II (i.e. die Gegenwart der Handlung im Rahmen von Fridolins und Albertines Besuch eines Maskenballs am Abend zuvor).

---

17 Zu der im Folgenden verwendeten Begrifflichkeit vgl. Martínez/Scheffel (2007).
18 Zur Bedeutung der eingangs zitierten Märchenszene, die auf eine Geschichte aus den »Erzählungen aus den Tausendundeinen Nächten« verweist, vgl. Scheffel (2006a), bes. S. 116ff.

Im Blick auf das in der Form des narrativen Modus präsentierte Geschehen auf dem Maskenball ist nun nicht wirklich eindeutig, ob hier ein Geschehen dargestellt wird, an das sich die Ehepartner am Abend nach dem Ball erzählend erinnern, oder ob nur wir als Leser von einer heterodiegetischen narrativen Instanz im Nachhinein erzählt bekommen, was die Figuren am Abend *vor* dem Abend der Eingangsszene erlebten. In jedem Fall aber ist das Prinzip der verbalen Vergegenwärtigung von Vergangenem im Rahmen einer ›oratio post actum‹ für die erzählte Geschichte ebenso konstitutiv wie das Spiel mit der Grenze zwischen Erzählen und Erleben und damit der prinzipiellen ›Zweipoligkeit‹ des verbalen Erzählens. In diesem Sinne ist es denn auch die Handlung des ›Erzählens‹, d.h. die in der zitierten Eingangsszene begonnene, im folgenden längeren Gespräch zwischen Fridolin und Albertine fortgesetzte Vergegenwärtigung von zeitlich immer weiter zurückliegenden Erlebnissen im Leben von Mann und Frau, die zu der bereits erwähnten, den Fortbestand von Ehe und Familie gefährdenden Krise führt.[19]

Schauen wir nun auf Schnitzlers Entwurf eines Drehbuchs für die Verfilmung der *Traumnovelle*. Schnitzler hatte hier folgenden Anfang vorgesehen:

»Traumnovelle

1. Das Kinderzimmer.

Die Kleine eben schlafen gegangen. Bett.
Die Mutter Albertine im Ballkleid und Domino darüber, zum Weggehen bereit, tritt ans Bett der Kleinen.
Das Kind: Wie schön du bist, Mama. [...]
Albertine zärtlich mit dem Kind.
Stubenmädchen: Der Wagen ist ~~schon~~ da.

2. Ordinationszimmer Fridolins.

Fridolin im Frack, am Bücherschrank, blättert in einem Buche.
Albertine (tritt ein): Wie, du arbeitest noch?
Fridolin: Bin schon fertig.
Stubenmädchen bringt den Pelz, ist Fridolin behilflich.
Fridolin und Albertine, im besten Einvernehmen verlassen das Zimmer.

3. Im Auto. Fridolin und Albertine auf dem Weg zur Redoute.

---

19 Zu der für Form und Inhalt der Geschichte zentralen Bedeutung des Erzählens vgl. Scheffel (2006a).

4. Foyer und Garderobe des Ballsaals. Gedränge
Fridolin und Albertine legen ab. Albertine will ~~sich einhängen~~ seinen Arm
nehmen.
Fridolin (wehrt ab): Jetzt müssen wir uns trennen.
Redoute. ›Nach Mitternacht beim Buffet‹
(Oder An der dritten Säule links).
Jeder für sich die Treppen hinauf.

5. Ballsaal. Festlich. Maskentreiben. Damen in Domino, die Herren im Frack. Orchester, eventuell eine Chopin Polonaise. Fridolin und Albertine, jeder für sich hin und her.
Der ganze Saal erscheint allmählich im Bilde. Zwei Dominos verfolgen Fridolin eine Zeitlang, er kümmert sich anfangs nicht um sie, sie sprechen ihn an, hängen sich dann in ihn ein, er erscheint gelangweilt ~~und geht hin und her~~.
Albertine streift an ihm vorbei, er erkennt sie, aber erst auf ein Zeichen von ihr, hat nicht übel Lust seine beiden Damen stehen zu lassen, ~~aber~~ die halten ihn fest und ziehen ihn mit sich ins Gewühl. Albertine sieht ihnen nach. Sie fasst nun den Entschluss sich auch an dem Redoutentreiben zu beteiligen, ~~hat~~ verrät zwei- oder dreimal die Absicht einen Herrn anzusprechen, zögert immer wieder, endlich entschliesst sie sich ~~einen Herrn anzusprechen~~.
Dieser Herr, aristokratische Figur, rassiges Gesicht, elegant, / fremdländisch, etwa wie Attaché einer Gesandtschaft, / doch ~~verdächtig hochstaplerisch~~ etwas im Aussehen vom rastaquouère.
Albertine: (nimmt sich einen Anlauf) Sie sind auch da?
Der Herr (betrachtet sie lächelnd und etwas frech): Du, du, du!
Albertine sieht ihn verwundert und fast verschüchtert an.
Der ~~Herr~~ Attaché: Deine erste Redoute? Oder ist es ein besonderes Raffinement, dass du mir Sie sagst? [...]« (Zit. nach Dal Monte/Braunwarth 2000: 53)

Im weiteren Text folgt die Darstellung eines ebenso schamlosen wie hartnäckigen Versuchs der Verführung von Albertine durch den »Attaché« und einer Tändelei der beiden Dominos mit Fridolin. Später treffen sich Fridolin und Albertine am vereinbarten Ort – allerdings mit Verspätung und einer gewissen Verärgerung. Sie fahren in beinahe feindseliger Stimmung nach Hause, dort gibt es kein »Liebesglück«, und am nächsten Abend folgt ein nur sehr kurzes, gleichermaßen gereiztes wie oberflächliches Gespräch über ihre Erlebnisse auf der Redoute; dann kommt, was im Text der literarischen Erzählung erst nach einem langen abendlichen Gespräch zwischen Fridolin und Albertine im heimischen Wohnzimmer folgt: Fridolin wird hinaus in die Stadt an das Bett eines Sterbenden gerufen und erlebt eine Reihe von merkwürdigen Abenteuern, Albertine liegt im Bett und träumt einen erotischen, in Bildern dargestellten Traum (vgl. ebd. 55ff.).

Vergleicht man literarischen Text und Drehbuchentwurf, so wird Folgendes deutlich: In der Folge seiner Umarbeitung der Darstellung des Geschehens für den Film gibt Schnitzler das Prinzip der Vergegenwärtigung von Vergangenem und das Spiel mit verschiedenen Orientierungszentren im Rahmen einer Analepse auf. Stattdessen präsentiert er die der erzählten Geschichte zugrunde liegende Ereignisfolge ohne Rückblick, d.h. gewissermaßen ›von vorne‹ und in chronologischer Ordnung. Das für den weiteren Verlauf der Geschichte entscheidende Ereignis, nämlich der ›Angriff des Sexus‹ auf Mann und Frau wird dabei konsequenterweise nicht als erzählte Erinnerung im Gespräch, sondern szenisch und gewissermaßen *in actu* in Bild und Wort präsentiert. Schnitzler, der sich übrigens schon bei der Stummfilm-Verfilmung seiner Werke gegen den Einsatz von Zwischentiteln ausgesprochen und eine Ästhetik der aus sich selbst heraus verständlichen Bilder vertreten hatte (»Nur der Film wird meiner Ansicht künstlerisch bestehen können, der nur aus folgerichtigen und durch sich selbst verständlichen Bildern besteht« [zit. nach Wolf 2006: 44], so bemerkte er 1913[20]), strebt also auch im Rahmen des Tonfilms eine radikale Form der primär von der Präsenz des Bildes und seiner ›Erzählfunktion‹ bestimmten, nur mit einem zeitlichen Orientierungszentrum arbeitenden Darstellung von Geschehen an. Konsequenterweise sieht er im Rahmen seiner Umarbeitung der *Traumnovelle* auch in den folgenden Szenen keinen Platz für längere Dialoge und Formen des verbalen Erzählens vor.

Blickt man nunmehr auf Stanley Kubricks in Kooperation mit Frederic Raphael realisierte Verfilmung der *Traumnovelle*, so zeigt sich in aufschlussreicher Weise, was auch nach rund sechzig Jahren Filmgeschichte zu den Spezifika der filmischen Darstellung von Geschehen gehört und was sich infolge dieser Geschichte entwickelt hat. Im Rahmen meines Beitrags kann ich das nicht mehr im Einzelnen ausführen, deshalb an dieser Stelle nur noch so viel: Im Vergleich zu Schnitzlers Text und Drehbuch bietet Kubricks Form der Darstellung von Geschehen gewissermaßen die Synthese. Sein Film *Eyes Wide Shut*[21] greift Schnitzlers für die Verfilmung der *Traumnovelle* entwickelte Idee der szenisch-chronologischen Präsentation des Geschehens auf, d.h. er zeigt zunächst das Ehepaar zu Hause, seine Vorbereitungen für den Besuch einer Party,

---

20 Vgl. Schnitzlers Brief an Karl-Ludwig Schröder vom 5. Februar 1913 (Braunwarth 1984: 10). Weitere Belege für vergleichbare Äußerungen Schnitzlers vgl. Wolf (2006: 145f.).
21 Detaillierter zu Kubricks unterdessen in zahllosen Studien untersuchter Verfilmung der *Traumnovelle* z.B. Daviau (2002); Jahraus (2003); Ruschel (2002).

den Abschied von Tochter und Babysitterin,[22] dann folgt die Darstellung des Besuchs der Party mit u.a. dem Versuch einer Verführung der beiden voneinander getrennten Partner durch einen attraktiven Mann auf der einen und zwei Frauen auf der anderen Seite;[23] im Unterschied zu Schnitzlers Drehbuchfassung folgt dann zu Hause das in kurzen Einstellungen gezeigte »Liebesglück«;[24] anschließend nutzt der Film die Möglichkeit des Tons, um einer langen Erzählung von Alice (alias Albertine) am Abend darauf Raum zu geben, in der diese vom Gefühl einer ungeheuren Attraktion durch einen ihr unbekannten Marineoffizier während des letzten gemeinsamen Sommerurlaubs berichtet.[25] Interessant für die Darstellungsmöglichkeiten von Geschehen in Film und Literatur und ihre historische Entwicklung wiederum ist, dass Kubrick diese Geschichte einerseits ohne visuelle Rückblenden (verbunden etwa mit der Technik des *voice-over*), d.h. nur in Worten und im Rahmen vergleichsweise langer Kameraeinstellungen auf den Körper der erzählenden Alice, ihr Gesicht und den ihr bewegungslos zuhörenden Ehemann präsentiert; dass der Film das ausführliche Gespräch von Fridolin und Albertine aus der *Traumnovelle* andererseits aber auf die Erzählung von Alice reduziert. Anstelle einer verbalen Antwort oder gar weiteren Erzählung von Bill (alias Fridolin) zeigt er, wie der zu einem Patienten gerufene Bill die Geschichte seiner Frau im Folgenden visualisiert, d.h. wie er ihre verbale Erzählung in Bilder ›übersetzt‹ und bei dieser Gelegenheit entscheidend erweitert. In diesem Sinne wird Bills nächtlicher Gang durch die Stadt im Folgenden von seinen Phantasien über ein sexuelles Abenteuer seiner Frau (von dem in Alices Erzählung ja gar keine Rede war) in Gestalt einer immer weiter zu einem tatsächlich vollzogenen Geschlechtsakt ergänzten Folge von eingeblendeten Schwarz-Weiß-Bildern begleitet und motiviert.[26]

Am Ende des 20. Jahrhunderts erlaubt der Film im Rahmen seiner Darstellung von Geschehen also in einem gewissen zeitlichen Umfang auch die Vergegenwärtigung von Vergangenem durch den Dialog zwischen den Figuren und das Medium des verbalen Erzählens; im Unterschied zur Geschehensdarstellung sowohl im Rahmen des ausschließlich verbalen Erzählens als auch im Drama aber setzt er für seine Form der Motivierung von Geschehen, d.h. der Stiftung von Kohärenz im Sinne einer nicht-zufälligen Verbindung zwischen Ereignissen, in letzter Kon-

---

22 Vgl. Szene 1 (»Fertig für die Party«) nach dem Szenenindex der DVD (*Eyes Wide Shut*, Stanley Kubrick Collection, Warner Home Video, 2001).
23 Vgl. Szene 3 (»Die Kunst der Liebe«).
24 Vgl. Szene 6 (»Sicher sein«).
25 Vgl. Szene 7 (»Der Marine-Offizier«).
26 Vgl. Szene 8ff. (»Anruf für den Arzt«, »Auf der Straße« etc.).

sequenz aber auch dann nicht auf das Wort und die ›oratio post actum‹, sondern auf die präsentische Kraft des bewegten Bildes. Inwieweit man in seinem Fall also nur in einem eingeschränkten Sinn von ›Erzählen‹ sprechen kann, bleibt letztlich eine offene, vom genauen Verständnis von ›Erzählen‹ abhängige Frage.

Literatur

Bordwell, David (1985): *Narration in the Fiction Film*, Madison.

Burgoyne, Robert (1990): »The Cinematic Narrator. The Logic and Pragmatics of Impersonal Narration«. *Journal of Film and Video* 42.1, S. 3-16.

Braunwarth, Peter M. u.a. (Hg.) (1984): Arthur Schnitzler: *Briefe 1913-1931*, Frankfurt/M.

Chatman, Seymour (1978): *Story and Discourse. Narrative Structure in Fiction and Film*, Ithaca.

Culler, Jonathan (1981): »Story and Discourse in the Analysis of Narrative«. In: ders., *The Pursuit of Signs*, Ithaca, S. 169-187.

Dal Monte, Maria Teresa/Braunwarth, Peter Michael (Hg.) (2000): »A. Schnitzler: Sceneggiatura die ›Traumnovelle‹«. *Circuito Cinema* 62, S. 53-61.

Dane, Gesa (2003): »Filmisches und episches Erzählen. Käte Hamburgers gattungstheoretische Überlegungen zum Film«. In: Johanna Bossinade/Angelika Schaser (Hg.), *Käte Hamburger. Zur Aktualität einer Klassikerin*, Göttingen, S. 169-179.

Danto, Arthur C. (1974): *Analytische Philosophie der Geschichte*, übers. v. J. Behrens, Frankfurt/M.

Daviau, Gertraud Steiner (2002): »Stanley Kubricks ›Eyes Wide Shut‹. Eine neue Dimension für Schnitzlers ›Traumnovelle‹«. In: Ian Foster/Florian Krobb (Hg.), *Arthur Schnitzler. Zeitgenossenschaften/ Contemporaneities*, Bern u.a., S. 391-405.

Drexler, Peter (2006): »›Ich bin nicht die, für die Sie mich halten.‹ Unzuverlässiges Erzählen in François Ozons ›Swimmingpool‹. Mit einem Exkurs zu seinen anderen Filmen«. In: Jörg Helbig (Hg.), *»Camera doesn't lie«: Spielarten erzählerischer Unzuverlässigkeit im Film*, Trier, S. 225-248.

Eibl, Karl (2004): *Animal Poeta. Bausteine der biologischen Kultur- und Literaturtheorie*, Paderborn.

Forster, Edward M. (1949): *Ansichten des Romans*, übers. v. Walter Schürenberg, Frankfurt/M.

Gaudreault, André (1987): »Narration and Monstration in the Cinema«. *Journal of Film and Video* 39.2, S. 29-36.

Griem, Julia/Voigts-Virchow, Eckart (2002): »Filmnarratologie: Grundlagen, Tendenzen und Beispielanalysen«. In: Vera Nünning/Ansgar Nünning (Hg.), *Erzähltheorie transgenerisch, intermedial, interdisziplinär*, Trier, S. 155-183.

Hagenbüchle, Walter (1991): *Narrative Strukturen in Literatur und Film*, Bern.

Hamburger, Käte (1956): »Zur Phänomenologie des Films«. *Merkur. Deutsche Zeitschrift für europäisches Denken* 10, S. 873-880.

Herman, David (2004): *Story Logic: Problems and Possibilities of Narrative*, Lincoln.

Jahraus, Oliver (2003): »Der Film als Traum und der Voyeurismus des Zuschauers – Stanley Kubricks Verfilmung ›Eyes Wide Shut‹ von Arthur Schnitzlers ›Traumnovelle‹«. In: Oliver Jahraus/Stefan Neuhaus (Hg.), *Der erotische Film. Zur medialen Codierung von Ästhetik, Sexualität und Gewalt*, Würzburg, S. 169-187.

Klotz, Volker (1982): »Erzählen als Enttöten. Vorläufige Notizen zu ›zyklischem‹, ›instrumentalem‹ und ›praktischem‹ Erzählen«. In: Eberhard Lämmert (Hg.), *Erzählforschung*, Stuttgart, S. 319-334.

Lohmeier, Anke-Marie (2003): »Filmbedeutung«. In: Fotis Jannidis u.a. (Hg.), *Regeln der Bedeutung. Zur Theorie der Bedeutung literarischer Texte*, Berlin/New York.

Martínez, Matías (1996): *Doppelte Welten. Struktur und Sinn zweideutigen Erzählens*, Göttingen.

Martínez, Matías/Scheffel, Michael (2007): *Einführung in die Erzähltheorie*, 7. Aufl., München.

Meuter, Norbert (2004): »Geschichten erzählen, Geschichten analysieren. Das narrativistische Paradigma in den Kulturwissenschaften«. In: Friedrich Jäger/Jürgen Straub (Hg.), *Handbuch der Kulturwissenschaften*, Bd. 2, *Paradigmen und Disziplinen*, Stuttgart/Weimar, S. 140-155.

Nünning, Vera/Nünning, Ansgar (Hg.) (2002): *Erzähltheorie transgenerisch, intermedial, interdisziplinär*, Trier.

Prince, Gerald (1982): *Narratology: The Form and Functioning of Narrative*, Berlin u.a.

Ricœur, Paul (1988-1991): *Zeit und Erzählung*, übers. v. Rainer Rochlitz, 3 Bde., München.

Ruschel, Christian (2002): »Vom Innen und Außen der Blicke: Aus Arthur Schnitzlers ›Traumnovelle‹ wird Stanley Kubricks ›Eyes Wide Shut‹«, Diss., Mainz. [Auch: http://ArchiMeD.uni-mainz.de/pub/2002/0173/diss.pdf.]

Scheffel, Michael (2004): »Erzählen als anthropologische Universalie. Funktionen des Erzählens im Alltag und in der Literatur«. In: Manfred Engel/Rüdiger Zymner (Hg.), *Anthropologie der Literatur. Poetogene Strukturen und ästhetisch-soziale Handlungsfelder*, Paderborn, S. 121-138.

Scheffel, Michael (2006a): »Nachwort«. In: Arthur Schnitzler, *Traumnovelle*, hg. v. Michael Scheffel, Stuttgart, S. 107-123.

Scheffel, Michael (2006b): »Wer spricht? Überlegungen zur ›Stimme‹ in fiktionalen und faktualen Erzählungen«. In: Andreas Blödorn/Daniela Langer/Michael Scheffel (Hg.), *Stimme(n) im Text. Narratologische Positionsbestimmungen*, Berlin/New York, S. 83-99.

Scheffel, Michael (2009): »Narrative Constitution«. In: Peter Hühn/John Pier/Wolf Schmid/Jörg Schönert (Hg.), *Handbook of Narratology*, Berlin/New York (im Druck).

Schnitzler, Arthur (2006): *Traumnovelle*, hg. v. Michael Scheffel, Stuttgart.

Stempel, Wolf-Dieter (1982): »Zur Frage der narrativen Identität konversationeller Erzählungen«. In: Eberhard Lämmert (Hg.), *Erzählforschung*, Stuttgart, S. 7-32.

Weber, Dietrich (1998): *Erzählliteratur*, Göttingen.

Wolf, Werner (2002): »Das Problem der Narrativität in Literatur, bildender Kunst und Musik: Ein Beitrag zu einer intermedialen Erzähltheorie«. In: Vera Nünning/Ansgar Nünning (Hg.), *Erzähltheorie transgenerisch, intermedial, interdisziplinär*, Trier, S. 23-104.

Wolf, Claudia (2006): *Arthur Schnitzler und der Film: Bedeutung. Wahrnehmung. Beziehung. Umsetzung. Erfahrung*, Karlsruhe.

Film

Kubrick, Stanley (1999): *Eyes Wide Shut*, Großbritannien/USA.

Unzuverlässigkeit

Kann ein zuverlässiger Erzähler unzuverlässig erzählen? Zum Begriff der ›Unzuverlässigkeit‹ in Literatur- und Filmwissenschaft

ROBERT VOGT

»Only first-person narrators can be properly unreliable«, schreibt Monika Fludernik (1996: 213) über narrative Unzuverlässigkeit in der Literatur. Dominik Orth kategorisiert den Anwendungsbereich narrativer Unzuverlässigkeit im Film folgendermaßen:

»[Es] lässt sich eine terminologische Trennung von unzuverlässigen *Erzählern* und unzuverlässigem *Erzählen* vornehmen, die bereits in der Begrifflichkeit darauf hinweist, ob es in einem Film eine explizite Erzählerfigur gibt, auf die sich die Unzuverlässigkeit bezieht, oder nicht« (Orth 2006: 287).

Diese Stimmen sind als durchaus repräsentativ für das Verständnis von erzählerischer Unzuverlässigkeit in Literaturwissenschaft und Filmwissenschaft zu verstehen.

Danach herrscht in der Literaturwissenschaft ein breiter Konsens darüber, das Phänomen der erzählerischen Unzuverlässigkeit primär auf Erzähltexte mit einem personalisierbaren, meist homodiegetischen Erzähler zu beschränken.[1] Klassische Beispiele sind Ford Madox Fords *The Good Soldier*, Ian McEwans »Dead as They Come« oder Agatha Christies *The Murder of Roger Ackroyd*. Impersonal heterodiegetisch erzählte Texte, die dem Leser ebenfalls ein falsches Bild der erzählten Welt präsentieren – wie etwa Ambrose Bierces Kurzgeschichte »An Occurrence at Owl Creek Bridge« oder Leo Perutz *Zwischen neun und neun* –, wer-

---

1 Vgl. etwa Allrath (2005: 76ff.); Busch (1998: 43); Chatman (1993: 234); Nünning (1998b: 6); Olson (2003: 99); Phelan (2004); Zerweck (2001: 155f.). Bezüglich der Problematik, ob einem personalisierbaren heterodiegetischen Erzähler Unzuverlässigkeit attestiert werden kann, siehe Jahn (1998).

den dagegen nur vereinzelt als Beispiele narrativer Unzuverlässigkeit aufgeführt (vgl. Martínez/Scheffel 2002: 102f.; Koebner 2004: 95). Im filmwissenschaftlichen Diskurs herrscht weniger Einigkeit: Einige Vertreter wie Seymour Chatman (1990), Anthrin Steinke (2006) oder Volker Ferenz (2005; 2006) beschränken das Konzept der erzählerischen Unzuverlässigkeit auf Filme, in denen narrative Inkonsistenzen und Ungereimtheiten auf einen homodiegetischen *voice-over narrator* zurückgeführt werden können, wie in David Finchers *Fight Club*, Bryan Singers *The Usual Suspects* oder Mary Harrons *American Psycho*. Ein Großteil der Forschung subsumiert aber auch Filme darunter, in denen eine solche personalisierbare Instanz fehlt, wie etwa in M. Night Shyamalans *The Sixth Sense*, Alejandro Amenábars *The Others* oder Ron Howards *A Beautiful Mind*.[2] Diese Divergenz im Anwendungsbereich wäre nicht weiter problematisch, wenn Narratologie nicht den Anspruch hätte, konsistente Theorien zu entwickeln, die medienübergreifend anwendbar sind, wie uns Celestino Deleyto erinnert: »For a narrative theory to be consistent and complete, it must work when applied to languages other than that of the novel. Most importantly in our culture, it must work when applied to the study of a film narrative« (Deleyto 1996: 218).

Dem Problem der scheinbar unterschiedlichen Anwendungsbereiche lässt sich auf zwei verschiedene Arten begegnen. Eine Möglichkeit ist: Man akzeptiert die Differenzen in der Auslegung der erzählerischen Unzuverlässigkeit mit einem Verweis auf die spezifischen Voraussetzungen der jeweiligen Erzählmedien. In der Literatur arbeitet die narrative Instanz im Monokanal Sprache und ist deshalb als Sprecher personalisierbar. Die filmische Erzählinstanz dagegen, die Seymour Chatman als *cinematic narrator* bezeichnet, vermittelt das Geschehen mit verschiedenen, vielfach nonverbalen Ausdrucksmitteln, die in ihrer Gesamtheit das filmische Erzählen konstituieren (vgl. Chatman 1990: 134f.). Insofern ist die filmische Erzählinstanz als solche nicht anthropomorphisierbar. Nur im Falle eines *voice-over narrator* kann eine homodiegetische Erzählsituation im Film fingiert werden (vgl. Ferenz 2006: 11).

Solche Überlegungen zu den Problemen der medialen Übertragung sind eine wichtige und notwendige Voraussetzung für ein konsistentes narratologisches Konzept der narrativen Unzuverlässigkeit, als Lösung aber ungeeignet, da die Problematik zwar begründet, aber eben nicht beseitigt wird. Außerdem, und dies ist wesentlich problematischer, setzt sich eine solche Argumentation dem Verdacht aus, das Konzept dem Erzählmedium anzupassen, anstatt mögliche mediale Grenzen anzuerkennen. So finden sich aufgrund der spezifischen, impersonalen Art des Er-

---

[2] So z.B. Hartman (2005); Helbig (2005); Laass (2006); Liptay/Wolf (2005b); Orth (2006); Schweinitz (2005).

zählens tendenziell wenige Filme, in denen narrative Unzuverlässigkeit auf einen personalisierbaren, homodiegetischen Erzähler zurückgeführt werden kann. Insofern erscheint eine solche Argumentation kontraproduktiv.

Eine andere Möglichkeit, dem Problem zu begegnen, besteht darin, den Maßstab für den Anwendungsbereich zu hinterfragen: Ist es wirklich sinnvoll, die Personalisierbarkeit der Erzählinstanz als ein pauschales Kriterium dafür anzuführen, ob narrative Unzuverlässigkeit in einem literarischen oder filmischen Werk vorliegen kann oder nicht?

Im Folgenden möchte ich dieser Frage nachgehen und zeigen, dass eine Einteilung in personalisierbare, homodiegetische und nicht personalisierbare, heterodiegetische Erzählinstanzen in Bezug auf narrative Unzuverlässigkeit vielfach irreführend ist. Es soll gezeigt werden, dass es gerade im Hinblick auf ein narratologisch konsistentes Modell sinnvoller erscheint, verschiedene Formen der narrativen Unzuverlässigkeit zu unterscheiden.

Vorweg muss angemerkt werden, dass sich die Ausführungen an dem literaturwissenschaftlichen Konzept von unzuverlässigem Erzählen orientieren – aus zwei Gründen: Zum einen stammt der Begriff aus der literaturwissenschaftlichen Erzähltheorie, zum anderen beziehen sich filmwissenschaftliche Verfechter des restriktiven Unzuverlässigkeitsbegriffes auf diesen literaturwissenschaftlich geprägten Begriff (vgl. Chatman 1990; Ferenz 2005; 2006). Außerdem muss betont werden, dass ich mich im Folgenden auf faktische Unzuverlässigkeit beschränke, also auf Fälle, in denen die Erzählinstanz ein falsches Bild der erzählten Wirklichkeit vermittelt.[3]

Dabei gehe ich folgendermaßen vor: In einem ersten Schritt wird das gängige Konzept der narrativen Unzuverlässigkeit in der Literaturwissenschaft betrachtet, um darzulegen, warum dieses Konzept überhaupt einen personalisierbaren, homodiegetischen Erzähler voraussetzt. Als literarisches Beispiel dazu soll Ian McEwans Kurzgeschichte »Dead as They Come« untersucht werden, als filmisches Pendant dazu ziehe ich Mary Harrons *American Psycho* heran. In einem zweiten Schritt sollen weitere Fälle untersucht werden, die gängigerweise als Beispiele narrativer Unzuverlässigkeit mit einem personalisierbaren Erzähler betrachtet werden – nämlich Agatha Christies Roman *The Murder of Roger Ackroyd* und David Finchers Film *Fight Club*. Es soll gezeigt werden, dass sich in beiden Werken eine Art von narrativer Unzuverlässigkeit findet, die losgelöst von einer personalisierbaren Erzählerfigur auftreten kann.

---

3 Von faktischer Unzuverlässigkeit sind Fälle abzugrenzen, in denen die Erzählinstanz fragwürdige Bewertungen über das Geschehen in der erzählten Welt aufstellt (normative Unzuverlässigkeit).

Um dies zu belegen, soll in einem letzten Schritt gezeigt werden, dass dieselbe Erzählstrategie, die in *Roger Ackroyd* und *Fight Club* zu finden ist, auch in impersonal erzählten Werken wie Ambrose Bierces Kurzgeschichte »An Occurrence at Owl Creek Bridge« oder in M. Night Shyamalans Film *The Sixth Sense* auftritt.

Die Beispiele werden nicht unter medienspezifischen Gesichtspunkten verglichen, sondern es sollen abstrakte, transmediale Merkmale herausgestellt werden, die in den jeweiligen Werken konstitutiv für die narrative Unzuverlässigkeit sind. Um dem Problem der medialen Übertragbarkeit so gut es geht aus dem Weg zu gehen, wird daher bewusst auf häufig diskutierte Beispiele aus Literatur- und Filmwissenschaft zurückgegriffen.

Zunächst zum Konzept der narrativen Unzuverlässigkeit in der Literaturwissenschaft und der Frage, warum hierfür ein personalisierbarer Erzähler vorausgesetzt werden muss: Ausgangspunkt ist die Annahme, dass unzuverlässiges Erzählen eine Sonderform von ironischem Erzählen darstellt.[4] Bei ironischer Kommunikation ist zwischen einer expliziten und einer impliziten Botschaft zu unterscheiden, wobei die implizite als die ›eigentlich gemeinte‹ verstanden werden muss (vgl. Martínez/Scheffel 2002: 100). Voraussetzung für ironische Kommunikation ist allerdings, dass sich der Sprecher der doppelten Bedeutung der Nachricht bewusst ist und intendiert, diese doppelte Bedeutung zu senden. In diesem Punkt unterscheidet sich der ironische Erzähler von einem unzuverlässigen Erzähler, so Seymour Chatman:

»[Unreliable narration] is ›speaker-unconscious‹: that is the narrator is the butt [of irony], not the objects and events narrated. The unreliable narrator cannot know the disparity between the two messages presented by his own message. He delivers what he understands to be a straightforward message, but the implied reader must infer that the ostensible message is being cancelled or at least called into question by an underlying message that the narrator does not understand. The narrator is being ironized by the *act* of narrating« (Chatman 1990: 153f.).

Die Ironie verläuft gewissermaßen ›hinter dem Rücken‹ des Erzählers.[5] Da die implizite Textebene dem Erzähler, nicht aber dem Rezipienten

---

4   Vgl. hierzu Chatman (1990: 153); Ferenz (2005: 134); Fludernik (2005: 40); Jahn (1998: 86ff.); Martínez/Scheffel (2002: 100f.); Nünning (1998b: 17); Zerweck (2001: 157).

5   Ansgar Nünning präzisiert diese metaphorischen Umschreibungen, indem er die Unzuverlässigkeit mit Rückgriff auf Manfred Pfister als dramatische

verborgen bleibt, eröffnen sich dem Leser Deutungsmöglichkeiten, die Rückschlüsse auf die Erzählerfigur zulassen. So erläutert Ansgar Nünning:

»Im Falle von *unreliable narration* können Rezipienten den Äußerungen des Erzählers zumeist zwei Informationen zugleich entnehmen: Zunächst einmal werden [die Rezipienten] mit jener Geschichte konfrontiert, die dem Erzähler bewußt ist und die dieser zu erzählen beabsichtigt; dadurch erhalten die Rezipienten Informationen über ›Fakten‹ der fiktionalen Welt. Zugleich enthalten die Äußerungen eines unglaubwürdigen Erzählers eine Vielzahl von impliziten Zusatzinformationen. Unfreiwillig und unbeabsichtigt gibt ein *unreliable narrator* dem Rezipienten dadurch Einblick in seine oft sehr idiosynkratische Perspektive« (Nünning 1998b: 18).

Narrative Unzuverlässigkeit ist somit dann anzunehmen, wenn die Schilderungen eines Erzählers zweifelhaft erscheinen und dem Rezipienten Einblicke in die verzerrte Weltsicht des Erzählers offenbaren. Aus diesem Grund wird vorausgesetzt, dass es sich bei einem unzuverlässigen Erzähler um einen personalisierbaren Erzähler handeln muss, der »selbst als Charakter an der Handlung in der fiktiven Welt teilnimmt« (Nünning 1990: 38) und dem psychologische Offenheit und Interpretierbarkeit zugestanden werden kann (vgl. Jahn 1998: 82). Man kann daher mit Kathleen Walls Worten festhalten: »[T]he purpose of unreliable narration [...] is to foreground certain elements of the narrator's psychology« (Wall 1994: 21).

Dieses Konzept soll anhand einer Passage aus Ian McEwans bizarrer Kurzgeschichte »Dead as They Come« veranschaulicht werden. »Dead as They Come« beginnt wie eine seichte Liebesgeschichte. Der homodiegetische Erzähler – ein wohlhabender, dreifach geschiedener Mittvierziger – erblickt eine Frau in einem Schaufenster und verliebt sich in diese. Von nun an geht er jeden Tag an dem Kaufhaus vorbei, um einen Blick auf die Frau zu erhaschen. Seine Liebe wächst stetig und er beschließt die Frau zu kaufen – denn Helen, der der Erzähler menschliches Verhalten und Tugenden attestiert, ist, so erfahren wir, eine Schaufensterpuppe. Helen bietet dem Erzähler sexuelle Erfüllung, gleichzeitig wird sie zu seiner Bezugsperson, der er seine Geheimnisse anvertrauen kann. Das ›Verhältnis‹ wird jedoch erschüttert, als der Erzähler Anzeichen für eine Affäre zwischen Helen und seinem Chauffeur zu entdecken glaubt. Zusehends distanziert er sich von Helen. In seiner Liebespein konfrontiert der Erzähler Helen schließlich mit seinen Verdächtigungen und das

---

Ironie definiert, die einen Wissensvorsprung des Rezipienten gegenüber dem Erzähler voraussetzt (vgl. Nünning 1998b: 17).

Schweigen der Puppe wird für den Erzähler zu einem Eingeständnis ihrer Schuld. In einem Anfall von Wut vergewaltigt er Helen und erstickt sie mit einem Kissen – so zumindest die Schilderung des Erzählers. Wie bereits erläutert, geht es nicht darum, zu entdecken, dass Helen kein Mensch ist. Dies wird bereits zu Beginn der Geschichte deutlich, als der Erzähler die Puppe kauft. Entscheidender ist die Diskrepanz zwischen der Version, die der Erzähler darbietet, und jener, die sich der Leser aus den gegebenen Informationen konstruiert. Die Ironie zu Lasten der Erzählerfigur und die dadurch hervorgerufene unfreiwillige Selbst-Charakterisierung des Erzählers sollen kurz anhand einer drastischen Szene illustriert werden. In der folgenden Passage verbringt der Erzähler die erste Nacht mit der Schaufensterpuppe Helen:

»She stroked my hand, she gazed wonderingly into my eyes. I undressed her [...]. I drew her close to me, her naked body against mine, and as I did so I saw her wide-eyed look of fear...she was a virgin. I murmured in her ear. [...] ›Do not be afraid,‹ I whispered, ›do not be afraid.‹ I slid in her easily [...]. The quick flame of pain I saw in her face was snuffed by long agile fingers of pleasure. I have never known such pleasure, such total accord...almost total, for I must confess there was a shadow I could not dispel. She had been a virgin, now she was a demanding lover. She demanded the orgasm I could not give her, she would not let me go, she would not permit me to rest. [...] [B]ut nothing I did, and I did everything, I gave everything, could bring her to it. At last [...] I broke away from her, delirious with fatigue, anguished and hurt by my failure. [...] I took her hand. It was stiff and unfriendly. It came to me in a panic stricken moment that Helen might leave me. [...] ›Helen,‹ I said urgently. ›Helen...‹ She lay perfectly still, seeming to hold her breath. ›It will come, you see, it will come,‹ [...]« (McEwan 2006: 65f.).

Da dem Leser bewusst ist, dass der Erzähler Sex mit einer Schaufensterpuppe und nicht mit einer lebendigen Frau hat, stellt er die Aussagen in Zweifel. Der Leser wird sich Helen nicht als leidenschaftliche, unersättliche Liebhaberin vorstellen, wie sie der Erzähler schildert, sondern als leblose Figur, die starr im Bett des Erzählers liegt.

Aufgrund dieses Wissens geben die Beschreibungen des Erzählers in Bezug auf Helens angebliches Verhalten unfreiwillige Einblicke in sein idiosynkratisches Seelenleben – man beachte beispielsweise die verschiedenen emotionalen Veränderungen, die der Erzähler an der bewegungslosen Puppe zu erkennen glaubt, wie anfängliche Angst, dann Leidenschaft, schließlich Resignation. Gleichzeitig illustrieren diese Beschreibungen aber auch sein sich wandelndes Selbstvertrauen. So fühlt er sich der Puppe so lange überlegen, wie sie ›Jungfrau‹ ist, wie er es nennt. Schon bald fühlt er sich ihren Wünschen nicht mehr gewachsen. Ohne eine detaillierte Analyse vorzulegen, wird doch deutlich, dass die Schilderungen des Erzählers seine fast schon paranoide Angst vor sexuellem Versagen offenbaren, die er auf die Puppe projiziert. Die Diskrepanz zwischen der expliziten und der impliziten Textebene dürfte deutlich geworden sein.[6]

Als Nächstes wird ein filmisches Beispiel betrachtet, das auf ähnliche Weise Einblicke in die verzerrte Weltsicht eines personalisierbaren Erzählers gewährt. Bei der Übertragung des Konzeptes des unzuverlässigen Erzählers muss man sich gewahr sein, dass ein filmischer *voice-over narrator* nicht den Status eines literarischen Erzählers hat (vgl. Chatman 1999: 327f.; Kozloff 1988: 43ff.). Während der literarische Erzähler mit seiner Stimme den Diskurs eigenverantwortlich kontrolliert, ist die Stimme des *voice-over narrator* nur ein Element unter vielen in der filmischen Narration, das meist peripher auftritt (vgl. Chatman 1990: 134; Schweinitz 2005: 94). Die eigentliche filmische Erzählinstanz (*cinematic narrator*) bedient sich verschiedener Ausdruckskanäle – nämlich dem visuellen und den auditiven – um die erzählte Welt zu präsentieren (vgl. Chatman 1990: 135). Gleichwohl wird angenommen, dass eine homodiegetische Erzählsituation im Film fingiert werden kann, wenn durch bestimmte erzählerische Verfahren der Eindruck entsteht, der *voice-over narrator* habe die Kontrolle über den Diskurs (vgl. Ferenz 2006: 11).

Im Film können zwei Arten des unzuverlässigen Erzählens mit einem homodiegetischen Erzähler unterschieden werden: im ersten, eher simplen Fall stellen die Darstellung der erzählten Welt durch den *voice-over narrator* und die Darstellung durch den *cinematic narrator* einen Gegensatz dar. In Robert Zemeckis *Forrest Gump* oder Terrence Malicks *Badlands* offenbart sich durch diese Inkonsistenzen die Naivität ihrer Protagonisten.[7]

Neben einem solch eher simplen Fall der narrativen Unzuverlässigkeit ist auch der komplexere Fall denkbar, dass der *voice-over narrator* und das filmische Bild eine semantische Einheit bilden, das filmische Bild gewissermaßen als Visualisierung der Sprache anzusehen ist. In einem solchen Fall ist narrative Unzuverlässigkeit dann anzunehmen, wenn sowohl die Schilderungen des *voice-over narrator* als auch die übrige filmische Darstellung der erzählten Welt in ihrer Gesamtheit zweifelhaft erscheinen. Ein solches Beispiel findet sich in Mary Harrons Romanverfilmung *American Psycho*. In dem Film über einen möglicherwei-

---

6   Eine detaillierte Analyse von »Dead as They Come« findet sich bei Nünning (2005).

7   Auch wenn normative und faktische Unzuverlässigkeit nicht immer deutlich zu trennen sind, überwiegt in beiden Filmen die normative Unzuverlässigkeit.

se massenmordenden Yuppie hinterfragt der Zuschauer sowohl die Fähigkeit des *voice-over narrator* Patrick Bateman, die Geschehnisse adäquat zu schildern, als auch seine Fähigkeit als Fokalisierungsinstanz, seine Umgebung wahrzunehmen. Wenn der *voice-over narrator* im ersten Drittel des Films verkündet: »My mask of sanity is about to slip«, dann trägt dieser Ausspruch nicht nur dazu bei, Misstrauen gegenüber dem Erzähler und der Fokalisierungsinstanz aufzubauen, sondern dies scheint sich auch im weiteren Verlauf zu bestätigen. In einer geradezu surreal anmutenden Sequenz gegen Ende des Films möchte Bateman Geld an einem Automaten abheben; plötzlich streift eine Katze sein Bein, Bateman hebt sie auf und liest auf dem Display des Automaten: »Feed me a stray cat«. Nach einem vergeblichen Versuch, die Katze in den Automaten zu stopfen, wird eine ältere Frau auf Bateman aufmerksam und versucht das Tier zu retten. Emotionslos schießt Bateman die Frau nieder. Nach einer Verfolgungsjagd mit der Polizei und anschließendem Schusswechsel jagt Bateman mit wenigen Schüssen zwei Polizeiwagen in die Luft und entkommt so seinen Verfolgern. Bateman selbst schaut ungläubig auf seine Pistole. Aufgrund der Surrealität und Absurdität stellt der Zuschauer die Wahrhaftigkeit dieser Ereignisse in Frage.

Darüber hinaus wird in der Schwebe gehalten, ob Bateman die verschiedenen Morde im Verlaufe des Films tatsächlich begangen hat oder ob sie nur Teil seiner perversen Fantasien sind. Auch diesen Umstand der Ungewissheit führen wir auf Batemans psychopathisches, von Mordfantasien getriebenes Wesen zurück. Wir folgern, dass Bateman als Erzähler und Fokalisierungsinstanz aufgrund seiner verzerrten Weltsicht nicht mehr fähig ist, Realität und Fantasie zu trennen.[8]

Als Zwischenfazit bleibt damit festzuhalten, dass unzuverlässiges Erzählen eine besondere Form des ironischen Erzählens darstellt. ›Unzuverlässigkeit‹ bezeichnet in diesem Zusammenhang einen Makel in der psychischen Konstitution eines Sprechers, der durch sein Erzählen unfreiwillig offengelegt wird. Es geht folglich nicht darum, den Erzähler im Sinne einer Sendeinstanz zu hinterfragen, sondern die psychische Konstitution einer fiktionalen Figur, der wir die (vollständige – wie in der Literatur – oder partielle – wie im Film) Verantwortung für den erzählerischen Diskurs zuweisen. Daher ist es wenig verwunderlich, dass man in vielen – besonders literaturwissenschaftlichen – Aufsätzen Typologisierungen von unzuverlässigen Erzählerfiguren findet. Manfred Jahn etwa kategorisiert unzuverlässige Erzähler als »Lügner, Heuchler, Angeber, Aufschneider, Getäuschte, Träumer, Naive, Engstirnige, Besessene, Un-

---

8   Eine detaillierte Analyse findet sich bei Ferenz (2006).

verbesserliche, Irre, Irrende, Verwirrte, Ignorante, Blender, Blinde, Verblendete, Neurotiker (usw.)« (Jahn 1998: 82).[9]

Als Nächstes soll demonstriert werden, wie irreführend eine solche Einteilung ist. Um Jahns Typologie aufzugreifen, sollen ein Erzähltext mit einem offenkundigen ›Lügner‹ als Erzähler, nämlich Agatha Christies *The Murder of Roger Ackroyd*, und ein Film mit einem schizophrenen *voice-over narrator*, nämlich David Finchers *Fight Club*, genauer betrachtet werden, um zu zeigen, dass in beiden Fällen eine Form von faktischer Unzuverlässigkeit vorherrscht, die nicht auf einen Makel der Erzählerpersönlichkeit weist.

Bei der Auseinandersetzung mit literaturwissenschaftlichen Theorien zum unzuverlässigen Erzähler stolpert man immer wieder über einen Verweis auf Agatha Christies *The Murder of Roger Ackroyd*. Monika Fludernik (1999: 77) und Theresa Heyd (2006: 226f.) sprechen von einem Standardbeispiel, während etwa Gaby Allrath (2005: 79) oder Kathleen Wall (1994: 21) von einem besonderen Fall des unzuverlässigen Erzählers sprechen. Worum geht es in Christies Roman? Dr. Sheppard, ein phlegmatischer Landarzt, findet die Leiche des reichen Geschäftsmannes Roger Ackroyd. Nach dem Fund begleitet Dr. Sheppard den Meisterdetektiv Hercule Poirot auf der Suche nach dem Mörder. Sheppard fungiert dabei nicht nur als Assistent des Detektivs, sondern auch als Chronist der Recherche, also als homodiegetischer Erzähler. Am Ende des Romans entlarvt der belgische Detektiv zur Überraschung des Lesers Dr. Sheppard – den Erzähler – als Mörder von Roger Ackroyd. Tatsächlich gesteht der Erzähler reumütig seine Tat. Dr. Sheppard hat nicht nur vor Poirot einen ahnungslosen Unbeteiligten gespielt, sondern auch vor dem Leser.

Der Erzähler hat das Geschehen folglich nicht adäquat dargestellt. Genauer könnte man diesen Fall – um James Phelans Terminologie zu gebrauchen – als ›underreporting‹ bezeichnen, also den Fall, in dem eine Erzählerfigur weniger schildert, als sie weiß (vgl. Phelan 2004: 52). Darüber hinaus kann man ein Motiv – also einen psychologischen Beweggrund – für die unzureichende Wiedergabe ableiten: Dr. Sheppard möchte nicht des Mordes überführt werden. Insofern scheint es auf den ersten Blick nur folgerichtig, von einem unzuverlässigen Erzähler zu sprechen.

Allerdings – und darin unterscheidet sich Dr. Sheppard signifikant von dem namenlosen Erzähler aus »Dead as They Come« – ist die Unzuverlässigkeit vom Erzähler intendiert und für den Leser bis zur Auflösung nicht zu erkennen. Dr. Sheppard hat jedes Wort genauestens ge-

---

9 Ähnliche Typologien finden sich bei Chatman (1993: 233), Fludernik (2005: 40f.) und Riggan (1981).

wählt, um den Leser erfolgreich zu täuschen, wie er am Ende des Romans bekennt:

»I am rather pleased with myself as a writer. What could be neater, for instance, than the following:
›*The letters were brought in at twenty minutes to nine. It was just on ten minutes to nine when I left him* [Roger Ackroyd; R.V.], *the letter still unread. I hesitated with my hand on the door handle, looking back and wondering if there was anything I had left undone.*‹
All true, you see. But suppose I had put a row of stars after the first sentence! Would somebody then have wondered what exactly happened in that blank ten minutes?« (Christie 2006: 286)

Die Unterscheidung von nicht intendierter und intendierter Selbstentlarvung wurde in der Forschung bislang meist nur kurz thematisiert, allerdings meines Wissens nur von Kathleen Wall problematisiert. Wall fragt, ob ein Erzähler auch dann noch unzuverlässig genannt werden kann, wenn er sich selbst als unzuverlässig entlarvt (vgl. Wall 1994: 21). Leider geht sie dieser interessanten und für das Verständnis von narrativer Unzuverlässigkeit zentralen Frage nicht weiter nach. Daher soll die Frage ein wenig umformuliert und in Hinblick auf Agatha Christies Roman modifiziert werden: Was macht die narrative Unzuverlässigkeit des Erzählers in *The Murder of Roger Ackroyd* eigentlich aus? Wieso wird in der Forschung von einem unzuverlässigen Erzähler gesprochen?

Zunächst kann festgehalten werden, dass es keine Inkonsistenzen im erzählerischen Diskurs gibt. Es gibt also keine Anhaltspunkte, die Glaubwürdigkeit des Erzählers in Frage zu stellen. Es ist kein psychischer Makel an Dr. Sheppard zu erkennen, der durch seine Schilderung signifikant für den Leser würde. Es fehlt folglich an einer Ironie zu Lasten des Erzählers. Vielmehr scheint die narrative Unzuverlässigkeit in der überraschenden Auflösung begründet zu liegen, dass der Erzähler nicht die ganze Wahrheit erzählt hat. Der Leser vertraut Dr. Sheppard als Erzählinstanz. Der Leser vertraut darauf – übrigens gerade weil Dr. Sheppard ohne Inkonsistenzen erzählt –, dass der Erzähler ihm die Geschehnisse vollständig und adäquat berichtet. Im Falle von *The Murder of Roger Ackroyd* deklariert Unzuverlässigkeit folglich keinen psychologischen Makel der Erzählerfigur (außer dass er lügt, wenn man dies als charakterlichen Makel bezeichnen will). Vielmehr deklariert Unzuverlässigkeit nach meinem Verständnis einen Makel des Erzählvorganges, der von der Erzählinstanz initiiert ist. Lediglich der kausale Zusammenhang zwischen dem Erzähler als Sender und einem unzuverlässigen Erzählvorgang als Botschaft rechtfertigte es, von einem unzuverlässigen Erzähler zu sprechen.[10]

Als filmisches Pendant zu *Roger Ackroyd* soll David Finchers *Fight Club* betrachtet werden, in dem ein schizophrener *voice-over narrator* erzählt. Ein paar Worte zur Handlung: Jack, homodiegetischer *voice-over narrator*, ist ein langweiliger Versicherungsangestellter, der unter chronischer Schlaflosigkeit leidet.[11] Als er den Anarchisten Tyler Durden kennen lernt, beginnen seine psychischen Leiden zu schwinden. Mit dem neuen Freund gründet Jack den sogenannten *fight club*, in dem Männer blutige Faustkämpfe austragen, um ihrem sinnentleerten Leben ein Gegengewicht zu geben. Der *fight club* erhält großen Zulauf und verbreitet sich schnell über das ganze Land. Tyler Durden nutzt diese Popularität und baut den *fight club* hinter Jacks Rücken zu einem terroristischen Netzwerk aus, das das Ziel verfolgt, mit Anschlägen die kapitalistische Gesellschaft zu zerstören. Als Jack die Dimension und den Wahnsinn von Tylers Plänen durchschaut, will er seinen Freund stoppen. Doch dann muss er erkennen, dass er selber Tyler Durden ist, dass sein Freund nur ein Fantasieprodukt ist und er selber hinter all den Taten steckt.

Wie in *Roger Ackroyd* fehlt es auch in *Fight Club* an einer Ironie zu Lasten der Erzählerfigur. Die wenigsten Rezipienten werden vermuten, dass Jack schizophren ist und Tyler nur eine Einbildung. Der *voice-over narrator* spricht von Tyler Durden und wir sehen diesen auf der Leinwand agieren. Es gibt weder Diskrepanzen zwischen der filmischen Darstellung und den Schilderungen des *voice-over narrator* wie in *Forrest Gump* oder *Badlands* noch erscheinen die dargebotenen Geschehnisse in der erzählten Welt zweifelhaft oder widersprüchlich wie in *American Psycho*. Zwar finden sich immer wieder irritierende Momente, diese sind für den Zuschauer jedoch nicht zu deuten (vgl. Helbig 2005: 139). Folglich lässt der filmische Diskurs den Zuschauer nicht an der Fähigkeit des *voice-over narrator* zweifeln, das Vergangene faktisch adäquat wiederzugeben – der Zuschauer glaubt, was er sieht. Zwar leidet Jack – wie wir am Ende erfahren – an Schizophrenie, doch diese psychische Erkrankung

---

10 Der Fall ist somit konträr zu dem Fall dramatischer Ironie, die aus einem Wissensvorsprung des Rezipienten gegenüber der Erzählerfigur resultiert. Im Falle von *Roger Ackroyd* hat der Leser gegenüber Dr. Sheppard jedoch keinen Wissensvorsprung, sondern das Gegenteil ist der Fall: Der Rezipient weiß weniger als der Erzähler (der sein vollständiges Wissen nicht preisgibt).

11 Der Protagonist und *voice-over narrator* bleibt im Film namenlos, auch im Abspann heißt er schlicht »Narrator«. Aus Gründen der Lesbarkeit orientiere ich mich – wie Jörg Helbig – am Drehbuch, in dem die Figur Jack heißt (vgl. Helbig 2005: 146, Anm. 13).

schlägt sich nicht in der Art und Weise nieder, wie er das Geschehen schildert. Um diese These zu belegen, soll die Erzählsituation in *Fight Club* genauer unter die Lupe genommen werden.

Der Film geht sofort in medias res. Protagonist Jack hat den Lauf einer Pistole im Mund, er befindet sich in einer offensichtlich lebensgefährlichen Situation. Der *voice-over narrator* erzählt, dass in kurzer Zeit mehrere mit Sprengstoff beladene Kleinlaster verschiedene Hochhäuser in die Luft sprengen werden. Nachdem der Zuschauer also unversehens ins kalte Wasser geworfen wurde, zentrale Konflikte also bereits zu Beginn des Films thematisiert wurden, beginnt Jack als *voice-over narrator* zu erzählen, wie er in diese verfängliche Situation geraten ist. Wir erleben fast den gesamten Film als Rückblick, der von Jack als *voice-over narrator* begleitet und gelenkt wird. Doch worin besteht die Unzuverlässlichkeit des erzählenden Jack, wenn wir sie auf ihn zurückführen können? Schildert Jack als kognitives Zentrum der Erzählung die diegetische Welt tatsächlich falsch, weil er es aufgrund der Schizophrenie nicht anders kann?[12]

Um diese Fragen zu beantworten, erscheint es notwendig, eine Differenzierung zwischen Erzählinstanz und Fokalisierungsinstanz vorzunehmen. Gérard Genette trennt zwischen der Instanz, die erzählt – wer spricht? –, und der Instanz, die im erzählerischen Diskurs wahrnimmt – wer sieht? (Vgl. Genette 1994: 132ff.) Eine solche Trennung ist auch auf den Film anwendbar (vgl. Ferenz 2006: 11). Während der *voice-over narrator* in *Fight Club* den gesamten filmischen Diskurs zu kontrollieren scheint, also zu bestimmen scheint, welche Informationen der Rezipient wann bekommt, fungiert der in der Rückblende agierende Jack als Fokalisierungsinstanz.

Im Falle von unzuverlässigem Erzählen ist der Wissensunterschied zwischen Erzähler und Fokalisierungsinstanz von besonderer Bedeutung. In der Literaturwissenschaft wird getrennt zwischen unzuverlässigem Erzählen und der unzuverlässigen Wahrnehmung einer Fokalisierungsinstanz. Der Fall einer unzuverlässigen Fokalisierungsinstanz wird gemeinhin nicht als unzuverlässiges Erzählen begriffen, da die Erzählinstanz in einem solchen Fall absolut zuverlässig wiedergibt, wie eine fokale Figur

---

12 Eine solche Kausalität scheint Anthrin Steinke anzunehmen, wenn sie in ihrer Analyse von Fight Club schreibt: »Zunächst schildert der [...] Erzähler die Geschichte so, wie er sie sich für sich selber wünscht: Er erzählt die Unwahrheit. Als ihm bewusst wird, dass sein Erleben auf einer Wunschphantasie gründet, revidiert er augenblicklich Teile der dargestellten Wunschphantasie, indem er Bilder liefert, die die wahren Vorkommnisse zeigen« (Steinke 2006: 155).

die erzählte Welt falsch wahrnimmt.[13] Aus diesem Grund ist im Falle der unzuverlässigen Fokalisierungsinstanz auch nicht der Erzähler das Opfer von Ironie, sondern die Fokalisierungsinstanz. Die Unzuverlässigkeit ist nicht auf Ebene des Diskurses, sondern auf Ebene der Story angesiedelt (vgl. Chatman 1990: 150f.).

Eine solche Differenzierung erscheint vor allem deshalb wichtig, da Jack als *voice-over narrator* und Jack als wahrnehmende Figur über unterschiedliche Wissensstände verfügen. Während Jack als *voice-over narrator* – bildlich gesprochen – während des gesamten Filmes im Hochhaus sitzt und die vergangenen, ihm bekannten Ereignisse erzählt, die uns im Rückblick dargeboten werden, ist Jack als Fokalisierungsinstanz direkt in diese zurückliegende Geschehnisse involviert und weiß nichts über deren Ausgang.

Im Rückblick des Films erlebt der Zuschauer die erzählte Welt mit dem Wissensstand des fokalen Jack.[14] Aufgrund seiner Schizophrenie nimmt er Tyler Durden als Figur innerhalb der erzählten Welt wahr. Erst als er begreift, dass Tyler nicht existiert, wird seine falsche Sicht auch dem Zuschauer vor Augen geführt – deutlicher kann die Koppelung von Jacks Wahrnehmung als Fokalisierungsinstanz und der Darstellung der erzählten Welt nicht markiert sein. Das falsche Bild, das der Zuschauer von der erzählten Welt gewinnt, beruht demnach auf der falschen Wahrnehmung der Fokalisierungsinstanz – und nicht auf einer falschen Schilderung der Erzählinstanz. Die narrative Unzuverlässigkeit des Films besteht also nicht in der Tatsache, dass uns die Geschehnisse ›unwahr‹ prä-

---

13 Vgl. hierzu Busch (1998: 47ff.); Chatman (1990: 149); Jahn (1998: 90ff.).
14 Daher möchte ich Jörg Helbig darin widersprechen, dass die Unzuverlässigkeit des Films auf der Tatsache beruht, dass »eine scheinbar unpersönliche Fokalisierung in Wahrheit figurengebunden ist« (Helbig 2005: 134). Da das Geschehen aus der Rückschau von Jack als *voice-over narrator* präsentiert wird, ist das Geschehen *handlungslogisch* intern fokalisiert und für den Zuschauer als solches deutlich markiert (Jack erzählt dem Zuschauer seine Geschichte, insofern wissen wir als Zuschauer, dass wir das Geschehen aus seiner Sicht mit seinem Kenntnisstand verfolgen). Die Tatsache, dass das Geschehen nicht permanent aus einer subjektiven Kamera gezeigt wird, liegt schlicht an filmischen Erzählkonventionen: So werden in filmischen Erinnerungen in den meisten Fällen die sich erinnernden Figuren gezeigt. Dennoch sind in diesen Fällen die narrativen Informationen, die wir als Rezipienten erhalten, an die (wenn auch nicht immer optische) Perspektive der Fokalisierungsinstanz geknüpft, weshalb man in Rückblenden, die durch eine Erinnerung motiviert sind, im Regelfall von interner Fokalisierung sprechen kann. In Bezug auf Filme ohne einen homodiegetischen *voice-over narrator*, wie etwa *The Others* oder *A Beautiful Mind*, stimme ich Helbigs Ausführungen dagegen zu.

sentiert werden, wie etwa Anthrin Steinke (2006: 153ff.) in ihrer Analyse des Films feststellt. Sowohl Jack als *voice-over narrator* als auch die filmische Erzählinstanz erzählen nicht falsch, sie präsentieren das Geschehen zuverlässig und wahrheitsgetreu aus der Sicht der Fokalisierungsinstanz – wie Jack die erzählte Welt zu jenem Zeitpunkt mit seinem Kenntnisstand erlebt hat.

Die Unzuverlässigkeit besteht vielmehr darin, dass dem Rezipienten die Information vorenthalten bleibt, dass diese Wahrnehmung sich nicht mit der objektiven Wirklichkeit deckt. Es fehlt an einer Aufklärung des *voice-over narrator* oder der filmischen Erzählinstanz, dass die Sicht des fokalen Jack falsch ist. Erst unmittelbar bevor der fokale Jack erkennt, dass Tyler ein Fantasieprodukt ist, wird das überlegene Wissen des *voice-over narrator* gegenüber der Fokalisierungsinstanz und dem Zuschauer deutlich. So leitet Jack als *voice-over narrator* die Auflösung, dass er schizophren ist, mit den Worten ein: »Please return your seat backs to their full upright and locked position!« Diese Worte sind direkt an den Zuschauer gerichtet und implizieren die zu erwartende Verblüffung beim Publikum – es findet sich also wieder ein Fall von intendierter Selbstentlarvung. Wenn man die narrative Unzuverlässigkeit an Jack als Erzählerfigur festmachen will, dann muss diese folglich in der Tatsache begründet liegen, dass er dem Zuschauer nicht vorher mitteilt, dass er schizophren ist und Tyler nicht existiert – auch er ist ›underreporting‹, ohne dass dies dem Zuschauer bewusst ist.[15]

Es bleibt damit festzuhalten, dass dem Rezipienten sowohl in *Roger Ackroyd* als auch in *Fight Club* Informationen vorenthalten werden, die für die Konstituierung der erzählten Wirklichkeit wesentlich sind. Wie in *Roger Ackroyd* liegt die narrative Unzuverlässigkeit auch im Falle von *Fight Club* in einem irreführenden Diskurs begründet und nicht in einer verzerrten Weltsicht der Erzählerfigur.

Als erstes Ergebnis kann somit festgehalten werden, dass wir bei homodiegetischen, personalisierbaren Erzählern zwei Arten der faktischen Unzuverlässigkeit trennen können. Den Fall, in dem der personali-

---

15 Die Unzuverlässigkeit liegt daher primär auf der Ebene der erzählerischen Vermittlung, auf Ebene des Diskurses, und erst sekundär auf Ebene der Story. Dieser Typ der narrativen Unzuverlässigkeit ist also von einem typischen Fall der unzuverlässigen Fokalisierungsinstanz abzugrenzen, da es an einer Ironie zu Lasten dieser fehlt (zum Verhältnis unzuverlässige Fokalisierungsinstanz – Ironie vgl. Diengott 1995; Nünning/Nünning 2007; Shen 1989). Da wir als Rezipienten bis zur finalen Auflösung nicht wissen, dass die Fokalisierungsinstanz schizophren ist, haben wir kein überlegenes Wissen dieser gegenüber – somit fehlt es an einer Grundvoraussetzung dafür, einen Fall von dramatischer Ironie anzunehmen.

sierbare Erzähler durch eine falsche Schilderung des Geschehens unfreiwillig Einblicke in sein Seelenleben gewährt, und den Fall, in dem der homodiegetische Erzähler den Rezipienten durch manipulative Informationsvergabe in die Irre führt. Um es ein wenig pointierter auszudrücken: Im Falle von »Dead as They Come« oder *American Psycho* zweifelt der Rezipient aufgrund von narrativen Signalen die Glaubwürdigkeit der personalisierbaren Erzählerfigur an. Im Falle von *Roger Ackroyd* und *Fight Club* dagegen vertraut der Rezipient den personalisierbaren Erzählern und wird von diesen durch einen irreführenden Diskurs getäuscht, da es an auflösbaren Inkonsistenzen und damit an dramatischer Ironie fehlt. Diese Feststellung führt zu der Frage: Wenn es keine Ironie zu Lasten der Erzählerfigur und – damit verbunden – keine implizite Selbstcharakterisierung des homodiegetischen Erzählers gibt und die Unzuverlässigkeit vielmehr in einem irreführenden Diskurs begründet liegt, inwieweit ist das Konzept erzählerischer Unzuverlässigkeit dann noch an eine homodiegetische Erzählerfigur gekoppelt?

Natürlich bietet ein Rückbezug auf eine personalisierbare Erzählerfigur dem Rezipienten zumindest im Falle von *Roger Ackroyd* die Möglichkeit, die psychologischen Motive der Erzählerfigur für den irreführenden Erzählvorgang zu rekonstruieren. So will Dr. Sheppard als Mörder unerkannt bleiben. Im Falle von Jack, dem Erzähler aus *Fight Club*, ist es dagegen nahezu unmöglich, persönliche Motive für die Täuschung zu rekonstruieren. Daher scheint mir das Auslassen der narrativen Informationen – sowohl in *Roger Ackroyd* als auch in *Fight Club* – ein primär dramaturgisches Mittel zu sein, das nicht zwangsläufig an eine personalisierbare Erzählerfigur gebunden ist. Ähnlich sieht es auch Genette, der in einer kurzen Analyse der Erzählstrategie von *Roger Ackroyd* – die er als Paralipse bezeichnet – zu dem Ergebnis kommt, dass die Täuschung auch im Falle einer impersonalen, heterodiegetischen Erzählinstanz zu erzielen sei (vgl. Genette 1994: 236f.). Genettes These folgend soll behauptet werden, dass die Auflösung in *Fight Club* genauso überraschend für den Rezipienten wäre, wenn der Film chronologisch und ohne den Einsatz eines *voice-over narrator* erzählt worden wäre.

Um dies zu belegen, sollen abschließend kurz zwei Beispiele aus Literatur und Film betrachtet werden, in denen der Rezipient von einer nicht personalisierbaren heterodiegetischen Erzählinstanz in die Irre geführt wird.

Die Kurzgeschichte »An Occurrence at Owl Creek Bridge« von Ambrose Bierce schildert die Erhängung des jungen Südstaatenfarmers Peyton Farquhar auf einer Eisenbahnbrücke während des amerikanischen Bürgerkrieges. Als er von der Brücke gestoßen wird und die Augen schließt, hört er ein Knacken und glaubt, dass der Strick gerissen sei. Er spürt, wie er in das Wasser des Flusses eintaucht. Er kann sich von seinen Fesseln befreien und den Schüssen der Soldaten ausweichen. Als er nach tagelangem Marsch endlich das Haus seiner Frau erreicht, spürt Peyton plötzlich einen Schmerz am Hals und ihm wird schwarz vor Augen. Peyton baumelt tot unter den Balken der Owl-Creek-Brücke. Seine Flucht war nur eine Imagination.

Ein filmisches Pendant dazu bildet M. Night Shyamalans *The Sixth Sense*. Erzählt wird die Geschichte des Kinderpsychiaters Malcolm Crowe, der eines Nachts von einem ehemaligen Patienten niedergeschossen wird. Im nächsten Herbst beginnt der Psychiater eine Therapie mit dem neunjährigen Cole Sears, der an einer emotionalen Störung leidet. Die Ursache für das psychische Leiden ist nicht die Scheidung von Coles Eltern, wie Malcolm zunächst annimmt, sondern die Tatsache, wie ihm dieser später eröffnet, dass der Junge Geister sehen kann. Malcom glaubt ihm nach anfänglichem Zögern und schafft es schließlich, ihn zu therapieren. Doch dann muss Malcom feststellen, dass er selbst ein Geist ist – er hatte die Schussverletzung, die zu Beginn des Filmes gezeigt wird, nicht überlebt.

Gründe, warum der Rezipient in beiden Fällen von der Auflösung überrascht wird, sind vielfältig: Zum einen wird der Rezipient durch eine geschickte Dramaturgie und ambivalente Fokalisierungen angehalten, falsche Inferenzen über die erzählte Welt aufzustellen.[16] Darüber hinaus – und dieses erscheint mir als das zentrale Kriterium für die Überraschung des Rezipienten – werden zentrale narrative Informationen von den Erzählinstanzen unterschlagen. In Bierces Kurzgeschichte wird nicht erwähnt, dass sich Peytons Empfinden nicht mit der Realität deckt, d.h. es wird unterschlagen, dass er mit dem Hals in der Schlinge unter der Eisenbahnbrücke baumelt bzw. dass das Seil nicht gerissen ist. Ähnlich im Falle von *The Sixth Sense*: Da in der Anfangssequenz, in der Malcolm niedergeschossen wird, vorzeitig abgeblendet wird, bleibt dem Zuschauer die Information vorenthalten, dass der Psychiater die Schussverletzung nicht überlebt. Bekämen wir diese Informationen früher, wären wir in beiden Fällen nicht überrascht – es wäre gar keine Auflösung notwendig.[17] Folglich gleichen die beiden Beispiele in ihrer manipulativen In-

---

16 Eine detaillierte Analyse der Erzählstrategie in »An Occurrence at Owl Creek Bridge« liefert Ames (1987). Die Manipulation des Zuschauers in *The Sixth Sense* ist in erhellender Weise von Hartmann (2005) untersucht worden.

17 Insofern unterscheiden sich auch »An Occurrence at Owl Creek Bridge« und *The Sixth Sense* von typischen Fällen einer unzuverlässigen Fokalisierungsinstanz – es fehlt an einer Ironie zu Lasten der jeweiligen Fokalisierungsinstanzen, die für den Rezipienten erkennbar wäre.

formationsvergabe Agatha Christies *The Murder of Roger Ackroyd* und David Finchers *Fight Club*, obwohl wir es weder in Bierces Kurzgeschichte noch in Shyamalans Film mit einer personalisierbaren, homodiegetischen Erzählerfigur zu tun haben.

Als Ergebnis lässt sich daher festhalten, dass eine Unterscheidung von personalisierbaren Erzählern und nicht personalisierbaren Erzählinstanzen zu ungenau bzw. irreführend ist, um dem Phänomen der narrativen Unzuverlässigkeit beizukommen. Die Aussage, ob in einem literarischen Text oder einem Film ein personalisierbarer Erzähler unzuverlässig erzählt, sagt nichts über die Art der zugrunde liegenden narrativen Strategie aus. Aus diesem Grund ist es notwendig, gerade in Hinblick auf ein konsistentes, transmediales Konzept des unzuverlässigen Erzählens, unterschiedliche Unzuverlässigkeitsbegriffe voneinander zu trennen. Wir können Unzuverlässigkeit als einen Makel der Erzählerpersönlichkeit auffassen, der sich dem Rezipienten in einer zweifelhaften, unglaubwürdigen Darstellung der erzählten Wirklichkeit offenbart. In diesem Fall erscheint eine personalisierbare, psychologisierbare Erzählerfigur notwendig. Kennzeichnend für diese Form der Unzuverlässigkeit ist demnach das Auftreten von dramatischer Ironie, die aus einem Wissensvorsprung des Rezipienten gegenüber der Erzählinstanz resultiert – einer Ironie zu Lasten der Erzählinstanz.

Davon abzugrenzen sind Fälle, in denen Unzuverlässigkeit einen Makel im Erzählvorgang bezeichnet, der für den Rezipienten zunächst nicht zu erkennen ist und ihm ein falsches Bild der diegetischen Welt liefert. Da die Unzuverlässigkeit in einem irreführenden Diskurs begründet liegt, also primär eine narrative Strategie ist, den Rezipienten zu täuschen, kann diese Art des unzuverlässigen Erzählens auch auf filmische und literarische Werke ausgeweitet werden, in denen keine personalisierbare Erzählerfigur auftritt. In einem solchen Fall narrativer Unzuverlässigkeit hat der Rezipient gegenüber der Erzählinstanz kein überlegenes Wissen – somit fehlt es an einer Ironie zu Lasten der Erzählinstanz.

Zusammenfassend kann festgehalten werden, dass diese Arten der Unzuverlässigkeit unterschiedliche narrative Strategien beinhalten, die jeweils unterschiedliche Rezeptionsstrategien auslösen. Daher muss überlegt werden, wie diese unterschiedlichen Arten in Hinblick auf ein konsistentes Konzept der narrativen Unzuverlässigkeit zu behandeln sind. Kann man beide narrativen Phänomene unter den *umbrella term* »unzuverlässiges Erzählen« subsumieren oder ist es sinnvoller, sie terminologisch voneinander zu trennen?

Allerdings – und dies muss betont werden – kann eine solche Trennung nicht statisch im Sinne einer binären Opposition verstanden werden. Vielmehr scheinen die beiden Arten der faktischen Unzuverlässigkeit ineinander überzugehen. Insofern könnte man »Dead as They Come« so lange – d.h. wenige Seiten – auch als Zeugnis irreführenden Erzählens betrachten, bis dem Leser explizit gesagt wird, dass Helen keine Frau, sondern nur eine Schaufensterpuppe ist. Dies wird einen Leser – solange er einige deutliche Hinweise nicht wahrgenommen hat – überraschen, alle anderen werden sich durch die Information lediglich in ihrer Hypothesenbildung bestätigt sehen.

Literatur

Allrath, Gaby (2005): *(En)Gendering Unreliable Narration: A Feminist Narratological Theory and Analysis in Contemporary Women's Novels*, Trier.

Ames, Clifford R. (1987): »Do I wake or Sleep? Technique as Content in Ambrose Bierce's Short Story ›An Occurrence at Owl Creek Bridge‹«. *American Literary Realism* 19.3, S. 52-67.

Busch, Dagmar (1998): »*Unreliable Narration* aus narratologischer Sicht: Bausteine für ein erzähltheoretisches Analyseraster«. In: Nünning (1998a), Trier, S. 41-58.

Chatman, Seymour (1990): *Coming to Terms. The Rhetoric of Narrative in Fiction and Film*, Ithaca/London.

Chatman, Seymour (1993): *Story and Discourse. Narrative Structure in Fiction and Film*, Ithaca/London.

Chatman, Seymour (1999): »New Directions in Voice-Narrated Cinema«. In: David Herman (Hg.), *Narratologies. New Perspectives on Narrative Analysis*, Columbus, S. 315-339.

Christie, Agatha (2006 [1926]): *The Murder of Roger Ackroyd*, New York.

Deleyto, Celestino (1996): »Focalisation in Film Narrative«. In: Susana Onega/García Landa/José Ángel (Hg.), *Narratology: an Introduction*, London, S. 217-233.

Diengott, Nillie (1995): »Narration and Focalization – The Implications for the Issue of Reliability in Narrative«. *JLS* 24, S. 42-49.

Ferenz, Volker (2005): »Fight Clubs, American Psychos and Mementos. The Scope of Unreliable Narration in Film«. *New Review of Film and Television Studies* 3.2, S. 133-159.

Ferenz, Volker (2006): »›Did you know I'm utterly insane?‹ Formen, Funktionen und kulturelle Kontexte von *unreliable narration* in Mary Harrons Film ›American Psycho‹«. In: Helbig (2006), S. 5-43.

Fludernik, Monika (1999): »Defining (In)Sanity: The Narrator of *The Yellow Wallpaper* and the Question of Unreliability«. In: Walter

Grünzweig/Andreas Solbach (Hg.), *Grenzüberschreitungen: Narratologie im Kontext*, Tübingen, S. 75-95.

Fludernik, Monika (1996): *Towards a ›Natural‹ Narratology*, London.

Fludernik, Monika (2005): »Unreliability vs. Discordance. Kritische Betrachtungen zum literaturwissenschaftlichen Konzept der erzählerischen Unzuverlässigkeit«. In: Liptay/Wolf (2005a), S. 39-59.

Genette, Gérard (1994): *Die Erzählung*, aus d. Frz. v. Andreas Knop, München.

Hartmann, Britta (2005): »Von der Macht erster Eindrücke. Falsche Fährten als textpragmatisches Krisenexperiment«. In: Liptay/Wolf (2005a), S. 154-174.

Helbig, Jörg (2005): »›Follow the white rabbit!‹ Signale erzählerischer Unzuverlässigkeit im zeitgenössischen Spielfilm«. In: Liptay/Wolf (2005a), S. 131-146.

Helbig, Jörg (Hg.) (2006): »*Camera doesn't lie*«. *Spielarten erzählerischer Unzuverlässigkeit im Film*, Trier.

Heyd, Theresa (2006): »Understanding and Handling Unreliable Narratives: A Pragmatic Model and Method«. *Semiotica* 162 (1-4), S. 217-243.

Jahn, Manfred (1998): »Package Deals, Exklusionen, Randzonen: das Phänomen der Unverläßlichkeit in den Erzählsituationen«. In: Nünning (1998a), S. 81-106.

Koebner, Thomas (2004): »Was stimmt denn jetzt? ›Unzuverlässiges Erzählen‹ im Film«. In: Malte Hagener/Johann N. Schmidt/Michael Wedel (Hg.), *Die Spur durch den Spiegel. Der Film in der Kultur der Moderne*, Berlin, S. 93-109.

Kozloff, Sarah (1988): *Invisible Story-Tellers. Voice-Over Narration in American Fiction Film*, Berkeley.

Laass, Eva (2006): »Krieg der Welten in Lynchville. Mullholland Drive und die Anwendungsmöglichkeiten und -grenzen des Konzepts narrativer UnZuverlässigkeit«. In: Helbig (2006), S. 251-284.

Liptay, Fabienne/Wolf, Yvonne (Hg.) (2005a): *Was stimmt denn jetzt? Unzuverlässiges Erzählen in Literatur und Film*, München.

Liptay, Fabienne/Wolf, Yvonne (2005b): »Einleitung. Film und Literatur im Dialog«. In: dies. (2005a), S. 12-18.

Martínez, Matías/Scheffel, Michael (2002): *Einführung in die Erzähltheorie*, 3. Aufl., München.

McEwan, Ian (2006 [1978]): »Dead as They Come«. In: ders., *In Between the Sheets*, London, S. 59-77.

Nünning, Ansgar (1990): »Kurzgeschichten von Ian McEwan in einem Englischleistungskurs: Darstellung grotesker Welten aus der Perspektive des ›verrückten Monogolisten‹«. In: *Literatur in Wissenschaft und Unterricht* 23.1, S. 36-50.

Nünning, Ansgar (Hg.) (1998a): *Unreliable Narration. Studien zur Theorie und Praxis unglaubwürdigen Erzählens in der englischsprachigen Erzählliteratur*, Trier.

Nünning, Ansgar (1998b): »*Unreliable Narration* zur Einführung. Grundzüge einer kognitiv-narratologischen Theorie und Analyse unglaubwürdigen Erzählens«. In: Nünning (1998a), S. 3-40.

Nünning, Ansgar (2005): »Reconceptualizing Unreliable Narration: Synthesizing Cognitive and Rhetorical Strategies«. In: James Phelan/Peter J. Rabinowitz (Hg.), *A Companion to Narrative Theory*, Oxford, S. 89-107.

Nünning, Ansgar/Nünning, Vera (2007): »Dramatische Ironie als Strukturprinzip von *unreliable narration, unreliable focalization* und *dramatic monologue*: Ein kommunikations- und erzähltheoretischer Beitrag zur Rhetorik der Ironie im literarischen Erzähltext«. In: Thomas Honegger/Eva-Maria Orth/Kathrin Schwabe (Hg.), *Irony Revisited. Spurensuche in der englischsprachigen Literatur. Festschrift für Wolfgang G. Müller*, Würzburg, S. 51-82.

Olson, Greta (2003): »Reconsidering Unreliability: Fallible and Untrustworthy Narrators«. *Narrative* 11.1, S. 93-109.

Orth, Dominik (2006): »Der unbewusste Tod: Unzuverlässiges Erzählen in M. Night Shyamalans *The Sixth Sense* und Alejandro Amenábars *The Others*«. In: Helbig (2006), S. 285-308.

Phelan, James (2004): *Living to Tell About It: A Rhetoric and Ethics of Character Narration*, Ithaca/London.

Riggan, William (1981): *Picaros, Madmen, Naifs, and Clowns: The Unreliable First-Person Narrator*, Norman.

Schweinitz, Jörg (2005): »Die Ambivalenz des Augenscheins am Ende einer Affäre«. In: Liptay/Wolf (2005a), S. 89-107.

Shen, Dan (1989): »Unreliability and Characterization«. *Style* 23.2, S. 300-311.

Steinke, Anthrin (2006): »›It's called the change-over: The movie goes on and nobody in the audience has an idea.‹ Filmische Irrwege und Unwahrheiten in David Finchers *Fight Club*«. In: Helbig (2006), S. 149-166.

Wall, Kathleen (2004): »›The Remains of the Day‹ and Its Challenges to Theories of Unreliable Narration«. *The Journal of Narrative Technique* 24.1, S. 18-42.

Zerweck, Bruno (2001): »Historicizing Unreliable Narration: Unreliability and Cultural Discourse in Narrative Fiction«. *Style* 35, S. 151-178.

Filme

Fincher, David (1999): *Fight Club*, USA/Deutschland.
Harron, Mary (2000): *American Psycho*, USA/Kanada.
Malick, Terrence (1973): *Badlands*, USA.
Shyamalan, M. Night (1999): *The Sixth Sense*, USA.
Zemeckis, Robert (1994): *Forrest Gump*, USA.

BILDER AUS DEM OFF. ZU HANEKES *CACHÉ*

SUSANNE KAUL

1. Der Spulschock

»Qu'est-ce que c'est la réalité dans le cinema?« Das ist die Frage, die der in Frankreich lebende österreichische Regisseur Michael Haneke mit seinem selbstreflexiven Autorenkino aufwerfen möchte.[1] Wie wirklich ist die Wirklichkeit, die im Kino gezeigt wird? Die Frage ließe sich konkreter so übersetzen: Wie echt ist das, was der Film gerade erzählt? In *Caché* (2005) wird Verwirrung gestiftet, indem verschiedene Erzählebenen vermischt werden; und zwar gleich zu Beginn, so dass die Exposition des Films die manipulative Kraft des Mediums in sich ausstellt, ja gleichsam wie ein Motto oder Programm voranstellt.

Der TV-Moderator Georges Laurent[2], der mit seiner Frau Anne und Sohn Pierrot in Paris lebt, bekommt anonyme Videobänder zugeschickt. Auf dem ersten Band ist über zwei Stunden nur das Haus zu sehen, in dem sie wohnen. Das Rätsel entwickelt sich wie bei einem Krimi: Wer ist der Absender, was hat er für ein Motiv, wie hat er die Aufnahmen bewerkstelligt? Die Inhalte der Videos werden persönlicher. Es zeigt sich allmählich, dass sie mit einer dunklen Episode in Georges' Kindheit zu tun haben. Ein Video führt ihn in das Appartement eines Algeriers. Es ist Majid, der als Kind in Georges' Elternhaus gewohnt hat. Georges hatte ihn damals denunziert und erreicht, dass die Eltern ihn in ein Waisenhaus geben. Er steht also tief in Majids Schuld, übernimmt jedoch nicht die Verantwortung dafür. Das ist es aber, was die Videobänder anscheinend

---

1 Das sagt er in einem Interview (Kapitel »Vigilance«) auf der DVD (*Caché*, EuroVideo, 2006).
2 Der Name mag eine Anspielung auf David Lynchs *Lost Highway* (1997) sein. Zu Beginn des Films sagt eine Stimme durch die Sprechanlage: »Dick Laurent is dead!«, außerdem erhalten Fred Madison und seine Frau anonyme Päckchen mit Überwachungsvideos, auf denen erst Außen- und dann Innenaufnahmen ihres Hauses zu sehen sind. Lynchs Film ist ebenfalls, allerdings in noch verwirrender Weise unzuverlässig erzählt.

von ihm verlangen. Die naheliegende Lösung des Rätsels um den anonymen Absender ist für Georges, dass es Majid gewesen ist oder dessen Sohn. Beide bestreiten dies aber vehement. Und das tut auch die Kameraperspektive, denn es müssten schon einige Möbel im Film verrückt werden, um die Möglichkeit plausibel zu machen, dass einer der Charaktere im Film der Absender gewesen sein könnte. Die Bänder existieren, daran ist kein Zweifel. Aber es kann eigentlich niemand die Aufnahmen gemacht haben, so dass viel spekuliert worden ist, ob sie aus Georges' Gewissen stammen oder von einer höheren Gerechtigkeit oder von Gott oder vom Regisseur.[3] Haneke spielt bewusst mit der Vermischung von Realitätsebenen.

Der Film beginnt mit einer statischen Plansequenz, das heißt die Kamera steht still und ist auf das Haus der Laurents gerichtet, ohne Schnitt oder Perspektivenwechsel und ungewöhnlich lange. Das Publikum sieht gewissermaßen ein Bild, durch das sich hin und wieder Passanten bewegen. Der Ton kommt diegetisch aus dem Bild mit Vogelzwitschern, Autorauschen, Türenschlagen. Nach etwa zwei Minuten – die Erzählzeit erscheint wie eine Ewigkeit, die Kinozuschauer nicht gewohnt sind – ist eine Männerstimme als *voice-over* zu hören: »Alors?« – eine Frauenstimme antwortet »Rien.« So könnte auch der eine Kinobesucher zum anderen sagen: »Und? Was geschieht?« – »Nichts.« Dann erfolgt ein harter Schnitt und Georges Laurent geht vors Haus, dasselbe Haus, aber in anderer Perspektive und die Straße ist bereits dunkel. Noch ein Schnitt und es wird wieder das Haus im Hellen gezeigt. Plötzlich läuft der Film schnell vorwärts und es wird deutlich, dass die erste Einstellung des Films nicht die primäre Realitätsebene gezeigt hat, sondern den Inhalt des ersten Videotapes. Der erste Schnitt hat zwar schon diese Ebene verlassen, aber dass es sich um ein Tape handelt, wird erst klar durch das Vorspulen. Das ist der Schock: Der Zuschauer glaubt, wie gewöhnlich in die Handlung des Films eingeführt zu werden, ist schon et-

---

3   So beispielsweise Schönhart: »Durch die Unwahrscheinlichkeit jeder Lesart und die absolute Verweigerung jeder Eindeutigkeit lässt sich die Interpretationsmöglichkeit bis zu einer theologischen Deutung vorantreiben: Die Videosequenzen als offenbarender Blick Gottes auf das Verborgene?« (Schönhart 2005: 168). In einem ZEIT-Interview mit Haneke werfen Assheuer und Nicodemus die Möglichkeiten auf, dass die Videos vom schlechten Gewissen oder der »Gerechtigkeit selbst« (Assheuer/Nicodemus 2006) geschickt worden sein könnten. Ostermann hält es sogar für denkbar, dass der Ursprung der Videos »letztlich beim Regisseur« (Ostermann 2007: 118) anzusiedeln ist. Ähnlich formuliert Assheuer, es sei auf der »metaphysischen« Ebene »der Film selbst« (Assheuer 2006), der die Botschaften abschicke.

was skeptisch, weil so lange nichts geschieht – und dann die Illusionsbrechung: der Sprung auf die Ebene der Basiserzählung, der die Eröffnungssequenz als Überwachungsvideo, als Film im Film entlarvt. Das Überschreiten der Erzählebenen, durch das die Grenze zwischen der diegetischen und der extradiegetischen Ebene verwischt wird, narratologisch als Metalepse bezeichnet,[4] dient häufig einer erzählerischen Selbstreferenz, durch die Distanz zum Geschehen hergestellt wird. Haneke möchte Misstrauen gegenüber dem Bild nähren, sein Publikum soll die Bilder nicht für wahr halten, nicht blind auf sie vertrauen, sie für echte Erlebnisse und die Wirklichkeit halten, sondern den Glauben in die Medien erschüttern.[5] Das ist die Funktion der Metafiktionalität, mit der *Caché* spielt.

2. Erzählschichtensprünge

Metafiktionalität allein macht aber noch nicht das Verstörende des Films aus. Der Zuschauer merkt, dass er aufgrund seiner Sehgewohnheiten getäuscht worden ist. Aber ins Wanken gerät er erst dadurch, dass die Metalepsen für Ungereimtheiten in der Geschichte sorgen. Die Videobänder sind von Geisterhand gemacht worden.[6] Die Laurents können sich nicht erklären, wie jemand zwei Stunden filmen konnte, ohne bemerkt zu werden. Georges sagt, es sei ihm ein Rätsel, dass er den Kerl nicht gesehen habe. Und die Möglichkeiten, dass die Kamera im Auto oder am Haus befestigt worden ist, werden ausgeschlossen. Im »Making of« ist zu sehen, wie die Kamera auf menschlicher Augenhöhe auf einem Gestell befestigt ist. Es ist also tatsächlich mehr als unwahrscheinlich, dass Georges die Kamera übersehen haben kann, als er sich auf sie zubewegte. Mit diesem Rätsel beginnt der Film im Stil eines Krimis und wäre nicht so

---

4   Den Begriff der narrativen Metalepse hat Gérard Genette in »Le discours du récit« in die Erzähltheorie eingeführt und in *Métalepse* auf die Filmanalyse ausgedehnt. Der Film im Film ist allein noch keine Metalepse, sondern erst das Vermischen von Objekt- und Metaebene.
5   Siehe DVD-Interview (vgl. Anm. 1).
6   Damit ist nicht gemeint, dass durch das Genre Übersinnliches vorgegeben wird, denn wäre *Caché* ein Horrorfilm oder Ähnliches, dann wäre damit möglicherweise ein zuverlässiger Rahmen für das Auftreten unerklärlicher Dinge gegeben, insofern Geisterhände den Gesetzen des Genres nicht widersprechen. Zur Zuverlässigkeit des Erzählens durch Genrevorgaben siehe auch Ferenz (2005: 140). Es wird jedoch nicht selten mit Genrekonventionen ein narrativ unzuverlässiges Spiel getrieben wie in Henry James' *The Turn of the Screw*.

irritierend, wenn er nur ein Krimi ohne Auflösung wäre. Das wäre lediglich enttäuschend: wir wissen nicht, wer es war. *Caché* ist aber in einem radikaleren Sinne unentscheidbar.

Sprünge zwischen Erzählschichten sind eine Möglichkeit, für unentscheidbare Inkohärenzen in der erzählten Welt zu sorgen. Aber keine zwingende. Anders gesagt: Metafiktionalität ist keine hinreichende Bedingung für narrative Unzuverlässigkeit. Denn durch die Vermischung von Erzählebenen kann das Erzählen selbstreferenziell sein, aber die Selbstreferenzialität schließt nicht aus, dass das Erzählte kohärent ist. Die Geschichte kann völlig klar und schlüssig sein, obwohl Woody Allen in die Kamera spricht oder John Malkovich sich selber spielt. Kennzeichen des unzuverlässigen Erzählens ist aber eine unentscheidbare Inkohärenz des Erzählten. Metafiktionalität ist also noch kein Signum narrativer Unzuverlässigkeit, denn sie beinhaltet nur eine diskursive Transgression und noch keine diegetische Antinomie. Metafiktionalität ist also nur dann Signum narrativer Unzuverlässigkeit, wenn die Erzählschichtensprünge zu Ungereimtheiten in der Geschichte führen. Dies ist aber in *Caché* der Fall.

3. Erzählerische Unzuverlässigkeit

Zwei ungedeckte Checks sind noch im Spiel: Die Behauptung, dass *Caché* unentscheidbare Inkohärenzen enthält, und die Behauptung, dass solche Dinge das Kriterium für narrative Unzuverlässigkeit sind. In der Theorie des unzuverlässigen Erzählens steht am Anfang die Idee einer Erzählerfigur, die aufgrund ihrer Unvernunft, moralischen Verderbtheit oder Lust am Lügen Dinge erzählt, die sich am Ende als unwahr herausstellen. Nach Wayne Booth, auf den der Begriff des *unreliable narrator* zurückgeht, ist ein Erzähler unzuverlässig, wenn er offenkundig mit den Normen des Textes im Widerspruch steht.[7] Unzuverlässigkeit ist also an einen personalisierten Erzähler gebunden und von Signalen im Text zu unterscheiden, die als zuverlässige Botschaft des impliziten Autors an den Leser zu erkennen sind. Abgesehen davon, dass die heuristische Fiktion des *implied author* sehr umstritten ist,[8] muss im Hinblick auf das Erzählen im Film vor allem die Beschränkung des unzuverlässigen Erzäh-

---

7 »I have called a narrator reliable when he speaks for or acts in accordance with the norms of the work (which is to say, the implied author's norms), unreliable when he does not.« (Booth 1961: 101)

8 Meines Erachtens sind immer die Textsignale entscheidend, wenn es darum geht festzustellen, ob der Erzähler ironisiert wird, so dass die Fiktion des impliziten Autors nicht einmal heuristisch besonders wertvoll ist.

lens auf die Erzählerfigur in Zweifel gezogen werden. Denn wer oder was im Film erzählt, ist zumeist weniger eindeutig zu beantworten als in der Literatur, für die die Narratologie ausreichend Kategorien bereitgestellt hat. Vor allem, wenn es keine Figur und kein Voice-over-Kommentator ist, sondern Bild und Ton scheinbar ohne vermittelnde Instanz dargeboten werden. Für dieses unpersonalisierte Erzählen im Film ist der Begriff des *cinematic narrator* geprägt worden.[9] Die Begriffswahl ist irreführend, weil hier ein Erzählsubjekt suggeriert wird, während ja gerade das audiovisuelle Erzählen jenseits des Erzählers damit ausgedrückt werden soll. Der Sache nach ist damit aber der richtige Weg eingeschlagen, denn die Besonderheit audiovisuellen Erzählens kann nicht erfasst werden, wenn an einer figürlichen Erzählinstanz festgehalten wird.[10]

Das wesentliche Kriterium für unzuverlässiges Erzählen sollte sowohl in Literatur als auch im Film eine unentscheidbare Inkohärenz sein. Inkohärenz, weil Unstimmigkeiten im Text eine klar nachweisbare Folgewidrigkeit des Erzählens darstellen. Die Ausweitung des Begriffs auf moralische Normen dagegen ist zu sehr vom Rezipienten abhängig, so dass das Kriterium beinahe beliebig ist und von einem kulturgeschichtlichen *common sense* bis hin zu individuellen Moralvorstellungen ausgedehnt werden kann.[11] Unentscheidbar sollte die Inkohärenz sein, weil Texte oder Filme, die eine Zeitlang eine falsche Fährte legen, dann aber

---

9 Die Forschung teilt sich in diesem Punkt in zwei Fraktionen, die eine hält trotz der fehlenden Erzählerfigur an der Erzähleridee fest, wie der Begriff des *cinematic narrator* erahnen lässt (so beispielsweise Chatman im achten Kapitel von *Coming to Terms*), die andere lehnt die subjektivierte Sprechweise als anthropomorphisierende Fiktion ganz ab. Bordwell etwa spricht vom »overall narrational process« (Bordwell 1985: 61). Siehe zur Forschungsübersicht Griem/Voigts-Virchow (2002), hier insbesondere S. 162.

10 In diesem Punkt ist Chatman gegenüber Booth teilweise Recht zu geben, denn Booth macht das unzuverlässige Erzählen an bestimmten Erzählertypen fest, die naiv oder wahnsinnig sind, während Chatman das Erzählen vom Charakter des Erzählers ablöst (vgl. Chatman 1978: 234). Paradoxerweise hält er dennoch am personalisierten unzuverlässigen Erzähler fest und unterscheidet »unreliable narrators« von »fallible characters« (Chatman 1990: 4). Ebenso beschränken Ferenz (2005) und Zerweck (2005) das unzuverlässige Erzählen auf einen personalisierten Erzähler; Helbig (2005) dagegen betont, dass das nicht-personalisierte Erzählen für den Film spezifischer ist.

11 Dies im Gegensatz zu Nünning, der vorschlägt, »das von den Rezipienten an den Text herangetragene Weltwissen und Werte- und Normensystem gleichermaßen zu berücksichtigen« (Nünning 1998: 23). Ähnlich Solbach (2005: 60-63).

diese Perspektive als Fiebertraum oder Lüge oder schizophrene Wahrnehmung entlarven, letztlich, also vom Ende her, zuverlässig erzählt sind. Es spricht nichts dagegen, Geschichten dieser Art als ›teilweise unzuverlässig‹ zu bezeichnen.[12] Im strengen Sinn unzuverlässig erzählt sind dann aber nur Geschichten, deren Ungereimtheiten sich nicht auflösen lassen, so dass unklar bleibt, was denn nun eigentlich Sache ist. Das sind unentscheidbar inkohärente Geschichten. Unzuverlässigkeit sollte dabei nicht als Eigenschaft des Erzählers, sondern des Erzählens begriffen werden: der Erzähler kann ein Halunke sein und trotzdem zuverlässig erzählen. Juristisch würde man in solchen Fällen von »fachfremden Verhaltensfehlern« sprechen, denn sie stehen nicht zur Debatte.

4. Audiovisuelle Evidenz und Handlungslogik

Das filmische Erzählen ermöglicht einen Konflikt zwischen verbal gesprochener Erzählerrede und dem, was audiovisuell dargeboten wird. Über die Hierarchie der Verbindlichkeit des Informationseinkommens in solchen Konfliktfällen besteht Uneinigkeit.[13] Vermutlich lässt sich auch nicht generell sagen, dass wir immer dem Bild mehr Glauben schenken als dem Gesprochenen bzw. dem Ton (oder umgekehrt). Was sich aber schon generell sagen lässt, ist, dass wir das audiovisuell Erzählte immer in die Handlungslogik einzupassen versuchen. Wenn also das filmische Erzählen in einer bestimmten logischen Stringenz eine Geschichte zusammenfügt und plötzlich tauchen Bilder auf, die dazu nicht passen, dann ist das Urteil über die Unpassendheit vom Standpunkt der Handlungslogik aus gefällt worden. Anders gesagt, Bilder allein können nicht inkohärent sein, weil (In-)Kohärenz eine Kategorie der Handlungslogik ist, der die Bilder untergeordnet sind. Wenn im Hinblick auf *Caché* gesagt wird: »Die Videos kann aufgrund der Perspektive niemand gemacht haben«, dann ist damit nicht gesagt, dass es eine Konkurrenz zwischen der Bildlogik und der Handlungslogik gibt, sondern bloß, dass es eine Inkohärenz innerhalb der Handlungslogik gibt, zu der das visuelle Erzählen gehört. (Diese Einsicht ist wichtig, weil die schwer zu entscheidende

---

12 Siehe Martínez/Scheffel (2007: 95-107).
13 Nach Chatman ist das Sichtbare nicht wahrer als das Wort; dies zeigt er an Hitchcocks *Stage Fright* (vgl. Chatman 1978: 236f.). Koebner dagegen hält das Bild für zuverlässiger als das gesprochene Wort. Beispielsweise der Voice-over-Erzähler in *Im Westen nichts Neues* werde widerlegt durch die Bilder (vgl. Koebner 2005: 32). Ebenso Schweinitz (2005: 95). Dies gelte vor allem, wenn die Bildinformation unmittelbar erzählt wird und nicht einer Figur zugeordnet ist.

Frage, welche Informationsquelle höhere Verbindlichkeit im Konfliktfall hat, nicht generell beantwortet werden muss, sondern in Abhängigkeit von der jeweiligen Handlungslogik steht.) Es scheint so, als gerieten in *Caché* zwei Wahrheitsdimensionen in Widerspruch, Wahrheit als Kohärenz (die Nachvollziehbarkeit der Geschichte) und Wahrheit als audiovisuelle Evidenz, das heißt als »Augenscheinlichkeit und offenkundige Präsenz im Bereich der sinnlichen Wahrnehmung« (Halbfass 1972: 830). Denn die Dramaturgie und Psychologie der Handlung erlauben es nicht, einen realen Absender der Videos zu bestimmen, während sinnlich offenbar ist, dass sie existieren; der Zuschauer sieht sie und die Figuren im Film ebenfalls. Aber Wahrheit hat nicht mehrere Dimensionen. Wo unzuverlässig erzählt wird, da steht Wahrheit immer im Sinne der Kohärenz auf dem Spiel. Und so ist auch in *Caché* kein Konflikt von Wahrheitsformen am Werk. Es ist nur einfach inkohärent, dass es die Videos gibt, obwohl sie niemand gemacht haben kann. Die audiovisuelle Evidenz der Videos kann nur inkohärent erscheinen, weil sie in die Handlungslogik nicht einzupassen ist.

5. Unzuverlässige Bilder

Es gibt zwei Gründe dafür, dass niemand die Videotapes gemacht haben kann, der eine betrifft die Psychologie der Figuren im Kontext der Handlungslogik, der andere die Erzählweise, genauer die Kameraperspektive und die Montage.

Es gibt in der *Internet Movie Database* zu *Caché* User-Kommentare, die wild spekulativ sind wie z.B. die, dass Annes Kollege Pierre die Videos geschickt hat, um sie und George auseinanderzureißen.[14] Solche Deutungen erklären ein Element auf Kosten der ganzen Kohärenz des Films, denn es ist überhaupt nicht naheliegend, dass Pierre die Möglichkeit und Absicht hat, diese Filme zu machen und dass es im Film um Pierres Verhältnis zu Anne geht. Das Verständnis des ganzen Films wird also umgebogen, um einen mysteriösen Bestandteil zu erklären. Auch können Majid und dessen Sohn es nicht gewesen sein. Zwar hätten sie als einzige im Film ein Motiv, nämlich das der späten Rache. Immerhin scheint Georges Majids Leben verpfuscht zu haben, indem er ihn als Sechsjähriger angeschwärzt hat. Aber Majid und sein Sohn bestreiten das glaubhaft. Als er von Georges bezichtigt wird, die Videos geschickt zu haben, reagiert Majid überrascht und traurig. Während Georges aggressiv wird und ihm droht, bleibt Majid ruhig und wirkt eher gedemütigt als verschlagen, so dass es so aussieht, als tue Georges ihm ein zweites Mal

---

14 Siehe http://www.imdb.com/title/tt0387898/.

Unrecht. Dieser Eindruck wird verstärkt dadurch, dass die Algerier bezichtigt werden, Pierrot entführt zu haben. Während sie in Polizeigewahrsam genommen werden, stellt sich heraus, dass der Sohnemann nur bei seinem Freund François übernachtet hat, ohne etwas zu sagen.[15] Majid, der sich beim nächsten Besuch von Georges das Leben nimmt, erscheint wiederholt als Opfer, nicht als Täter. Entlarvenderweise sagt Georges im Gespräch mit Majids Sohn, dass Majid nicht dazu in der Lage gewesen wäre, die Tapes zu schicken. (Das sagt auch seine Frau Anne.) Damit gesteht er selbst ein, dass er Majid zu Unrecht beschuldigt hat. Indem er das Muster der Beschuldigungen nun auf den Sohn überträgt, wird dem Zuschauer beigebracht, dass auch er es nicht gewesen ist. Anzunehmen, dass Majid oder sein Sohn die Videos geschickt haben, würde also psychologisch unplausible Erklärungsgründe erfordern und ginge dramaturgisch gegen den Strich der Sympathielenkung und Handlungslogik. Hinzukommt, dass Majids Sohn nach dem Tod des Vaters tatsächlich nichts zu verstecken hätte (es gäbe keinen Grund, die Autorschaft der Videos zu verbergen), während Georges nur krampfhaft und unglaubwürdig behauptet, nichts zu verstecken zu haben (er benutzt dabei das Titelwort »caché«). Der Zuschauer weiß aber, dass er ein schlechtes Gewissen hat und seine verdrängte Vergangenheit auch Anne und den Freunden gegenüber zu kaschieren versucht: er belügt seine Frau und »versteckt« sinnfälligerweise die Videos vor den Gästen in der Manteltasche und sich selbst im dunklen Schlafzimmer.

Das entscheidende Indiz dafür, dass keiner der Charaktere das Video gemacht hat, ist aber die Kameraeinstellung. Es wird mit der Verwirrung der Erzählebenen gespielt, insofern oft nicht klar ist, ob das Gezeigte gerade die Basiserzählschicht ist oder wir nur wieder ein Video vorgeführt bekommen, das George und Anne sich anschauen. Das liegt daran, dass die Einstellungen dann identisch sind. Charakteristisch für das Video, das zu Beginn den *establishing shot* vortäuscht, ist die angeschnittene Kadrierung, das heißt die Kamera zeigt statisch den Bildausschnitt der Straße, in dem das Haus der Laurents zu sehen ist, und die Laurents laufen ins Bild hinein und aus dem Bild heraus. Normalerweise vollzieht die Kamera die Bewegung der Objekte mit (dem menschlichen Auge gleich), so dass diese Abweichung auffällig ist. Sie ist durch die Anfangssequenz als Merkmal des Videotapes eingeführt worden im Unterschied zur Nor-

---

15 Zwar gibt es auch einen Deutungsvorschlag, demzufolge François der Sohn Majids ist (vgl. Schönhart 2005: 157), dagegen spricht aber (abgesehen davon, dass nichts dafür spricht), dass Pierrot von dessen blonder Mutter mit dem Auto nach Hause gefahren worden ist.

maloptik des Films, die die Objekte im Bild hält.[16] Es gibt aber Ausnahmen, in denen auch auf der Basiserzählebene diese Einstellung verwendet wird, z.b. als Georges nach Majids Selbstmord nach Hause kommt und außerhalb des Bildrandes parkt. Oder in der Schlusseinstellung, die in den Abspann übergeht: Pierrot und Majids Sohn treffen sich vor der Schule und laufen ins Bild hinein und wieder heraus. Diese Verwirrungen haben einen Zweck, in dessen Zentrum die Schlüsselszenen in Majids Appartement stehen. Georges sucht ihn dort auf und bezichtigt ihn, die Videos geschickt zu haben. Wir bekommen den Streit auf der Basiserzählebene gezeigt. Danach erhält Georges ein Video, auf dem der Streit zu sehen ist. In genau derselben Perspektive sehen wir später, wieder auf der realen Basiserzählebene, wie Georges Majid erneut in dessen Wohnküche aufsucht und Zeuge seines Suizids wird. Es scheint, als sei die Kamera irgendwo versteckt im Regal installiert, denn sie wartet auf die hereintretenden Personen, und Georges tritt einmal sogar aus dem Bild – bezeichnenderweise nach dem Selbstmord, so dass der Zuschauer mit seiner eigenen Zeugenschaft allein ist. Die Identität dieser Perspektive mit der zuvor gesehenen Videoperspektive vermittelt den Eindruck, als ob der Absender der Videos mit dem Erzähler des Films identisch ist. Der *cinematic narrator* ist aber per definitionem keine Figur im Film, er gehört nicht zur diegetischen Ebene. Haneke spielt hier gezielt mit der Vermischung der Objektebene und der Metaebene und erzeugt auf diese Weise die narrative Unzuverlässigkeit, die darin besteht, dass die Videos nicht nur rätselhaft sind, sondern dass des Rätsels Lösung den Rahmen der Diegese sprengt: Die Bilder der Videos kommen gewissermaßen aus dem Off. Man könnte auch sagen, der Regisseur hat sie geschickt, aber diese Erklärung wäre wieder nur ein Versuch, eine Kohärenz herzustellen, wo keine ist, denn der Regisseur ist ja nicht Teil der Handlung. Natürlich können Bilder nicht aus dem Off kommen, da die Bilder das On definieren: es heißt ja »on screen«. Gemeint ist mit dieser Formulierung das Paradox, das *Caché* uns vorführt: Es werden Bilder gezeigt, deren Quelle nicht diegetisch ist. Und zwar mit der Absicht, die Gemachtheit nicht nur der Videos, sondern auch die des ganzen Films zu demonstrieren. Dazu passt, dass die Videotapes nicht mit Handkamera gefilmt worden sind, also nicht amateurhaft wirken und doch authentisch, und durch die Echtzeit[17] geradezu dokumentarisch. Ein heimlicher Beobachter do-

---

16 Obwohl diese Einstellung als Markenzeichen der Videotapes eingeführt wird, tauchen später Videotapes auf, die im fahrenden Auto aufgenommen worden sind und außerdem einen Schwenk enthalten. Die Vermischung der Erzählebenen wird dadurch noch verwirrender.

17 Auch im Schlafzimmer die Szenen, die im Halbdunkel die Wahrheit ans Licht bringen, werden in quälend ungeschnittener Echtzeit gefilmt.

kumentiert die Wahrheit von einer höheren unsichtbaren Instanz aus. Dieses unbekannte Blicksubjekt verweist uns auf unser eigenes Zuschauer-Sein, mithin auf unser Sein, vielleicht sogar auf unser Schuldigsein. Das ist ein Brecht-Effekt mit Sartre-Flair: Illusionsbrechung durch Vermischung der Ebenen und schamhafte Selbstreflexion durch den Verweis auf das eigene Blick-Objekt, das wiederum auf das Blick-Subjekt-Sein hindeutet.

6. Der fliegende Teppich

Die Funktion des unzuverlässigen Bilderzählens mag einerseits inhaltlich politisch zu bestimmen sein: Ein Stück vertuschter französischer Kolonialgeschichte, das Massaker vom 17. Oktober 1961, bei dem fast 200 friedlich demonstrierende Algerier in Paris auf Befehl des Polizeipräfekten Maurice Papon getötet und in die Seine geworfen wurden, wird an Georges' Schuld gegenüber dem Einwanderersohn Majid allegorisiert. Dabei geht es weniger um die Schuld des Sechsjährigen als um die Verdrängungskünste des Erwachsenen. Der Titel *Caché* beinhaltet sowohl das kollektive Vertuschen als auch das individuelle Verdrängen. Die allgemeine und eher formale Funktion des unzuverlässigen Bilderzählens ist aber die Medienkritik, so wie Michael Haneke sie immer wieder in Interviews formuliert hat.

»Ich bezweifle, dass ein Zuschauer durch das Betrachten eines Films der Wahrheit näher kommt. Ein Film ist 24 mal Lüge pro Sekunde. Vielleicht dienen diese Lügen einer höheren Wahrheit, aber längst nicht immer. Das gilt natürlich auch für meine eigenen Filme. Mein Umgang mit den Bildern will genau diese Frage aufwerfen: Inwieweit man den Bildern über den Weg trauen kann.« (Haneke, zit. nach Suchsland 2006)

Bezeichnenderweise sagt der Georges Laurent-Darsteller Daniel Auteil über Haneke, er wolle die Wahrheit darstellen, während Haneke selbst sagt, es gebe keine Wahrheit, sondern tausend Wahrheiten, die von der Perspektive abhingen. Die Konsequenz für seine Filme besteht aber augenscheinlich darin, Lügen aufzudecken und das Lügenhafte des Mediums zu offenbaren. Er will die Realität widersprüchlich zeigen, um zu denken zu geben. In Abgrenzung zum Hollywood Mainstream-Kino bezeichnet er seine Filme daher als realistisch.[18] Die Unaufrichtigkeit der Menschen, die etwas zu verbergen haben oder sich nur noch ironisch äußern möchten, sowie die Realitätsfluchten der Medienwelt werden in *Ca-*

---

18 Siehe DVD-Interview (vgl. Anm. 1).

ché auf subtile Weise zum Leitmotiv. Beispielsweise dadurch, dass Georges vor Majids Selbstmord im Fernsehstudio zu sehen ist und danach ins Kino geht. Oder dadurch, dass einer seiner Gäste eine Geschichte erzählt, aus der hervorgehen soll, dass er die Reinkarnation eines überfahrenen Hundes ist, und auf die Frage, ob das wahr sei, schweigt – so als sei der, der nach Wahrheit fragt, ein Spielverderber. Die anonymen Videosendungen sind sozusagen das richtige Leben im falschen, und das gibt es ja bekanntlich nicht. »Caché«: das ist in Wahrheit nicht die versteckte Kamera, sondern das Verdrängte, das nun in einem nur scheinbar wahren und nur scheinbar sicheren bürgerlichen Leben hochkommt. Es sind die Lügen, die schließlich doch auffliegen. Oder mit Haneke gesprochen: »Was unter den Teppich gekehrt wird, wird den Teppich irgendwann in Bewegung setzen.« (Haneke, zit. nach Assheuer 2006)

Literatur

Assheuer, Thomas (2006): »Die Leiche im Keller der Bourgeoisie. Es hilft nichts, die Wahrheit muss ans Licht – Michael Hanekes Thriller ›Caché‹«. *Die Zeit* 5/2006 [http://www.zeit.de/2006/05/Cach_8e].

Assheuer, Thomas/Katja Nicodemus (2006): »Angst ist das tiefste Gefühl«. Interview mit Michael Haneke. *Die Zeit* 4/2006 [http://www.zeit.de/2006/04/Interview_Haneke].

Booth, Wayne (1961): *The Rhetoric of Fiction*, Chicago.

Bordwell, David (1985): *Narration in the Fiction Film*, Wisconsin.

Chatman, Seymour (1978): *Story and Discourse. Narrative Structure in Fiction and Film*, Ithaca/London.

Chatman, Seymour (1990): *Coming to Terms: the Rhetoric of Narrative in Fiction and Film*, Ithaca/London 1990.

Ferenz, Volker (2005): »Fight Clubs, American Psychos and Mementos. The Scope of Unreliable Narration in Film«. *New Review of Film and Television Studies* 3.2, S. 133-159.

Genette, Gérard (1972): »Le discours du récit. Essai de méthode«. In: ders., *Figures III*, Paris, S. 65-282.

Genette, Gérard (2004): *Métalepse. De la figure à la fiction*, Paris.

Griem, Julia/Eckart Voigts-Virchow (2002): »Filmnarratologie: Grundlagen, Tendenzen und Beispielanalysen«. In: Vera Nünning/Ansgar Nünning (Hg.), *Erzähltheorie transgenerisch, intermedial, interdisziplinär*, Trier, S. 155-183.

Halbfass, Wilhelm (1972): »Evidenz«. In: Joachim Ritter (Hg.), *Historisches Wörterbuch der Philosophie*, Bd. 2, Darmstadt, S. 829-832.

Helbig, Jörg (2005): »Erzählerische Unzuverlässigkeit und Ambivalenz in filmischen Rückblenden: Baustein für eine Systematik unzuverlässiger Erzählweisen im Film«. *Anglistik* 16.1, S. 67-80.

Koebner, Thomas (2005): »Was stimmt denn jetzt? ›Unzuverlässiges Erzählen‹ im Film«. In: Liptay/Wolf (2005), S. 19-38.

Liptay, Fabienne/Wolf, Yvonne (Hg.) (2005): *Was stimmt denn jetzt? Unzuverlässiges Erzählen in Literatur und Film*, München.

Martínez, Matías/Michael Scheffel (1999): *Einführung in die Erzähltheorie*, München.

Nünning, Ansgar (1998): »›Unreliable Narration‹ zur Einführung. Grundzüge einer kognitiv-narratologischen Theorie und Analyse unglaubwürdigen Erzählens in der englischsprachigen Erzählliteratur«. In: ders. (Hg.), *Unreliable Narration: Studien zur Theorie und Praxis unglaubwürdigen Erzählens in der englischsprachigen Erzählliteratur*, Trier, S. 3-40.

Ostermann, Eberhard (2007): »Soziale und ästhetische Verunsicherung in ›Caché‹«. In: ders., *Die Filmerzählung. Acht exemplarische Analysen*, München, S. 113-129.

Schönhart, Mario (2005): »Einbruch und Wiederkehr. Reflexionsfragmente zu Michael Hanekes Film ›Caché‹«. In: Christian Wessely/Franz Grabner/Gerhard Larcher (Hg.), *Michael Haneke und seine Filme. Eine Pathologie der Konsumgesellschaft*, Marburg, S. 145-169.

Schweinitz, Jörg (2005): »Die Ambivalenz des Augenscheins am Ende einer Affäre. Über Unzuverlässigkeit und die Kopräsenz narrativer Instanzen im Film«. In: Liptay/Wolf (2005), S. 89-106.

Solbach, Andreas (2005): »Die Unzuverlässigkeit der Unzuverlässigkeit. Zuverlässigkeit als Erzählziel«. In: Liptay/Wolf (2005), S. 60-71.

Suchsland, Rüdiger (2006): »Kultur der Angst. Die Rückkehr der Repression, Überwachung und das Wiedereindringen der Gewalt in den Alltag des Westens: Michael Hanekes ›Caché‹«. Telepolis-Artikel vom 30.01.2006 [http://www.heise.de/tp/r4/artikel/21/21894/1.html].

Zerweck, Bruno (2001): »Historicizing Unreliable Narration: Unreliability and Cultural Discourse in Narrative Fiction«. *Style* 35.1, S. 151-178.

Filme

Haneke, Michael (2005): *Caché*, Frankreich u.a.
Lynch, David (1997): *Lost Highway*, Frankreich/USA.

Wahrnehmungskrisen – Das Spiel mit Subjektivität, Identität und Realität im unzuverlässig erzählten Film

SANDRA POPPE

Einleitung

Seit Ende der 1990er Jahre entstanden vor allem unter der Regie amerikanischer Filmemacher zahlreiche Filme, deren Erzählweise als unzuverlässig bezeichnet werden kann. Die bekanntesten sind sicherlich *The Sixth Sense* (1999), *Fight Club* (1999), *Memento* (2001), *The Others* (2001), *A Beautiful Mind* (2001) und *Vanilla Sky* (2001). Einige dieser Unterhaltungs- und Publikumsfilme brechen ganz bewusst mit den Erzählkonventionen des Hollywood-Kinos. Was auf den ersten Blick lediglich wie ein spielerischer Umgang mit erzählerischen Möglichkeiten aussieht, der vor allem dazu dient, den Zuschauer in die Irre zu führen, stellt sich bei genauerem Hinsehen als subtiles Spiel mit Subjektivität, Identität und Realität dar, das vor allem durch die Wahrnehmungskrisen der Filmcharaktere entsteht. Hierbei geht es jedoch um mehr als einfach nur die Darstellung und Anzweiflung einer verzerrten Selbst- und Weltwahrnehmung der meist psychisch verwirrten Hauptfiguren – es geht um eine prinzipielle Infragestellung der menschlichen Wahrnehmungsfähigkeiten von Realität und zugleich um eine Reflexion der medialen Darstellungsmittel einer solchen Wahrnehmung. David Lynchs Filme nehmen in diesem Zusammenhang eine Art Vorreiterrolle ein. Bereits vor Ende der 90er Jahre sprechen sie eben diese thematischen Aspekte an und gehen in ihrer Darstellungsweise weit über die Grenzen zuverlässigen Erzählens hinaus. In den folgenden Jahren entstanden vermehrt Spielfilme, die mit erzählerischen Konventionen spielten und diese immer wieder brachen. Auch wenn keiner dieser Filme die erzählerischen Möglichkeiten so ausreizt wie Lynch es in seinen Werken tut, sind hier dennoch gemeinsame

Tendenzen zu erkennen, die im Folgenden genauer betrachtet werden sollen.[1]

Inwiefern gerade das unzuverlässige Erzählen dazu dient, den krisenhaften Umgang mit Subjektivität, Identität und Realität zu vermitteln, möchte ich anhand von drei besonders prägnanten Beispielen aufzeigen: Das sind David Finchers *Fight Club* (1999), Christopher Nolans *Memento* (2000) und David Lynchs *Lost Highway* (1996). Dazu soll zunächst etwas zur filmischen Unzuverlässigkeit durch das Mittel der Fokalisierung gesagt werden. Daran anschließend wird die Identitätskonstruktion der Hauptfiguren durch das unzuverlässige Erzählen eingehender betrachtet. Damit verbunden ist die Problematisierung der Wahrnehmung in den gewählten Beispielen, die weitergehend untersucht wird. Abschließend soll kurz das Verhältnis von Fiktion und Realität in Bezug auf die Zuverlässigkeit und Unzuverlässigkeit von Wahrnehmung und ihrer Darstellung angesprochen werden.

I. Unzuverlässiges Erzählen und Fokalisierung

In den letzten Jahren ist viel zur Unverlässigkeit geforscht worden, vor allem im Bereich der Literaturwissenschaft. Dabei wurde auch versucht, die festgestellten Merkmale und Analysekriterien auf das filmische Medium zu übertragen. Dieser Versuch blieb allerdings unbefriedigend, da bereits die Erzählsituation im Film eine vollkommen andere ist. Das Fehlen eines expliziten Ich-Erzählers, der für die literarische Unzuverlässigkeit häufig als entscheidendes Kriterium angesehen wurde,[2] unterscheidet den Film maßgeblich von der Literatur. Dennoch kann auch der Film unzuverlässig erzählen. Aber wie? Ist die Kamera die unzuverlässige Instanz oder gibt es einen übergeordneten *cinematic narrator* (vgl. Helbig 2005: 131, 134, 139f.), der für die Unzuverlässigkeit verantwortlich ist? Eine breitere, theoretische Auseinandersetzung mit diesen Fragen fehlt in der Forschung bisher.[3]

Sieht man sich die prominentesten Filmbeispiele für unzuverlässiges Erzählen an, so fällt auf, dass es sich in den meisten Fällen um ein Spiel mit der Fokalisierung und deren fehlender Markierung handelt. Die Ka-

---

1 In der weiteren Argumentation wird davon ausgegangen, dass der Film ein erzählendes Medium ist, da er ebenso wie die Literatur über eine doppelte Zeitstruktur verfügt (vgl. u.a. Chatman 1981: 117).
2 Vgl. hierzu u.a. Allrath (1998: 61).
3 Volker Ferenz (2005) und Jörg Helbig (2005) stellen in ihren Aufsätzen erste allgemeine Überlegungen an, auf die im Folgenden zurückgegriffen wird.

mera zeigt eine persönliche und damit subjektive Fokalisierung, die jedoch nicht als solche markiert ist und dem Zuschauer daher als unpersönliche, nicht figurengebundene Sichtweise erscheint. So öffnet sich der Blick in Alejandro Amenábars *The Others* beispielsweise erst in der Schlusssequenz von einer subjektiven hin zu einer neutralen Fokalisierung (vgl. Amenábar 2001: 01:27:44ff.[4]). Und erst an dieser Stelle wird deutlich, dass es sich vorher um eine rein subjektive Wahrnehmung der fiktionalen Welt gehandelt hat. Ebenso nimmt in *Fight Club* erst die Überwachungskamera einer Tiefgarage im letzten Drittel des Films eine neutrale Position ein und entlarvt damit alle bisherigen Bilder als rein interne Fokalisierungen der geistesgestörten Hauptfigur (vgl. Fincher 1999: 2:02:20-2:04:15).[5] Erst hier wird deutlich, dass die Figur Tyler Durdens eine Einbildung des Protagonisten ist.

Eine interne Fokalisierung ist für sich genommen nicht problematisch – sie wird es erst, wenn sie nicht als solche markiert ist oder dem Zuschauer gerade durch eine fehlerhafte Markierung als neutral angezeigt wird. Dafür findet sich ebenfalls ein anschauliches Beispiel in *Fight Club*: Der namenlose Protagonist sitzt in einem Flugzeug und imaginiert einen Absturz, den das Filmbild in einer internen Fokalisierung direkt zeigt (vgl. Fincher 1999: 0:20:40-0:21:14). Mit dem vertrauten Signalgeräusch, das in Flugzeugen anzeigt, dass die Sicherheitsgurte wieder gelöst werden können, endet die Einbildung des Protagonisten und das Filmbild zeigt ihn wieder im Innenraum eines intakten Flugzeugs. Damit ist für den Zuschauer deutlich, dass die interne Fokalisierung nun wieder in eine neutrale übergeht. Genau dies ist jedoch nicht der Fall, denn genau in diesem Moment taucht die Figur Tyler Durdens neben dem Protagonisten auf. Diese Figur existiert nur in der Einbildung des Protagonisten, der unter einer dissoziativen Identitätsstörung leidet. Dies erfährt der Zuschauer jedoch erst im letzten Drittel des Films. Gerade die fehlerhafte Markierung vor der ersten Begegnung zwischen den beiden Figuren wird hier zu einer bewussten Irreführung des Zuschauers genutzt.

Erst die markierte Öffnung von einer subjektiven hin zu einer neutralen Wahrnehmung des Geschehen zeigt die Unzuverlässigkeit des vor-

---

[4] Die Filmstellen werden hier und im Folgenden mit der Angabe der Laufzeit der Kauf-DVDs zitiert (*The Others*, Universal/Senator, 2002; *Fight Club*, Twentieth Century Fox Home Entertainment, 2003; *Memento*, Columbia Tristar Home Entertainment, 2001; *Lost Highway*, Süddeutsche Zeitung Cinemathek, 2005).

[5] Die Erkenntnis darüber, dass Tyler und der anonyme Protagonist dieselbe Figur sind, erfolgt bereits zuvor in der Hotelzimmersequenz (vgl. Fincher 1999: 1:48:23-1:50:22). Die Überwachungskamera setzt diese Erkenntnis filmisch prägnant ins Bild.

her Gesehenen an und erzeugt beim Zuschauer eine Art ›Aha-Effekt‹. Der Film erzählt dann unzuverlässig, wenn dem Zuschauer eine subjektive Weltsicht als objektive ausgegeben wird. Das ist die erste Bedingung für Unzuverlässigkeit im Film. Die zweite ist, dass diese subjektive Fokalisierung die fiktionale Welt in nicht zutreffender, verzerrter oder eingeschränkter Weise wiedergibt. Das kann nach Jörg Helbig entweder in Form eines *underreporting* geschehen, wenn das, was gezeigt wird, nur ein Aspekt eines größeren Zusammenhangs ist, ohne dass dieser markiert wird – wie beispielsweise die eingeschränkte Wahrnehmung der Mutter in *The Others*, die ihren Tod und den ihrer Kinder verdrängt. Oder als *misreporting*, indem etwas gezeigt wird, das so in der neutralen Sicht auf das Geschehen nicht vorhanden wäre – wie beispielsweise die Figur Tyler Durdens in *Fight Club*, die nur in der Wahrnehmung des Protagonisten existiert (vgl. Helbig 2005: 134f.).

Damit wird noch einmal deutlich, wo sich literarische und filmische Unzuverlässigkeit überschneiden und wo sie sich voneinander unterscheiden. In der Literatur gilt der »mad monologist« als die deutlichste Ausformung eines unzuverlässigen autodiegetischen Erzählers, da es sich um einen »epistemologisch defizitären Erzähler« (Allrath 1998: 65) handelt, der sich durch seine Wahrnehmungsstörungen früher oder später selbst entlarvt. Diese Entlarvung des Erzählers als unzuverlässig wird auch als »Aha-Erlebnis seitens des Lesers« (Fludernik 2005: 40) bezeichnet. Obwohl es im Film keinen Ich-Erzähler im strengen Sinne gibt,[6] stehen im Mittelpunkt vieler unzuverlässig erzählter Filme dennoch Figuren, deren Charakterisierung der eines verrückten Monologisten sehr nahe kommt, wie beispielsweise der namenlose Protagonist in *Fight Club*, die Mutter Grace in *The Others* oder die Figur Spider im gleichnamigen Film von David Cronenberg. Gerade der Vergleich des Films *Fight Club* mit seiner gleichnamigen literarischen Romanvorlage von Chuck Palahniuk (1997) zeigt, dass die Figur des verrückten Monologisten intermedial übertragbar ist.[7] Die Unterschiede liegen wie bereits angedeutet vor allem in der Vermittlung, beispielsweise der Erzählsituation sowie unterschiedlicher sprachlicher und filmischer Signale für Unzuverlässigkeit. Allrath stellt einen ganzen Katalog textueller Signale der Unzuverlässigkeit zusammen, z.B. Leseranrede, Thematisierung des eige-

---

6   In der Forschung wird immer wieder auf den singulären Versuch einer filmischen Ich-Erzählung in Robert Montgomerys *Lady in the Lake* (1946) verwiesen, der allgemein als nicht überzeugend angesehen wird. Hierbei nimmt die Kamera während des gesamten Films die Position der Hauptfigur ein (vgl. Monaco 2000: 47).
7   Die filmische Transformation von David Fincher hält sich, gerade was die Figurencharakterisierung anbelangt, sehr eng an die Romanvorlage.

nen geistigen Zustands bzw. Beteuerungen der geistigen Unversehrtheit, ein stark emotional-emphatisch durchsetzter Stil usw. (vgl. Allrath 1998: 67-72). Einige Merkmale wie die starke Ich-Fixierung oder die Thematisierung des eigenen Zustands finden sich ebenfalls bei den Protagonisten in den gewählten Filmen. Ein Beispiel wäre die Figur des Leonard Shelby in Christopher Nolans *Memento*, der immer wieder seine »condition«, nämlich das Fehlen seines Kurzzeitgedächtnisses, erwähnt (vgl. Nolan 2001: 0:08:08-0:09:18). Ebenso wendet sich der Protagonist in David Finchers *Fight Club* in einer Szene direkt an den Zuschauer, womit ein Illusionsbruch auf der diegetischen Ebene einhergeht (vgl. Fincher 1999: 0:31:07-0:32:48). Eine Reihe vergleichbarer Unzuverlässigkeitssignale ist demnach in beiden Medien vorhanden. Die entscheidende Differenz liegt vor allem in der Erzählsituation. Ein ich-fixierter autodiegetischer Erzähler, dessen verzerrte Sichtweise immer deutlicher zum Vorschein kommt, wird im Zweifelsfall schneller als unzuverlässig interpretiert als intern fokalisierte Filmbilder, gerade wenn sie nicht als solche markiert sind. »Camera doesn't lie« tätowiert sich Leonard Shelby auf den Körper – das Filmbild oder Foto an sich kann nicht lügen oder verneinen. Dasselbe nimmt auch der Filmzuschauer an. Helbig formuliert dazu:

»[...] dass jede noch so plausible und geschickte Argumentation ihre Glaubwürdigkeit einbüßt, sobald sie in Widerspruch zu dem tritt, was man mit eigenen Augen sieht. Dies gilt auch für das Kinopublikum: Den Wahrheitsgehalt der filmischen Bilder hinterfragt das Publikum normalerweise nicht.« (Helbig 2005: 133)

Aber bereits Leonard Shelby demonstriert dem Zuschauer auf eindringliche Weise, wie sehr das Bildervertrauen trügen kann, solange man nicht weiß, wessen Wahrnehmung hier fokalisiert ist. Zugleich eröffnet das intuitive Vertrauen des Zuschauers in die Bilder dem Film vielfältige Möglichkeiten mit der Unzuverlässigkeit des Gezeigten zu spielen. Hierin liegt eventuell auch der besondere Reiz dieser Erzählweise, die viele in den letzten Jahren entstandene Filme aufgegriffen haben.

Die Unzuverlässigkeit im Film ist demnach von zwei Aspekten abhängig: Zum einen wird dem Zuschauer die subjektive Wahrnehmung eines Filmcharakters durch unmarkierte interne Fokalisierung als objektive oder neutrale Weltsicht ausgegeben. Zum anderen ist diese Wahrnehmung der Hauptfigur meist eine verzerrte, eingeschränkte oder sogar halluzinatorische Perspektive. Diese Wahrnehmung resultiert meist aus einer gefährdeten oder sich auflösenden Identität.

II. Identitätskonstruktionen durch unzuverlässiges Erzählen

Die Hauptfiguren der behandelten Filme und anderer hier nicht angesprochener Beispiele wie David Cronenbergs *Spider* (2002), David Koepps *The Secret Window* (2004), Cameron Crowes *Vanilla Sky* (2001) u.a. haben meist eine massive Persönlichkeitsstörung, die vor allem ihre Selbst- und damit auch ihre Fremdwahrnehmung verzerrt. Die Unzuverlässigkeit der Darstellung entsteht durch diese subjektiv verzerrte Wahrnehmung. Zugleich dient die unzuverlässige Erzählweise dazu, die Persönlichkeitsstörung und Wahrnehmungsverzerrung der Protagonisten filmisch zu vermitteln. Dies geschieht durch die bereits angesprochene interne Fokalisierung sowie durch weitere filmische Mittel wie subliminale Bilder, Zeitraffer, Zeitlupe, unwirkliche, verzerrte Bilder, die in der Forschung bereits hinreichend erläutert wurden und auf die ich hier nicht näher eingehen möchte.[8] Diese vermitteln einerseits die Subjektivität der Wahrnehmung und dienen andererseits als Unzuverlässigkeitssignale, die der Zuschauer jedoch auch als solche erkennen muss. Die unzuverlässig vermittelte verzerrte Selbst- und Fremdwahrnehmung dient der filmischen Veranschaulichung gestörter Identitätskonstruktionen. So erzählt die namenlose Hauptfigur in Finchers *Fight Club* in einer einzigen langen Rückblende, wer sie ist und wie sie Tyler Durden, der sein Leben veränderte, kennen lernte. Dass der Protagonist unter einer dissoziativen Identitätsstörung leidet und Tyler Durden eine Teilpersönlichkeit seiner selbst ist, wird erst am Ende des Films vollends aufgedeckt. Ihrer extremen Identitätsdiffusion versucht die Hauptfigur durch das unzuverlässige Erzählen der eigenen Geschichte entgegenzuwirken und erzeugt damit eine immer größere Abspaltung von sich selbst, bis es am Ende des Films zur Konfrontation der beiden Persönlichkeitsanteile kommt. Zugleich dient dem Protagonisten die Inszenierung der Figur Tyler Durdens dazu, verdrängte Aspekte seiner eigenen Persönlichkeit auszuleben. So verkörpert Tyler Durden (gespielt von Brad Pitt) eben die Eigenschaften, die sich der gesellschaftlich angepasste Protagonist (gespielt von Edward Norton) nicht erlaubt und agiert diese auch in unkonventionellen und teilweise anarchischen Handlungen aus. Das unzuverlässige Erzählen dient demnach der filmischen Inszenierung dieser Identitätsdiffusion.[9] Ich spreche hier von Identitätsdiffusion im Sinne einer Unfähigkeit des Ichs zur Bildung einer Identität, die meist von paranoiden, depressiven und psychopathischen Zügen begleitet ist (vgl. Erikson 1977: 153f.).

---

8   Helbig (2005: 136-144) stellt einen Katalog filmischer Unzuverlässigkeitssignale zusammen, der einen guten Überblick bietet.
9   Vgl. dazu auch Görtz (2007: 19).

Eine ganz ähnliche Verbindung zwischen Identitätsdiffusion, unzuverlässigem Erzählen und Erinnerung findet sich im Film *Memento*. Gerade weil die Hauptfigur Leonard Shelby nicht in der Lage ist, neue Erinnerungen zu speichern, zerfällt auch ihr Selbstbild immer mehr. Dem versucht Shelby mit der Inszenierung immer neuer Handlungen und damit auch Erzählungen entgegenzuwirken. Der Film setzt diese Handlungen in Szene und versetzt den Zuschauer in eine ähnliche Wahrnehmungssituation wie den Protagonisten. Es wird rückwärts in fünfminütigen Abschnitten erzählt – genauso lange bleibt Shelbys Erinnerung an den jeweils letzten Moment präsent. Der Film stellt Erzählen, Erinnern und Identität durch die Figur Shelbys in einen engen Zusammenhang (vgl. Kiefer 2005). Sowohl das Erzählen und das Rezipieren des Erzählten als auch das Bewusstsein des Menschen über sich selbst und seine Herkunft beruhen auf erinnernder Gedächtnisleistung. Der Zuschauer kann den Film *Memento* nur rezipieren, da er sich erinnern und die einzelnen Sequenzen dadurch miteinander verbinden kann. Eine ähnliche Erinnerungsleistung muss stattfinden, damit der Einzelne zu einem vollständigen Selbstbild gelangt. Diese Voraussetzung für das Nachvollziehen der eigenen Geschichte und damit das Ausbilden einer sich entwickelnden Identität nach dem Verlust seiner Erinnerungsfähigkeit fehlen Shelby. Durch das immer neue Konstruieren von Handlungen, die vor allem dadurch funktionieren, dass Shelby sich bewusst selbst manipuliert, versucht er dieses Defizit einzuholen. Im Wissen darüber, dass er seine eigene Unzuverlässigkeit später als Zuverlässigkeit ansehen wird, kann er die unwahrscheinlichsten Zusammenhänge Wirklichkeit werden lassen. Die Art und Weise, wie der Protagonist versucht, seine eigene Vergangenheit, seine Handlungen, seine Ich- und Fremdwahrnehmung zu rekonstruieren und zu inszenieren, zeigt in überspitzter Form, wie jegliches Selbst- und Weltverstehen durch subjektive Wahrnehmungs- und Erinnerungsleistungen funktioniert. In Shelbys Fall ist das Gedächtnis durch eine Kombination aus Körpertätowierungen, Polaroids und Mindmaps ersetzt. Er ist sich der Unzuverlässigkeit des Gedächtnisses durchaus bewusst und sieht daher seine visualisierende Erinnerungstechnik als zuverlässig an. Dies formuliert er in einem Gespräch mit seinem vermeintlichen Vertrauten Teddy:

»[Leonard:] Memory is unreliable.
[Teddy:] Ah, please…
[Leonard:] No, no, no, really. Memory is not perfect, it's not even that good. Ask the police. […] The cops don't catch a killer by sitting around and making memories. They collect facts, they make notes, and they draw conclusions. Facts, not memories. That's how you investigate. I know – that's what I used to do. Look, memory can change the shape of a room, it can change the color of a

car, and memories can be distorted. They're just an interpretation, they're not a record.« (Nolan 2001: 0:22:58-0:23:30)

Erinnerung, Gedächtnis und damit auch unsere Wirklichkeitswahrnehmung beruhen auf Subjektivität, nicht auf Fakten. Wie eine Bestätigung dieser Aussage antwortet die Hauptfigur Fred Madison in David Lynchs *Lost Highway* auf die Frage, ob er eine Videokamera besitze, verneinend: »I like to remember things in my own way. [...] How I remember them... not necessarily the way they happened.« (Lynch 1997: 0:23:18-0:23:45) Die Erkenntnis, dass Erinnerung auf subjektiver Rekonstruktion und Interpretation von Erlebnissen beruht, hat über den Film *Memento* und seine Handlung hinaus Bedeutung. Hier wird ein allgemeines Problem menschlicher Selbst- und Realitätskonstruktion angesprochen. In der Schlusssequenz des Films wird dies noch einmal verdeutlicht, indem Shelby resümiert: »We all need memories to know who we are. I'm no different.« (Nolan 2001: 1:45:43-1:45:50) Jo Alyson Parker folgert in ihrem Aufsatz zu *Memento*: »Leonard is indeed Everyman and Everywoman« (Parker 2004: 242). So vergleicht sie beispielsweise ihre eigene Vorgehensweise beim Recherchieren und Erforschen eines wissenschaftlichen Themas mit Leonards komplexer Aufzeichnungstechnik. Damit würde der Film ganz deutlich darauf verweisen, dass Shelby in seiner Traumatisierung nur eine übertriebene Darstellung eines jeden Menschen ist. Letztlich verweist Nolans Film auf die zentrale Funktion der Erinnerung für die Konstruktion menschlicher Identität sowie die gleichzeitige Subjektivität der Erinnerung. Selbst- und Weltwahrnehmung können nur subjektiv sein. Objektiv wahrnehmbare oder objektive Realität existiert nach dieser Auffassung nicht. Realität wird als individuelle Wahrnehmungsleistung verstanden.[10]

Die Figuren in David Lynchs *Lost Highway* weisen teilweise Parallelen zu den bereits vorgestellten Beispielen auf. Die filmische Inszenierung einer Identitätsdiffusion ist hier jedoch noch konsequenter umgesetzt, da sie zu einer weitreichenden Auflösung erzählerischer Grenzen und Konventionen führt. Auch hier scheinen die beiden Protagonisten Fred Madison (gespielt von Bill Pullmann) und Pete Dayton (gespielt von Balthazar Getty) miteinander verbunden zu sein. Die Überlegung, dass auch sie zwei Persönlichkeitsausprägungen ein und derselben Figur sind, liegt nahe. Pete Dayton würde somit eine Idealvorstellung Fred Madisons verkörpern, der selbst verstört und getrieben wirkt. Ebenso

---

10 Die Auffassung von Realität als reiner Perzeptionsleistung ist in der Philosophie ein seit jeher vieldiskutiertes Problem, u.a. in den Schriften von John Locke, David Hume und George Berkeley. Vgl. dazu u.a. Schumacher (2004).

könnte jedoch Fred auch als Albtraum Petes verstanden werden. Fabienne Liptay führt dazu aus:

»Dabei können wir schon angesichts der sprechenden Namen nicht mit Sicherheit sagen, ob es sich bei Pete um eine Kopfgeburt des verrückten Fred MADison handelt oder ob nicht umgekehrt Pete DAYton die Tagexistenz ist, die Fred in düsteren Träumen erträumt.« (Liptay 2005: 315)

Ähnlich verhält es sich mit den weiblichen Hauptfiguren Renee Madison und Alice Wakefield, die zwar eindeutiger als zwei Aspekte einer Persönlichkeit zu verstehen sind (auch dadurch, dass sie beide von Patricia Arquette gespielt werden), aber ebenfalls nicht eindeutig innerhalb der fiktionalen Welt verortet werden können. Das liegt unter anderem daran, dass dem Erzählten keine stabile und eindeutig bestimmbare fiktionale Welt mehr zugrunde liegt.[11] Entsprechend der Persönlichkeitsaufspaltungen gehen Halluzinationen, Traumbilder, Einbildungen und verzerrte Wahrnehmungen fließend ineinander über, so dass kein kohärentes Bild der Lebenswelt der Figuren entsteht. Die Identitätskonstruktionen der Figuren erscheinen dementsprechend lediglich als Inszenierungen, die nicht stabil oder verlässlich sind. Dieser Auflösung der Identität und Lebenswelt der Charaktere entspricht auch die filmische Darstellung des Erzählten. Gerade weil den Protagonisten keine kohärente Identität mehr zugrunde liegt, können ihre Geschichten nicht kohärent erzählt werden. Der Film erzählt in einer Endlosschleife, Figurencharaktere und -konstellationen wechseln mehrfach, fantastische und realistische Elemente werden frei miteinander kombiniert. Dieser Unentscheidbarkeit zwischen Fantasie und Wirklichkeit, Identität der Figuren, Innen- und Außenwelt entspricht eine Unentscheidbarkeit in Bezug auf die Unzuverlässigkeit des Erzählens. In »mimetisch unentscheidbaren« Erzählungen

»werden Szenen aneinandergereiht, die sich nicht einem linearen chronologischen oder kausalen Zusammenhang fügen, sondern eher im Sinne einer seriellen Ästhetik als Variationen bestimmter Standardsituationen oder Handlungsschablonen zu lesen sind. Es bleibt unentscheidbar, welche dieser Varianten des Geschehens als die ‹eigentliche› zu gelten hat. Die erzählte Welt löst sich auf in eine Serie alternativer Versionen.« (Martínez/Scheffel 2005: 103)

Was Martínez/Scheffel hier für den literarischen Text definieren, lässt sich, wie sie selbst bemerken, ebenfalls auf den Film übertragen. Mit der Auflösung jeglicher inner- und außerweltlicher Konstanten sind auch die Erzählgrenzen aufgelöst. Eine Abgrenzung zwischen Zuverlässigkeit und

---

11 Vgl. zur Terminologie Martínez/Scheffel (2005: 103).

Unzuverlässigkeit wird in diesem Zusammenhang irrelevant. Noch eindringlicher als die vorhergehenden Beispiele macht Lynchs Film deutlich, wie eng Subjektivität, Identität und Realitätswahrnehmung der Filmcharaktere mit dem Erzählen des Films zusammenhängen.

III. Realität als Wahrnehmungsleistung

In den ausgewählten Beispielen ist die Subjektivität der Wahrnehmung vor allem deswegen so bestimmend, da ihr keine alternative Weltsicht entgegengesetzt wird. Es kommt zwar sowohl in *Fight Club* als auch in *Memento* zu einem sogenannten ›Aha-Erlebnis‹ – nach diesem wird die interne Fokalisierung jedoch nicht durch einen objektiven Blick abgelöst, sondern verengt sich wieder zur subjektiven Realitätsverzerrung. Obwohl die bereits angesprochene Sequenz aus der Perspektive der Überwachungskamera im letzten Drittel von *Fight Club* einen ›Aha-Effekt‹ herbeiführt, wird der Subjektivität der Hauptfigur kein objektives Weltverständnis entgegengestellt. Die neutrale Fokalisierung verengt sich sofort wieder zur figurengebundenen. Der Film mündet in einen grotesk überzeichneten Showdown, an dessen Ende der namenlose Protagonist trotz Kopfschuss weiterlebt und sich gemeinsam mit der zurückeroberten Ex-Geliebten die untergehende Skyline einer amerikanischen Großstadt wie einen romantischen Sonnenuntergang ansieht (vgl. Fincher 1999: 2:10:12-2:10:43). Von einer stabilen und eindeutig bestimmbaren fiktionalen Welt, die dem Erzählten trotz unzuverlässiger Wahrnehmung zugrunde liegt, kann hier nicht mehr ausgegangen werden.

Ein ähnliches Ende präsentiert uns Christopher Nolan in seinem Film *Memento*. In dem Moment, wo sich die rückwärts erzählte Haupthandlung und die vorwärts erzählte Nebenhandlung treffen, setzt insofern ein ›Aha-Erlebnis‹ ein, als der Zuschauer erfasst, was die Hauptfigur Shelby mangels ihrer Unfähigkeit, neue Erinnerungen zu speichern, nicht erfassen kann: Dass die Suche nach dem Mörder seiner Frau eine Konstruktion ist, die durch die Manipulation verschiedener Personen und vor allem von ihm selbst am Laufen gehalten wird, um jeweils eigene Interessen zu verfolgen. Den eigentlichen Mörder hat Shelby entweder längst gerichtet und es wieder vergessen oder aber es gab gar keinen Mörder und er selbst hat seine Frau durch eine Überdosis Insulin umgebracht. Diese alternativen Auflösungen bleiben nebeneinander stehen und der Film endet damit, dass Shelby einen neuen Täter erfindet, eine neue Suche konstruiert und damit die Handlung konstituiert, die der Film gerade erzählt hat. Damit wird ein unendlicher Kreislauf ineinandergreifender Handlungen entworfen, die immer wieder nach diesem Schema ablaufen könnten – ähnlich wie in Lynchs *Lost Highway*.

Neben die Weltsicht und Realitätskonstruktion der Hauptfigur treten im Fall von *Memento* allerdings die Wahrnehmungen zweier anderer Figuren: Der korrupte Drogenfahnder Teddy lässt Shelby Drogendealer für sich umbringen und Nathalie, die Freundin eines Drogendealers, den Shelby bereits durch Teddys Manipulation umgebracht hat, versucht ihn dazu zu bringen, ihren toten Freund zu rächen. Auch diese Figuren erweisen sich in ihren Wahrnehmungen und Handlungen als äußerst selektiv und manipulativ. Die Annahme, dem Entwurf einer solchen fiktionalen Welt könne noch ein stabiles und kohärentes System unterliegen, das nicht subjektiv konstruiert ist, erweist sich als abwegig. Vielmehr scheint die fiktionale Welt ausschließlich aus subjektiven Konstruktionen und Manipulationen ihrer Figuren zu bestehen. Der Film führt auf diese Weise vor, dass es eine verlässliche Realität gar nicht geben kann, da jede Figur Ereignisse bereits subjektiv interpretiert wahrnimmt und nach diesen Wahrnehmungen handelt und dadurch wiederum Realität im Sinne von wirksamen Handlungen erzeugt. Zuverlässigkeit und Realität scheinen sich demnach auszuschließen – Realität und Subjektivität scheinen sich hingegen zu bedingen. Das unzuverlässige Erzählen dient in den untersuchten Filmen als adäquates Mittel um diesen Zusammenhang aufzuzeigen.

In *Fight Club* und *Memento* wird unzuverlässig erzählt, ohne dass dieser Unzuverlässigkeit eine zuverlässige Darstellung der fiktionalen Welt entgegengesetzt würde. Auf die Spitze getrieben wird dieses Prinzip in Lynchs *Lost Highway*. Hier kann nicht mehr zwischen Traum, Einbildung, Halluzination oder innerfiktionaler Wirklichkeit unterschieden werden, alles scheint fließend ineinander überzugehen. An einer Stelle im Film wird dies besonders deutlich: Auf einem schwarz-weißen Videoband sieht man, wie Fred Madison seine Frau blutrünstig abschlachtet; für einen Moment ist das Filmbild in Farbe zu sehen. Madison kniet neben seiner zerstückelten Frau, die rot durchtränkten Bettlaken deuten ein regelrechtes Blutbad an (vgl. Lynch 1997: 0:39:48-0:40:07). In ihrer inszenierten Überzeichnung lässt die Szene fast an eine Splatterfilm-Parodie denken. Ob Fred Madison seine Frau Renee tatsächlich brutal zerfleischt und das farbige Filmbild ein Erinnerungsbild ist oder das Video lediglich eine albtraumhafte Vision zeigt, ob die Erlebnisse der beiden Hauptfiguren Fred Madison und Pete Dayton als Nacht- und Tagversion, als Alb- und Wunschtraum oder als Realität und Einbildung zueinander stehen, kann und soll nicht entschieden werden. Die entworfene fiktionale Welt setzt als Bezugsrahmen nicht mehr eine außerfiktionale Wirklichkeit, wie Nünning (1998) beispielsweise in seinem

Neuansatz zur Theorie des unzuverlässigen Erzählens annimmt. Lynchs Film rekurriert vielmehr auf das Repertoire des eigenen Referenzsystems, indem er filmische Standardsituationen und -figuren variiert und zugleich überzeichnet. Die femme fatale und der als Übervater erscheinende Mafia-Boss sind nur zwei Beispiele dafür. Der im Film auftretende Mystery Man, der die Ereignisse teilweise mit einer Kamera filmt, teilweise als Lenker des Geschehens eingreift, kann dabei als Verkörperung des Regisseurs verstanden werden, der die Handlung des Films bestimmt und damit selbst einen Illusionsbruch herbeiführt. Zugleich verdeutlicht die Figur, dass es keine übergeordnete Wahrheit und kein Korrektiv geben kann, da alle Ereignisse eine Frage der Subjektivität und der Inszenierung sind (vgl. Jerslev 2004: 161f.). Die Frage danach, wo die innerfiktionale Realität im Film aufhört und wo die Einbildung anfängt, spielt dabei keine Rolle mehr. Damit stellt sich die Frage nach Zuverlässigkeit und Unzuverlässigkeit nicht mehr. Viel eher führt uns der Film vor Augen, dass es zwischen Wirklichkeit und Einbildung, Innen und Außen, Traum und Wachzustand und damit letztlich zwischen Realität und Fiktion keine Grenzen gibt. Diese Erkenntnis bleibt jedoch nicht auf den Film beschränkt, sondern verweist zugleich darauf, dass auch die außerfiktionale Wirklichkeit durch Fiktionen, Einbildungen, Wünsche und Ängste konstituiert sein könnte. Der Wahn eines Fred Madison wäre dann nicht nur der eines paranoiden Schizophrenikers, sondern viel eher der überspitzt dargestellte Wahnsinn einer alltäglichen Auseinandersetzung des Menschen mit seiner Selbst- und Weltwahrnehmung. Unsere Weltwahrnehmung und damit auch unsere Bewertung und Einordnung von Erlebnis und Erfahrung ist zum großen Teil medial bestimmt – das heißt, dass auch hier die Grenzen zwischen unmittelbarem Erleben und vermittelten Ereignissen, zwischen stereotypen Verhaltensweisen und tatsächlichem Verhalten sowie letztlich auch zwischen Realität und Fiktion fließend sind. Lynch selbst hat seinen Film mit der gedrehten Endlosschleife eines Möbius-Bandes verglichen und damit ein treffendes Bild nicht nur für den Kreislauf, den die Handlung beschreibt, sondern auch für die angesprochene Auflösung der Grenzen sowohl auf inhaltlicher als auch auf erzählerischer Ebene gefunden (vgl. ebd. 157).

IV. Unzuverlässigkeit der menschlichen Wahrnehmungsfähigkeit

Die Unzuverlässigkeit in der Erzählweise der betrachteten Filme ist durch die subjektiv verzerrte Wahrnehmung ihrer psychisch verwirrten Hauptfiguren bedingt. Selbst- und Weltwahrnehmung sind durch die

Identitätsdiffusion der Figuren gestört, was sich wiederum in der Unzuverlässigkeit der Erzählung spiegelt. Zugleich versuchen diese Figuren, durch ihre Selbstinszenierungen Kohärenz und Verlässlichkeit innerhalb ihrer Welt zu schaffen. Aber geht es in diesen Filmen tatsächlich nur um die Darstellung persönlichkeitsgestörter Figuren? Nein – viel eher scheinen diese verwirrten und überforderten Charaktere Sinnbilder menschlichen Daseins in einer als komplex und wenig durchschaubar empfundenen Welt zu sein. Denn letztlich nimmt jeder Mensch nur einen selektiven und subjektiv interpretierten Ausschnitt der Wirklichkeit wahr. Eine zuverlässige Wahrnehmung der Welt scheint daher auch außerfiktional nicht gegeben. Und dennoch ist jeder Mensch bemüht, seine Wahrnehmung der Welt möglichst durchschaubar und kohärent zu gestalten, was wiederum nur durch Selektivität und Subjektivität möglich ist. Der Mensch hat ein Bedürfnis nach Zuverlässigkeit. Genau diese wird ihm in der Realität häufig verweigert. Die Fiktion hingegen kann diesem Bedürfnis durch immer neues Erzählen – zuverlässiges Erzählen – von Geschichten und dem Entwurf stabiler fiktionaler Welten nachkommen. Die betrachteten Filme spielen mit diesem Bedürfnis des Rezipienten und decken zugleich die Illusion der Zuverlässigkeit auf. Dabei erscheint ihre unzuverlässige Erzählweise als weitaus adäquateres Mittel zur Darstellung von Wirklichkeit. Die Subjektivität der Wahrnehmung wird in den betrachteten Filmen zwar auf die Spitze getrieben, indem die Protagonisten, deren Blick die Kamera subjektiv fokalisiert, eine nach herkömmlichen Vorstellungen extrem verzerrte Wahrnehmung haben. Dennoch wird hier nur übersteigert dargestellt, wodurch jeder Mensch in seinem Kontakt zur Außenwelt bestimmt ist: seine subjektive Wahrnehmung. Anstatt dem Bedürfnis des Zuschauers nach Zuverlässigkeit nachzukommen, wird in den besprochenen Filmen der umgekehrte Weg eingeschlagen: Die Realität wird in ihrer Unzuverlässigkeit filmisch gespiegelt und übersteigert. Damit werden sowohl die eigenen filmischen Darstellungsmöglichkeiten als auch die Bedingungen menschlicher Wahrnehmung, Realitätsbildung und Identität reflektiert. Am Ende stellt sich die Frage, ob diese unzuverlässig erzählten Filme nicht eine wesentlich zuverlässigere Version außerfiktionaler Wirklichkeit präsentieren, als man dies auf den ersten Blick annehmen könnte. Zuverlässige Erzählungen erscheinen aus dieser Perspektive hingegen als unzuverlässig, da sie eine Kohärenz und Logik vorgeben, die in der ›Realität‹ in dieser Weise gar nicht existieren kann.

Literatur

Allrath, Gaby (1998): »›But why will you say that I am mad?‹ Textuelle Signale für die Ermittlung von *unreliable narration*«. In: Ansgar Nünning (Hg.), *Unreliable Narration. Studien zur Theorie und Praxis unglaubwürdigen Erzählens in der englischsprachigen Erzählliteratur*, Trier, S. 59-79.

Chatman, Seymour (1981): »What Novels Can Do that Films Can't (and Vice Versa)«. In: W.J.T. Mitchell (Hg.), *On Narrative*, Chicago u.a., S. 117-136.

Erikson, Erik (1977): *Identität und Lebenszyklus. Aufsätze*, Frankfurt/M.

Ferenz, Volker (2005): »Fight Clubs, American Psychos and Mementos. The Scope of Unreliable Narration in Film«. *New Review of Film and Television Studies* 3.2, S. 133-159.

Fludernik, Monika (2005): »*Unreliability* vs. *Discordance*. Kritische Betrachtungen zum literaturwissenschaftlichen Konzept erzählerischer Unzuverlässigkeit«. In: Liptay/Wolf (2005), S. 39-59.

Görtz, Katharina (2007): *Die Suche nach der Identität. Erinnerung erzählen im Spielfilm*, Remscheid.

Helbig, Jörg (2005): »›Follow the white rabbit!‹ Signale erzählerischer Unzuverlässigkeit im zeitgenössischen Spielfilm«. In: Liptay/Wolf (2005), S. 131-146.

Jerslev, Anne (2004): »Beyond Boundaries: David Lynch's *Lost Highway*«. In: Erica Sheen/Annette Davison (Hg.), *The Cinema of David Lynch. American Dreams, Nightmare Visions*, London/New York, S. 151-164.

Kiefer, Bernd (2005): »Die Unzuverlässigkeit der Interpretation des Unzuverlässigen. Überlegungen zur *Unreliable Narration* in Literatur und Film«. In: Liptay/Wolf (2005), S. 72-88.

Liptay, Fabienne (2005): »Auf Abwegen – oder wohin führen die Erzählstraßen in den ›Roadmovies‹ von David Lynch?« In: Liptay/Wolf (2005), S. 307-323.

Liptay, Fabienne/Wolf, Yvonne (Hg.) (2005): *Was stimmt denn jetzt? Unzuverlässiges Erzählen in Literatur und Film*, München

Martínez, Matías/Michael Scheffel (2005): *Einführung in die Erzähltheorie*, 6. Aufl., München.

Monaco, James (2000): *Film verstehen*, übers. von Brigitte Westermeier u. Robert Wohlleben, überarb. u. erw. Neuausgabe, Reinbek.

Nünning, Ansgar (1998): »*Unreliable Narration* zur Einführung: Grundzüge einer kognitiv-narratologischen Theorie und Analyse unglaubwürdigen Erzählens«. In: ders. (Hg) *Unreliable Narration. Studien zur Theorie und Praxis unglaubwürdigen Erzählens in der englischsprachigen Erzählliteratur*, Trier, S. 3-39.

Palahniuk, Chuck (1997): *Fight Club*, London.

Parker, Joy Alyson (2004): »Remembering the Future. *Memento*, the Reverse of Time's Arrow, and the Defects of Memory«. *KronoScope* 4.2, S. 239-257.

Schumacher, Ralph (Hg.) (2004): *Perception and Reality. From Descartes to the Present*, Paderborn.

Filme

Amenábar, Alejandro (2001): *The Others*, USA u.a.
Fincher, David (1999): *Fight Club*, USA/Deutschland.
Lynch, David (1997): *Lost Highway*, Frankreich/USA.
Nolan, Christopher (2001): *Memento*, USA.

NARRATIVE DUPLIKATE – DOSTOEVSKIJSCHE SCHEIN- UND SEINSKÄMPFE IN FINCHERS *FIGHT CLUB*

GUDRUN HEIDEMANN

1. Täuschende (Un-)Ähnlichkeiten

Fedor M. Dostoevskijs 1846 erschienenes Petersburger Poem *Der Doppelgänger* (*Dvojnik*) berichtet über die »Abenteuer des Herrn Goljadkin« (»Priključenija g. Goljadkina«)[1] in der rasant gewachsenen Metropole. In der damaligen Hauptstadt Russlands gehört er als Titularrat zu den untersten Rängen der strengen Beamtenhierarchie. Seine Aufgabe besteht im Abschreiben von Akten – einer handschriftlichen Kopistentätigkeit, die bereits auf sein eigenes Verdopplungsschicksal verweist. Goljadkin spaltet sich in einen Doppelgänger, dessen Existenz nicht nur den beteiligten Protagonisten, sondern bis zur letzten Zeile auch der Leserschaft Rätsel aufgibt. Es lassen sich allerdings einige Anhaltspunkte ausmachen, die auf das usurpatorische Auftreten des zugleich er- und verwünschten (vgl. Lachmann 1990: 475) zweiten Ichs hinweisen: Goljadkins Selbstver(un)sicherung in Spiegeln; sein Gespräch mit dem deutschen Arzt Rutenspic; seine Selbstvergewisserung gegenüber dem Diener Petruška sowie sein (vermeintlicher) Briefwechsel mit dem zweiten Goljadkin.

Dass auch der namenlose Held in David Finchers 1999 uraufgeführtem *Fight Club* in der Anonymität des großstädtischen Lebens versinkt, wird filmisch etwa in seinen eigenen vier Wänden als innenarchitektonische Uniformierung aus (Ikea-)Katalogangeboten durch entsprechende Bildmontagen in Szene gesetzt (vgl. Fincher 1999: 00:04:33-00:05:26[2]). Als Angestellter eines Autokonzerns nimmt auch der postmoderne Held innerhalb des kapitalistischen Räderwerks eine untere Stellung ein, in-

---

1 So lautet der ursprüngliche Untertitel (vgl. Lachmann 1990: 471).
2 Die Laufzeitangaben richten sich nach der Kauf-DVD (*Fight Club*, Twentieth Century Fox Home Entertainment, 2005).

dem er sich mit der Begutachtung von Unfallwagen befasst, deren Schäden möglichst nicht auf Produktionsfehler zurückgeführt werden sollen. Indem er hierbei – jenseits jeglicher moralischer Verantwortung gegenüber den Unfallopfern – einzig genauen Kostenkalkulationen seines Arbeitgebers folgt, handelt er in ähnlicher Weise nach Vorgaben, von denen geringe Abweichungen erfolgen sollen, wie Dostoevskijs Kopist beim möglichst fehlerlosen Abschreiben.

Für das Auftreten des filmischen *doubles* liegen ähnliche Anhaltspunkte vor wie in der literarischen Narration. Da der Doppelgänger trotz aller audiovisuellen Potentiale keine äußere Ähnlichkeit mit dem eigentlichen Filmhelden besitzt und bis zum Filmende – zumindest explizit – nicht als solcher bezeichnet wird, offenbaren sich seine Vorankündigungen erst retrospektiv. Als erster Hinweis auf die instabile Konstitution des Helden in *Fight Club*, die auch die Unzuverlässigkeit seiner narrativen Ich-Perspektive andeutet, lässt sich der bereits im Vorspann als mikroskopische Kamerafahrt fokussierte Bewusstseinszustand des Helden anführen. Die physischen Folgen seiner langwierigen Schlaflosigkeit verursachen getrübte Fremd- und Selbstwahrnehmungen, als befinde er sich in einer dauerhaften Halbschlafphase. Wenn der Filmheld ähnlich wie Goljadkin einen Arzt aufsucht, so entpuppt sich auch diese Konsultation als bedeutsamer Vorbote der – auf der Leinwand nur vermeintlich unsichtbaren – Bewusstseinsspaltung. Zur gesteigerten wie erschütterten Selbstvergewisserung dient in *Fight Club* ebenfalls analog zu Dostoevskijs *Doppelgänger* eine personale Kontrollinstanz – hier die zunächst als Konkurrentin im parasitären Krankheitstourismus und später als Sexbesessene auftretende Marla Singer. Gewissheit über die Selbstspaltung liefert im Film schließlich in ähnlich verwirrender Weise ein Kommunikationsmedium wie bei Goljadkin – jedoch kein konfuser Briefverkehr, sondern wirre Telefonate.

In der literarischen wie in der filmischen Doppelgängererzählung haben wir es nicht nur mit duplizierten Hauptfiguren zu tun, sondern auch mit narrativen Duplikaten, insofern sich hinter den jeweiligen Erzählinstanzen weitere *doubles* verbergen, die den Erzählfluss einerseits in Gang bringen und vorantreiben, andererseits unterschwellig die Glaubwürdigkeit der jeweiligen Helden unterlaufen. Hiermit geht eine Unzuverlässigkeit einher, die insbesondere die Ich-Projektionen und den Helden-Status betrifft. Mit dem Auftreten der Doppelgänger erfolgt schließlich neben dem Angriff auf das jeweilige Ich eine Erschütterung der narrativen Plausibilität. So klingen in der literarischen Erzählung durchgehend täuschende Ähnlichkeiten zwischen Goljadkin und seinem Konkurrenten an, während in *Fight Club* gerade die sichtbare Unähnlichkeit zwischen dem Ich-Erzähler und seinem Weggefährten täuscht. Der Film zeigt damit ein

Gegen-Ich, das sich erst in den letzten Sequenzen als ›Kopfkino‹ des Helden erweist, während die literarische Narration Projektionen des Ichs im agierenden wie rezipierenden ›Kopfkino‹ metaphorisch und/oder metonymisch verdichtet. Auch wenn etwa Alexander Wöll in seiner Monografie zum ›Doppelgänger in der russischen Literatur‹ zu dem Schluss kommt, dass es »[d]en Doppelgänger Goljadkins [...] nicht [gibt]; er ist reines Phantasieprodukt, das dem Beamten aus den medialen Bildern seiner abgeschriebenen Urkunden, der gelesenen Bücher und der Mythen um die Stadt Petersburg entsteht« (Wöll 1999: 149),[3] bleibt diese Lesart nur eine mögliche Variante. Mit Hinweisen auf mögliche Vorbedingungen für solche Ich-Projektionen, als deren Objekt ein imaginierter oder tatsächlicher Anderer dienen kann, eröffnet schließlich sowohl die literarische als auch die filmische Doppelgängererzählung. Zu fragen ist dabei, ob der Film tatsächlich, wie Knut Hickethier in »Erzählen mit Bildern« anführt, narrativ

»gegenüber dem literarischen Text [den Vorteil besitzt; G.H.], dass letzterer durch sprachliche Beschreibung einen Text in der Vorstellung des Lesers erst evozieren muss, während der Film in seiner sinnlichen Präsentation dieser Welt schwelgen kann, die Zuschauer mit einer Vielfalt von optischer Gegenwärtigkeit und sinnlicher Anschaulichkeit überwältigen kann – ohne dass der Betrachter wirklich alles Gezeigtem [sic!] bewusst wahrnehmen muss« (Hickethier 2007: 105f.).

In *Fight Club* evozieren gerade unterschwellig eingeblendete Bilder ein ›Kopfkino‹, das sich erst in der am Ende offenbarten Doppelgängerei auflöst. Zugleich gerät damit die vorangegangene Retrospektive in Auflösung.

2. Kopfkino und Kopfgeburt

Bereits im Vorspann (vgl. Fincher 1999: 00:00:33-00:01:58) beginnt Finchers *Fight Club* mit einer rasanten Kamerafahrt, die in mikroskopischer Vergrößerung entlang subkutaner Synapsen, Gewebestrukturen und Nervensträngen führt (vgl. Liptay 2005: 312). Angesichts des im folgenden Verlauf präsentierten ›Kopfkinos‹ im Rückblick des narrativen Ichs wird damit auf der Leinwand eine entsprechende Metapher realisiert,

---

3 Möglicherweise lässt sich diese Lesart damit begründen, dass, »[d]a Personen in der Literatur mit Hilfe von Texten beschrieben und anhand der Lektüre (re-)präsentiert werden, [...] die ›physische Ähnlichkeit‹ außerhalb des Mediums [bleibt]« (Hildebrandt 1999: 221).

denn die Kamera fliegt rückwärts durch neurale Netze, um schließlich über eine Hautpore, Härchen und Schweißtropfen an die Körperoberfläche des Ich-Erzählers zu gelangen. Diese von gemeinhin unsichtbaren Körperinnenwelten nach außen erfolgende, also quasi-rückwärtige Einleitung verdichtet das im folgenden Filmverlauf sichtbar Erzählte in zweifacher Weise. Zum einen haben wir es bei der anschließenden Narration mit einer Rückblende zu tun, was wenig später deutlich artikuliert wird. Zum anderen setzt der On- und Off-Sprecher seine psychische Innenwelt allmählich in ein physisches Außen bzw. Äußeres um. Dass hierbei lediglich seine abstrusen Vorstellungswelten aufgrund eines erschütterten Nervenkostüms, das die Mikroskopkamera zuvor einfing, buchstäblich Gestalt annehmen, bleibt vom Kinopublikum zunächst unbemerkt. So tritt das zweite unähnliche Ich hier zwar bereits audiovisuell, allerdings fragmentarisch, dunkel und diffus in Erscheinung, und vor allem ohne als solches benannt zu werden. Die Rede ist vielmehr namentlich von Tyler Durden sowie von Marla Singer, die als ›Schlüssel‹ (vgl. Fincher 1999: 00:02:53) aller Ereignisse bezeichnet wird. Damit endet der Vorspann resp. Prolog als Sehanweisung und Deutungshinweis der folgenden Retrospektive.

Neben dem vielschichtigen Kopfkino liefert die sechsmonatige Insomnie des Ich-Erzählers Hinweise auf seine doppelgängerische Kopfgeburt (vgl. Helbig 2005: 137). Im Kontext der Schlaflosigkeit eingestreute Bemerkungen wie »With insomnia nothing is real. Everything is far away. Everything is just a copy of a copy of a copy« (Fincher 1999: 00:03:49-00:03:58) deuten sein vermindertes Aufmerksamkeitsvermögen an. Im Zustand dieser Halbschlafverneblung kommt es bereits zur duplizistischen Selbstwahrnehmung, wenn Tylor Durden fast unterhalb der bewussten Wahrnehmungsebene, also subliminal ausgerechnet zwischen aufleuchtenden Bürokopierern aufblitzt (vgl. ebd. 00:03:54). Als das Erzähler-Ich bei seiner Arztkonsultation auf Schlafmittel drängt, wird gerade diese Narkotisierung mit dem Hinweis auf notwendige Erholung verweigert. Das Selbstgeständnis des Leidens lässt schließlich zum einen erneut blitzschnell das zweite Ich im Rücken des Arztes erscheinen (vgl. ebd. 00:06:01). Zum anderen führt der belehrende, jedoch kaum ernsthafte Medizinerhinweis auf ›echtes‹ Leiden in einer Selbsthilfegruppe für Hodenkrebsbetroffene absurderweise zu einem Heilmittel. Schließlich ermöglicht der heuchlerische Besuch dieser und weiterer Gruppen für schwer Erkrankte in einer Art parasitären Leidenstherapie vorübergehend den ersehnten Schlaf.

In rasender Geschwindigkeit werden auf der Leinwand sowohl das ›Kopfkino‹ als auch die doppelgängerische ›Kopfgeburt‹ visuell realisiert. Dies verdeutlicht der relativ unvermittelte Rückwärtsflug des mikroskopischen Kameraauges im Vorspann ebenso wie die subliminalen Einblendungswiederholungen des zweiten Ichs. In einer späteren Sequenz wird diese unterschwellige optische Täuschung als kinmatografisches Spiel entlarvt. Im ersten Filmviertel wendet sich das Erzähler-Ich wie bereits zuvor in direkter Ansprache sowie mittels Rede in die Kamera an das Publikum. Diese filmische Illusionsbrechung erlangt in einer Szene eine selbstreflexive Dimension, wenn Tyler Durden bei seinen vielzähligen Teilzeitjobs ausgerechnet als Filmvorführer gezeigt wird. Seiner unkonventionellen Lebenseinstellung entsprechend erlaubt er sich beim Wechseln der Filmrollen den Gag, bei den so genannten Brandlöchern (*changeover cues*) einzelne Pornobilder in Familienfilme zu schneiden. Während der Erläuterung dieser Bildmanipulation wird Tyler Durden bei seiner Arbeit im Projektionsraum gezeigt, durchbricht jedoch kurzweilig die diegetische Ebene, wenn er auffällig auf ein Brandloch – sichtbar als Kreis in der oberen rechten Bildecke – des Films *Fight Club* deutet (vgl. ebd. 00:31:26; Helbig 2005: 138). Dieses extradiegetische Zeigen legt zugleich das Verfahren von *Fight Club* offen, für den Bruchteil einer Sekunde die Gestalt Tyler Durden einzublenden, was auch das Publikum dieses Films nur unbewusst wahrnimmt. Aufgegriffen wird dieses Manipulationsverfahren erneut am Filmende. In der letzten Szene wird nämlich *die* pornografische Detailaufnahme als subliminales Einzelbild eingeblendet, welche vor der Projektionsraumszene als Filmrollenbild deutlich sichtbar war (vgl. Fincher 1999: 00:31:06ff., 02:10:38). Hierdurch überschneidet sich nun die Rezeption des intradiegetischen Kinopublikums aus der vorangegangenen Erläuterungsszene mit derjenigen des extradiegetischen. Derart potenziert sich die Entlarvung der eigenen Filmtricks als intra- wie intermediales Spiel – auch wenn diese Bildmontage lediglich als selbstreflexiver Witz fungieren mag.

Bezeichnenderweise setzt auch Dostoevskijs Poem mit dem allmählichen Erwachen des Helden ein. Zunächst befindet er sich noch eine Weile im Halbschlaf, was seine zunehmende ›geistige Umnachtung‹ bereits hier ankündigt.[4] Erst die vertraute Umgebung und das »mit [...] einer griesgrämigen Grimasse« (Dostojewskij 1986: 9) / »с [...] кислой гримасою« (Достоевский 1972: 109) hineinblickende Petersburger Herbstwetter machen ihm bewusst, dass er sich »in der Hauptstadt« (Dostojewskij 1986: 9) / »в столице« (Достоевский 1972: 109) befindet. Sie assoziiert die mit Puškin einsetzende prätexteulle Bedeutung einer »phantasmagorische[n], synkretische[n], in sich gespaltene[n] Stadt

---

4 Auch Wöll stellt in seiner Untersuchung fest: »Goljadkin [...] befindet sich gleich anfangs in einem Zustand zwischen Schlafen und Wachen, in dem er orientierungslos ist und anscheinend seine Gedächtnisfunktionen verloren hat« (Wöll 1999: 178).

als Folie des Spaltungs- und Doppelungsgeschehens« (Lachmann 1990: 472).

Nach kurzem Zögern springt der Titularrat aus dem Bett, um sogleich zu seinem Kommodenspiegelchen zu stürzen:

»Das wäre ein Ding, [...] wenn mir heute irgendetwas fehlen würde, [...] wenn sich zum Beispiel [...] irgendein fremdes Pickelchen dort gebildet hätte« (Dostojewskij 1986: 10).
»Вот бы штука была, [...] если б я сегодня манкировал в чем-нибудь, [...] если б [...], например, [...] прыщик там какой-нибудь вскочил посторонний« (Достоевский 1972: 110).

Goljadkin scheint ein ähnliches Schicksal zu fürchten wie in Gogol's 1836 erschienener Novelle »Die Nase« (»Nos«) der Kollegienassessor Kovalev, der beim morgendlichen Blick in den Spiegel eben seine Nase vermisst (vgl. Gogol' 1994: 38-60). Ihre Abspaltung kündigte sich am Vorabend durch ein Pickelchen an, das Dostoevskijs Titularrat in seinem Spiegelbild nicht entdeckt: »[V]orläufig geht alles gut« (Dostojewskij 1986: 10) / »Покамест все идет хорошо« (Достоевский 1972: 110). Noch stimmen abgebildeter Signifikant und abbildendes Signifikat überein, denn – so Lachmann:

»Das Spiegel-Double reflektiert eine bestimmte Quelle, fungiert als immer wieder abrufbarer Signifikant für dasselbe Signifikat (d. h., die Spiegelbildbeziehung zu seinem Original ist eine Eins-zu-eins-Beziehung, sie läßt keine Mehrdeutigkeit zu). Der Spiegel entwirft den Betrachter, der Betrachter sieht sich als Betrachter seiner selbst« (Lachmann 1990: 475).

In der von Goljadkin konstatierten Vorläufigkeit (›покамест‹) kündigt sich jedoch die bevorstehende Erschütterung seiner Ich-Konstitution bereits an. Noch zeugt die spiegelbildliche Selbstbetrachtung zwar von einer ungebrochenen Selbstidentität, einer Deckungsgleichheit zwischen Ich-Abbild und Betrachter. Allerdings erahnt der »kurzsichtige« (Dostojewskij 1986: 10) / »подслеповат[ый]« (Достоевский 1972: 109) Held schon Abweichungen von dieser ›Normalität‹, wovon der indirekte Verweis auf den doppelgängerischen Leidensgenossen in Gogol's Novelle zeugt.

Nach dem Erscheinen seines Doppelgängers, der erstmals nachts aus dem herbstlichen Nebel an der überschwemmten Neva auftaucht (vgl. Dostojewskij 1986: 68ff.; Dostoevskij 1972: 142f.), wird Goljadkin in Krisensituationen mehrfach von seinem Spiegelbild getäuscht. In Gefühlszuständen voller Scham und Unsicherheit[5] bemerkt er seine spiegelbildliche ›Fehlinterpretation‹ dadurch, dass er anstelle von Spiegelglas seinen Doppelgänger in einer Tür erkennt. Auf dieser räumlichen Schwelle (vgl. Bachtin 1971: 124f.) verdichtet sich zum einen die psychische Krise, zum anderen spiegelt sie allegorisch und buchstäblich die gebrochene Selbstidentität des Helden wider. Goljadkin ersetzt seinen gespiegelten Signifikanten durch den Doppelgänger.[6]

Eine derartige Verwechslung widerfährt dem Titularrat etwa in einem Restaurant, in dem er für elf Pasteten anstelle von einer – seines Erachtens verzehrten – zahlen muss. Goljadkins Verunsicherung klärt sich durch die Entdeckung auf, dass

»[i]n der Tür zum Nachbarzimmer [...], die unser Held vorhin als Spiegelglas ansah, [...] der andere Herr Goljädkin [stand]« (Dostojewskij 1986: 119f.).
»[в] дверях в соседнюю комнату [...], которые, между прочим, герой наш принимал доселе за зеркало, стоял [...] другой господин Голядкин« (Достоевский 1972: 174).

Anschließend bemerkt er in den Händen seines Doppelgängers eine Pastete, woraus er folgert, dass dieser an dem peinlichen Missverständnis schuld ist.

Eine ähnliche Spiegeltäuschung erlebt Goljadkin, wenn er bei ›Seiner Exzellenz‹ eine ihm bekannte Person nicht identifizieren kann:

»In den Türen, die unser Held bis jetzt für einen Spiegel angesehen hatte, [...] erschien er – wir wissen, wer: der Bekannte und Freund Goljadkins« (Dostojewskij 1986: 186).
»В дверях, которые герой наш принимал доселе за зеркало, [...], появился *он*, – известно кто, [...] знакомый и друг господина Голядкина« (Достоевский 1972: 216).

---

5   Hierzu merkt Christof Forderer in seiner Untersuchung »Ich-Eklipsen« an: »Goljadkin, in seiner Existenz insgesamt, spürt sich aufgedeckt als ein Wesen, das nichts anderes ist als Anlaß zu Scham, Ekel und Gespött« (Forderer 1999: 123).

6   Lachmann ist der Meinung, dass »Goljadkin der Ältere nicht sich selbst – wie Narziß – für seinen Nächsten hält, sondern sich mit der Imago seines Nächsten, desjenigen, der seine sozialen Wunschvorstellungen verwirklicht, eins glaubt« (Lachmann 1990: 475). Laut Forderer handelt es sich dagegen bei dem zweiten Ich um einen »Usurpator, der nicht nur nach seiner beruflichen Stellung greift, sondern ihm auch [...] den Platz im eigenen Ich bestreitet. Ein Zustand gänzlicher Undefiniertheit droht« (Forderer 1999: 122).

Sein Doppelgänger taucht damit nicht nur aus dem an die romantische Literaturtradition anknüpfenden Novembernebel auf.[7] Er entspringt ebenso Spiegelbildern, die sich als Türen entpuppen. Dabei erweist sich die Ich-Projektion im Spiegel als ein Irrtum, aus dem der buchstäbliche Irrsinn des Titularrats, die Entdeckung eines anderen, neuen Signifikanten resultiert.[8] Ausgerechnet das gemeinhin identitätsstiftende Abbildungsmedium verwandelt sich hierbei in ein Trugbild,[9] das gewissermaßen Goljadkins ›Kopfkino‹ der Doppelgängerei auslöst.

Der Spiegel dient ähnlich wie die subliminalen Einblendungen in *Fight Club* als kurzweilige, hier intermediale Ich-Projektion, die Tanja Zimmermann zufolge »die Verselbständigung des Doppelgängers als Über-setzung bzw. Re-produktion ermöglicht« (Zimmermann 2001: 251f.). Goljadkins hieraus resultierendes ›Kopfkino‹ wird narrativ insbesondere durch die »Interferenz von Erzähltext und Personentext« (Schmid 1973), d.h. durch die mehrdeutigen, ›polyphonen‹ Äußerungen des Helden und der Erzählinstanz gestützt.

---

7   Forderer, der Dostoevskijs Poem unter dem Aspekt der »Doppelgängerspaltung und modernen Lebenswelt« betrachtet, stellt hierzu fest: »Bei seinem ersten Auftritt im 5. Kapitel ist der Doppelgänger noch ein unheimliches Gespenst nach Muster der Schauerromantik. [...] Im 6. Kapitel, am nächsten Morgen, ist der Doppelgänger plötzlich eine sozial genau definierte Figur: er ist ein neu eingestellter Arbeitskollege im Büro, wo Goljadkin als Beamter beschäftigt ist. Von nun an ist er weniger unheimlich als konkret bedrohlich: er tritt auf als Konkurrent, der zielstrebig, ehrgeizig, praktische Raffinesse bezeugend, Goljadkin aus seiner beruflichen Position zu verdrängen versucht. Aus dem Doppelgänger als unfaßbarem Gespenst ist der Doppelgänger als bürgerlicher Arbeitskollege geworden« (Forderer 1999: 110). Dieser Wechsel hängt damit zusammen, dass Dostoevskijs Petersburger Dopplungstext eine Mischform zwischen erzähltem Phantasma und phantastischem Realismus darstellt (vgl. Lachmann 1990: 474). Zurückzuführen ist dies zum einen auf den Einfluss der Spätromantik, zum anderen auf den Frührealismus der ›Naturalen Schule‹.

8   Wöll (1999: 149) verneint zwar die Existenz des Doppelgängers, jedoch lässt Dostoevskij durch die mehrdeutigen Erzählerworte und -kommentare meines Erachtens bewusst offen, ob der Doppelgänger nicht doch als zweiter Goljadkin einer gespaltenen Persönlichkeit existiert und damit nicht der ›bloßen‹ Phantasie entspringt. Dieser Effekt kommt insbesondere durch die narrativen Interferenzen von Erzähl- und Personenrede zustande (vgl. Bachtin 1971; Schmid 1973: 100-113).

9   Lachmann interpretiert diese Verwandlung wie folgt: »Im Austausch ihrer Spiegelbilder löschen Original und Kopie ihre Identität und werden einander zum Trugbild« (Lachmann 1990: 475).

Die Differenzen zwischen den medialen Ich-Projektionen im literarisch geschilderten Spiegeltrugbild einerseits und in den filmischen Einzelbildeinblendungen andererseits liegen in der medienhistorischen Mobilisierung des Spiegelbilds als foto- und später kinematografisches Bild begründet. Hierauf weist Walter Benjamin bereits 1934 in seinem Aufsatz zum »Kunstwerk im Zeitalter seiner technischen Reproduzierbarkeit« hin:

»Nun aber ist das Spiegelbild [... vom Menschen; G.H.] ablösbar, es ist transportabel geworden. Und wohin wird es transportiert? Vor das Publikum. Das Bewußtsein davon verläßt den Filmdarsteller nicht einen Augenblick« (Benjamin 1974: 492).

Goljadkins irrtümliche Ich-Spiegelungen treiben ihn schon im ersten Kapitel zu dem deutschen Arzt Rutenspic (vgl. Dostojewskij 1986: 18; Dostoevskij 1972: 114). Während der Visite kommt es zu einer therapeutischen Sitzung, in der die vielfältigen Bewusstseinsschichten des Patienten hervortreten. Er hält einen polyfonen Monolog im Bachtin'schen Sinne (vgl. Bachtin 1971: 240), wobei der Arzt als Sokratischer Geburtshelfer (vgl. ebd. 1971: 122ff.; Platon 1993: 40ff.) lediglich anregende Fragen stellt, durch die Goljadkin in einen vielstimmigen Redeschwall gerät.

Gegenüber dem zunächst Respekt einflößenden Ordensträger Rutenspic betont der Titularrat von Beginn an seine »Unabhängigkeit« (Dostojewskij 1986: 20) / »независимость« (Достоевский 1972: 115). Den ärztlichen Rat, ein geselliges Leben zu führen, beantwortet er mit der Beichte:

»[I]ch liebe [...] die Stille [...], in meiner Wohnung sind nur ich und Petruschka [...]. Ich will damit sagen, [...] daß ich meinen eigenen Weg gehe, und ganz für mich lebe« (Dostojewskij 1986: 21).
»Я [...] люблю тишину [...], в квартире только я да Петрушка... я хочу сказать, [...] что я иду своей дорогой, особой дорогой« (Достоевский 1972: 115f.).

Goljadkin referiert zunächst explizit auf sein ›Ich‹ (›Я‹), indem er das selbstreferenzielle Pronomen mehrfach wiederholt.[10] Sein deutscher, na-

---

10 Lachmann liest die »›Ich‹ nennenden Sätze [... als; G.H.] Versuch, das Ich in der Thematisierung zu entthematisieren« (Lachmann 1990: 473).

hezu stummer Zuhörer[11] provoziert die diesem Selbstbezug gegenläufige Zwei- und Mehrstimmigkeit durch sparsame und stockende Formulierungen wie »Was? ... Ja, so« (Dostojewskij 1986: 21) / »Как?... Да« (Достоевский 1972: 116) oder »Hm! ... Sie sagen...« (Dostojewskij 1986: 22) / »Гм... Вы говорите...« (Достоевский 1972: 116). Diese Taktik des Schweigens und der Redepausen fördert Goljadkins verborgene Erkenntnis zutage: »Ich habe Feinde« (Dostojewskij 1986: 25) / »У меня есть враги« (Достоевский 1972: 118). Hierauf folgen unverständliche Berichte über die höheren Gesellschaftskreise, in die der Titularrat gerne aufsteigen würde.[12] Sein diesbezüglicher Wunsch verdichtet sich in mehrdeutige Redensarten und Metaphern. So bezeichnet er seinen Vorgesetzten übertrieben familiär als »unser Bär« (Dostojewskij 1986: 30) / »наш медведь« (Достоевский 1972: 121) und dessen Neffen als »unser Nesthäkchen« (Dostojewskij 1986: 30) / »наше нещечко« (Достоевский 1972: 121), die ebenso wie der alte Staatsrat Klatschgeschichten verbreiteten. Dr. Rutenspics wiederholte Frage, in welchem Sinne das Gesagte aufzufassen ist (vgl. Dostojewskij 1986: 27; Dostoevskij 1972: 119), verstärkt diesen Redestrom, hinter dem sich kursierende Gerüchte über ein Heiratsversprechen verbergen, das Goljadkin selbst einer deutschen Köchin gegeben haben soll. Aus diesem Grunde ist der Titularrat »im umfassendsten Sinne ›Abschreiber‹, der nur ein Echo auf die Äußerung der anderen zustande bringt [vgl. Narziß und Echo]« (Wöll 1999: 169). Goljadkins verdeckte Berichte sind zudem von aphatischen Störungen geprägt: Er nennt die gemeinten Personen nicht beim Namen, verzettelt sich in Floskeln, stottert usw. Auch bzw. gerade wenn er auf diese Weise gleichfalls Signifikanten mit mehreren Signifikaten belegt, vermag sein Therapeut dies als Anzeichen seiner gespaltenen, multiplen Persönlichkeit zu lesen. So blickt er ihm beim Verlassen der Praxis überaus interessiert nach (vgl. Dostojewskij 1986: 32; Dos-

---

11 Dies deutet im Russischen die phonetische Ähnlichkeit der Attribute, welche auch etymologisch verwandt sind, an – немецкий/nemeckij = deutsch und немой/nemoj = stumm.

12 Hierzu stellt Lachmann fest: Goljadkins »Sprechen ist wie ein Ausgleiten auf den Sprachklischees der Gesellschaft, von denen er sich eine Identität erhofft, die die Außenwelt jedoch nicht anerkennt. Die Floskeln, in die er sich einübt, bringen ihn zu Fall« (Lachmann 1990: 473). In ähnlicher Weise heißt es bei Forderer: »Der Versager Goljadkin, vom Verfolgungswahn ergriffen, spaltet im Phantom seines Doppelgängers seine eigenen Ambitionen ab und läßt sie als immer neue Vergegenwärtigungen seiner Karriereunfähigkeit über sich herfallen« (Forderer 1999: 121).

toevskij 1972: 122).¹³ Seine schizoiden Entblößungen wehrt der zunächst triumphierende Titularrat mit der Bemerkung »Dieser Doktor ist dumm« (Dostojewskij 1986: 32) / »Этот доктор глуп« (Достоевский 1972: 122) ab. Das therapeutische Gespräch, der polyfone Monolog offenbart jedoch die multiplen Spaltungen des ›entblößten Habenichts‹ (›gologo goljaka‹) Goljadkin als ›Kopfgeburt‹.

3. Körperliche Selbstkontrolle

Golkjadkin behandelt seinen Diener Petruška zwar mit Verachtung, jedoch schenkt er ihm mit dem Auftreten des Doppelgängers zunehmende Aufmerksamkeit. Petruškas Verhalten gegenüber seinem Brotgeber entspricht seiner Namengebung, die auf eine schrill klingende Kasperlepuppe im russischen Volkstheater des 18. Jahrhunderts hinweist (vgl. Prochorov 1975: 499). Wie die Spaßmacherfigur verhöhnt er seinen Herrn. So lächelt er beim Ankleiden des Titularrats angesichts der herausgeputzten Erscheinung sonderbar und schneidet Grimassen (vgl. Dostojewskij 1986: 14; Dostoevskij 1972: 112) oder tauscht beim Besteigen einer zum Einkauf gemieteten Equipage mit dem Kutscher und den Zuschauern ein Augenzwinkern (vgl. Dostojewskij 1986: 14; Dostoevskij 1972: 112). Diese schelmischen Hinweise bleiben Goljadkin anders als der Leserschaft verborgen.

Trotz solcher Andeutungen bleibt offen, ob Petruška später den Doppelgänger seines Herrn als solchen wahrnimmt. Goljadkin selbst überprüft wiederholt und mit steigendem Misstrauen die Reaktionen seines Dieners, die sich ebenso auf dessen Anpassungsgabe wie auf dessen Trunkenheit gründen können. So lässt er Goljadkin mit seinem Doppelgänger zweimal ohne Verwunderung in die Wohnung. Er fragt seinen Herrn angesichts der Bewirtung lediglich barsch: »Soll ich nun zwei Portionen Mittag bringen?« (Dostojewskij 1986: 87) / »Обеда две порции прикажете брать?« (Достоевский 1972: 154) Wenn Petruška später einen an Goljadkins Doppelgänger gerichteten Brief wegbringen soll, schweigt er zunächst und lacht. Von seinem Auftrag kommt er angetrunken zurück, verleugnet zuerst den Brief – »Welcher Brief? Es war ja kein Brief da, ich habe keinen Brief gesehen« (Dostojewskij 1986: 129) / »Какое письмо? и не было никакого письма, и не видал я никакого письма« (Достоевский 1972: 180), um nach zahlreichen Ermahnungen seines Dienstherrn zu bestätigen: »Ich habe ihn abgegeben, den Brief habe ich abgegeben« (Dostojewskij 1986: 129) / »Отдал его, отдал

---

13 Wöll bezeichnet den Arzt sogar als »Richter- und Vaterfigur« (Wöll 1999: 163).

письмо« (Достоевский 1972: 180). Kurz darauf droht Petruška, zu guten Menschen zu gehen, »die ohne Falsch leben und niemals doppelt sind« (Dostojewskij 1986: 129) / »[которые; Г.Х.] без фальши живут и по двое никогда не бывают« (Достоевский 1972: 180).

Einerseits vermag sich Petruška dem zweiten Ich Goljadkins anzupassen, andererseits zeugen seine Kommentare von einem Doppelgänger, dessen physische Existenz unklar bleibt. Der Diener fungiert vor allem aufgrund seiner Augenzeugenschaft als Kontrollinstanz für die Doppelgängerei. Wie Petruškas Anspielungen und Anklage verdeutlichen, vermag er seinem eigentlichen Herrn nicht zu folgen. Vielmehr verbleibt er – wenn auch nur vermeintlich – in seiner gewohnten Dienerrolle, die durch das Zusammenleben nicht zuletzt ebenfalls doppelgängerische Aspekte in Form einer servilen Schattenexistenz aufweist.

Eine Art von Kontrollfunktion kommt in *Fight Club* Marla Singer zu. Als rauchender Vamp taucht sie bei den Selbsthilfegruppen auf und stört durch ihre gleichfalls heuchlerischen Therapiebesuche den einschläfernden Simulationseffekt des Helden. Aufgrund ihrer Konkurrenz bei den Therapiestreifzügen fungiert sie zudem als eine Art *double*, das den perversen Krankheitsparasitismus des Erzähler-Ichs spiegelt: »Her lie reflected my lie« (Fincher 1999: 00:11:42ff.; vgl. Helbig 2005: 137)

Bei dieser metaphorischen Widerspiegelung liegt der Akzent auf der bildlichen Seitenverkehrung, die in einer Geschlechterdifferenz gründet, welche von einem geschlechtsspezifischen Krankheitskampf[14] in einen sexuellen Geschlechterkampf übergeht. So erlangt der lebensmüde Held letztlich weniger bei den blutigen Zweikämpfen in den abendlichen *fight clubs* Befriedigung, sondern vielmehr im sexuellen Zweikampf mit Marla Singer. Dieser unterschwellige *double*-Erzählstrang offenbart sich insbesondere in den Übergängen von dem namenlosen Helden zu seinem zweiten Ich namens Tyler Durden und umgekehrt. So übernimmt Tyler Durden vom Erzähler-Ich ein Telefonat mit dem Todesvamp Marla Singer, die fernmündlich von ihren bevorstehenden Qualen nach Einnahme einer Überdosis an Tabletten berichtet (vgl. Fincher 1999: 00:45:08-00:45:38). In einer späteren Beischlafszene bietet Tyler Durden dem voyeuristischen Erzähler die Fortsetzung seiner ›behandschuhten Fingerübungen‹ am entblößten Körper Marla Singers an (vgl. ebd. 00:51:19ff.). Letztlich vertuschen pornografische Zeitlupenmontagen in der Schlafzimmerszene das männliche Agens jedoch bezeichnenderweise (vgl. ebd. 00:45:39-00:45:55).

Vor allem diese *fuck club*-Sequenzen offenbaren eine Entgleisung und Festigung der Selbstkontrolle per Körpereinsatz, der auf der Lein-

---

14 Beispielsweise taucht die Konkurrentin unter anderem in einer Selbsthilfegruppe für Hodenkrebsbetroffene auf (vgl. Fincher 1999: 00:11:09ff.).

wand extensiver und damit vordergründiger durch den Zweikampf schlagender Männerfäuste in den *fight clubs* sichtbar wird. Wenn Marla Singer immer nur in Abwesenheit von Tyler Durden vor das gleichzeitige Erzähler- und Kameraauge tritt,[15] dann handelt es sich hierbei schließlich um einen visuell inszenierten Doppelgänger-Geschlechterkampf, der eigentlich in den sexuellen Orgien ausgetragen wird. So festigt und erschüttert gerade die ›spiegelverkehrte Konkurrenzgefährtin‹ die Selbstgewissheit des Helden im oberflächlichen Körperpräsenzkampf und unterschwelligen Geschlechterkampf.

Auf diese Weise kommt Marla Singer in *Fight Club* in ähnlicher Weise eine – zu Filmanfang gleich zugesprochene – Schlüsselfunktion (vgl. ebd. 00:02:53) angesichts der körperlichen Selbstkontrolle zu wie dem Diener in Dostoevskijs Doppelgängerversion, der dem literarischen Helden insbesondere verbal zugleich beipflichtet und ihn verspottet. Während im literarischen Text vor allem Wortgefechte in der Lebensgemeinschaft von Diener und Herr ausgetragen werden, verlagert sich diese verbalsprachliche Ebene in dem filmischem *fight club* auf einen orgiastischen Körperkampf zwischen den Geschlechtern, der jedoch von den Faustkämpfen zwischen den Geschlechtsgenossen verdeckt wird.

4. Kurzschlussbriefe und -telefonate

Goljadkin schreibt bzw. liest fünf Briefe, deren Existenz sowohl aufgrund der Trunkenheit des Boten Petruška als auch wegen der zunehmenden geistigen Benebelung seines Herrn fraglich bleibt. In dem ersten Brief richtet sich der Titularrat an seinen Namensvetter mit dem Vorwurf, ihm durch die Aneignung von Schriftstücken seines Namens und seiner Person schaden zu wollen. Auch hierbei belegt Goljadkin seine Signifikanten mit mehreren Signifikaten, wenn er etwa bittet, seinen Brief nicht als Beleidigung aufzufassen (vgl. Dostojewskij 1986: 122; Dostoevskij 1972: 175). Das erwartete Antwortschreiben kommt als Rücksendung aus der Kanzlei und wurde von einem ehemaligen Nachbarn und Kollegen Goljadkins verfasst (vgl. Dostojewskij 1986: 131f.; Dostoevskij 1972: 181f.). Er verspricht, den vorangegangen Brief an die ›gewisse Person‹ weiterzuleiten (vgl. Dostojewskij 1986: 131; Dostoevs-

---

15 Dieses narrative Verfahren be- und widerlegt zugleich Hickethiers Ansicht, dass sich beim Film »als Erzählinstanz [...] die Kamera eindeutig in den Vordergrund [schiebt]« (Hickethier 2007: 96). Vor allem verkompliziert das Spiel mit den An- und Abwesenheiten der Leinwandfiguren die Frage nach der filmischen Erzählinstanz, die Hickethier selbst aufgrund ihrer vielfältigen Dimensionen unentschieden lässt (vgl. ebd. 95ff.).

kij 1972: 181). Dieses Schreiben beantwortet der Titularrat und schreibt später einen weiteren Brief an seinen Doppelgänger, den er selbst einem Kanzleischreiber mit der Bitte um Weiterleitung übergibt. Hierin stellt er die Duellforderung: »Entweder Sie oder ich, aber wir beide zugleich – das ist unmöglich!« (Dostojewskij 1986: 142) / »Либо вы, либо я, а вместе нам невозможно!« (Достоевский 1972: 188). Anschließend nehmen die Wahnvorstellungen des Titularrats derart zu, dass er ein von dem letzten Übermittler zurückerhaltenes Schreiben als Liebesbrief der Staatsratstochter Klara liest. Kurz darauf entpuppt sich dieses Schriftstück als ein Medizinfläschchen in seiner Tasche (vgl. Dostojewskij 1986: 173; Dostoevskij 1972: 208).

Goljadkins schriftliche Kontaktaufnahme mit seinem Doppelgänger misslingt also, denn er erhält keine Antwort, sondern andere Briefe oder liest seinen eigenen immer wieder mit anderem Inhalt. Im letztgenannten Fall haben wir es erneut mit einer Mehrfachbelegung von Signifikanten zu tun, die den Wunsch- und Wahnvorstellungen des Titularrats entspricht. Ebenso wie sich die Spiegel zunehmend als unzuverlässiges Medium der Ich-Projektion entpuppen, kommen dem gesprochenen wie geschriebenen Wort trügerische Signifikanten zu. Goljadkin verlegt die polyphone Wortklauberei, die sich gegen seine Feinde richtet und die er als vielstimmigen Monolog zu Beginn dem Arzt präsentiert, zwar in das schriftliche Speichermedium und wendet sich hierbei direkt an sein zweites Ich. Allerdings scheitert er nun selbst an der polysemantischen Auslegung und begeht verhängnisvolle Lektürefehler. Nach Erhalt des vermeintlichen Liebesbriefes versucht er nämlich in einer Art Kurzschlusshandlung, die Absenderin auf einem Ball zu retten, und landet im Irrenhaus.

Bezeichnenderweise führt der Held in *Fight Club* sein erstes Telefonat mit dem weiblichen *double* Marla Singer, deren Nummernnotiz er als Schicksalswink nach dem Ausbrennen seiner Wohnung als Papierschnipsel findet. Auch wenn sie den Anruf annimmt, entschließt er sich – kurz entschlossen – aufzulegen. Sein folgender Anruf bei Tyler Durden, mit dem er zuvor im Flugzeug Visitenkarten tauschte, wird von einer automatisierten Aufnahme beantwortet. Das verfehlte (Selbst-)Gespräch gelingt jedoch schließlich durch eine Rückruffunktion, die das Telefon im öffentlichen Fernsprecher klingeln lässt (vgl. Fincher 1999: 00:27:09ff.).

Damit erfolgt eine fernmündliche Kontaktaufnahme als wechselseitiger ›Angriff‹, denn mit dem Gebrauch des Telefons geht Wulff zufolge eine persönliche Verletzbarkeit einher: »Die Schutzhülle der Intimsphäre ist durchlässig und brüchig. Die Person ist durch die technischen Medien natürlich auch ein Stück weit ausgeliefert – kommunikativ verletzbar, wenn man so will« (Wulff 1991: 94). Marshall McLuhan schließlich betont 1964 in *Understanding Media*, dass das »Telefon [...] eine zur Teilnahme auffordernde Form [ist ...], die [...] nach einem Partner verlangt. Es will einfach nicht als Kulisse dienen wie das Radio« (McLuhan 1995: 407). Durch die zunächst automatische Beantwortung sowie das halböffentliche und halb-private Heterotop der Telefonzelle wird der persönliche ›Angriff‹ zwar entschärft – zumal der Held selbst die Anrufinitiative ergreift. Dennoch erfordert gerade diese räumlich zerdehnte Kommunikation einen auditivverbalen Austausch, ein jeweiliges Agieren und Reagieren. So agiert der Filmheld von nun an mit seinem angriffslustigen Doppelgänger (vgl. Fincher 1999: 00:30:55-00:31:02) als vermeintlichem Weggefährten, wobei sich im Verlauf der Handlung die Flugzeugbekanntschaft zur Lebensgemeinschaft und aktionistischen Komplizenschaft entwickelt. Die filmisch inszenierte ›Geste des Telefonierens‹ lässt sich mit Vilém Flusser auch als Einführung einer ›Telepräsenz‹ lesen: »Wir erlernen am Telefon, Telepräsenz anstelle von ›face-to-face‹ zu erleben« (Flusser 2000: 190).

Im audiovisuellen Film wird diese auditivverbale ›Telepräsenz‹ zwar in Form des zweiten unähnlichen Ichs sichtbar, jedoch bleibt sie – analog zu den subliminalen Bildern – ein medientechnischer Trick in der sicht- und hörbaren Filmnarration. Seine Entlarvung wird später ausgerechnet im Kurzschluss eines Telefonats eingeleitet, das gerade die kinematografische Vision des ›Kopfkinos‹ verbalisiert. Erneut ist es die Schlüsselfigur Marla Singer, die von dem Helden als letztgültige Kontrollinstanz angerufen wird, kurz bevor er seinem zweiten Ich endgültig auf die Schliche kommt. Ihre telefonische Bestätigung des gemeinsamen Beischlafs und Ansprache des Gesprächspartners als ›Tyler‹ entlarvt den Doppelgänger als solchen, der nun plötzlich im Hotelzimmer auftaucht. ›Face-to-face‹ mahnt dieser nun den durch das verräterische Telefonat begangenen Vertragsbruch des ersten Ichs an. In einem (Quasi-)Selbstgespräch zwingt er sein Gegenüber daraufhin zur schizoiden Selbsterkenntnis. Es schließt sich eine Verfolgungsjagd an, bei der das erste Ich die Spuren seines Ich-Rivalen vor allem mittels Telefonrecherchen aufspürt (vgl. Fincher 1999: 01:50:26-01:52:02).

Das simultane Medium der sekundären Oralität, die technisch vermittelte »Ausweitung des Gehörs und der Stimme« (McLuhan 1995: 403) beschleunigt am Filmende zudem die Einsicht in eine ›Telepräsenz‹ sekundärer, d.h. hier duplizistischer Audiovisualität, die trotz der und gerade in den Differenzen zwischen Original und Kopie besteht. Mit diesem Einblick in die kinematografische ›Trickkiste‹ löst sich sämtliche vorangegangene Unzuverlässigkeit der Narration auf, schließt sich der Kreis zum ›Kopfkino‹ im Vorspann.

Die aus dem Briefverkehr wie aus den Telefonaten resultierenden Kurzschlusshandlungen der Helden lassen sich mit den Kommunikationsbedingungen beider Medien begründen. Sie ermöglichen einerseits einen fernschriftlichen resp. fernmündlichen Dialog, erfordern hierfür andererseits gemeinhin mehr oder minder Rückzug und Isolation von der Außenwelt. Mit diesen Möglichkeitsbedingungen einer zugleich partizipierenden und isolierenden, das jeweilige Gegenüber gleichzeitig ein- und ausschließenden Kommunikation in lokal(temporal)er Entfernung geht eine ›telepräsente Schizophrenie‹ einher. Eben diese schizoide Kommunikationssituation entspricht dem gespaltenen Selbstbewusstsein der Helden, deren Doppelgänger sich teils zur gleichen Zeit an anderen Orten befinden. Während das doppelgängerische Agieren wider das gesellschaftskonforme Selbstbewusstsein des ersten Ichs in der literarischen Narration unsichtbar und damit unklar bleibt, suggeriert es als entsprechendes Leinwandgeschehen aufgrund der Audiovisualität eine Evidenz. Letztgenannte bedarf in der filmischen Narration einer (Auf-)Lösung resp. Motivierung durch das verzögert bzw. verspätet eingeführte Motiv der Doppelgängerei.

In der literarischen Doppelgängerversion Dostoevskijs zeugt das verhängnisvolle Briefschreiben Goljadkins zudem von einer Unfähigkeit zur eigenen Schriftproduktion. Einzig unter Amtsaufsicht vermag der Titularrat Akten zu kopieren. Beim selbstständigen Schreiben scheitert er dagegen an Bedeutungszuweisungen, so dass ihm hier anders als in der gemeinschaftsstiftenden Amtstube das ›Medium der Einsamkeit‹ (vgl. Assmann/Assmann 2000: 13-26) zum Verhängnis wird. Wenn Lachmann konstatiert, dass der Doppelgänger »nicht nur Schreibtischgespenst, sondern auch Schreibtischtäter ist« (Lachmann 1990: 476), so gilt diese mediale Schuldzuweisung nicht nur für den Petersburger Kopisten, sondern gleichfalls für dessen literarischen Erschaffer. In dieser Hinsicht erlangen Goljadkins schriftbedingte Abgründe auch eine literarisch selbstreflexive Dimension, die nicht zuletzt auf die papierne Existenz des Doppelgängers als ansonsten immaterielle Gestalt hinweist.

Bei Fincher hingegen materialisiert sich der Doppelgänger als zunächst subliminale, schließlich sichtbar agierende Leinwandgestalt – entstanden in Kollaboration eines Filmteams sowie unter Verwendung einer Romanvorlage, eines Drehbuchs usf.[16] Der Film rekurriert hierbei zwar auf ›Telepräsenzen‹ mittels unterschiedlicher Medien, jedoch insbesondere auf (Trick-)Effekte visueller ›Doppelpräsenzen‹, wie sie Friedrich A. Kittler bereits für expressionistische Stummfilme geltend macht, die »ein neues Machtdispositiv [trainieren] –: How to do things without

---

16 Den gleichnamigen Roman verfasste Chuck Palahniuk (1996), das Drehbuch Jim Uhls.

words« (Kittler 1985: 131). Auch noch in dem hochtechnisierten Tonfilm der letzten Jahrhundertwende gründet die Narration vor allem auf ›laufende Bilder‹ – selbst wenn diese analog zum phonetischen Schriftcode zunächst subliminal verschlüsselt werden. Vor allem die der lebendig erscheinenden Kinematografie genuine Visualität offenbart zwangsläufig die (Auf-)Lösung einer – wenn auch zunächst sichtbar unsichtbaren oder unsichtbar sichtbaren – Doppelgängerei,[17] welche in der literarischen Poetik ein Rätsel zu bleiben vermag.

Literatur

Assmann, Aleida/Assmann, Jan (Hg.) (2000): *Einsamkeit*, München.
Bachtin, Michail (1971): *Probleme der Poetik Dostoevskijs*, aus dem Russ. übers. v. Adelheid Schramm, München.
Benjamin, Walter (1974): »Das Kunstwerk im Zeitalter seiner technischen Reproduzierbarkeit«. In: Rolf Tiedemann/Hermann Schweppenhäuser (Hg.), Walter Benjamin: *Gesammelte Schriften*, Bd. I/2, Frankfurt/M., S. 471-508.
Dostoevskij, Fedor M. (1972): »Dvojnik«. In: V. V. Vinogradov (Hg.), Fedor M. Dostoevskij: *Polnoe sobranie sočinenij v tridcati tomach*, Tom 1, Leningrad, S. 109-229.
Dostojewskij, Fjodor M. (1986): *Der Doppelgänger. Eine Petersburger Dichtung*, aus dem Russ. übers. v. Elisabeth K. Rashin, München.
Flusser, Vilém (2000): »Die Geste des Telefonierens«. In: Claus Pias et al. (Hg.), *Kursbuch Medienkultur. Die maßgeblichen Theorien von Brecht bis Baudrillard*, Stuttgart, S. 185-191.
Forderer, Christof (1999): *Ich-Eklipsen. Doppelgänger in der Literatur seit 1800*, Stuttgart/Weimar.
Gogol', Nikolaj V. (1994): »Nos«. In: É. S. Smirnov (Hg.), Nikolaj V. Gogol': *Sobranie sočinenij v devjati tomach*, Tom 3, Moskva, S. 38-60.
Helbig, Jörg (2005): »›Follow the white rabbit!‹ Signale erzählerischer Unzuverlässigkeit im zeitgenössischen Spielfilm«. In: Fabienne Lip-

---

17 Audiovisualisiert wurde eine solche Doppelgängerei bereits 1977 von Rainer Werner Fassbinder in *Eine Reise ins Licht*, einer Verfilmung von Vladimir Nabokovs 1965 publiziertem Roman *Despair*. Während der literarische Ich-Erzähler seine Doppelgängerei erst am Romanende als Einbildung offenbart (vgl. Nabokov 1981), treten in der Verfilmung zwei vollends unterschiedliche Schauspieler – Dirk Borgarde und Klaus Löwitsch – von Anfang an als Doppelgänger auf (vgl. Fassbinder 1977), so dass die Täuschung des Helden gleich sichtbar wird.

tay/Yvonne Wolf (Hg.), *Was stimmt denn jetzt? Unzuverlässiges Erzählen in Literatur und Film*, München, S. 131-146.

Hickethier, Knut (2007): »Erzählen mit Bildern. Für eine Narratologie der Audiovision«. In: Corinna Müller/Irina Scheidgen (Hg.), *Mediale Odnungen. Erzählen, Archivieren, Beschreiben*, Marburg, S. 91-106.

Hildebrandt, Hans-Hagen (1999): »Das geschriebene Ich oder: Wer ist wer im Spiegel?« In: Ingrid Fichtner (Hg.), *Doppelgänger. Von endlosen Spielarten eines Phänomens*, Bern/Stuttgart/Wien, S. 221-243.

Kittler, Friedrich A. (1985): »Romantik – Psychoanalyse – Film: Eine Doppelgängergeschichte«. In: Jochen Hörisch/Georg Christoph Tholen (Hg.), *Eingebildete Texte. Affären zwischen Psychoanalyse und Literaturwissenschaft*, München, S. 118-135.

Lachmann, Renate (1990): *Gedächtnis und Literatur*, Frankfurt/M., S. 463-488.

Liptay, Fabienne (2005): »Auf Abwegen – oder wohin führen die Erzählstraßen in den Roadmovies von David Lynch?« In: Fabienne Liptay/Yvonne Wolf (Hg.), *Was stimmt denn jetzt? Unzuverlässiges Erzählen in Literatur und Film,* München, S. 307-323.

McLuhan, Marshall (1995): *Die magischen Kanäle – Understanding Media*, aus dem Engl. übers. v. Meinrad Amann, Dresden/Basel.

Nabokov, Vladimir (1981): *Despair*, New York.

Palahniuk, Chuck (1996): *Fight Club*, New York.

Platon (1993): »Theätet«, übers. v. Otto Apelt. In: Otto Apelt (Hg.), Platon: *Sämtliche Dialoge*, Bd. IV, Hamburg, S. 29-144.

Prochorov, Aleksandr M. (Hg.) (1975): *Bol'šaja sovetskaja ènciklopedija*, V 30 tomach, Tom 19, Moskva.

Schmid, Wolf (1973): »Die Interferenz von Erzähltext und Personentext als Faktor ästhetischer Wirksamkeit in Dostoevskijs *Doppelgänger*«. *Russian Literature* 4, S. 100-113.

Wöll, Alexander (1999): *Doppelgänger – Steinmonument, Spiegelschrift und Usurpation in der russischen Literatur*, Frankfurt/M.

Wulff, Hans J. (1991): »Telefon im Film – Filmtelefonate: Zur kommunikationssoziologischen Beschreibung eines komplexen Situationstypus«. In: Bernhard Debatin (Hg.), *Telefon und Kultur. Das Telefon im Spielfilm*, Berlin, S. 61-105.

Zimmermann, Tanja (2001): »Der Doppelgänger als intermediale Figur – Wahnsinn als intermediales Verfahren. Zu Nabokovs Otčajanie/ Despair«. *Wiener Slawistischer Almanach* 47, S. 237-280.

Filme

Fassbinder, Rainer Werner (1977): *Eine Reise ins Licht*, BRD/Frankreich.
Fincher, David (1999): *Fight Club*, USA/Deutschland.

FERIEN VOM ERZÄHLEN: LEERSTELLEN, ELLIPSEN UND DAS WISSEN VOM ERZÄHLEN IM NEUEN AUTORENFILM DER BERLINER SCHULE

SABINE NESSEL

Seit den 1990er Jahren sind eine ganze Reihe von Publikationen erschienen, die sich mit der Frage des außer-literarischen Erzählens beschäftigen.[1] Dass in diesem Rahmen allgemein auch ein Interesse am Film verzeichnet werden kann, muss nicht extra betont werden, denn der Film integriert und kombiniert verschiedene »Ausdruckselemente« (Bild, Ton, Geräusche, Farbe, Stimme u.v.m.) und gilt – semiologisch gesprochen – als »reicher Text mit armem System« (Metz 1972 [1964]: 101). Schon allein aufgrund der Komplexität der Möglichkeiten stellen Filme für die Narratologie also eine Herausforderung dar. In der Filmwissenschaft verläuft der Diskurs über das Erzählen etwas anders: seit den 80er Jahren lässt sich hier eher von einer Krise der Erzählforschung sprechen. Ausgehend von dem Begriff ›Kino der Attraktionen‹ (Gunning) wird im Folgenden zunächst eine Filmform vorgestellt, deren Entdeckung zur Krise der Erzählforschung mit beigetragen hat, sowie zwei weitere Positionen (Mulvey, Metz), die den Diskurs um das Erzählen in den 70er und 80er Jahren mit geprägt haben. Im zweiten Teil geht es anhand von Thomas Arslans Film *Ferien* (2007) um eine Tendenz des Erzählens im neuen Autorenfilm der Berliner Schule, welche, hypothetisch formuliert, von einem Wissen vom (filmischen) Erzählen kündet. Das Erzählen wird in den Filmen aufgegriffen, ausgestellt, verschoben, imitiert; speziell in elliptischen Erzählweisen, in denen Leerstellen und Auslassungen eine zentrale Rolle spielen, tritt das Wissen des Zuschauers noch zusätzlich auf den Plan. Auch das filmwissenschaftliche Schreiben ist eine Erzählung, die von diesen Strategien affiziert wird. Die zum Zuschauer hin offene Flanke des Films offen zu halten (anstatt sie künstlich in eine ›Do-

---

1 Vgl. zuletzt Mahne 2007; Hickethier 2007; Müller/Scheidgen 2007 sowie filmwissenschaftlich aus kognitivistischer und ästhetischer Perspektive Blaser/ Braidt/Fuxjäger/Mayr 2007.

minante‹[2] oder ›Fährte‹[3] zu überführen), war eine Herausforderung beim Schreiben. In diesem Sinne ist die Filmanalyse von *Ferien* fragmentarisch angelegt, inkommensurabel und hybrid. Im dritten Teil geht es um die Frage der Kontextualisierung sowie um den spezifischen Zusammenhang zwischen Zuschauer und Erzählen im postklassischen Autorenfilm.

1. Filmtheorie und Narration

Attraktion

Der immer noch weit verbreiteten Meinung, dass Filme ›per se irgendwie erzählen‹, wurde die in bestimmten filmhistorischen Dekaden bedeutende Dimension der Attraktion sowie Formen des Spektakulären und der Zurschaustellung entgegengesetzt. Insbesondere die Filme der 1910er Jahre sowie des Action- und Katastrophen-Films des neuen digitalen Kinos seit Mitte der 1990er Jahre, die den Zuschauer mit einer neuartigen Präsenz und mit spektakulären Bildern und Sounds zu überwältigen suchen, wurden dabei als Musterbeispiele angeführt. Die Auseinandersetzung mit Filmen des frühen Kinos der Attraktionen öffnete den Blick für Formen, die nicht in erster Linie dem Erzählen zuzurechnen sind, sondern ereignisbezogene Operationen wie Zeigen, Performen, Präsentieren aufweisen und angesichts derer stringente bzw. komplexe filmische Erzählweisen nicht mehr per se als höchste Entwicklungsstufe in der Geschichte des Films angesehen werden.

»Die Geschichte des frühen Kinos, wie auch die Geschichte des Kinos ganz allgemein, ist unter der Hegemonie des narrativen Films geschrieben worden.« (Gunning 1996 [1986]: 26) Mit der Beschreibung des Kinos der Attraktionen, das historisch vor 1906/1907 angesiedelt ist und sich durch einen durchweg exhibitionistischen, zum Zuschauer hin orientierten Gestus ausdrückt, wird exemplarisch die Existenz einer dem narrativen Paradigma äußerlichen Filmform aufgezeigt. Das Kino der Attraktionen zeichnet sich nach Gunning durch die Nutzbarmachung des Visuellen aus, durch den »Akt des Zeigens und Ausstellens.« (Gunning 1996 [1986]: 25) Ausgehend von der Kritik der Hegemonie des narrativen Films geht es Gunning um nichts Geringeres als um eine »neue Be-

---

[2] Der Begriff ›Dominante‹ stammt aus der neoformalistischen Filmanalyse nach Bordwell/Thompson: »Sie [die Dominante; S.N.] ist das wesentliche formale Prinzip, unter welchem ein Werk oder eine Gruppe von Werken Verfahren zu einem Ganzen ordnen. [...] Mit dem Auffinden der Dominante kann die Analyse beginnen.« (Thompson 1988: 462)

[3] Zum Begriff der ›Fährte‹ vgl. Blaser/Braidt/Fuxjäger/Mayr 2007.

wertung der Filmgeschichte und der filmischen Form« (ebd.), in der das Erzählen nicht mehr als alleiniger Ausgangspunkt gelten kann. Die Kritik der Hegemonie des narrativen Paradigmas wird allerdings nicht einfach genutzt, um ein Gegenkonzept zu etablieren. Wie Gunning ausführt,

»verschwindet das Kino der Attraktionen ja auch nicht mit der Dominanz des Narrativen – eher geht es in den Untergrund: findet sich einerseits in bestimmten Avantgarde-Formen wieder, andererseits als Komponente des narrativen Films, die sich in einigen Genres (zum Beispiel im Musical) deutlicher zeigt als in anderen« (Gunning 1996 [1986]: 27).

Zurschaustellung

Die Verschränkung zwischen Erzählen und Zeigen, die Gunning mit Bezug auf das frühe Kino der Attraktionen herausstellt, spielt ebenso auch im klassisch narrativen Hollywoodkino der 30er und 40er Jahre eine Rolle. Laura Mulvey hat dies bereits Mitte der 70er Jahre im Zuge ihrer feministischen Kritik und Analyse des Hollywoodkinos aufgezeigt. Ausgehend von der Frage nach den Tiefenstrukturen des klassisch narrativen Films, stößt Mulvey auf Brüche in der Diegese, hervorgerufen z.B. durch Gesangs- und Tanznummern oder den Auftritt des weiblichen Stars, die Mulvey nicht als Störung, sondern als konstitutives Element des narrativen Films beschreibt.

»Der gängige Kinofilm hat die Darstellung mit dem Erzählten geschickt komponiert. [...] Die Präsenz der Frau ist ein unverzichtbares Element der Zurschaustellung im normalen narrativen Film, obwohl ihre visuelle Präsenz der Entwicklung des Handlungsstrangs zuwider läuft, den Handlungsfluß in Momenten erotischer Kontemplation gefrieren läßt.« (Mulvey 1980 [1975]: 37)

Wie Mulvey herausstellt, ist der Auftritt des Showgirls Störung und zugleich Garant für das Gelingen der filmischen Narration.

Enunziation

Eine dritte Position, die ich erwähnen möchte, ist das Konzept der Enunziation, welches gemeinhin als semiologische Gegenposition zur Narrationsforschung betrachtet wird.[4] Ausgehend von dem von Emilie Benveniste in die Linguistik eingeführten Begriff »énonication«, wurde in den

---

4 Zur Kontroverse zwischen kognitivistischer Narrationsforschung (Bordwell) und semiologischen Ansätzen zur Enunziation (Metz) vgl. Metz' Aufsatz »Vier Schritte in den Wolken« (Metz 1997 [1991]: 157).

70er und 80er Jahren die Tätigkeit des filmischen Aussagens zum Thema gemacht. Christian Metz beschreibt diese Tätigkeit ausgehend von unterschiedlichen enunziativen Orten des Films, die für das Aussagen eine Rolle spielen können:[5]

»Blicke in die Kamera; auftauchende Töne (Off-Stimme, extradiegetische Musik); schriftliche Adressierungen (Unter-, Zwischentitel etc.); sekundäre Leinwände oder das Rechteck im Quadrat; Spiegel; ›Das Dispositiv zeigen‹; Film(e) im Film; subjektive Bilder, subjektive Töne; ›Point-of-view‹; Ich-Stimme; der objektiv-gerichtete Modus: Enunziation und Stil, sowie als elfte Sonderform: ›Neutrale‹ Bilder und Töne« (Riesinger 2000: 238f.).

Die Bezugnahme auf das filmische Aussagen, anstatt auf die Narration, wird von Metz mehrfach begründet. Z.B. wird die Enunziation von Figuren und Fakten der Kommunikation (Sender-Empfänger-Modell) abgegrenzt (vgl. Kessler/Lenk/Müller 2000: xi); weiter wird die Reichweite der Enunziation angeführt, die auch für nicht-narrative Filmtypen (Experimentalfilme, Lehrfilme, Fernsehsendungen etc.) Gültigkeit erheben kann (vgl. Metz 1997 [1991]: 157).

2. Thomas Arslan: *Ferien* (2007)

Das Presseheft fasst den Film zu einer Erzählung wie folgt zusammen:

»Sommer. Ein abgelegenes Landhaus in der Uckermarck. In diesem weltabgewandten Refugium lebt Anna mit ihrem Mann Robert und ihrem Sohn Max. Im Verlauf des Sommers kommen in dem Haus mehrere Generationen der verzweigten Familie zusammen. Laura, Annas Tochter aus erster Ehe, reist mit ihrem Freund Paul und den Kindern aus Berlin an, um hier die Ferien zu verbringen. Spaziergänge, das Baden im nahen See und gemeinsame Mahlzeiten im Garten verheißen eine schöne Zeit. Doch die Idylle hält nicht lange vor. Annas Mutter erkrankt so schwer, dass sie ins Haus geholt und gepflegt werden muss. Die Risse in Pauls und Lauras Beziehung werden immer deutlicher. Und das Erscheinen von Sophie, Lauras im Ausland lebender Schwester, sorgt für weitere Verwirrungen. Einen Sommer lang umkreisen sich die Personen, die sich nah und fremd zugleich sind. An dem isolierten Ort brechen die schwelenden

---

5   Wie Robert Riesinger herausstellt, greift Metz in seiner Auseinandersetzung mit der Frage der Enunziation auf filmtheoretische Arbeiten von Roger Odin, François Jost, Marc Vernet, Jacques Aumont in Frankreich, Francesco Casetti und Gianfranco Bettettini in Italien, David Bordwell und Edward Branigan in den USA sowie André Gaudreault in Kanada zurück (vgl. Riesinger 2000: 238).

Konflikte, die Lebenslügen wieder auf und drohen den brüchigen Zusammenhalt der Familie endgültig zu zerstören.«[6]

Einzelne Leerstellen, die der Film lässt, werden in der Synopsis ausgemalt. Z.B. erfährt man, dass Sophie, Lauras Schwester, im Ausland wohnt.

Stückweise

»Man müsste das ganze Jahr, das man drin war, erzählen. Ein Jahr Gefängnis, ein Jahr erzählen. Die ganze Geschichte fällt einem immer nur stückweise ein«. Ähnlich wie Hans (Hanns Zischler), der Hauptfigur in Wim Wenders Film *Summer in the City* (1970), kann es einem auch mit den Filmen der Berliner Schule *Aus der Ferne, Bungalow, Der schöne Tag, Die innere Sicherheit, Falscher Bekenner, Ferien, Gespenster, Klassenfahrt, Lucy, Marseille, Mein langsames Leben, Mein Stern, Milchwald, Montag kommen die Fenster, Nachmittag, Plätze in Städten, Schläfer, Sehnsucht, Wolfsburg, Yella* gehen. Stilistisch angesiedelt im Autorenfilm, also irgendwo zwischen dem stilvollen klassischen Hollywoodkino und dem hemdsärmeligen digitalen Kino,[7] sind die Filme der Berliner Schule angeblich »immer spröde, immer streng. In den Filmen passiert eigentlich nichts. Sie sind langsam, trist und es wird nie etwas wirklich gesagt« (Oskar Roehler, zit. nach Suchsland 2005: 6). Um aus filmästhetischer (anstatt, wie üblich, aus kognitivistischer[8]) Perspektive über das Erzählen zu schreiben, eignen sie sich, weil sie die Grenze des Erzählens aufscheinen lassen. Gérard Genette paraphrasierend, der das

---

6   Presseheft zu *Ferien* (Peripher Filmverleih).
7   »Es [sieht] so aus, als befände sich ein guter Teil des modernen Kinos, des ›jungen‹ Kinos, eingezwängt zwischen zwei Riesen, weil es in den Neuerungen des Trugbilds – Dolbyton, neue Bilder, Showscan –, die für sie nur Jahrmarktsphänomene sind (was man in seinen Anfängen auch vom Kino sagte), keine Perspektive erkennt. Der erste Riese trägt einen Smoking, er ist das klassische Kino, schön, idealisiert, perfekt, mythisch, heilig. Der zweite ist ein eher brutaler, hemdsärmeliger Koloß: das sind die neuen Techniken, oft häßlich und laut, die Videospiele, die synthetischen Computerbilder, das Fernsehen, das ganze neue Universum, das sich bewegt, angibt, lärmt, das auch im Inneren bestimmter Filme an Terrain gewinnt, besonders in Science-fiction-Streifen, und das Plot, Konstruktion und Psychologie über den Haufen wirft, um seine Pyrotechnik einsetzen zu können.« (Chion 1987: 46)
8   In der aktuellen Narrationsforschung überwiegen kognitivistische Ansätze nach Bordwell/Thompson. Dazu vgl. Bordwell (1985); Thompson (2003 [1988]).

literarische Erzählen anhand von Prousts *À la recherche du temps perdu* beschrieben hat, sind sie einem »[n]eue[n] Diskurs der Erzählung« (Genette 1998: 193) zuzuordnen. Das audiovisuelle Erzählen als Errungenschaft des modernen Kinos wird darin nicht lediglich praktiziert, sondern es wird in einem nicht mehr dem Erzählen zurechenbaren Zeigen aufgegriffen, ausgestellt, verschoben, imitiert. Speziell in elliptischen Formen des Erzählens, in denen Leerstellen und Auslassungen überwiegen, nimmt das Wissen vom Erzählen teilweise die Stellung des Erzählens ein.

Ansichten

Eine Waldlichtung, Tisch und Stühle vorm Haus, Wäsche auf der Leine, Anna (Angela Winkler) an einem Gartentisch unterm Baum sitzend, zwei Jugendliche rauchend im Zimmer, der Wind in den Blättern, Vogelgezwitscher, der Atem des Mädchens beim Inhalieren des Zigarettenrauchs – die Bewegungsbilder des Films sind reduziert auf (mit starrer Kamera gefilmte) Ansichten: ein ›Fotoalbum‹ mit O-Tonspur. Von der Reduktion der Bewegung in den ersten Einstellungen wechselt der Film im nächsten Moment in ein höheres Tempo hinüber. Als hätte die Kamera plötzlich Mühe, hinterherzukommen. Die Jugendlichen verlassen das Haus in Richtung Gartentür, Angela Winkler tritt von links ins Bild und ruft ihnen noch etwas nach, bevor sie auch schon verschwunden sind. In dieser Einstellung kehrt bereits Gesehenes wieder und es wird deutlich, dass die Ansichten vom Anfang Teil eines Zusammenhangs sind, von dem der Film handelt.

Korridor

Bezogen auf den Filmanfang ließe sich gleichzeitig auch von einem Korridor sprechen, durch den der Zuschauer in die kinematografische Welt hinübergeschoben wird. In diesem Fall in ein Landhaus in der Uckermark. Der zentrale Ort ist der Gartentisch unterm Kirschbaum, der als gemeinsamer Essplatz genutzt wird und an dem bisweilen vier Generationen zusammensitzen. Die vier Generationen werden nicht im Sinne eines Familienstammbaums mit verschiedenen Verzweigungen präsentiert, sondern wie die bunten Wäschestücke auf der Leine, mit denen der Film beginnt, die alle unterschiedlich sind und deren Beziehung vor allem in der Leine zu bestehen scheint, die sie vorübergehend (bis sie trocken sind!) verbindet. Also mal so, mal so in immer wechselnden Konstellationen. Gleichwohl ist Anna, Mutter von drei erwachsenen Kindern und früher Fotografin, die zentrale Figur des Films, um die sich die anderen Figuren anordnen.

Ameisenhaufen

Es passieren Dinge, es wird gesprochen, etwas wird gezeigt. Ob die gezeigten Ereignisse, Reden, Dialoge – z.b. wie die Kinder einen Ameisenhaufen beobachten, ohne dass daraus etwas entstünde, das die Geschichte voranbringt – dem Erzählen in einem weiteren Sinne zuzurechen sind? Als Zuschauer wird man ins Geschehen hineingeworfen, man kennt die Leute nicht. Die Zusammenhänge ergeben sich erst allmählich.

Brummen

Paul (Uwe Bohm) fragt Laura (Caroline Eichhorn), ob sie seinen Rasierapparat eingepackt hat. Als sie mit der Gegenfrage antwortet, wieso sie den Rasierapparat hätte einpacken sollen, hält ihn Paul dann schließlich in der Hand. Bis dahin lässt sich aus der Miniatur eine Erzählung machen, denn was sich ablesen lässt, ist die angespannte Stimmung von Laura gegenüber Paul, die sich im Laufe des Films noch weiter fortsetzt. Einen Überschuss im erzählerischen Setting bildet das Brummen des Rasierapparats, den Paul, nachdem er ihn wieder gefunden hat, für einen kurzen Moment anstellt. Das Brummen kann als eine Art Betonung gelesen werden, in den Begriffen von Roland Barthes als ›stumpfer Sinn‹, als »die eigentliche Form des Auftauchens einer Falte (ja sogar einer Knitterfalte), die sich auf dem schweren Tuch der Information und Bedeutung abzeichnet« (Barthes 1990 [1970]: 61).

Mückenschwarm

An einer späteren Stelle im Film sieht man eine Tischtennisplatte mit Mückenschwarm im Sonnenlicht. Ohne Tischtennis-Match und ohne jede andere dramatische Handlung zu zeigen, fängt die Kamera für einen kurzen Moment den Mückenschwarm ein. Im Unterschied zum Brummen des Rasierapparats gibt es hier nicht einmal mehr Ansätze, die auf eine Erzählung hinweisen. Wie ein »Luxus, eine Aufwendung ohne Gegenleistung« (Barthes 1990 [1970]: 61) geht es offensichtlich um den Akt des Zeigens und Ausstellens und weniger um ein Fortkommen in der Narration. Mit Bezug auf Barthes' dritten Sinn ist der Mückenschwarm »nicht einmal mehr ein *Anderswo* des Sinns, [...], sondern durchkreuzt ihn – untergräbt nicht den Inhalt, sondern die gesamte Praxis des Sinns« (ebd.).

Umwege

Das Erzählen wird über Umwege bewerkstelligt. Die klassische Dramaturgie der Spannung, das Zusteuern auf einen Höhepunkt, die Auflösung von dramatischen Situationen in Schuss-Gegenschuss, die Betonung durch Großaufnahmen oder andere optische, als ›filmisch‹ geltende Kunstgriffe, kommen so gut wie gar nicht zum Einsatz. Auch Kranfahrten nicht oder Schwenks. Nur selten wird die Kamera bewegt. Vielfach sind es stehende Einstellungen, die von den Personen betreten werden, in die etwas hineingeworfen oder herausgetragen wird.

Auszeit

Als Annas Mann (Wigand Witting) in einer Szene zum Essen ein neues weißes Hemd angezogen hat und Laura ihm ein Kompliment macht, sagt er, dass es egal sei, was er anziehe, weil alles an ihm immer aussehe, als sei es schon jahrelang getragen. Ähnlich trügerisch wie das neue Hemd scheint auch der idyllische Ort in der Uckermark mit Landhaus und Gartentisch zu sein. Einmal abgesehen vom zentralen Konflikt, der sich durch den gesamten Film hindurchzieht – Laura hat einen anderen Mann kennen gelernt, was zum Streit mit ihrem Mann Paul führt – ist der gemeinsame Aufenthalt auf dem Land für alle Anwesenden eine Ausnahmesituation. Für die Bewohner ist der Alltag durch die Tatsache, dass Besuch da ist, unterbrochen. Die Angereisten haben den Alltag in der Stadt vorübergehend gegen die Ferien auf dem Land eingetauscht und Annas Mutter (Gudrun Ritter), die da ist, weil sie krank ist, spricht davon, dass sie niemandem zur Last fallen möchte.

Die Ellipse von Roberts Hemd

Von dem alten Haus und dem Grundstück wird mit Empathie gesprochen, über die Ruhe, über vergangene Zeiten. Auf der anderen Seite wird die Abgeschiedenheit und Stadtferne auf Dauer als Belastung empfunden und es wird der mögliche Verkauf des Hauses thematisiert. Im Unterschied zu Tschechows Stück *Der Kirschgarten*, in dem die Gutsherrin und Besitzerin des Kirschgartens aus der Stadt zurückkommt in der Hoffnung, das Glück ihrer Jugend wiederzufinden, sind es in *Ferien* die Töchter, die anreisen und die überaus beschäftigt sind mit sich selbst. Die Probleme, die das Leben mit Haus und Grundstück abseits der Stadt mit sich bringt, wollen sie nicht sehen. Die elegante, aber bankrotte Gutsherrin Ranewskaja aus Tschechows Stück, die die Zeichen der Zeit nicht erkennt und den Kirschgarten nicht verkaufen will, ist in Arslans Film einer Figur aus dem bürgerlichen Milieu gewichen. Und auch hier hat man offensichtlich schon bessere Zeiten erlebt. In diesem Zusammenhang kommt das neue Hemd von Robert wieder ins Spiel. In einer Szene, als Sohn Max von den Jungs aus dem Dorf gehänselt wird, weil sein Vater angeblich herumläuft »wie ein Penner«, wird das neue Hemd rückwirkend als Ausnahme erkennbar.

Übergänge

Die Schwelle zwischen Alltag und Nicht-Alltag ist zunächst durch das Gepäck markiert, das gerollt, getragen oder durch das Bild geschleppt wird. Im Unterschied zu Filmen, in denen die Ferien mit Bildern von blauem Himmel, glitzerndem Wasser und bunten Badeanzügen eingeführt werden,[9] liegt die Betonung auf den Strapazen des Ankommens. Schwere Taschen, Kopfschmerzen und latente Nervosität, kurzum: Freizeit als Arbeit. Die Taschen und Koffer werden bei unbewegter Kamera in das Filmbild hinein- und an der anderen Seite wieder herausgetragen. Die Konnotationen der Orte treten zurück zugunsten von Übergängen.

Von Berlin aufs Land in die Ferien und zurück. Die Übergänge werden als Ellipsen inszeniert. In der letzten Szene, nach der Beerdigung von Annas Mutter, hat sich die Familie wieder unter dem Kirschbaum im Garten versammelt. Paul verabschiedet sich und fährt ohne Laura und die Kinder zurück nach Berlin. Der Weg vom Gartentisch zum Auto ist wieder derselbe wie in der ersten Szene des Films – wieder wird der Bildraum von den Personen durchschritten. Diesmal in umgekehrter Richtung und ohne Laura.

Ankunft

Von der Möglichkeit des Films, Wege abzukürzen und Personen plötzlich an andere Orte und in andere Zeiten zu versetzen, wird kein Gebrauch gemacht. Ähnlich wie in Arslans Film *Der schöne Tag* (2001), in dem die Benutzung öffentlicher Verkehrsmittel und die Fortbewegung durch die Stadt exzessiv ausgestellt wurde, wird in *Ferien* das Motiv der Ankunft und des Abreisens behandelt. Auf die Ankunft von Laura und Paul mit Kindern folgt die Ankunft von Annas Mutter und schließlich von Lauras Schwester Sophie (Anja Schneider).

---

9   Wie z.B. in Otto Premingers *Bonjour Tristesse* (1957).

Taschentragen und der Moment reinen Zeigens

Drei Mal Ankunft in neunzig Minuten wäre für sich betrachtet kein Problem, wäre da nicht die sich wiederholende Geste der Mutter, die den Ankommenden jedes Mal in der gleichen Weise – beinahe wie aufgezogen – das Gepäck abnimmt und ins Haus trägt. Aber was bedeutet das Taschentragen? Claudia Lenssen beschreibt die Figur der Anna als »›Angela-Winkler-Figur‹ [...] mit ihrer unverkennbaren Mischung aus demonstrativer Demut, prätentiöser Innerlichkeit und starkem Ego« (Lenssen 2007). Demnach wäre das Taschentragen als Demutsgeste lesbar. Durch die dreifache Wiederholung seiner Zeichenhaftigkeit enthoben, wird der Akt des Tragens schließlich zu einem Moment reinen Zeigens.[10] Jenseits des Symbolischen / mangels Erklärung heftet sich die Aufmerksamkeit des Zuschauers auf die Dinge (Koffer, Taschen), die Umgebung (Bahnsteig, Hauseingang) und die Körper der Schauspieler und es treten verstärkt Kontexte auf den Plan: z.B. dass Angela Winklers Filmmann von ihrem Lebensgefährten, dem Bildhauer Wigand Witting gespielt wird; dass beide (mit vier Kindern) in den letzten Jahren die meiste Zeit in alten Landhäusern gelebt haben – in Frankreich in den Bergen, in einer Mühle in Ligurien, auf einem Apfelhof an der Elbe; und nicht zuletzt Angela Winklers Bäuerinnen-Hände, auf die sie selbst stolz ist – weil man damit ordentlich zupacken kann.[11] Von hier aus wäre das Taschentragen – weitergeschrieben in der Fantasie des Zuschauers – ein in die Inszenierung des Films eingegangener Überschuss der Persönlichkeit Angela Winklers.

Riss

Der Film mit dem einladenden Titel *Ferien*, dessen Plakat den Tisch unterm Kirschbaum zeigt und der nachgerade dafür wirbt, sich niederzulassen und ein Stück selbst gebackenen Obstkuchen zu essen, ist beim Anschauen von einer umwerfenden Präsenz, aber zugleich auch von einer Künstlichkeit, die nicht nur die Personen ergreift, sondern – so scheint es nach kurzer Zeit – auch die Bäume, Sträucher und selbst die Straße auf

---

10 Im Unterschied zum Prinzip der Leerstelle, bei dem es darum geht, dass Bilder vorenthalten werden (z.B. ein nicht stattfindender Gegenschuss), handelt es sich hier um eine Form der Entleerung des Signifikanten, die wesentlich durch Wiederholung hervorgebracht wird.

11 Angela Winkler: »Schauen Sie mal meine Hände an! Wie sehen die aus?« / Interviewerin: »Ich will nicht unhöflich sein, aber die könnten auch einer Bauersfrau gehören.« / Angela Winkler: »Das ist doch herrlich, oder? Ich mag an mir, dass ich zupacken kann.« (Wewer 2007)

der Max und seine Freundin auf dem Moped der Abendsonne entgegenfahren. Durch die Bilder verläuft ein Riss, der die Idylle spaltet und der die Erwachsenen bei der Ankunft erfasst und die ganze Zeit über nicht mehr loslässt. Die Kinder scheinen davon unberührt. Ganz ins Spielen vertieft, verschwinden sie einfach zwischen den Bäumen oder werfen aus dem Off bunte Ringe ins kadrierte Filmbild hinein. Ihre Spiele sind (wenigstens dramaturgisch) vom elterlichen Konflikt abgekoppelt. Als wären die Kinder immer friedlicher und unschuldiger, die Bäume immer grüner und das Rauschen des Windes in den Blättern immer betörender, je weiter der Konflikt zwischen Laura und Paul voranschreitet. Der Riss, der sich durch die Idylle zieht, verläuft nicht durch das Sujet Natur – es gibt keine Bilder von toten Bäumen oder stinkenden Müllhalden, welche ausdrücklich auf die Kehrseite der unberührten Landschaft verweisen würden. Dass wir Natur und zugleich ›Natur‹ sehen, hat vielmehr mit den diese Bilder umgebenden, konfliktreichen Sujets zu tun.

Narration und Schreiben

Was erzählt wird, lässt sich nicht genau bestimmen, weil es stets auch darum geht, Leerstellen zu lassen und damit Wahrnehmungen zu evozieren. Anstatt die Geschichte auszumalen, werden bloße Skizzen präsentiert, die Ansätze für Geschichten enthalten. Diese Skizzen – von Personen, Biografien, Ereignissen, Handlungen – feuern das Begehren nach *mehr* an. Der Film eröffnet einen Raum für die Imagination und das Wissen des Zuschauers. Die Erzählung bleibt davon nicht unberührt. Was sich fortwährend zwischen Film und Zuschauer ereignet, entzieht sich der einfachen Beschreibung durch Sprache, und das Schreiben (und damit auch jede Form der Filmanalyse) gerät in einen Bereich der Unentscheidbarkeit. Die Grenze des Sagbaren scheint erreicht und wenn man (erneut mit Barthes) so will, gibt sich hier das Filmische zu erkennen, das »erst dort [beginnt], wo die Sprache und die gegliederte Metasprache aussetzen.« (Barthes 1970: 63)

Heterotopie

Dass sich nicht klar bestimmen lässt, was erzählt wird, hat mit der Erzählinstanz zu tun. Das Geschehen, die verschiedenen Ereignisse sind gekennzeichnet durch den Standort und die Brennweite der Kamera, die sich frei durch Raum und Zeit bewegt. Sie schaut in den Himmel wo sich die Bäume im Wind bewegen, geht an Orte, an denen sich gerade gar niemand aufhält, nimmt Positionen ein, die dem Zuschauer keinen Überblick über die Situation gewähren. Es (was?) läuft nicht auf einen Punkt zu, sondern breitet sich in der Fläche aus. Auf diese Weise entsteht ein Gebiet, eine Zone, eine Geografie der Ereignisse, der Bindungen, Gefühle, Handlungen. Alles hat von hier aus betrachtet erzählerische Qualität: Licht, Kadrierung, Einstellungslänge, Off, Ton, Musik und Geräusche.[12]

Wissen vom Erzählen

Wie in Christian Petzolds Film *Die innere Sicherheit* (2000), der vom privaten Leben von Ex-RAF-Terroristen erzählt, ohne den Terrorismus ein einziges Mal zu erwähnen, wird in *Ferien* vom Tod erzählt. Der Tod von Annas Mutter, die gleich zu Beginn des Films anreist, weil es ihr gesundheitlich nicht gut geht, wird nur mit wenigen ›Strichen‹ skizziert. Die Trauer in den Gesichtern der Angehörigen wird zugunsten von Rück(en)ansichten fast komplett ausgespart. Ohne sichtbare Tränen, ohne hängende Schultern, ohne Beerdigung im Regen wird die Erzählung vom Tod innerfilmisch lediglich angedeutet und es mischen sich beim Sehen des Films Beerdigungen aus der Erinnerung hinzu: z.B. aus Truffauts *L'homme qui aimait les femmes* (1977), aus Joseph L. Mankiewicz' *Barefoot Contessa* (1954), aber auch die von meinem eigenen Großvater – d.h. diskursive, reale und imaginäre Beerdigungen.

3. Anrufung des Zuschauers oder: vom Hineingleiten in die Bilder

In den 60er Jahren hat Godard mit dem Erzählen experimentiert. Der Manifest-Charakter der Filme ist heute ganz offensichtlich. Das filmische Medium wird erforscht und auch in Bezug auf das Erzählen werden Grenzgänge inszeniert. So etwa in dem Genre-Experiment *Bande à part* (1965), in dem drei Leute mitten am Tag und völlig dilettantisch in ein Haus einbrechen. Auf einem Parkplatz fahren sie mit dem Auto im Kreis herum und ähnlich kreisförmig und albern geht es im gesamten Film zu. Dass im modernen Kino des Weiteren auch Formen des literarischen Erzählens integrierbar geworden sind – davor galt es sich von Theater und Literatur abzugrenzen – hat Christian Metz mit Bezug auf die Filme von Agnès Varda, Chris Marker und Alain Resnais betont, die mitunter romaneske Züge aufweisen und dem Sprechen einen hohen Stellenwert einräumen. Das filmische Erzählen und das literarische Erzählen, im

---

12 Dass die filmische Narration nicht auf einen oder mehrere Orte im Film beschränkt bleibt, wurde Metz zufolge von Jacques Aumont herausgestellt. Demzufolge dringt die Narration überall ein, in die Montage, die Kadrierung, selbst in das dargestellte Thema (vgl. Metz 1997 [1990]: 163).

klassischen Film vielfach als Opposition gefasst, haben im modernen Kino seit den 60er Jahren eine gegenseitige Annäherung erfahren und sind heute, im postklassischen Autorenfilm, Teil eines offenen Spielfeldes, in dem unterschiedliche Formen der Narration zusammenkommen und praktiziert werden können. In diesem neuen Diskurs filmischen Erzählens spielt der Zuschauer eine zentrale Rolle.

Reines Zeigen, Ellipsen, Leerstellen. Anhand von *Ferien* lassen sich unterschiedliche filmische Ausdrucksweisen aufzeigen. Wo das Zeigen endet und das Erzählen anfängt, lässt sich teilweise kaum noch bestimmen. Das Ende der großen Film-Erzählungen, welches im modernen Kino in den 60er Jahren noch zelebriert und ausgestellt wurde, scheint heute – dies zumindest legen Filme wie *Ferien* nahe – selbstverständlich geworden zu sein. Die Ellipsen und Leerstellen scheinen nicht mehr im Dienst der Verweigerung der Narration (im Sinne von ›Erzählen verboten!‹) zu stehen, sondern sind eine moderne Form der ›Anrufung‹ (Agamben) des Zuschauers. Die ›Anrufung‹ des Zuschauers öffnet den Film und führt gleichzeitig zu einer ›Ausfransung‹ (Adorno) von Erzählen und Zeigen. Diese Ausfransung oder, zugespitzt mit Derrida, ›Unentscheidbarkeit‹[13] von Erzählen und Zeigen, kennzeichnet die Filme des postklassischen Autorenkinos. In *Ferien* steht nicht die Rebellion gegen das klassisch-narrative Kino im Vordergrund, wie es Mulvey in den 1970er Jahren noch formulierte, sondern die Frage »wie soll man sich hineinbringen, wie hineingleiten?« (Deleuze 1993 [1986]: 105), die Serge Daney bereits in den 80er Jahren als zentrale Frage im Umgang mit Bildern formulierte.

Literatur

Adorno, Theodor W. (1977) »Die Kunst und die Künste« (Vortrag an der Berliner Akademie der Künste, 23.7.1966). In: ders., *Gesammelte Schriften*, Bd. 10/I, *Kulturkritik und Gesellschaft I*, Frankfurt/M., S. 432-453.
Agamben, Giorgio (2001): *Mittel ohne Zweck. Noten zur Politik*, Berlin.
Barthes, Roland (1990 [1970]): »Der dritte Sinn«. In: ders, *Der entgegenkommende und der stumpfe Sinn*, Frankfurt/M., S. 47-66.
Blaser, Patrick/Braidt, Andrea B./Fuxjäger, Anton/Mayr, Brigitte (Hg.) (2007): *Falsche Fährten in Film und Fernsehen*, Wien.

---

13 Der Begriff der ›Unentscheidbarkeit‹ bei Derrida meint ein Oszillieren zwischen Möglichkeiten und ist nicht zu verwechseln mit ›Unentschiedenheit‹.

Bordwell, David (1985): *Narration in the Fiction Film*, Madison.
Deleuze, Gilles (1993 [1986]): »Brief an Serge Daney: Optimismus, Pessimismus und das Reisen«. In: ders., *Unterhandlungen*, Frankfurt/M., S. 101-118.
Genette, Gérard (1998): *Die Erzählung*, 2. Aufl., München.
Gunning, Tom (1996): »Das Kino der Attraktionen. Der frühe Film, seine Zuschauer und die Avantgarde«. *Meteor. Texte zum Laufbild* 4, S. 25-34.
Hickethier, Knut (2007): »Erzählen mit Bildern. Für eine Narratologie der Audiovision«. In: Corinna Müller/Irina Scheidgen (Hg.), *Mediale Ordnungen. Erzählen, Archivieren, Beschreiben*, Marburg, S. 91-106.
Kessler, Frank/Lenk, Sabine/Müller, Jürgen E. (1997): »Christian Metz und die Analyse der enunziativen Figuren im Film«. In: dies. (Hg.), Christian Metz: *Die unpersönliche Enunziation oder der Ort des Films*, Münster, S. vii-xiv.
Lenssen, Claudia (2007): »Ferien«. TIP 13.
Mahne, Nicole (2007): *Transmediale Erzähltheorie. Eine Einführung*, Göttingen.
Metz, Christian (1972 [1964]): »Das Kino: ›langue‹ oder ›langage‹?«. In: ders., *Semiologie des Films*, München, S. 51-129.
Metz, Christian (1997 [1990]): »Vier Schritte in den Wolken«. In: ders., *Die unpersönliche Enunziation oder der Ort des Films*, Münster, S. 151-189.
Müller, Corinna/Scheidgen, Irina (Hg.) (2007): *Mediale Ordnungen. Erzählen, Archivieren, Beschreiben*, Marburg.
Mulvey, Laura (1980 [1975]): »Visuelle Lust und narratives Kino«. In: Nabakowski, Gislind/Sander, Helke/Gorsen, Peter (Hg.), *Frauen in der Kunst*, Bd. 1, Frankfurt/M., S. 30-46.
Nessel, Sabine (2008): *Kino und Ereignis. Das Kinematografische zwischen Text und Körper*, Berlin.
Riesinger, Robert F. (2000) »Nachwort«. In: Christian Metz, *Der imaginäre Signifikant. Psychoanalyse und Kino*, Münster, S. 230-239.
Suchsland, Rüdiger (2005): »Langsames Leben, schöne Tage. Annäherung an die ›Berliner Schule‹«. *Film-Dienst* 13, S. 6-9.
Thompson, Kristin (2003 [1988]) »Neoformalistische Filmanalyse. Ein Ansatz, viele Methoden«. In: Franz-Josef Albersmeier (Hg.), *Texte zur Theorie des Films*, 5., durchges. u. erw. Aufl., Stuttgart, S. 427-464.
Tschechow, Anton (1999 [1904]): *Der Kirschgarten*, Frankfurt/M.
Wewer, Antje (2007): »Freiheit«. Interview mit Angela Winkler. *Süddeutsche Zeitung*, 3./4. März 2007.

Filme

Arslan, Thomas (2001): *Der schöne Tag*, Deutschland.
Arslan, Thomas (2007): *Ferien*, Deutschland.
Godard, Jean-Luc (1965): *Bande à part*, Frankreich.
Mankiewicz, Joseph L. (1954): *Barefoot Contessa*, USA/Italien.
Petzold, Christian (2000): *Die innere Sicherheit*, Deutschland.
Preminger, Otto (1957): *Bonjour Tristesse*, USA.
Truffaut, François (1977): *L'homme qui aimait les femmes*, Frankreich.
Wenders, Wim (1970): *Summer in the City*, BRD.

UNZUVERLÄSSIGKEIT DES ERZÄHLENS ALS STEIGERUNG DES REFLEXIONSGRADS VON ›BILD-TEXTEN‹

JOSEF RAUSCHER

Vorweg – das Problem und die These

Mit dem im Titel angezeigten Lob der Unzuverlässigkeit im Blick auf philosophisch erwünschte und gesuchte Steigerung der Reflexion begebe ich mich auf vermintes Gelände. Sind doch Bild und die Bilderkunst Film auch ohne Unzuverlässigkeit schon wegen Vagheit und Unbestimmtheit der Bilder und dem unmittelbarem Rekurs auf die Sinnlichkeit in philosophischer Hinsicht problematisch, unzuverlässig von Natur aus, eben wegen der Bildhaftigkeit. Wenn ich im Übrigen von ›Bild-Texten‹ rede statt von Filmen, dann messe ich selbst dem Terminus ›Text‹ keine allzu große Bedeutung bei, wenngleich die Wahl des Terminus, neben einer leicht ironisch tingierten Verbeugung vor der emphatischen Wendung zur alten Metapher ›Schrift‹ in Zusammenhang mit Film,[1] auch dadurch motiviert ist, dass mein struktureller Befund für alle fortlaufenden Texte, die Bilder, und sei es auch in der Form bildhafter Unterbrechungen, integrieren, und für alle Bilderfügungen, die eine Geschichte entwickeln, gilt.

Ich widme mich dem Thema auf einer sehr grundlegenden Ebene, was in erster Linie bedeutet, dass ich mich *nicht* in die Fülle des Phäno-

---

1 Man braucht hinsichtlich der den Film fundierenden Fotografie nur an Talbots *Pencil of Nature* (1845) denken. Hinsichtlich der Filmsprache erinnert Henri Agel in seiner *Esthétique du cinéma* (1957) im Kapitel 9 »La caméra stylo« an Victor Perrots und Sergej Eisensteins Überlegungen zu Ideogrammen und Schrift, an Alexandre Astruc und dessen Rede von der ›Kamera als Schreibstift‹ und an Robert Bressons die Metapher ausbeutende, theoretische Volte, dass der Film kein Schauspiel, sondern Schrift sei. Jedenfalls finden sich genügend Anhaltspunkte, Film als Bild-Text, als ein Schriftstück gar zu begreifen.

mens verlieren kann und darf, sondern in einer Skizze der Grundstruktur die Idee vor Augen zu stellen suchen muss. Allerdings möchte ich mich auch nicht in den Kraftfeldern der semiotischen, strukturalistischen und poststrukturalistischen Theorieansätze und Terminologieschlachten zwischen Roland Barthes' ›Text-Lust‹, Jean-Louis Baudrys Ideologie-Apparaten, Peter Wollens Counter-Cinema oder auch Gilles Deleuzes nomadischer Imagologie verlieren, sondern Grundmotive des komplizierten Verhältnisses von Narration und Reflexion im Film aus dem einfachen, phänomenbezogenen Blick auf das Verhältnis von Bild und Erzählung einsichtig machen. So hoffe ich, dank unmittelbarer Evidenz der Phänomene, für meine These von einer Steigerung der Reflexion als angezieltem Spiel-Gewinn bei Preisgabe der unversehrten und zuverlässigen Narration – der Spiel-Einsatz gewissermaßen – zu sensibilisieren. Gleichwohl werde ich mich in problematisierend motivierenden Annäherungen über einen, vielleicht sogar *den* philosophischen Grundkonflikt von Bildsynthese (imago) und Logikanalyse (ratio), der dem von Platon (*Politeia* 607b) erinnerten alten Streit von Dichtung und Philosophie entspricht, der spezifischen Problematik nähern. Die Erzählung als solche öffnet sich nämlich nach zwei Seiten: 1) auf die synthetisierende Evokationskraft des Bildes hin und 2) auf die denkerische Reflexion und Analyse hin: Erzählung ist so etwas wie ein Schritt vom magischen Bild zum verknüpfenden Denken. Doch natürlich ist alles viel komplizierter, wenn wir dezidiert in Bildern, unzuverlässig gar, erzählen.

Das Paradoxon, um das es mir geht, lässt sich folgendermaßen formulieren: (1) Eigenständige Bilder stören prinzipiell die Narration, doch können (2) Bilder ihrerseits zu Erzählungen verknüpft werden. Wenn (3) einzelne Bilder in Erzählungen – auch Bilderzählungen – integriert werden, dann zumeist als erratischer Block, als Testat, Gewährleistung, Beweismittel etc., wodurch die Erzählung zwar aufgebrochen und gestört, häufig aber auch fundiert wird. Diese Gewährleistungsfunktion macht (4) Bilderzählungen wie Filme zu ausgezeichneten Kandidaten dafür, durch Brüchigkeit und Unzuverlässigkeit des Erzählens Reflexion, über das Medium und die mediale Struktur, aber auch über Identität und Wirklichkeit, buchstäblich zu erzwingen.

1. Philosophische Annäherung an das Störmoment ›Bild‹

Im Folgenden betrachte ich zunächst einige Grundoptionen und -oppositionen, die Narration und Durchbrechung der Narration betreffen, da zwar nicht jeder Bruch des narrativen Gefüges unzuverlässiges Erzählen bedeutet, die intentionale Ausnutzung der Unzuverlässigkeit als Mittel der Reflexionssteigerung aber häufig mit solchen Brüchen arbeitet. Sofern wir über Film qua Erzählung theoretisieren, liegt es nahe, das Verhältnis von Bild zur Erzählung zumindest in einigen Facetten als grundsätzlich Gegenläufiges zu begreifen, dessen Versöhnung die Filmerzählung bzw. der Erzählfilm anstrebt.[2] Doch wendet sich der reflexionsverpflichtete Essayfilm eines Godard gerade über die Feier des Bildes und die Auflösung der Erzählung in Bildorgien gegen das Erzählkino, das der Herausforderung des Bildes an die – erzählerische und philosophische – Logik durch verkettende Bildordnung(en) zu begegnen sucht.

Erzählen steht in der Geschichte poetischer Reflexion seit Platon in einem grundsätzlichen Spannungsverhältnis zum Visuellen, sofern letzteres mimetisch bildhaft ist. Erzählen gleicht sich als Konkatenation der logischen Analyse der Implikationen an und die philosophische Klärung lebt zu einem Gutteil von der Reinigung der erzählerischen Verknüpfungen vom unzuverlässigen Bild. Das hängt auch damit zusammen, dass das Abbild als ein in sich schließendes trügerisches Ganzes in aller Regel als *ver-* so gut wie *er-*schließend gesehen wird. So steht es in Gegenstellung zum erzählerischen Ganzen, von dem Aristoteles sagt, dass es Anfang, Mitte und Ende hat (vgl. Aristoteles, *Poetik* 1450b 26).[3] Erzählung zielt möglicherweise ein Bild in der Form eines Gesamtbildes an, oder sie nimmt ein Bild auf, um erzählerisch zu entspinnen, was darin an Entwicklungspotenzial enthalten ist. Erzählung liegt vor oder kommt nach dem Bild wie der Logos im Verhältnis zum Mythos. Die Logik der Erzählung entspricht wie die Logik des Dialogs der Annäherung an den

---

2   So glaubt auch Marc Silbermann beobachten zu können, dass die Filme von Alexander Kluge, Straub/Huillet und Hans-Jürgen Syberberg »accept the premise that narrative and image in film are distinct« (Silbermann 1984: 206). Das unterbestimmt zwar die Problematik, verweist jedoch richtig auf das grundsätzliche Gegensatzmoment. Jacques Rancière wie Gilles Deleuze sehen denn auch die kinematografische Moderne durch den Gegensatz von Kino der narrativen Kontinuität zum Kino des autonomen Bildes geprägt.

3   Wir lassen die Problematik der Mimesis als einer bildhaften Darstellung, die in der Tragödie zu einem erzählerischen Ganzen verknüpft wird, zunächst beiseite. Bezeichnet doch selbst Platon, wenn er den Unterschied von einfacher ›diegesis‹ zu ›mimesis‹ (Darstellung) im 3. Buch der *Politeia* entfaltet, sowohl das a) mimetische Verfahren wie auch das diesem entgegengestellte b) ›einfach diegetische‹ als zwei Formen erzählerischer Darbietung (Diegesis) (vgl. Platon, *Politeia* 392c ff.). Platons Vorbehalt gegenüber der Mimesis speist sich gleichwohl aus dem Bildcharakter.

Logos als wahres Wissen. Dazwischen: Störfall, Impuls oder Telos – das reine Bild.

Natürlich lässt sich dieser ›Zwischen-Fall‹ auf der verbalen Ebene auch jenseits des Bildes inszenieren, als Unterminieren eines Diskurses der verbundenen Aussagen durch ein »verallgemeinertes Asyndeton«, bei dem die »Erzählbarkeit«, wie Barthes betont, »demontiert wird und die Geschichte doch lesbar bleibt« (Barthes 1974: 16). Doch keineswegs zufällig erinnert Barthes, wenn er die Tmesis, den Schnitt, als Quelle der Lust am Text feiert, an die »Inszenierung eines Auf- und Abblendens« (ebd. 17). Das ist nicht nur Filmterminologie, das ist Feier des Bildes.[4]

Ich schiebe an dieser Stelle eine theoretische Anmerkung zum Film ein. Der Schnitt im Film hat, insofern er das Zwischen und Außen der Filmbilder betont, paradoxerweise eine analoge Funktion, wie das in den Gang der literarisch-sprachlichen Erzählung intervenierende Bild. Das hängt damit zusammen, dass der Zuschauer immer die Welt als umgebenden Bildraum (re)konstituieren, ein-fügen muss. Das Off des Films ist das Äquivalent zum topikalisierten Sprachbild als Block in der fortlaufenden Erzählung.

Andererseits gilt: Selbst wenn wir die Gegenstellung von Mimesis und Diegesis in der Verkürzung zum Gegensatz Bild versus Erzählung transformieren, so ist auf der allgemeinen Ebene festzuhalten, dass Erzählung sich immer auch in der und an die Stasis des Bilds verliert. Schon die *Poetik* des Aristoteles liefert gegen Platon eine Legitimation der Mimesis – und damit auch der Bilder. Erläutert Aristoteles doch die Mimesis der Dichtung an der Malerei. Legitimiert ist die Mimesis der Handlungen, der Mythos, und legitimiert sind die Bilder dieses Mythos, wenn die Fügung, die ›Zusammenstellung der Geschehnisse‹[5], die Einheit *einer Geschichte* erzeugt. Bei Aristoteles gibt es also eine poetologische Rechtfertigung dafür, wenn statt der ordentlichen Reihung gemäß einer Fügung aus der Perspektive einer erzählerischen Instanz, in Bildern prätendierter Unmittelbarkeit, fiktionale Bildwelten evoziert werden. Aristoteles schreibt freilich Platon damit eher differenziert und korrigierend weiter, denn dass er sich gegen ihn stellte, wie ich meine.

Jedenfalls bestimmt das Spannungsverhältnis von narrativer Reihung zur Einheit und bildgebender Einzelheit auch für Aristoteles das Konstrukt insgesamt so stark, dass er nicht müde wird, gegen die Inszenierung der Bilder und die szenische Performanz als sinnliche Reize der Tragödie

---

4 Barthes selbst verspielt diese Einsicht etwas, indem er das Auf- und Abblenden in die Leser-Haltung des nach Stellen der Lust und Aufmerksamkeit fiebernden Textkonsumenten legt.

5 Dies ist die entscheidende Definition von ›Mythos‹ (vgl. Aristoteles, *Poetik* 1450a 5).

zu polemisieren. Das Bild darf nicht Reizwert sein, es muss Erkenntniswert als Fügung ins Ganze haben. Im Hintergrund steht, dass für eine gelungene, wahre Erzählung die richtige syntaktische Fügung zugleich mit der logischen Entwicklung entscheidend ist. In Gegensatz zu Bildreizen. Bildimpulse haben in der klassischen Konzeption ihre Rechtfertigung allein darin, dass – und wenn – ihre interne zeitliche und systematische Logik ausgefaltet wird, oder wenn sie selbst einer solchen syntaktischen und logischen Ordnung genügen und unterworfen sind.[6]

Es könnte scheinen, dass ich alte Geschichten um Streitigkeiten erinnere, die sich längst selbst ad absurdum geführt haben. Doch, um die Kraftlinien zu verdeutlichen, die hier virulent sind, erinnere ich an Roland Barthes' idiosynkratische Bevorzugung des fotografischen Bilds vor dem Film. Natürlich! Barthes steht *gegen* Platon *und* Aristoteles, doch seine Bedenken gegen den Film speisen sich – freilich mit umgekehrten Vorzeichen – aus derselben Konstellation von Erzählung und Fügung, die bei Platon und Aristoteles angenommen wird und als Voraussetzung der Bildlegitimation gedacht ist. Doch während Aristoteles und Platon die Singularität und den Reizwert des Bildes als Problem ansahen, ist Barthes der Film wegen seiner syntaktischen Fügung zum Ganzen verdächtig. Barthes wendet sich gegen die Bilderreihung des Films – wie auch gegen die narrative Ordnung – weil er das Bild, insbesondere in der unmittelbaren ontologisch vorgegebenen Wirklichkeitsverpflichtetheit der Fotografie, im Film gefährdet sieht. Die organisierende syntaktische Fügung, so Barthes, hebt die Singularität des Gegenstandes und die Intensität der punktuellen Lust in einer vergewaltigenden Erzählordnung auf und negiert das Einzelne, das Bild, in eben diesem, seinem Einzelwert. Deshalb propagiert Barthes ja auch gegen die erzählerische Fügung zu einem (vernünftigen) Ganzen die *Lust* am Text. In der Fügung der Bilder zur erzählerischen Ordnung sah er vornehmlich die Entwertung des Einzelnen und des einzelnen Bildes. Zum einen sah er diese Entwertung im narrativen Voranschreiten, das eine Aufhebung des topikalisierten Einzelnen als Ereignis zugunsten eines ausstehenden Ziels beinhaltet, gegeben, zum anderen, damit freilich zusammenhängend, durch das narrative Ganzheits-Konstrukt selbst. Telos und Totalität jenseits des Singulären sind die Barthes'schen Feindbilder. Die Erzählung, die den Körper und das Singuläre an die Ordnung verrät, verursacht ihm Unbehagen.

---

6 Platons Theatralik im Auskosten der Inszenierung vieler seiner Dialoge und seine Tendenz, die rationale Analyse in einem synthetisierenden bildstarken Mythos terminieren zu lassen, wäre angesichts der propagierten Bilderfeindschaft und dem Bemühen, die mythischen Geschichten in logische Zusammenhänge überzuführen, durchaus kommentarbedürftig.

Die Erinnerung an die klassische Auseinandersetzung um Bild und Logos kann nur Problemfigurationen anzeigen, doch diese prägen auch die heutigen Positionierungen. Man sieht, wenn wir uns Phänomenen wie dem audio-visuellen Erzählen zuwenden, dass die Fragen von Erkenntnis und Bilderlust als Fragen nach narrativer Entwicklungslogik oder kaleidoskopischem Bilderfeuerwerk aufs Engste verknüpft sind. Die Bilderzählung umfasst einen ungemein weiten, unklaren Bereich, wie uns ein Vergewisserungsblick auf die von John Berger propagierte ›andere Art des Erzählens‹[7], eben eines Erzählens in Bildern, deutlich machen kann. Die Leere zwischen den Bildern scheint da die Fantasie zu erzählerischer Überbrückung anzuregen. Doch die Leere zwischen den Bildern scheint zu fundamental, ein Abgrund nahezu, der es verhindert, auch nur zu einer vage bestimmten Erzählung zu gelangen. Beim Film quälte Barthes andererseits der Verdacht, dass die ›Leere‹, die das Einzelne in Differenz treten lässt zum Allgemeinen und zur funktionalen Erfüllungsgröße, immer schon erzählerisch überbrückt ist. Liegt darin nicht ein Wink, dass ein ›unzuverlässiger‹ Film, den Antipoden Barthes und Platon zugleich entsprechend, für Barthes die Fügung qua Vorgabeordnung aufheben könnte, andererseits, Platon folgend, die Überbrückung als Denkanstoß fordern und Perspektiven als zu bedenkende Alternative(n) ins Spiel bringen könnte?

Halten wir fest: *Bild* und *Narration* stehen in einem Spannungsgefüge, indizieren gar gegenläufige Momente, weshalb das Erzählen in Bildern, die audio-visuelle *narratio* bereits den Keim jener Herausforderung, die unzuverlässiges Erzählen darstellt, in nuce enthält. Deshalb konnte Deleuze, der in seinem Denken der Differenz, in der Propagierung des organlosen Körpers und in der Feier der Kräfte des Falschen als Unterminierung sprachlicher Ordnung, Barthes so nahe kam, den Film zu jener paradigmatischen Herausforderung des signifikanten Ereignisses machen, zu der Barthes (1989) diejenige Fotografie, die bei ihm als Störfall eines ›punctum‹ jenseits des ›studiums‹, d.h. jenseits kultureller und narrativer Vereinnahmung, angesiedelt ist, erhebt. Damit möchte ich nicht sagen, dass jene Steigerung des Reflexionsgrads, die ich als möglichen und gesuchten Effekt unzuverlässigen Bild-Erzählens behaupte, dem Ansatz der beiden Denker unmittelbar entspricht. Bei Deleuze wäre die Evokation der Reflexion, wie seine Anmerkungen zum ›mentalen Bild‹ bei Hitchcock verdeutlichen (vgl. Deleuze 1989: 266ff.), nur ein

---

7 So der Titel von Berger/Mohr (1984). Wir haben in diesem Fall neben dem impliziten ›Bildarrangeur‹ die Instanzen ›Blick-Subjekt‹, ›Bild-Inhalt‹, ›Konkatenation der Bilder‹, ›Verlauf der Zeit‹, aber uns fehlen die logischen Konnektoren und die zumindest partiell gesicherte Kontinuität einer narrativ refigurierten Zeit.

Schritt auf dem Weg zu einem *anderen* Denken, einem wahren Bilddenken, bei Barthes wäre die Evokation einer Reflexion, die zu einer Fügung gelangt, sogar ein Schritt in die verkehrte Richtung. Nur die Fälle interessieren Barthes, in denen die Reflexion sich im Scheitern der narrativen Konstitution hoffnungslos verfängt, wenn sich *alles* in der »äußersten Tiefe der Heimlichkeit, Kinoschwärze« (Barthes 1974: 59) verliert. Die Erzählung hat dann ihren Wert gerade darin, dass sie durch die Materialität der Darstellung gebrochen wird. Barthes' Philosophie der Fotografie als Feier der Kontingenz lebt genau davon.

2. Dienliche Randbemerkungen zum Begriff und Problem der ›Erzählung‹ vor der Folie des Films

Erzählung und das begriffliche Pendant ›Narrativität‹ sind keineswegs so klar bestimmt, dass wir wüssten, wann wir uns in einem Erzählraum bewegen, wann wir in eine Diegesis verstrickt sind und wann andere, nichtdiegetische Elemente in einem Text bestimmend sind und überwiegen. Nicht selten brechen eigenständige Bildräume wie Traumeinschübe die Erzählung auf, auch wenn sie integriert werden. Das Bild ist eine Herausforderung an die Erzählung, wird aber andererseits problemlos für narrative Fügungen in Dienst genommen. Das gilt schon für das sprachliche Bild, das illustrierend dienend sich einfügt oder als eigenständiger Komplex das erzählerische Gefüge stört. Die komplexe Diegesis mit Einfügungen mimetischer Elemente, die Platon als Erzählung konzedierte, wird im Film dann bis zur reinen Bilderkette ausgereizt.

Natürlich könnten wir definitorisch alle Probleme mit narrativen Bilderketten und mimetisch eigenständigen Bildtableaus im Blick auf unzuverlässiges Erzählen eliminieren, wenn wir ›Erzählung‹ wörterbuchgehorsam als eine bestimmte Form der Epik, mit bestimmten Verlaufslinien bestimmen, um uns so gegen das Eindringen der Bilderketten und der Mimesis in den Definitionsbereich zu verwahren. Doch selbst dann wäre das Problem des Widerspiels und Widerstands von Bild und Erzählung und der produktions- wie rezeptionsästhetischen Verhandlung über deren Verhältnis vor der Folie unzuverlässigen Erzählens gegeben.[8] Fundamentales Interesse gewinnen freilich die Bilderzählungen, wenn man vom Phänomen des Erzählfilms sich leiten lässt und wir antinarrative Bilder,

---

8 Vgl. Rancière, der darauf verweist, wie Balzac »das schöne Fließen seiner Prosa ›verunreinigt‹, indem er eine ›Verunreinigung‹ der Malerei einfließen lässt« (Rancière 2007: 100).

wie Perlen einer Kette, in erzählerischer Absicht miteinander verknüpfen. Das Ergebnis der Konkatenation ist eine Erzählung. Das syntaktische ›und dann‹ der Verkettung und ein semantisches Geschehenskorrelat reichen aus. Den Erzähler, ob auktorial oder nichtsahnend vom Himmel gefallen, unzuverlässig oder authentisch, erfinden wir uns – tunlichst.

Die Unzuverlässigkeit der Erzählung gewinnt im Medium Film deshalb exzeptionelle Bedeutung, weil der Film qua Medium auf einer grundlegenden Ebene voraussetzt, voraussetzen muss, dass die Bilder nicht lügen. So konstatiert Koebner, dass Unzuverlässigkeit nur als eine kurzfristige Irreführung in zuverlässigem Rahmen wirklich funktioniert (vgl. Koebner 2005: 22) und beendet seinen Essay zum unzuverlässigen Erzählen im Film mit dem Resümee: »Das ›unzuverlässige Erzählen‹ im Film erhält kaum eine Chance, auf die Dauer als unzuverlässig registriert zu werden« (ebd. 38). Vielleicht ist das etwas zu apodiktisch, doch in dem Hinweis, dass Bilder von sich aus beanspruchen »zuverlässige Abbildungen zu sein« (ebd. 30) hat er sicher Recht. Deshalb gewinnt die Kategorie der narrativen Unzuverlässigkeit ihre besondere Pointe, weil und wenn Filme als *Bilderfügungen* erzählen können. Wir haben ein kompliziertes Verhältnis von Bildlogik und narrativer Ratio. Das Bild als solches, jenseits der kinematografischen Bewegungsillusion, stört und unterbricht die erzählerische Fügung, hebt sie gar auf. Die Bilder selbst, ob Bilder des Fantastischen oder Faktischen, beanspruchen jedoch von sich her qua Abbildung zuverlässig zu sein. Wenn Bildfügungen einen erzählerischen Zusammenhang etablieren können, was angesichts des Erzählfilms evident scheint, dann können wir *eine* filmspezifische Form unzuverlässigen Erzählens in der Weise bestimmen, dass sie als Störung der narrativen Bilderketten durch andere Bilder und deren natürlichen Verpflichtungsanspruch zu kennzeichnen wäre, eine *andere* dadurch, dass Lücken zwischen verschiedenen Bildfügungen nicht sinnvoll zu überbrücken sind und kein homogener Implikationsraum entfaltet werden kann.[9]

Solche Unzuverlässigkeit des Erzählens gewinnt im Film manchmal als Herausforderung eines Bilderdenkens philosophische Signifikanz. Es entspricht ein wenig der bei Platon in den Dialogen thematisierten und präsentierten Unzuverlässigkeit des in subjektiver Perspektive Dargebotenen – natürlich haben wir dann nur den Fall des internen Erzählers, dessen Zuverlässigkeit oder Unzuverlässigkeit, wie im *Symposion*, im zuverlässigen Gesamtkonstrukt selbst situiert wird. Doch die starke Betonung der Unzuverlässigkeit des Berichts zielt auf das kritisch-reflexive

---

9   Beides sind »Unterbrechungen der visuellen Authentizität« (Helbig 2005: 138).

Engagement des Rezipienten und in einer Vielzahl von Fällen etabliert Platon über den zuverlässigen, rationalen Erzähler Sokrates evident falsche Positionen, die der Leser selbst – Herausforderung reflexiver Tätigkeit – dialektisch denkend beheben muss. Bergmans *Persona* (1966) könnte als Film dafür stehen. Oder die über die Ratio bestimmte Position führt wie beim platonischen *Hippias II* in eine inakzeptable Aporie. *Lost Highway* von David Lynch (1997) schiene dafür ein Beispielfilm. Die Erzählung als logische Abwicklung gefriert in einem herausfordernd unklärbarem Bild. Abel Ferraras *Dangerous Game* (1993) strandet so. Was ist falsch? Worauf ist Verlass? – Die Unzuverlässigkeit des Erzählers fordert intellektuell den Rezipienten.

›Erzählen‹ heißt zunächst und in erster Linie: Verknüpfung von Ereignissen in logischer Entwicklung und Darlegung eines Geschehens in zeitlicher Ordnung durch ein operationales Subjekt[10] in einem linear fortschreibendem Medium. Das gilt vom Idealfall der sprachlichen Erzählung bis zum Fotoroman und zur Filmerzählung. Eine Form von Linearität, ein Ordnungsgefüge, das im Idealfall einen Abschluss zur Ganzheit der Erzählung kennt, eine Referenzwelt und ein abstrakter Wahrheitsanspruch scheinen damit verbunden. Das Entscheidende am Konzept ›Erzählung‹ ist dabei neben dem Erzähler die Annahme eines von der Erzählung zumindest idealiter unabhängig gedachten Geschehensraums.

Die idealtypische Erzählung hat im Film ihr Äquivalent in einer, wie Pasolini sagt, unendlichen Einstellungssequenz. Die Kamera – ein idealisierter Erzähler – folgt beispielsweise einem Protagonisten, den sie im Blick und im Bild behält. Der Wechsel der Kameraperspektive zur subjektiven Kamera, die den Blick dieses Protagonisten einnimmt, wäre eine erste Durchbrechung des elementaren narrativen Gefüges, eine Durchbrechung, die sich freilich recht einfach als Wechsel zu einem internen Erzähler integrieren lässt und eine weitere ›eigentliche‹ erzählerische Instanz für Kamera und Protagonist generiert. Letzterer könnte, wenn wir dem ›eigentlichen‹ Erzähler trauen können, durchaus lügen. Die Unzuverlässigkeit eines internen Erzählers ist im Film dabei längst nicht so unproblematisch wie in der Dichtung. Die Wahrnehmung nimmt immer wahr. Erzählen mag ein Lügner im Film eine ganze Menge Lügen, die lügnerischen Bilder jedoch müssen hart erarbeitet werden. Sowohl Hitchcocks lügnerische Rückblende in *Stage Fright* (1950) wie Kurosawas *Rashomon* (1950) machen dies deutlich. Hitchcocks Trick einer Unzuverlässigkeit des Erzählens dank ›falscher‹ Rückblende erscheint als

---

10 Vgl. die im Prinzip ähnliche Bestimmung bei Stam/Burgoyne/Flitterman-Lewis (1992: 69).

filmischer Fehler. Er hätte sich die Möglichkeit der Unzuverlässigkeit erst erarbeiten müssen. Wie mühevoll dies ist, erweist sich in *Rashomon* als einem Film, der philosophisch die Zuverlässigkeit unserer Erzählungen auf einer ersten Ebene, die Zuverlässigkeit der Wahrnehmungen auf einer zweiten und die Zuverlässigkeit der Bilder vielleicht auf einer dritten Meta-Ebene als denkerisches Problem im Rahmen einer multiperspektivischen Erzählung vor Augen stellt.

Schon beim internen Erzähler, der als ›unzuverlässiger Märchen-Erzähler‹ durchaus direkt in den Raum der möglichen Welt, die ein Film zu konstruieren aufgibt, eingebaut werden kann, haben wir Schwierigkeiten mit der unzuverlässigen Erzählung und der Belegkraft des Bildes. Dieses ist zwar imstande, die normale Erzählung in ihrem Verlauf auf jeder Ebene zu unterminieren, aber dank seines Selbstausweises unterläuft das Bild zuverlässig die Unzuverlässigkeit, andersartige Unzuverlässigkeiten als Herausforderung erzeugend. Deshalb verknüpft Robert Stam ›Unzuverlässigkeit‹ zwar mit einem intradiegetischen Rollenfigur-Erzähler, bekundet aber zugleich, solche seien sehr selten (vgl. Stam/Burgoyne/Flitterman-Lewis 1992: 101). Richtig konstatiert Koebner, die mediale Asymmetrie unterstreichend, dass »das *showing* das *telling* widerlegen kann, die *demonstratio ad oculos* die Erzähler-Rede als unzuverlässigen Kommentar enttarnen« (Koebner 2005: 32). Diese *demonstratio* scheint aber nur in eine Richtung zu funktionieren. Die Bilder widerlegen den Lügner.

Der interessante Punkt tritt dann ein, wenn die objektive Kameraperspektive und die subjektive Blickperspektive ununterscheidbar werden. Deleuze verweist in diesem Zusammenhang auf Pasolinis besondere Form einer ›freien indirekten (subjektiven) Rede‹. Er sagt aber auch, dass

»die Erzählung sich nicht mehr auf ein Ideal des Wahren, das seinen Wahrheitsgehalt konstituiert, bezieht, sondern zu einer Pseudo-Erzählung, einem Gedicht, einer simulierenden Erzählung oder eher zur Simulation einer Erzählung wird« (Deleuze 1991: 196).

Man sieht hier schön, dass es natürlich von unserer Bestimmung von Erzählung abhängt, ob wir Formen unzuverlässigen Erzählens haben, oder ob wir sagen, das ist überhaupt keine Erzählung. Ich selbst tendiere dazu, bei einer solchen Verschränkung von subjektiven und objektiven Bildperspektiven selbst noch bei kaleidoskopischen Bild-Blitz-Gewittern eine typische Integration anti-narrativer Elemente in eine Narration anzunehmen. Wir haben dann also eine Erzählung, die gleich auf mehreren Ebenen unzuverlässig ist, unter anderem dadurch, dass sie sich, wie Deleuze sagt, nicht auf ein Ideal des Wahren bezieht. Das Bild verselbstständigt sich, stört die Narration, lässt die Erzählung unzuverlässig werden. Im

Extremfall gilt das sogar für das Bild selbst, wenn es beispielsweise die Darstellungsparameter der Abbildung als Eigenschaften seiner Referenzwelt offeriert. In Woody Allens *Deconstructing Harry* (1997) – einem Film, der unzuverlässiges Erzählen als ein Hauptthema entfaltet – haben wir in einer eingebetteten Erzählung über einen Darsteller, der vom Objektiv scharf erfasst, ein unscharfes Bild ergibt, weil er selbst unscharf ist, einen Beispielfall.

Zitate, Beweise, mimetische Darstellungen unterbrechen genau wie solche Einbettungserzählungen den linearen Fortgang der eigentlichen Erzählung, können jedoch als Elemente wie die Perlen einer Kette erzählerisch integriert werden. Einzig und allein die Fügung der Elemente zu einem erzählerischen Ganzen entscheidet über den narrativen Charakter.

Ungefüge antinarrative Elemente bedingen eine Form der Unzuverlässigkeit der Erzählung, doch ob narrativ konsistent oder resistent, es muss eine erzählerische Instanz für die Fügung des Ganzen etabliert werden. Ein extradiegetischer Erzähler muss im Film aus logischen Gründen angenommen werden, doch zu diesem muss so etwas wie der implizite Autor des Films hinzutreten, damit der Film als Erzählung bzw. als ›kulturelle Objektivation‹ verstanden werden kann. Um die diversen Erzählinstanz(en), Blickinstanz(en) und Reflexionsinstanz(en) in reflexiv anspruchsvollen Filmen, solchen eben, die auch Unzuverlässigkeit der Bilderzählung als Evokation von Reflexion einsetzen, zu unterscheiden, sind Strukturgrößen notwendig, die auf unterschiedlichen Ebenen den Rezipienten ansprechen und herausfordern. Solche Situierung von Ebenen und Erzählern, Fokalisierungen und Objektivierungen mag manchmal, etwa für Marc Forsters Film *Stay* (2005), erst beim wiederholten Sehen des Films gelingen. Die evidente und systematische Unzuverlässigkeit des strukturell zu bestimmenden Erzählers der Haupthandlung wird in *Stay* zuerst zur Herausforderung und dann zum Argument. Die schließlich in Würdigung der Unzuverlässigkeit der Erzählung reflexiv konstruierte, filmisch präsupponierte Wirklichkeitsebene der Erzählung macht dabei nur knappe fünf Minuten des Films aus, alles andere ist Innenleben oder Kommentarebene. Zumindest gemäß der ›besten‹ Lösung. Doch es geht dabei nicht lediglich um den Reiz einer intellektuellen Herausforderung, in komplizierter Konstruktion unter Verwerfung konkurrierender Alternativstrukturen von schwächerem Konsistenz- und Kohärenzgrad zu einer Owl-Creek-Variante unzuverlässigen Erzählens zu gelangen. Die Optionen anderer Erzählkonstruktionen und die implizite Reflexion auf die grundgelegten Kriterien – warum nicht ästhetische? – bei der Etablierung der erzählerischen Immanenzebene führen zu einer nachgerade zu philosophischen Reflexion auf die Verschränkung von Innen- und Außenwelten und auf das Problem ontologischer Verpflichtungen und semiotischer Fallstricke angesichts von Bildern und Bildern der Bilder, die sich zu einer Narration fügen sollen.

Formal muss im Film immer mittels der Bilder eine erzählerische Immanenzebene definiert werden, nicht nur damit eine Unzuverlässigkeit des Erzählens konstatiert werden kann, sondern aus logischen Gründen der Konstitution eines Handlungs- und Wahrnehmungsraums. Die Integration der Bildcluster auf der einen und/oder die fehlende Kohärenz der Bildfügungen auf der anderen Seite macht ›erzählerisch‹ zum gradierten Epitheton. Dabei kann ›erzählerisch‹ freilich als Kennzeichnungsterm eines (Film-)Texts auch gegen Null gehen. Wir hätten dann einen impliziten Autor, der sich um die Erzählung nicht kümmert und keine unzuverlässige, ja nicht einmal eine Simulation einer Erzählung, sondern reine Bildtableaus offeriert.

Die erzählerisch dienende Bildfügung nennt Deleuze in seiner Propagierung der »Mächte des Falschen« (Deleuze 1991: 168) *organische* Anordnung und kontrastiert diese der *kristallinen* Ordnung der Bilder. Letztere wird so definiert, dass in ihr die Beschreibung keinen unabhängigen Referenz-Raum intendiert, sondern ihr eigener Gegenstand ist. Die häufig monierte Unzuverlässigkeit solcher Kristallbilder beruht nach Deleuze auf einer falschen Lesart der Bilder. Unlösbare Dilemmata entstehen dadurch, dass den Bildern fälschlich eine unabhängige Referenzwelt zugeschrieben wird. Deleuze notiert so gewisse Möglichkeiten der Bildgestaltung und Bildverknüpfung, die sich von der narrativ-konkatenierenden Verknüpfung, die für das von ihm funktional definierte ›Bewegungsbild‹ charakteristisch ist, ablöst. Folgen die organischen Beschreibungen der Bilder dem senso-motorischen Schema – man könnte dieses Schema einfach als narratives Grundschema charakterisieren –, so stützen sich die kristallinen auf rein optische und akustische Situationen (vgl. ebd. 169). Bildstörungen der Erzählung und Herausforderung an das Denken zugleich.

3. Unzuverlässigkeit als filmisches Phänomen

Es ist Zeit, dass ich nach all den theoretischen Voraussetzungen und Erinnerungen zur Unzuverlässigkeit nicht als philosophischer Diskussion des Begriffs, sondern als filmischem Phänomen komme.

Keineswegs zufällig erarbeitet Deleuze den Übergang vom narrativ gebundenen Bewegungsbild zum eigenwertigen Zeitbild als rein optischer Situation über die Kategorie des ›mentalen Bilds‹ bei Hitchcock. Dieses Bild tritt dadurch in ein direktes Verhältnis zum Denken, dass der Rezipient unmittelbar konstitutiv eingebunden wird. Das die Erzählung störende eigenwertige Bild, der falsche Anschluss zwischen den Bildern, die ununterscheidbaren Ebenen von Realität und Traum, alles Momente einer generalisierten Unzuverlässigkeit der Erzählung, forcieren diese reflexive Komponente des mentalen Bildes.

In dem Moment, wo der Zuschauer nicht in die senso-motorischen Verknüpfungen der Bilderzählung gefesselt wird, sondern nicht mehr weiß, was imaginär oder real, körperlich oder mental, subjektiv oder objektiv ist, haben wir es nach Deleuze mit einem Unbestimmbarkeits- oder Ununterscheidbarkeitsprinzip zu tun und »das Kino wird zum Medium des Erkennens, nicht mehr des Wiedererkennens« (Deleuze 1991: 33). Vom magisch bannenden Bild über die mimetische Inszenierung des Wiederkennens in der Erzählung führt der Weg zur Unzuverlässigkeit der Erzählung und dem reinen Bild als enigmatischem Zwischen. »Das Intervall übernimmt jetzt die Rolle des Zentrums« (ebd. 59). Das bedeutet in Bezug auf Bilderfügung nichts anderes, als dass die Brüche der Bilderzählung die Reflexionsmomente eines Bilddenkens bewirken, das sich kontemplativ oder analytisch den Bildern überlässt, um wenn schon nicht die Einheit der Erzählung, so doch die des Denkens zu retten.

Die genannten Filmbeispiele wie Ingmar Bergmans *Persona*, Abel Ferraras *Dangerous Game*, David Lynchs *Lost Highway* oder Christopher Nolans *Memento* demonstrieren, dass solche allgemein-theoretischen Überlegungen längst in die kinematografische Praxis Eingang gefunden haben. Dieses allgemeine Bewusstsein hinsichtlich unkonventioneller Möglichkeiten der Narration als unzuverlässiger, die das Denken zwingt, an seine Grenzen zu gehen, um narrative oder reflexive Lösungen für Bildrätsel zu finden, greift bis hin zu Phänomenen aus, die als Ende der Narration verstanden werden können. Godards Essay-Filme in ihren avancierteren Formen wie den *Histoires du cinéma* gehören dazu.[11]

In der Regel aber wird in den Filmen die Unzuverlässigkeit im Erzählen als eine Möglichkeit einer komplexeren ontologischen Ordnung der Bildwelten ins Bewusstsein gehoben – etwa in der Demonstration einer unerwarteten Referenz des Filmbildes nicht auf jenen Wirklichkeitsraum, auf den wir uns als Publikum bereits eingerichtet haben, sondern auf einen weiteren Bildraum. Sei dies eine Traumvision, der Film *Stay* operiert strukturell wie Ambrose Bierces Musterbeispiel für unzuverläs-

---

11 Ich möchte offen lassen, ob wir bei diesen filmisch-essayistischen Explorationen des filmischen Universums noch von Erzählung sprechen können. Eine Steigerung des Reflexionsgrads durch Unzuverlässigkeit der Verknüpfungen wird sicher in dieser zuverlässigen Unzuverlässigkeit des filmgeschichtlichen Entwurfs realisiert.

siges Erzählen »An Occurence at Owl Creek Bridge«, sei dies ein formaler Rahmen für Film im Film.

Hanekes Film *Caché* (2005) bietet in seiner Eingangssequenz dafür ein exzellentes Beispiel. Es ist viel mehr als ein visueller Trick, wenn der Regisseur uns zunächst zwingt, in der Etablierung einer bilderzählerischen Immanenzebene den Wirklichkeitsraum einer möglichen Welt gemäß der Bilderzählung zu konstruieren, um dann diese Bilder des Handlungsraums als Bilder eines Videos zu situieren und diese mit den Protagonisten des Films zu reflektieren. Wir hätten hier eine jener kleinen Formen eines unzuverlässigen Erzählens, das im nächsten Moment seinen Status – als Film im Film – offenlegt. Ein Irritationsmoment, mehr nicht. Doch die Pointe von Hanekes keineswegs zufällig bereits im situierenden Vorspann verortetem Spiel mit den Bildreferenzwelten erweist sich im Verlauf des Films. Die erzählerisch erzwungene Unzuverlässigkeit unserer Konstruktion ist eine Metapher für die Blickkonstitution der Protagonisten wie – und dies stützt Haneke durch ein offenes und solcherart verunsicherndes Ende[12] – des Publikums. Dieses wird durch die Optionen der offenen Erzählung nahezu zwangsläufig auf die im Film thematisierte Medialität und zu guter Letzt auf die anfänglich zeichenhaft bewusst gemachte Differenz Bild – Welt verwiesen, solcherart die eigene Weltkonstitution in ihrer relativen Bedingtheit erfassend. Steigerung der Reflexion aus der Unzuverlässigkeit der Erzählung. Was ist hinter den Bildern?

Der Film generell ist insofern ein Sonderfall des Verhältnisses Bild und Erzählung, als er die anti-narrativen Aspekte des einzelnen Bildes in natürlicher Weise aufhebt, wenn er die Bilder in einer linearen Verkettung, als Einzelelemente zu einer natürlichen Geschichte verwebt. Im Filmbild, das nie durch ein einzelnes Bild konstituiert wird, pulsiert die Zeit. Die ›gefangene‹ Zeit wandelt es, das Filmbild, in eine lineare Erzählung und die Erzählung refiguriert die Zeit. Nirgendwo unmittelbarer und wirkmächtiger als im Film wird ein Geschehen in solch narrativer Verkettung abgebildet.[13]

Dabei unterliegt die Unzuverlässigkeit des Erzählens selbst einer Dynamik und wird auf den unterschiedlichsten Ebenen realisiert. Doch immer gilt, dass wir in Referenz auf eine mögliche Welt die Immanenz-

---

12 Wann man ein offenes Ende unter Umständen selbst als eine Form des unzuverlässigen Erzählens begreifen kann oder muss, steht dahin. Doch stützt das Offenhalten der Mannigfaltigkeiten als unsicherer Möglichkeiten allemal das unzuverlässige Erzählen.

13 Die narrativen Überbrückungen erfolgen übrigens im Prinzip bereits auf der Stufe der elementaren visuellen Intelligenz und der Konstruktion von Identitäten oder Bewegung (vgl. Hoffman 2001: 181ff).

ebene einer Erzählung auszeichnen müssen. Ist diese erst einmal etabliert, dann – und nur dann – wissen wir, wann und ob Unzuverlässigkeit vorliegt. Mit Immanenzebene der Erzählung ziele ich nicht auf irgendwelche hochkomplizierte theoretische Konstrukte ab. Ich möchte lediglich das Faktum in Erinnerung halten, dass Unzuverlässigkeit eine – durchaus variable – Ebene voraussetzt, die als zuverlässig gilt. Wir konstituieren diese Immanenzebene, die Welt des Films, vom ersten Bild an, korrigieren den Entwurf und lassen uns von der durch Film-Bilder und Mikroerzählungen etablierten Relation zu unserer vertrauten Umgebungswelt oder durch Genreregeln in unseren faktischen Annahmen und ontologischen Grundlegungen leiten.

Für die Dynamik von Unzuverlässigkeit, reflexiver Einordnung und Etablierung bilderzählerischer Mittel verweise ich auf die akzelerierende Parallelmontage der *last minute rescue*, der Griffith ihre definitive Form als erzählerisches Mittel gegeben hat. Diese mag zunächst als eine Form unzuverlässigen Erzählens erschienen sein. Die Entwicklungsreihe der Erzählung wird unterbrochen, der Zusammenhang der Bilder in Frage gestellt, Kamera und Erzähler schweifen ab, geben die lineare Erzählung auf. Dass wir heute ein konventionelles Erzählmittel darin sehen, ist ein Ergebnis des permanent geforderten Bemühens, auf der Basis einer Immanenzebene der Erzählung die scheinbaren Brüche der Erzählung, aber auch alle möglichen anderen Unzuverlässigkeiten auf ihre Einholung in eine komplexere Erzählung zu prüfen. Diese reflexive Einholung der Brüche, Unstimmigkeiten und Unzuverlässigkeiten ereignet sich elementar als visuelle Intelligenz, im Standardfall als Erzählkonstrukt in der Fügung zu einem einheitlichen Ereignisraum oder als gesteigerte Reflexion der Bedingungen der Medialisierung von Welt. Die gesicherte Form der Unzuverlässigkeit etabliert dann neue verlässliche Erzähl-Möglichkeiten. So wie Reflexion zum automatisierten Kalkül werden kann.

Die Institution des unzuverlässigen Erzählens stellt gerade im Film eine so bemerkenswerte Herausforderung dar, weil der Film jeweilig die Regeln für unsere Konstruktion möglicher Welten der Erzählung in der unmittelbaren Bildgegebenheit, im *Geben von Bildern*, entwickeln muss. Sogar die ontologischen Regeln für das, was es im Film geben kann, muss er in Verpflichtetheit auf das wirklichkeitsverpflichtete Bild evokativ hervorbringen. Der Film erzwingt so mehr ein Durchdenken von Bildfügungen denn ein Denken *in* Bildern.

Weil die Bilder des Films selbstausweisend sind, trügerisch weltbeweisend, und doch fast in der Weise als Beweismaterial von uns in Anspruch genommen werden *müssen*, wie wir dem Blick unserer eigenen

Augen trauen, ist die Unzuverlässigkeit des Erzählens intellektuell herausfordernd und affektiv ergreifend.[14]

Vom mentalen Bild als Einbezug des Rezipienten in die erzählerische Konstruktion aus ist es nur ein kleiner Schritt, um die konstruktive Reflexionsleistung durch rätselhafte, verunsichernde, widersprüchliche Bilder oder eben ganz allgemein durch Unzuverlässigkeit des Erzählens herauszufordern.

4. Schluss: Das dialektische Spiel von Imago und Logos

Keineswegs alle oder auch nur die meisten Brüche in der Zuverlässigkeit des Erzählens zielen auf Steigerung der Reflexion, doch eine der Möglichkeiten, die das unzuverlässige Erzählen eröffnet und die in vielfacher Form seit den Zeiten der sogenannten Postmoderne ausgenutzt wurde, ist die Steigerung des Reflexionsgrades. Der Film gibt – nach dem Modell der Aristoteles-Poetik – immer zu denken, da die Erkenntnis einer der qualitativen Teile der Poetik ist. Doch die Steigerung des Reflexiongrades des Films wird in aller Regel nicht durch Allgemeinheit und Abstraktion wie im Übergang von der diskursiven Erzählung zur verallgemeinernden Beweisführung erreicht, sondern durch Unzuverlässigkeit im Erzählen.

Das verselbstständigte Bild als widerständiges Moment der erzählerischen Fügung fordert genauso wie die Unvereinbarkeit bildgesicherter Filmevidenzen, die uns Unzuverlässigkeit der Erzählung respektive des Erzählers konstatieren lassen, eine denkerische Rekonstruktion. Die Unterscheidung von Erzähl- und Wirklichkeitsebenen, die Situierung der Filmbilder als Wahrnehmungsbilder der Welt, als Ausdrucksbilder innerer Welten oder als Kommentarbilder, all dies rettet jeweils neu die unzuverlässig gewordene Erzählung – denkerisch.

Das Bild im Film ist so Garant des Weltbezugs und notwendiges Element, um zu einer Geschichte zu gelangen, zugleich bricht jedes Bild, das sich nicht fügt, die Geschichte auf und fordert unsere Reflexions- und Konstruktionskraft heraus. Über die Bilderfügung etablieren wir mögliche Welten. Deren ontologische Bedingungen gehören zur Herausforderung durch die Bilder. Ob wir dann in einem Film wie David Lynchs *Lost Highway* in der prinzipiellen Widersprüchlichkeit der Erzählung das Ende der Erzählungen im Übergang zu losgelösten Bildwelten ausmachen oder ontologisch eine Welt konstituieren, in der Bi-

---

14 Es sind dies die beiden Wirkungen der Unzuverlässigkeit des Erzählens: affektive Spannungssteigerung und reflexive Integration.

lokalisation von Personen möglich ist und Eigenschaften sich personal inkarniert finden, oder ob wir gar eine seelische Identität von bildverschiedenen Personen zugrundelegen, um uns (unzulässige) Zuverlässigkeit zu konstruieren, hängt letztlich von unserem – im weitesten Sinn – ›erzählerischen‹ Gesamtkonstrukt ab.

Wenn die Unzuverlässigkeit des Erzählens, sei es ob der Auflösung der narrativen Bilderfügung in gänzlich losgelöste Bildtableaus, sei es angesichts prinzipiell widersprüchlich verbleibender Bildinformationen, zu überwältigend wird, verliert am Schluss auch die wagemutigste reflexive Kontemplation ihren Halt. Nicht nur die Erzählung wird dann aufgehoben, die Reflexion in der Dienstbarkeit gegenüber dem Logos wird ebenfalls zum mannigfaltig gebrochenen Spiegelspiel übersteigert.

Es mag allerdings durchaus sein, dass die Reflexion auch unvereinbare Gegebenheiten immer auf die Einheit eines intuitiv die Widersprüche integrierenden Gesamtbilds zu versöhnen vermag, selbst dann noch, wenn die Unzuverlässigkeit des Erzählens nicht mehr, in keinem noch so komplizierten Erzählrahmen mehr, zur Zuverlässigkeit rückgebunden zu werden vermag.

Das Kino ist wahr, Erzählung ist eine Lüge, bekundete Jean Epstein als sich gerade die Sprache des Films und seine erzählerischen Verfahren dank Griffith etabliert hatten. Noch Deleuzes Versuch, die Mächte des Falschen zu beschwören und die Unzuverlässigkeit der Erzählungen als das wahre Telos eines Bilddenkens nietzscheanisch als sich in Perspektivenreichtum aufhebende unzuverlässige Unzuverlässigkeit zu affirmieren, baut darauf, jenseits der Erzählung und jenseits der rechnenden Logik im Bilddenken den Geist zur Welt kommen lassen zu können.

Literatur

Agel, Henri (1957): *Esthétique du cinéma*, Paris.
Barthes, Roland (1974): *Die Lust am Text*, Frankfurt/M.
Barthes, Roland (1989): *Die helle Kammer. Bemerkung zur Photographie*, Frankfurt/M.
Berger, John/Mohr, Jean (1984): *Eine andere Art zu erzählen*, München.
Booth, Wayne C. (1961): *The Rhetoric of Fiction*, Chicago/London.
Deleuze, Gilles (1989): *Das Bewegungsbild. Kino 1*, Frankfurt/M.
Deleuze, Gilles (1991): *Das Zeitbild. Kino 2*, Frankfurt/M.
Elsaesser, Thomas (Hg.) (1994): *Early Cinema. Space, Frame, Narrative*, London.

Helbig, Jörg (2005): »›Follow the white rabbit!‹ Signale unzuverlässigen Erzählens im zeitgenössischen Spielfilm«. In: Liptay/Wolf (2005), S. 131-146.

Hoffman, D. (2001): *Visuelle Intelligenz*, 2. Aufl., Stuttgart.

Kiefer, Bernd (2005): »Die Unzuverlässigkeit der Interpretation des Unzuverlässigen«. In: Liptay/Wolf (2005), S. 72-88.

Koebner, Thomas (2005): »Was stimmt den jetzt? ›Unzuverlässiges Erzählen‹ im Film«. In: Liptay/Wolf (2005), S. 19-38.

Liptay, Fabienne/Wolf, Yvonne (Hg.) (2005): *Was stimmt denn jetzt? Unzuverlässiges Erzählen in Literatur und Film*, München.

Rancière, Jacques (2007): *Das Unbehagen in der Ästhetik*, Wien.

Silbermann, Marc (1984): »The Ideology of Form. The Film Narrative«. In: Sigrid Bauschinger/Susan L. Cocalis/Henry A. Lea (Hg.), *Film und Literatur. Literarische Texte und der neue deutsche Film*, Bern/München, S. 197-209.

Stam, Robert/Burgoyne, Robert/Flitterman-Lewis, Sandy (1992): *New Vocabularies in Film Semiotics. Structuralism, Post-Structuralism and beyond*. London/New York.

Filme

Allen, Woody (1997): *Deconstructing Harry*, USA.

Bergman, Ingmar (1966): *Persona*, Schweden.

Ferrara, Abel (1993): *Dangerous Game*, USA.

Forster, Marc (2005): *Stay*, USA.

Haneke, Michael (2003): *Caché*, Frankreich u.a.

Hitchcock, Alfred (1950): *Stage Fright*, Großbritannien.

Kurosawa, Akira (1950): *Rashomon*, Japan.

Lynch, David (1997): *Lost Highway*, Frankreich/USA.

Audiovisualität

GEFÜHLE ERZÄHLEN. NARRATIVE UNENTSCHEIDBARKEIT UND AUDIOVISUELLE NARRATION IN CHRISTOFFER BOES *RECONSTRUCTION*

JEAN-PIERRE PALMIER

»Alles ist Film. Alles ist konstruiert. Und dennoch tut es weh.« (Boe 2003: 00:03:27-00:03:32[1]) August, eine Nebenfigur in Christoffer Boes dänischem Film *Reconstruction* (2003), fasst die Zutaten für eine gute Liebesgeschichte zusammen: ein Mann, eine schöne Frau, ein kleines Lächeln und die Liebe. August ist erfolgreicher Romanautor – er weiß also, wovon er spricht – und zugleich die Erzählstimme des Films. Er führt die vier zentralen Charaktere ein (darunter sich selbst) und arrangiert die Exposition. Die Filmhandlung, die in auktorialer Erzählhaltung freimütig kommentiert wird, scheint zu Beginn den Entstehungsprozess seines Romans zu illustrieren. Gleichzeitig weist August die Erzählung aber explizit als Film aus. Im Verlauf der Handlung betrügt ihn seine Ehefrau mit dem Fotografen Alex. August modifiziert aus Eifersucht seine Geschichte. Er schreibt den Roman um und verformt gleichzeitig die erzählte filmische Welt. Weder ist also der Film eine bloße Illustration der Romanhandlung noch der Roman die intradiegetische Aufzeichnung dessen, was August in der Filmhandlung erlebt. Romanhandlung und Filmhandlung sind sowohl extra- als auch intradiegetisch. Diese rochierenden Metalepsen sind spürbar, aber ohne Konturen. Was wann und wo, d.h. in welcher erzählten Welt geschieht, bleibt unentscheidbar. *Reconstruction* ist also ein radikaler Fall narrativer Unentscheidbarkeit.

1. Narrative Unentscheidbarkeit

Nach Martínez und Scheffel (1999) ist unentscheidbares Erzählen ein Sonderfall des unzuverlässigen Erzählens. Basis für eine unzuverlässige

---

1 Die Laufzeitangaben richten sich nach der Kauf-DVD (*Reconstruction*, EuroVideo, 2004).

Erzählung ist eine »stabile und eindeutig bestimmbare erzählte Welt« (ebd. 103). In einer unentscheidbaren Erzählung ist hingegen »[k]eine einzige Behauptung des Erzählers [...] in ihrem Wahrheitswert entscheidbar, und keine einzige Tatsache der erzählten Welt steht definitiv fest« (ebd.). Unzuverlässigkeit ist wesentlich an einen personalisierten und meistens homodiegetischen Erzähler gebunden,[2] Unentscheidbarkeit ist jedoch problemlos mit auktorialen bzw. impersonalen Erzählsituationen vereinbar. »[I]n impersonal fiction, contradictions stand for incoherence in the fictional world itself« (Ryan 1981: 533), lautet die innerhalb der Literaturwissenschaft weitgehend unangefochtene These. Wo eine konsistente erzählte Welt fehlt, fehlt auch die Basis für ein unzuverlässiges Erzählen, das nach dem Prinzip der dramatischen Ironie funktioniert.[3] Und doch scheint es paradox, wenn behauptet wird, dass eine instabile, also doch unzuverlässige erzählte Welt nicht auch unzuverlässig *erzählt* sein soll. Aus vielen Untersuchungen werden solche Texte mit dem Hinweis ausgeschlossen, es handele sich um illusionsdurchbrechende postmoderne Erzählexperimente, in denen alles möglich und keine erzählte Welt rekonstruierbar sei, wie etwa in extrem metafiktionalen Texten von Borges, Nabokov oder Beckett.[4] Zu gleichem Zweck werden

---

2   Cohn (2000), Yacobi (2001) und Fludernik (2005) anerkennen und begründen erst die Möglichkeit unzuverlässiger auktorialer Erzähler und selbst Reflektorfiguren (Fludernik) – auch wenn sie hierfür wenige überzeugende Beispiele finden –, allerdings nur in ideologischer, nicht in faktueller Hinsicht. Angesichts der Möglichkeit, narrative Allwissenheit und somit erzählerische Zuverlässigkeit als konventionalisierte Illusion zu betrachten, wie u.a. Fludernik (1996: 167f.) selbst vorschlägt, wird mögliche Unzuverlässigkeit zwangsläufig dort prognostiziert, wo ein personalisierter Erzähler am Werk ist, sei er nun heterodiegetisch oder homodiegetisch. Gleichwohl bleibt ein homodiegetischer Erzähler, der in seiner Wahrnehmung eingeschränkt ist oder ideologisch fragwürdige Ansichten vertritt, der Prototyp des unzuverlässigen Erzählers. Es steht in Frage, ob Erzählen überhaupt zuverlässig sein kann oder ob Fehlbarkeit ihm nicht inhärent ist: Zum Erzählen gehört Darstellung, die Beschreibung von Erleben. Darstellung ist aber immer an die Semantik der Subjektivität gebunden (vgl. Bunia 2007: 113ff.), die sich u.a. durch Fehlbarkeit auszeichnet.

3   Es besteht in der Forschung Einigkeit darüber, dass sich die Strukturen von unzuverlässigem Erzählen und dramatischer Ironie kaum unterscheiden, weil beide Phänomene die Vermittlung sowohl einer expliziten als auch einer impliziten Botschaft auszeichnet. Siehe bspw. Martínez/Scheffel (1999: 100f.).

4   Vgl. etwa Ryan (1981: 531f.), Jahn (1998: 101) und Zerweck (2001: 156). Leider ist die Textauswahl oft suggestiv. So nennt Zerweck Nabokovs *Lolita* wegen seiner metafiktionalen Elemente schon einen Grenzfall unzuver-

unentscheidbar erzählte Filme als Autoren- oder Avantgardefilme bezeichnet, die alles dürfen.⁵ Das Phänomen erzählerischer Unzuverlässigkeit wird also auf klassische oder konventionelle Erzählformen und zudem meistens auf homodiegetische Erzähler eingeschränkt.⁶

Den Texten und Filmen aus diesem Untersuchungsfeld ist gemein, dass sie in der Regel nicht schwer zu verstehen sind. Zwar erfordert es manchmal detektivische Arbeit, einem unzuverlässigen Erzähler auf die Schliche zu kommen, aber die Auflösung gestaltet sich generell unproblematisch. Das Aufdecken dramatischer Ironie gehört zu den Grundfähigkeiten des Lesers, auch wenn diese kulturell variieren mögen. Tatsache ist, dass die theoretischen Überlegungen zum unzuverlässigen Erzählen viel umfangreicher und komplexer sind, als ein bloß besseres Verständnis der Texte und Filme verlangt. Die stark theorisierte Debatte hat eine Untersuchung des Phänomens narrativer Unentscheidbarkeit bisher nicht zur Entfaltung kommen lassen. Sie scheint mir jedoch der Kern unzuverlässigen Erzählens zu sein, weil ihre Erzählung inkohärent oder in-

---

lässigen Erzählens. Als Extrembeispiel führt er Becketts »Ping« an, welchem Text er zurecht attestiert, dass Unzuverlässigkeit hier angesichts der sprachspielerischen Dominanz keine Rolle spiele (vgl. Zerweck 2001: 167). Nicht nur Zerweck übersieht dabei aber die interessanteren, weil subtileren Fälle: Becketts weniger radikale und handlungsorientiertere Romane und Erzählungen, die trotzdem metafiktional sind; Romane von Nabokov, die illusionsbrechender sind als *Lolita*, oder bspw. auch manche extrem inkohärente Texte von Kafka. Hiervon unberührt bleibt jedoch die richtige Feststellung, dass ein Unzuverlässigkeitsurteil über Texte wie »Ping« völlig abwegig ist.

5 So etwa bei Ferenz (2005: 150).
6 Dies trifft auch auf den Film zu. Ferenz konstruiert hierfür eine Analogie zwischen dem literarischen homodiegetischen Erzähler und dem *cinematic pseudo-narrator* (vgl. Ferenz 2005: 152), dem einzig möglichen unzuverlässigen Erzähler im Film (z.B. in *Fight Club* oder *American Psycho*). Die Beispiele, die Ferenz als nicht unzuverlässig erzählt einstuft, unterscheiden sich hiervon lediglich durch das Fehlen eines Off-Kommentars (etwa *Jacob's Ladder*, *The Sixth Sense*) und eines erzählerischen Rahmens. Sie sind aber ebenso subjektiv fokalisiert – und die Monoperspektive ist Ferenz' Kriterium für Unzuverlässigkeit (vgl. ebd. 148). Ferenz' etwas übereifrige Kategorisierung deutet (ebenso wie die unzureichende Erklärung, Inkonsistenzen in den zuletzt genannten Filmbeispielen würden allein über generische Konventionen aufgelöst) also eher darauf hin, dass filmische Reflektorfiguren sich durchaus für unzuverlässiges Erzählen eignen, weil eine der medialen Besonderheiten des Films ist, dass sich ›pseudo-diegetisches‹ und bloß intern fokalisiertes Erzählen visuell kaum unterscheiden.

konsistent bleibt und den Leser oder Zuschauer zunächst vor ein Rätsel stellt. Es gilt also, hierfür Methoden der Enträtselung zu finden.

Ein klassisches Beispiel für unentscheidbares Erzählen ist Henry James' *The Turn of the Screw*: Gibt es die Geister wirklich oder bildet das Hausmädchen sie sich nur ein? Der Fall bleibt ungeklärt. Subtilere Varianten von Unentscheidbarkeit finden sich etwa bei Kafka: Singt Josefine oder pfeift sie bloß? Ist der Riesenmaulwurf zwei Meter groß oder nicht? Ist er vielleicht nur ein Gerücht? Viele dieser unentscheidbaren Momente lassen sich bei Kafka produktionsästhetisch, also über den Schreibprozess erklären. Einerseits erzeugt Kafkas weitgehend unvorbereitetes, assoziatives Schreiben inhaltliche Inkohärenzen, andererseits werden Unbestimmtheiten und Unstimmigkeiten von Kafka bewusst eingesetzt und verunklarende Elemente wie relativierende Parenthesen oder adversative Wendungen im eigenen Stil kultiviert. Ähnlich lassen sich viele Ungereimtheiten bspw. in David Lynchs Filmen auflösen, an die zahlreiche Elemente aus *Reconstruction* erinnern.

Durch sein vielkanaliges Erzählen kann der Film einerseits in spezifischer Weise handlungslogische Widersprüche produzieren, bietet andererseits dem Zuschauer aber auch ganz andere Möglichkeiten, hierauf kohärenzbildend zu reagieren.

2. Audiovisualität und Emotion

»Die Erzählerposition im audiovisuellen Erzählen ist von vornherein mehrdimensional.« (Hickethier 2007: 96) Der filmische Erzählzusammenhang befähigt den Betrachter, eine erzählte Welt sinnlich zu erleben. Es ist nicht notwendig, die erzählte Welt umfassend darzustellen, weil der Betrachter wie der Leser die unvermeidlichen Lücken der Darstellung konstruktiv ergänzt. Dies geschieht aber bspw. nicht nur durch generische Wissensstrukturen, sondern auch über identifikatorische oder empathische Bindungen an Charaktere. Tan behauptet etwa, dass die charakterliche Entwicklung einer Figur die Plot-Entwicklung ersetzen und erheblich dazu beitragen kann, der filmischen Erzählung Sinnkohärenz zu verleihen (vgl. Tan 1996: 169). Warum sollte eine glaubwürdige Figurenentwicklung also nicht auch inhaltliche Widersprüche überdecken, eine emotionale Kohärenz die narrative Inkohärenz ausgleichen können? Doch dieser figurenzentrierte Ansatz griffe zu kurz:

In den 90er Jahren erschien eine Fülle kognitionspsychologisch beeinflusster Aufsätze und Monografien zum emotionalen Filmverstehen,[7]

---

[7] U.a. von J. Anderson, Branigan, Carroll, Currie, Grodal, Plantinga, M. Smith und Tan.

die sich auf zwei wesentliche Aspekte konzentrierten: 1. das Paradox, dass wir mit fiktiven Figuren fühlen, also Figuren, von denen wir wissen, dass sie nicht existieren; 2. narrative Strategien, die Identifikation, Empathie und Sympathie vorbereiten. Diese Herangehensweise ist sehr figuren- und plotorientiert und berücksichtigt kaum das spezifisch Audiovisuelle des Films. Greg Smith (2003) baut auf diesen Vorarbeiten auf, erklärt aber die emotionale Verwicklung des Betrachters über *mood*, über Stimmung oder Atmosphäre. Stimmung ist ein Zustand, der Emotionen vorbereitet.[8] Er funktioniert wie ein Aufmerksamkeitsmodus von geringer affektiver Qualität, der für bestimmte Reize empfänglich macht. Emotionen können dann auf verschiedene Weise hervorgerufen werden; jede beteiligte Komponente – das können sinnliche Reize sein, eine erhöhte Pulsfrequenz, aber auch Erinnerungen – kann eine emotionale Reaktion auslösen.[9] Es gibt keinen zentralen Zugangsweg zum individuellen Gefühlssystem, das wie ein assoziatives Netzwerk funktioniert und emotionale Prototypen auf kultureller und persönlicher Basis ausbildet.

Anstatt emotionale Verwicklungen ausschließlich über die Handlungsführung und identifikatorische bzw. empathische Aspekte zu erklären, lassen sich die Spezifika audiovisuellen Erzählens nun in die Untersuchung emotionaler Verarbeitungsprozesse integrieren. Bilder, Töne und Musik werden damit zu jenen Elementen, die eine Stimmung evozieren, die wiederum bestimmte emotionale Reaktionen auf Charaktere vor-

---

8   Die Begriffsverwendung in der Sekundärliteratur ist uneinheitlich. Mit Christiane Voss (2004), die diesen Begriff allerdings selbst nicht ganz einheitlich verwendet, möchte ich ›Gefühl‹ als Überbegriff für sämtliche affektiven Phänomene verwenden (was auch weitgehend der historischen Begriffsverwendung im Deutschen entspricht): Stimmungen, Emotionen, Launen, Empfindungen (körperliche Wahrnehmungen im engeren Sinne wie Berührung, Hunger, Müdigkeit etc.) sowie Lust- und Unlustgefühle, die Voss als emotionale Begleiter bezeichnet, weil sie Emotionen hedonistisch prägen (vgl. ebd. 13, 159). Stimmungen sind wesentlich undifferenziert und nicht-intentional, Emotionen hingegen differenziert und intentional. Launen sind ähnlich undifferenziert wie Stimmungen, aber sprunghafter und kürzer. Voss weist darauf hin, dass die Übergänge zwischen den Gefühlsphänomenen empirisch durchaus fließend sein können (vgl. ebd. 12). In meiner Untersuchung verwende ich die Unterscheidung von Emotionen und Stimmungen.

9   Dies ist möglich, weil das limbische System, das Gefühlszentrum des Gehirns, die einzige Komponente ist, deren Beteiligung für eine emotionale Regung unentbehrlich ist. Eine ausführliche Beschreibung der neuronalen Prozesse bei emotionalen Reaktionen findet sich bei Smith (2003), insb. auf S. 23ff.

bereitet. Gleichzeitig verlängern diese figurengebundenen Emotionen die Bereitschaft des Betrachters, sich von der Stimmung einnehmen zu lassen, deren eher diffuser Charakter durch die Emotionen außerdem eine Differenzierung erfährt.

Gemeinsam ist Smith und seinen Vorläufern, dass sie die klassische Kinoerzählung untersuchen und Avantgarde-Filme nicht berücksichtigen. Im konventionell erzählten Film ermöglicht die mehrdimensionale Narration eine auf narrativen Erfahrungswerten basierende Rekonstruktion der Handlung. Wenn die Handlung jedoch inkohärent oder inkonsistent ist, wie in *Reconstruction*, stellt sich die Frage, ob die audiovisuellen Inhalte innerhalb des vielkanaligen Erzählens eine eigene (d.h. spezifisch audiovisuelle, sinnlich geprägte und von der mimetischen Funktion zu unterscheidende) Sinnkohärenz erzeugen.[10]

3. *Reconstruction:* Klischee und Avantgarde

August kommentiert aus dem Off, dass die Eröffnungsszene des Films nicht der Anfang ist. Sie ist es gleichwohl doch, weil sie am Anfang steht, in die Handlung einführt und, wie zu zeigen sein wird, tatsächlich Anfang, Mitte und Ende der Geschichte ist. Alex und Aimée sind die Hauptfiguren. Alex ist mit Simone zusammen und verliebt sich in Aimée. Aimée ist Augusts Ehefrau. August bemerkt, dass sie ihn betrügt,

---

10 Film erzählt immer audiovisuell, seine Handlung ist immer audiovisuell vermittelt. Dennoch können die rekonstruierbare Geschichte und das audiovisuell Erzählte inhaltlich divergieren, da die Geschichte zwar ausschließlich audiovisuell vermittelt, aber vom Zuschauer, der Sinn projizieren will, im Wesentlichen auf logisch-kausaler Basis kognitiv rekonstruiert wird. Unter ›audiovisueller Narration‹ verstehe ich daher nun nicht eine Audiovisualität, die wesentlich referenziell-illustrativ wirkt, sondern eine solche, die primär stilistisch, atmosphärisch, sinnlich orientiert erzählt und sich nur sekundär handlungslogisch orientiert. Damit wird nicht etwa in Zweifel gezogen, dass Kameraeinstellungen, Montage, Musik etc. in einem konventionell erzählten Film narrativ sein können (dies steht außer Frage). Zu überprüfen wäre, inwieweit eine solche stimmungshafte filmische Darstellung eher lyrisch als narrativ genannt werden müsste, weil die narrative Aufbereitung der audiovisuellen Daten eher eine Konstruktionsleistung des Zuschauers zu sein scheint. Dennoch eignet sich der Begriff der audiovisuellen Narration an dieser Stelle für die Abgrenzung von symbolisierenden und metaphorisierenden filmischen Verfahren, die Inkohärenzen produzieren (ein Extrembeispiel wäre Andrej Tarkowskijs *Der Spiegel* von 1975), weil Audiovisualität hier keinen verrätselnden Effekt hat, sondern unmittelbar zur Rekonstruktion des Narrativs anstiftet.

und rächt sich an Alex, indem er den Roman, an dem er gerade arbeitet, und damit die Filmerzählung umschreibt: Er schreibt Alex gewaltsam aus seinem alten Leben heraus. Da sich Aimée schließlich entscheidet, bei August zu bleiben und nicht mit Alex nach Rom zu fliegen, steht Alex am Ende allein da. Die wesentliche Handlung ist also eine unkomplizierte Eifersuchtsgeschichte, die zudem nicht frei von Klischees ist. Viele Szenen sind typisch für einen Liebesfilm. Im DVD-Interview[11] verrät Boe, dass sie bewusste Wiederholungen und Zitate desselben ›schnulzigen, emotionalen und klischeebeladenen‹ Themas seien.[12] In der Tat wird die Handlung erst dadurch originell, dass August die Geschichte modifiziert und Alex' Vergangenheit tilgt. Als Alex nach Hause kommt, findet sich etwa eine Wand im Treppenhaus, die ihm den Zugang zu seiner Wohnung versperrt. Seine Vermieterin erkennt ihn nicht wieder, ebenso wenig seine Freunde. Dann trifft er Simone, seine Freundin, die er betrogen hat – auch sie kennt ihn nicht mehr. Was Alex zunächst für eine böswillige Verschwörung hält, stellt sich als ontologische Realität in der filmischen erzählten Welt heraus. Hat jemand ein einschneidendes persönliches Erlebnis, sagt man gemeinhin, diese Person könne nicht in ihr altes Leben zurück. Diese Redewendung ist es, die hier realisiert, d.h. materialisiert wird: Alex kann nicht in sein altes Leben zurück. (Damit wird auch Alex' Identität unklar, weil er sich für jemand hält, der er anscheinend nicht mehr ist.) August, der Erzähler, hat alle Verbindungen gekappt. Da beide erzählte Welten sich überlappen, hat August aber nur temporär den Status eines auktorialen Erzählers. Er kann Aimées Verhalten etwa nicht beeinflussen, er ist nur teilweise allmächtig. Die Filmerzählung kann nicht als Illustration seines Romans aufgelöst werden. Die Eingriffe, die er an seiner eigenen Geschichte vornimmt, beeinflussen die filmische Realität, aber sie determinieren sie nicht.

Die Sequenzen um Alex' Vergangenheitsverlust geben Hinweise auf die Erzählweise des Films. Er erzählt von stereotypen Konflikten und Gefühlen, verzichtet dabei aber auf Handlungskohärenz. Er gewichtet die Darstellung und atmosphärische Ausgestaltung eines Ereignisses stärker als seine (chrono)logische Einbindung in die Handlung. Die Ereignisse sind dabei oft mehr als die mimetische Darstellung eines Sachverhalts. Sie sind etwa Visualisierungen von abstrakten oder emotionalen Inhalten. Wenn der Betrachter nun von ihrer gewaltsamen Einbindung in eine

---

11 Siehe Anm. 1.
12 An Schweinitz (2006) anknüpfend ließe sich argumentieren, dass Boe versucht, die Stereotype der Handlung mittels expliziter Wiederholungen bloßzustellen – was den von Schweinitz konstatierten Verschleiß der ursprünglichen Emotionalität problematisierte –, um den Film durch die unkonventionelle Erzählweise emotional wieder aufzuladen.

übergeordnete Handlung absieht, können diese Szenen auf emotionaler Basis im Rahmen kleiner Handlungseinheiten verstanden werden. Schließlich wird gezeigt und sinnlich erfahrbar gemacht, dass Alex seine Vergangenheit verloren hat. Seine Begegnung mit Simone etwa, die ihn nicht erkennt, fasziniert den Betrachter wegen ihrer logischen Unmöglichkeit zunächst, um ihn dann umso stärker erschaudern zu lassen, wenn er Alex' aussichtslose Lage erkennt.[13]

Boe stellt Dinge dar, die in einer stabilen Welt ontologisch unmöglich sind. Dies meint nicht den Realismus der Darstellung, die sehr naturalistisch ist, sondern logische Widersprüche der Handlung. Die Eingangsszene in der Bar wird etwa mehrfach variiert. Es gibt keine Anzeichen dafür, dass die Variationen erinnert oder imaginiert werden; sie stehen gleichberechtigt nebeneinander. Sie ließen sich zwar über Augusts Schreiben erklären: Es könnte sein, dass er verschiedene Varianten einer Romanstelle ausprobiert (einmal ist er bei der inhaltlichen Korrektur eines Manuskripts zu sehen). Die Szenen zeigen also, dass sie erfunden, erschrieben und willkürlich sind. Damit sind sie aber nicht hinreichend interpretiert, weil die Variation eine wichtige inhaltliche Funktion hat: Die Varianten beleuchten die unterschiedlichen Charakterzüge der Figuren. Boe erklärt, dass er etwa die Szene, wie ein Mann in eine Bar kommt und eine Frau sieht, mehrfach variiert zeigen wollte, um die Figuren vielfältig zu beschreiben und die ›Grammatik der Emotionen‹ offenzulegen (vgl. Christensen 2003: 18). Seine Sehgewohnheiten lassen den Zuschauer versuchen, die Szenen chronologisch zu ordnen und in die Handlung zu integrieren, um Sinnkohärenz zu erzeugen. Tatsächlich führt dies aber am Verständnis der Szenen und der Handlung vorbei, denn sie be-

---

13 Es wird gezeigt, wie verstört Simone reagiert, als Alex sie anspricht und zu kennen, sogar zu lieben vorgibt. Für den Zuschauer ist diese Reaktion so unerwartet und irritierend wie für Alex. Dieser Gedächtnisverlust kann nicht im Rahmen der Gesetze einer stabilen Welt erklärt werden. Der Zuschauer begreift die Situation dennoch logisch-rational, indem er sie mit Alex' Fehlverhalten in – vorerst notwendig unbestimmten – kausalen Zusammenhang bringt. Diese logische Verknüpfung enthält eine moralische Bewertung, die auf emotionalen Erfahrungen von Eifersucht, Reue etc. basiert. Das Geschehen wird also kognitiv-emotional evaluiert. Dabei spielt es für das Verständnis dieser Szene keine Rolle, ob der Zuschauer diese emotionalen Erfahrungen am eigenen Leib gemacht hat oder ob sie ihm über Geschichten anderer vermittelt worden sind, da – hier folge ich wiederum Voss (2004) – auch die eigenen emotionalen Erfahrungen nur als n-/Narrative differenziert werden können. Die affektive Qualität dieser Szene liegt in der diffusen Verschränkung möglicher Welten, ihrer narrativen Unentscheidbarkeit begründet, die den Zuschauer die verstörende Wirkung nachempfinden lässt, die die Situation auf Alex hat.

leuchten die Figuren von innen. Wer sich darauf einlässt, dass unentscheidbar bleibt, welche Szene nun eigentlich zur Geschichte gehört, weil jede Variante ontologisch real ist in der erzählten Welt, erfährt die psychologische Tiefe der Darstellung.

Eine Variation der Bar-Szene findet in einem Restaurant statt (vgl. Boe 2003: 00:49:30-00:56:15), unmittelbar nachdem August Alex' Vergangenheit buchstäblich ausradiert hat. Alex trifft Aimée und sie erkennt ihn wieder. Sie geht kurz auf die Toilette. Als sie zurückkommt, kennt sie ihn plötzlich nicht mehr, lässt sich aber vom Unbekannten zum Essen einladen. Dabei zündet sie ihre Zigarette mit einem Feuerzeug an, das Alex ihr geschenkt hat. Auch sie scheint in dieser Szene also ihre Erinnerung an Alex verloren zu haben. Der Smalltalk entwickelt sich zu einer impliziten metafiktionalen Reflexion. Aimée interessiert, ob Alex das Restaurant kennt. Alex fragt, ob ihr das lieb wäre, was sie nicht weiß. Daraufhin erzählt er zwei romantische Möglichkeiten, wie ihr Treffen verlaufen könnte. Als er sie vor die Wahl stellt, antwortet sie: »Kann ich alles haben?«[14] (Ebd. 00:56:07)

Alex und Aimée erkennen sich in dieser Sequenz wieder, treffen sich aber gleichzeitig zum ersten Mal. Der Film erzählt beide Varianten zur selben Zeit, mit denselben historischen Voraussetzungen. Er erzählt zwei mögliche Welten gleichzeitig. So vertieft er zum einen die psychologische Beschreibung der Figuren, und zwar höchst raffiniert, denn die Darstellung verschiedener Reaktionen desselben Charakters auf dieselbe Situation ist in einer kohärenten und widerspruchsfreien Erzählung unmöglich. Zum anderen ist die Darstellung eine Reflexion nicht nur über mögliche Welten als solche, sondern auch über mögliche Erzählprozesse und die gewisse Willkürlichkeit einer festgelegten Handlungskette. Rückblickend erklärt sich so auch der Anfang des Films: Alex und Aimée scheinen sich nicht zu kennen, wirken aber doch, als kennten sie sich, sagt der Erzähler (vgl. ebd. 00:02:57-00:03:07). Der Beginn ist Kennenlernen, Wiedersehen und Abschied zugleich.

Die Liebesgeschichte findet für Alex kein glückliches Ende. Sie schließt mit einer Variation des Orpheus-Stoffes. Aimée folgt Alex durch die nächtlichen Straßen Kopenhagens, doch Alex' Vertrauen ist nicht groß genug. Früh im Film erzählt Alex' bester Freund ihm, dass er alles

---

14 Eine vergleichbare metafiktionale Reflexion findet sich in der Szene, in der Alex Aimée drei gleiche Postkarten zeigt und erklärt, dass sie eine Frau mit drei Möglichkeiten zeigen (vgl. Boe 2003: 00:25:00-00:25:21). Dass die Bilder nebeneinander gelegt werden und gegen Ende des Films als unüberschaubare Folge von Plakaten am Bahnsteig wiederkehren (vgl. ebd. 01:20:32ff.), symbolisiert die Gleichzeitigkeit und Gleichberechtigung der verschiedenen narrativen Varianten.

aufgeben würde, um »richtig glücklich« (ebd. 00:11:04) zu sein. Nun befindet sich Alex in ebendieser Lage: Er hat alles aufgegeben, um mit Aimée »richtig glücklich« zu werden. Doch er zögert, sieht sich um – und Aimée verschwindet. Als Alex Aimée am Ende der Geschichte aufsucht, hat sie sich nicht nur endgültig für August entschieden, sondern mit dieser Entscheidung auch für immer ihre Erinnerung an Alex verloren.

4. Gefühle erzählen

»[T]he primary emotive effect of film is to create mood.« (Smith 2003: 42) Dies trifft definitiv zu auf *Reconstruction*. Eine entscheidende Rolle spielt dabei auch die Darstellung Kopenhagens. Boe wollte nicht nur eine Liebesgeschichte, sondern auch einen Film über Kopenhagen drehen (vgl. Christensen 2003: 19). Sehr viel Wert legte er auf die atmosphärische Ausgestaltung der vielen nächtlichen Szenen. Mehrmals kommt dabei Samuel Barbers *Adagio for Strings* (op. 11) zum Einsatz, zuletzt in der Orpheus-Sequenz. Die traurig[15] klingende Komposition wurde schon in vielen Filmen verwendet,[16] weswegen ihr Einsatz gerade in einer Geschichte mit tragischen Elementen klischeehaft wirkt. Dennoch funktioniert das Stück in *Reconstruction* auf originelle Weise.

Entscheidend für die Etablierung der Stimmung sind in *Reconstruction* die ersten Minuten. Während des Vorspanns läuft ein Jazzstandard (»Night and Day« von Cole Porter, gesungen von Fred Astaire), der eine gemütliche, verspielte, schöngeistige, mondäne Atmosphäre kreiert. Dann der Auftritt des Zigarettenmagiers (vgl. Boe 2003: 00:01:22-00:02:07): Ein junger Mann lässt eine Zigarette zwischen seinen Händen schweben. Vor dem Trick wird die Musik ausgeblendet, um die Aufmerksamkeit des Zuschauers auf die Illusion zu lenken, die der Erzähler kryptisch kommentiert.[17] In der nächsten Szene wird die Hauptfigur Alex

---

15 Darüber sind sich selbst musikalisch Ungeschulte einig: Barbers Stück wurde 2004 von den Hörern von BBC Radio zum traurigsten klassischen Stück aller Zeiten gewählt. Es wurde u.a. auf den Beerdigungen von John F. Kennedy und Grace Kelly gespielt; auch am 11. September 2002 in New York, als die Namen der Verstorbenen der erstmals sich jährenden Anschläge verlesen wurden. Solche Kontextualisierung zeigt zum einen die konventionalisierte emotionale Wirkung der Komposition und trägt zum anderen selbst zu ihrer kulturellen Standardisierung bei.

16 So bspw. in *The Elephant Man* (1980), *Platoon* (1986) oder *Sophie Scholl – Die letzten Tage* (2005).

17 »So endet es immer. Ein wenig Magie. Ein wenig Rauch. Etwas schwebt in der Luft.« (Boe 2003: 00:01:48-00:01:55) Es folgen die Zutaten für eine

vorgestellt oder vielmehr erschaffen (vgl. ebd. 00:02:08-00:02:37). Er wird zunächst alleine an einer Straße gezeigt, was von August aber korrigiert wird (er sei gar nicht einsam, zumindest jetzt noch nicht), woraufhin die gleiche Einstellung mit vielen Menschen gezeigt wird. Der Zuschauer wird aufgefordert, den Mann zu beobachten. Mit der darauf folgenden Bar-Sequenz (vgl. ebd. 00:02:38-00:07:10), in der Alex Aimée kennen lernt, beginnt die eigentliche Handlung. Hier unterlegt eine zurückhaltende Klaviermusik die Erzählerstimme und die Bilder. Sie besteht aus lediglich zwei f-Moll-Akkorden, die als Quartsextakkord gespielt und oktaviert werden. Sie klingen wie offene, nicht auflösbare Akkorde und erzeugen durch ihren schwebenden Charakter Spannung.[18] Außerdem rhythmisieren sie die Szene durch die ständige Wiederholung. Der Klang wird durch einen Octaver leicht verzerrt, der das Klavier ›verschnupft‹ klingen lässt, was die atmosphärische Ausgestaltung der Bar-Sequenz abrundet.

Sobald das Gespräch beginnt, tritt die Musik durch einen Rhythmuswechsel in den Hintergrund (vgl. ebd. 00:03:33ff.). Der Dialog erlangt durch die Überlagerung der möglichen Welten poetische Elastizität. Aimée reagiert auf Alex' romantisches Werben nicht verstört, sondern verblüfft und geschmeichelt. Die vor allem durch die Musik hergestellte stilistische Kohärenz der ersten Sequenzen des Films hat eine Stimmung evoziert, die Aimées emotionale Reaktion vorbereitet und dem Zuschauer glaubhaft vermittelt. Der mit lyrischen Elementen gespickte Dialog übernimmt die atmosphärisch einfärbende Funktion der Musik (deren

---

Liebesgeschichte. Der radikale Verweis auf die eigene Konstruiertheit erinnert an die Theater-Sequenz aus David Lynchs *Mulholland Drive* (2001), die ein Playback zeigt, das intradiegetisch eindeutig als Illusion angekündigt, aber äußerst ergreifend inszeniert wird. Bei Lynch wird der Begriff der Illusionsbrechung durch die unmittelbare Gegenüberstellung von radikaler Metafiktion und starker Ergriffenheit ad absurdum geführt. Diese paradoxe Beziehung wird in *Reconstruction* eingangs explizit thematisiert, durch die Zigarettenillusion metaphorisiert und schließlich auf der Makroebene durchgespielt.

18 Mit diesem stilistischen Merkmal arbeitet auch Schubert in seiner späten B-Dur-Sonate (D 960), die ebenfalls im Film erklingt. Er spielt außerdem mit Zeit und Pausen und lässt das Thema immer von Neuem beginnen (und scheitern). So spiegelt sich in der Musik nicht nur das narrative Verfahren des Films wider, sondern diese ›Verfransungen‹ (vgl. Adorno 1977) werden dem Zuhörer auch sinnlich vermittelt. Die Klänge, die sich mehrmals im Film wiederholen, werden außerdem immer weiter verwischt und reflektieren auch hier die Tendenzen der Erzählung (siehe hierzu auch Anm. 23). Für die musikwissenschaftliche Nachhilfe und Überlegungen zum Musikeinsatz in *Reconstruction* danke ich Lars Oberhaus.

Einsatz hier musikwissenschaftlich bezeichnenderweise Mood-Technique genannt wird). Paradoxerweise wird der Betrachter in eine Stimmung versetzt, die alles andere als verwirrt oder verstört, obwohl an dieser Stelle die Eigenmetafiktionalität des Films am stärksten ist. Dies ließe sich damit erklären, dass die mehrdeutige Sequenz so früh noch nicht in einen Handlungszusammenhang integriert werden und deswegen kaum irritierend wirken kann. Stattdessen werden die metafiktionalen Elemente und mehrdeutigen sowie widersprüchlichen Hinweise auf die Handlung von der Stimmung absorbiert.

Den Bildern kommt hierbei im Wesentlichen die Aufgabe zu, die Atmosphäre nicht zu stören. Die Musik ist hauptverantwortlich für das stimmungsvolle Ambiente, das durch den kryptisch-poetischen Dialog vertieft wird.[19] Die Tonspur sorgt – unabhängig vom Musikeinsatz – im Film generell für die Natürlichkeit[20] der Bilder (bezeichnenderweise werden Umgebungsgeräusche von Filmschaffenden »Atmo« genannt). Daher auch das Credo der Regisseure, das Auge verzeihe mehr als das Ohr.[21] In *Reconstruction* genügt es, dass die Kamera lebendig ist, also ständig in seichter Bewegung, und die Bilder grobkörnig und lichtarm sind, um sich nahtlos in die musikalisch evozierte Stimmung zu fügen.

---

19 V.a. in musiktherapeutischen Arbeiten wird oft behauptet, dass das Hören stärker auf die Emotionen einwirkt als das Sehen. Neurophysiologische Beweise stehen hierfür aber aus. Auch die Bestimmung der emotionalen Qualität von Musik ist (wie die Frage nach ihrem narrativen Charakter) ein wissenschaftlich schwer zu fassendes Thema. Für Filmmusik gilt aber, dass die emotionale Verwicklung des Rezipienten nicht unabhängig von den übrigen filmischen Narrationskanälen geschieht und dass sie v.a. durch die konkrete Handlung referenziell und semantisch angereichert wird. Die Frage nach der Gewichtung der Narrationskanäle muss aber wie die nach dem Verhältnis von emotionalen und kognitiven Schwerpunkten der Evaluierung während des Filmschauens tendenziell für jedes Filmbeispiel neu gestellt werden. Zum Verhältnis der emotionalen und kognitiven Komponenten bei der Wahrnehmung von Filmmusik siehe auch Smith (1999).

20 Vgl. hierzu auch Hickethier (2007: 94).

21 Anschaulich belegen dies die Dogma-Filme, die mangelnde Bildqualität mit ausgefeilter Tontechnik verbinden (was teilweise dadurch erzwungen wird, dass die Dogma-Regeln nur die Verwendung von Originalton erlauben; so wurden allein für die Aufnahme der Dinner-Szene im ersten Dogma-Film *Festen* von 1998 mehr als zwei Dutzend Mikrofone installiert). Optische Einbußen nicht in technischer, sondern in inhaltlicher Hinsicht zeichnen etwa *Dogville* (2003) und *Manderlay* (2005) von Lars von Trier aus. Hier mildert das Sounddesign – insbesondere die inhaltliche Präsenz und klangliche Fülle der auktorialen Erzählerstimme – die illusionsbrechenden Effekte der Optik.

Wegen der vielen Nachtaufnahmen wurde sehr lichtempfindliches Material verwendet, was die Aufnahmen heller, aber grobkörniger macht. Durch den 16-mm-Film wirken die Bilder noch körniger als etwa auf 35-mm-Material. In diesem Fall nimmt Boe die Grobkörnigkeit gern in Kauf, weil dadurch ein zugleich impressionistischer und wirklichkeitsnaher Effekt[22] entsteht. Wäre der Film ohne Musik oder gar ohne Ton, vermittelten die Bilder wohl eher den Eindruck unzureichender materieller Qualität.

In den Totalen und Halbtotalen, wenn der Blickwinkel statisch ist, wird das Bild unauffällig gezoomt. In den Nahaufnahmen atmet die Kamera, d.h. sie bewegt sich kaum merklich in alle Richtungen. Sie ist nah am Geschehen, vermittelt Lebendigkeit und Intimität, rhythmisiert durch ihr Atmen, bleibt aber unauffällig. Es gibt niemals Schnitte, die den Handlungssequenzen zuwiderlaufen, oder harte Schnitte. Während inhaltlich also extreme Eigenfiktionalität zur Schau gestellt wird, bleiben Kamera und Montage unauffällig. Die selbstkommentierte Künstlichkeit wird von der bildlichen Darstellung also unterlaufen. Daher kann die eröffnende Bar-Sequenz trotz des metafiktionalen Kommentars so eindringlich und glaubhaft wirken.

Emotionaler Höhepunkt des Films ist die Orpheus-Sequenz (vgl. ebd. 01:17:59-01:20:31), in der Alex Aimée verliert. Die Einbindung von Barbers Stück wirkt hier wider jede Annahme nicht klischeehaft.[23] Die stofftreue Umsetzung weist die Sequenz als stark symbolisch aufgelade-

---

22 Impressionistisch durch die scheinbar anti-naturalistische Bildwiedergabe; wirklichkeitsnah durch den dokumentarischen Effekt der natürlichen Ausleuchtung.

23 Im Stück wird die Bogen- oder Brückenform (A-B-C-B-A) verwendet, die gegen die immanente Zeitlichkeit der Musik verläuft und mit »memory, variation, and progression« (Wilson 1992: 32) arbeitet. Die Komposition basiert auf der Variation thematischen Materials und spiegelt somit ebenfalls das narrative Verfahren des Films (vgl. Anm. 18). So tonal und verständlich die Musik erklingt, ist sie aus kompositionstechnischer Sicht sperrig. Es fehlt ein konkreter Grundtonbezug. Das Thema beginnt in den Violinen und endet in den Bratschen eine Quinte tiefer. Die Musik »actually engenders specific expressive possibilities that would otherwise be unavailable for the work as a whole« (ebd.), was ebenso für die gesamte Filmerzählung gilt (Wilsons Ausführungen beziehen sich auf die Funktion der Bogenform bei Bartók, sind aber als allgemeine Beschreibung eines kompositorischen Prozesses auch auf Barbers Stück anwendbar). Interessanterweise entspricht also das Ergebnis der Analyse dem spontanen Empfinden des Zuschauers, was rezeptionsästhetisch zwar nicht die Eindringlichkeit der Szene erklären kann, aber produktionsästhetisch ihren Anspruch auf Glaubwürdigkeit (vgl. Anm. 25) unterstreicht.

nes Zitat aus. Die Kenntnis der Vorlage wird aber nicht vorausgesetzt, da der Erzähler Alex' prekäre Ausgangslage vorher erklärt. Der Musikeinsatz nimmt außerdem den traurigen Ausgang der Geschichte vorweg. Alex' Gang durch Kopenhagen wird zur Passion auch des Zuschauers. Der Höhepunkt des Stückes unterlegt das äußerst geschickt visualisierte, weil zunächst zweifelhafte Verschwinden Aimées. Noch Alex' Körperdrehung mit anschließendem Blick über den leeren Bahnsteig am Schluss der Sequenz wird sinnlich vermittelt. Die Glaubhaftigkeit dieser Szene rührt aus ihrer audiovisuellen Originalität. Diese basiert wiederum auf einer narrativen Unentscheidbarkeit. Aimées Verschwinden ist handlungslogisch nicht zu erklären, *Reconstruction* funktioniert nicht nach den Gesetzen des Fantasy-, Science-Fiction- oder Mystery-Films. Gleichwohl ist die Erklärung für den Zuschauer einfach: Sie verschwindet, weil Alex sich umschaut – und genau dies wird gezeigt.

5. Emotionale Kohärenz

Koebner stellt zu Recht fest, »dass in der Narratologie die Dimension der von der Erzählung *erregten Gefühle* weitgehend unterschätzt wird« (Koebner 2005: 25; Hervorhebung im Original). Gerade eine Filmnarratologie muss also die Besonderheiten der sinnlichen Erlebbarkeit des Films berücksichtigen. Dabei steht sie vor dem Problem, das spezifisch Audiovisuelle und die Wirkung der sinnlichen Reize sprachlich systematisieren zu müssen. Hickethier weist darauf hin, dass die Bedeutung der Filmerzählung dort, wo sie sich der sprachlichen Darstellbarkeit verweigert, schnell als nicht existent angenommen wird. Dabei liege gerade hier das wesentliche narrative Element des Audiovisuellen (vgl. Hickethier 2007: 104).

Die Analyse von *Reconstruction* hat gezeigt, dass der Zuschauer die spezifisch audiovisuellen Inhalte als primäre Narrationskanäle wahrnehmen kann, weil keine Handlungskohärenz gegeben ist. Inhaltliche Hinweise auf eine mögliche Auflösung logischer Inkonsistenzen führten wohl unweigerlich zu einer die Narration glättenden Sinnprojektion, die aber unabschließbar bleiben müsste. In *Reconstruction* weist die starke Metafiktionaliät jedoch die aktive Konstruktion von Sinnkohärenz zurück. Hierfür sind ihr stärkstes Instrument die Unstimmigkeiten der Geschichte. Es kostet zwar Mühe, sich der Sehgewohnheit und Lust zur Sinnstiftung zu widersetzen, aber die unentscheidbaren Momente bieten hierzu keine Alternative, so dass der Zuschauer sich den audiovisuellen Eindrücken überlässt. Die stilistische und atmosphärische Kohärenz des Filmbeginns vermittelt dem Betrachter, dass ihm diese offene Kommunikationshaltung ermöglicht, die emotionalen Reaktionen der Figuren nachzuvollziehen. Der Zuschauer kann hierdurch in einen Zustand des Verstehens versetzt werden, das vorrangig emotional geprägt ist: auf Basis der Stimmung, in die er auf subtile Weise versetzt wird, (re)konstruiert er assoziativ die emotionalen Stereotype, die die Eifersuchtsgeschichte ausmachen, ohne dass diese in kohärenter oder konsistenter Weise in der Filmhandlung präsentiert würden.

Narrative, d.h. hier handlungslogische Unentscheidbarkeit gewährt den fortlaufenden Prozess narrativer Vermittlung über primär audiovisuelle, also ›gestimmte‹ Inhalte und ermöglicht hier erst audiovisuelle Narration als solche. Sie ermöglicht, dass filmischer Audiovisualität statt einer primär illustrierenden eine primär narrative[24] Funktion zukommt. *Reconstruction* erzählt primär audiovisuell, erzählt filmisch. Er wird also auch primär sinnlich verstanden.[25] Unentscheidbare Momente der Geschichte leiten in Boes Film zu einem Verstehen an, das auf emotionaler Kohärenz basiert. Der Zuschauer *verlässt* sich auf die audiovisuelle Narration, weil die Handlung unentscheidbar, also unzuverlässig erzählt ist.

August muss korrigiert werden: Alles ist Film. Alles ist konstruiert. Und genau deswegen tut es weh.

Literatur

Adorno, Theodor W. (1977) »Die Kunst und die Künste«. In: ders., *Gesammelte Schriften*, Bd. 10/I, *Kulturkritik und Gesellschaft I*, Frankfurt/M., S. 432-453.

Bunia, Remigius (2007): *Faltungen. Fiktion, Erzählen, Medien*, Berlin.

Christensen, Claus (2003): »The Reality«. *Film* 29 (hg. von Det Danske Filminstitut), S. 18-19.

Cohn, Dorrit (2000): »Discordant Narration«. *Style* 34.2, S. 307-316.

Ferenz, Volker (2005): »Fight Clubs, American Psychos and Mementos. The Scope of Unreliable Narration in Film«. *New Review of Film and Television Studies* 3.2, S. 133-159.

Fludernik, Monika (1996): *Towards a Natural Narratology*, London/ New York.

Fludernik, Monika (2005): »*Unreliability* vs. *Discordance*. Kritische Betrachtungen zum literaturwissenschaftlichen Konzept der erzähleri-

---

24 Evtl. jedoch auf Basis einer lyrischen Funktions*weise* (vgl. Anm. 10).
25 Daher bspw. die Originalität der Verwendung und die starke rührende Wirkung von Barbers Stück: Es illustriert nicht die Gefühle der Charaktere, sondern erzeugt sie wesentlich. Der Zuschauer erfährt die Traurigkeit der Musik als primären narrativen Inhalt.

schen Unzuverlässigkeit«. In: Fabienne Liptay/Yvonne Wolf (Hg.), *Was stimmt denn jetzt? Unzuverlässiges Erzählen in Literatur und Film*, München, S. 39-59.

Hickethier, Knut (2007): »Erzählen mit Bildern. Für eine Narratologie der Audiovision«. In: Corinna Müller/Irina Scheidgen (Hg.), *Mediale Ordnungen. Erzählen, Archivieren, Beschreiben*, Marburg, S. 91-106.

Jahn, Manfred (1998): »*Package Deals*, Exklusionen, Randzonen: das Phänomen der Unverläßlichkeit in den Erzählsituationen«. In: Ansgar Nünning (Hg.), *Unreliable Narration. Studien zur Theorie und Praxis unglaubwürdigen Erzählens in der englischsprachigen Erzählliteratur*, Trier, S. 81-106.

Koebner, Thomas (2005): »Was stimmt denn jetzt? ›Unzuverlässiges Erzählen‹ im Film«. In: Fabienne Liptay/Yvonne Wolf (Hg.), *Was stimmt denn jetzt? Unzuverlässiges Erzählen in Literatur und Film*, München, S. 19-38.

Martínez, Matías/Scheffel, Michael (1999): *Einführung in die Erzähltheorie*, München.

Ryan, Marie-Laure (1981): »The Pragmatics of Personal and Impersonal Fiction«. *Poetics* 10, S. 517-539.

Schweinitz, Jörg (2006): *Film und Stereotyp. Eine Herausforderung für das Kino und die Filmtheorie. Zur Geschichte eines Mediendiskurses*, Berlin.

Smith, Greg M. (2003): *Film Structure and the Emotion System*, Cambridge.

Smith, Jeff (1999): »Movie Music as Moving Music: Emotion, Cognition, and the Film Score«. In: Carl Plantinga/Greg M. Smith (Hg.), *Passionate Views. Film, Cognition, and Emotion*, Baltimore/London, S. 146-167.

Tan, Ed S. (1996): *Emotion and the Structure of Narrative Film. Film as an Emotion Machine*, Mahwah.

Voss, Christiane (2004): *Narrative Emotionen*, Berlin/New York.

Wilson, Paul (1992): *The Music of Béla Bartók*, New Haven/London.

Yacobi, Tamar (2001): »Package Deals in Fictional Narrative: The Case of the Narrator's (Un)Reliability«. *Narrative* 9.2, S. 223-229.

Zerweck, Bruno (2001): »Historicizing Unreliable Narration: Unreliability and Cultural Discourse in Narrative Fiction«. *Style* 35.1, S. 151-178.

Filme

Boe, Christoffer (2003): *Reconstruction*, Dänemark.
Lynch, David (2001): *Mulholland Drive*, Frankreich/USA.
Vinterberg, Thomas (1998): *Dogme#1 – Festen*, Dänemark/Schweden.
von Trier, Lars (2003): *Dogville*, Dänemark u.a.
von Trier, Lars (2005): *Manderlay*, Dänemark u.a.

ERZÄHLERSTIMME IM FILM

BERNARD DIETERLE

Seitdem der Film existiert, wird er von erzählenden Stimmen begleitet. Auch und gerade in der Stummfilmphase, weil stumme Bilder zu einer kommentierenden sprachlichen Ergänzung einladen, etwa nach dem Modell der Moritat, bei der die fixen Bilder durch den Gesang verbunden und gleichsam in Bewegung gebracht werden. Auch ist der frühe Film als populäre Unterhaltung in einem Jahrmarktsambiente angesiedelt, wo der Erzähler als Stimmungsmacher auf den Plan tritt. In René Clairs Hommage an den Stummfilm *Le silence est d'or* (1947) tritt z.b. ein Paar in ein *théâtre cinématographique* ein, gelockt durch einen Marktschreier, der die reißerischen Titel der vorgeführten Kurzfilme auflistet. Dies bildet die rudimentärste narrative Stufe des Kinos und der sogenannte *bonimenteur* erfüllt eine paratextuelle bzw. parafilmische einladende Funktion, die die rudimentäre, rein sprachliche Vorform des Trailers darstellt. Im Vorführungszelt wird dann das filmische Geschehen doppelt begleitet: von einer Klavierspielerin, die die Handlung emotional stützt und dirigiert, und von einem Erzähler, der die Dialoge und Gedanken der Figuren lautwerden lässt, Handlungszusammenhänge erläutert und manchmal kommentiert. Der Einsatz von (manchmal deiktischen) Gesten und Publikumsanreden macht diesen auktorialen Erzähler auch zum Conférencier.

Gert Hofmann hat in seinem Roman *Der Kinoerzähler* (1990) diese erzählend-belebende Tätigkeit wunderschön gestaltet. Er schlüpft in die Rolle eines Kindes, das schildert, wie sein Großvater als Klavierspieler und Kinoerzähler in einer Provinzstadt die Stummfilme mit Musik, Erzählung, Kommentar und Hintergrundinformationen zu den Schauspielern richtig beseelt und zur Geltung bringt. Dieser Typus von leiblicher Erzählergestalt ist mit dem Stummfilm verschwunden, aber keineswegs dessen narrative Funktion, und Erzählerstimmen werden immer wieder eingesetzt. Im Film Noir hat man es oft mit Ich-Erzählern zu tun (der erste gewichtige Film in *voice-over*, Sacha Guitrys *Le roman d'un tricheur*, 1936, verwendet auch die Ich-Form), manchmal auch mit auktorialen Stimmen, insbesondere in der Gattung der *semi-documentaries*, um den

Anschein der Reportage zu erwecken (vgl. Anthony Manns *T-Men*, 1947, oder Jules Dassins *The Naked City*, 1948). Er-Erzähler sind oft am Anfang eines Filmes zu vernehmen, wo es um Exposition, um Informationsvermittlung in stark raffender Manier oder um die Vorstellung des Protagonisten geht, wie etwa in Staudtes *Der Untertan* (1951) mit der Kindheit von Diederich Hessling oder in Jeunets *Le fabuleux destin d'Amélie Poulain* (2001), wo der Erzähler in den ersten zwölf Minuten Amélies Werdegang wie in *Tristram Shandy* wahrhaftig ab ovo und als turbulente, teilweise mit dem Vorspann verwobene Abfolge komischer Szenen zusammenfasst. Bei Jeunet wie bei Staudte ist dieser raffende Erzähler auch der Bildvorführer, er ist eine Stimme im Einklang mit *mise en scène* und Montage.

Das Verhältnis der erzählenden Stimme zur allgemeinen Erzählfunktion der Kamera oder des *grand imagier* (Ausdruck von Albert Laffay, übernommen von Gaudreault 1999) und seine historische Ausprägung wurde 2007 von Alain Boillat in *Du bonimenteur à la voix-over* in filmhistorischer wie in theroretisch-narratologischer Sicht gründlich untersucht. Mir geht es hier lediglich um die Konturierung einiger ästhetisch besonders relevanter Fälle aus den letzten sechzig Jahren, in denen erzählende Stimmen betont kunstvoll, lustvoll und intensiv eingesetzt wurden.

In terminologischer Hinsicht will ich vor allem die wichtige Unterscheidung zwischen diegetischer Off-Stimme und extradiegetischem *voice-over* benutzen. Der Off-Bereich ist nicht extradiegetisch, oft hört man Klänge und Stimmen, ohne dass deren Quelle auf der Leinwand sichtbar wäre, die jedoch durchaus zur Diegese gehören. Extradiegetisch (also *over*) ist eine Stimme nur dann, wenn sie nicht zur Welt der Charaktere gehört und somit allein für den Filmzuschauer vernehmbar und relevant ist. Dies ist vergleichbar mit der eigentlichen Filmmusik, auch wenn hier oft mit Überlappungen bzw. Metalepsen gespielt wird; ich kenne dagegen kein Beispiel für extradiegetische Geräusche: Im Gegensatz zum Kino-Erzähler, der sich im Zuschauerraum befindet, erklingt die erzählende Stimme aus einem immateriellen Jenseits.

1. Max Ophüls

Ophüls hat in seinen letzten, nach seiner Rückkehr aus dem amerikanischen Exil in der ersten Hälfte der 50er Jahre gedrehten Filmen der erzählenden Stimme großes Gewicht verliehen und drei unterschiedliche Gestaltungen oder Verkörperungen vorgenommen. Am vielleicht eindrucksvollsten ist *La ronde* (1950), seine Verfilmung von Arthur Schnitzlers 1896-97 entstandenem *Reigen*. Schnitzlers zehn Dialoge, in denen die Gestalten durch Partnerwechsel eine reigenförmige Kette bilden, bindet Ophüls durch einen listigen Einfall narrativ zusammen: Er führt einen Erzähler in der Gestalt eines Spielleiters (*meneur de jeu*) ein. Die erste Funktion dieser Figur besteht darin, den Eintritt in die Fiktion zu gewährleisten. Im Gegensatz zu Walt Disneys Jiminy Cricket, der die Geschichte von *Pinocchio* (1940) aus der traditionellen Rolle des Zeugen und Mitspielers im Rückblick erzählt, ist jedoch der von Anton Walbrook gespielte, aus einer nebligen Straße auftauchende Erzähler zugleich souveräner und weniger sicher. Souveräner, weil er ubiquitär und psychologisch allwissend ist und insbesondere die Gesetze der Lust und des gesellschaftlichen Verhaltens kennt; weniger sicher, weil er nicht eine bereits abgeschlossene Geschichte aus dem Rückblick vorträgt, sondern per Zufall in das Wien der Jahrhundertwende gelangt, wo er mit seinem Liebesreigen den melancholischen, nächtlichen und zunächst rein bühnenmäßigen Schauplatz beleben wird. Der Spielleiter *erzählt* nicht im herkömmlichen Sinn des Worts, er unterstützt durch sein Eingreifen in das Geschehen den Verlauf der Begegnungen, ja erweist sich unter unterschiedlichen Kostümen und in unterschiedlichen Funktionen (Portier, Kutscher, Diener, Helfer, Mechaniker, Bühnenbeleuchter oder Zensor) als unentbehrliche Instanz des Reigens sowohl intra- als auch extradiegetisch, wenn es darum geht, einen Scheinwerfer zu bedienen, das Karussell der Triebe zu reparieren oder eine heikle Szene herauszuschneiden. All seine Tätigkeiten stehen insgesamt metaphorisch für das Erzählen und er nimmt gleich zu Anfang deutlich auktoriale Züge an, als er über seine Funktion reflektiert, sich an den Zuschauer wendet (»je suis l'incarnation de vos désirs«) und in seinem »La ronde« betitelten Eröffungslied von ›seinen‹ Gestalten spricht (»tournent, tournent mes personnages«).[1] Er stellt – hier kann man auf die eingangs genannte These Alain Boillats zurückgreifen – einen Erzähler dar, der auch als *bonimenteur*, als Ansager und Conférencier fungiert. Als konkret vorhandener Spielleiter scheint er der Diegese anzugehören, doch betont er immer wieder, dass dem nicht so sei. Er schlüpft in die Vergangenheit und betritt eine Bühne, die er am Ende wieder verlässt, stellt also die paradoxe Erscheinung eines inkarnierten erzählerischen *voice-over* dar.

Zwei Jahre später steht Ophüls erneut vor dem Problem eines Films mit episodischem Charakter – diesmal nicht wie im *Reigen* in der Form von einzelnen durch die Gestalten verketteten Dialogen, sondern weil er drei Novellen von Guy de Maupassant umsetzen will, ohne auf die Tech-

---

[1] Im November 1950 hat Ophüls eine teilsynchronisierte deutsche Fassung hergestellt, in der man das Lied des Spielleiters aus dem Off hört, bevor er als Gestalt auf der Leinwand sichtbar wird und also der ›eigentliche‹ Film beginnt. Dieser Einfall kam erneut in *Le plaisir* zur Geltung.

nik des Spielleiters zu rekurrieren. Er konzentriert sich in *Le plaisir* auf eine Stimme, die er schlicht mit der Stimme des Autors gleichsetzt und die sich aus der Vergangenheit und der Dunkelheit der schwarzen Leinwand im Plauderton an uns wendet. Eine Stimme aus dem jenseitigen *over* im vollen Sinn des Wortes, da hier – wie ein Jahr zuvor in *Sunset Boulevard* – ein Toter spricht. Bei Wilder handelt es sich um den Protagonisten selber, der uns die Umstände seines Todes in Form einer filmischen Ich-Erzählung darbietet, bei Ophüls ist es Maupassant, der dem Zuschauer drei Facetten des *plaisir* (Lust, Freude, Genuss) mit Hilfe dreier Novellen vorführt: *Le masque, La maison Tellier* und *Le modèle*. Der Erzähler leitet die Episoden jeweils ein und verbindet sie extradiegetisch (allerdings wechselt er seinen Status bei der letzten Erzählung, wo er leibhaftig auftritt, indem er seine Stimme einer diegetischen Figur leiht).[2] Das Verfahren ist vor allem in der Anfangssequenz beeindruckend, wo die Leinwand zwei Minuten lang schwarz bleibt und man lediglich des Erzählers Stimme vernimmt, bis allmählich, mit dem Eintritt in die eigentliche Geschichte, der Film als Medium des bewegten Bildes mit einer schwindelerregenden Kamerafahrt durch eine fröhliche Tanzveranstaltung zur Geltung kommt.[3]

Ophüls Hochschätzung der erzählenden Stimme hängt sicherlich zum Teil mit seiner Rundfunktätigkeit zusammen und es wäre generell von Interesse, die Frage nach der Erzählerstimme in seiner ganzen intermedialen Breite, also unter Einbeziehung von Hörspiel und Feature, Revue usw. zu behandeln. Ophüls letzter Film, *Lola Montez* (1955), erweitert dann in der Tat das Spektrum, indem er Zirkuswelt, Revue, Pantomime, kurz das *Spektakuläre* und die Erzählung verwebt, d.h. erzählerische Tätigkeit als sprachlich-bildliches Vorführen begreift. In diesem Film verkörpert der *gérant* des Barnum-Zirkus (gespielt von Peter Ustinow) die Rolle des Monsieur Loyal, womit man in der französischen Zirkuswelt den Ansager und Regisseur der Zirkusnummern bezeichnet. Als Ansager hat er auch die Funktion, oft im Zusammenhang mit Clown-Einlagen, die Lücken zwischen den Nummern auszufüllen. In *Lola Montez* hat man es mit Zirkusnummern von einzigartiger Prägung zu tun, da sie sich alle um die Person der berühmten Kurtisane drehen, ja eigentlich eine Lebensbeschreibung in Episoden konstituieren, und dies, indem die reale Lola Montez selber als Protagonistin auftritt. So ist das Spektakel von vornhe-

---

2 Ursprünglich wollte Ophüls einen Dialog zwischen Maupassant und dem Regisseur inszenieren, aber aus finanziellen Gründen kam es nicht dazu.
3 Es handelt sich wohl um die erste längere schwarze Sequenz des Kinos. Später hat Marguerite Duras das Prinzip angewandt, sowie Maurice Lemaître, allerdings in einem experimentellen Kurzfilm (im sechsminütigen Western *The Song of Rio Jim* von 1978).

rein narrativ, bedarf allerdings der Erklärungen einer das Geschehen überschauenden Figur, damit Zusammenhänge und ein lebensgeschichtliches Kontinuum hergestellt werden. Monsieur Loyal vereinigt die Funktion des Spielleiters und des Erzählers (gelegentlich spielt und singt er auch). Er beschreibt die Ereignisse, gibt Informationen, schafft Überleitungen, hebt das Sensationelle hervor, spricht das Publikum an, kurzum inszeniert und begleitet die Vorführung von Lolas skandalösem Leben, welches im Rückgriff auf die unterschiedlichsten Genres gezeigt wird: Pantomime, Lebende Bilder, Nachstellung, Schattenspiele, Karussell (wie in *La ronde*)[4], dies alles mit Lola Montez selber in ihrer eigenen Rolle, in der sie vom Inhaber des Zirkus eingestellt wurde, als ihre Laufbahn als Kurtisane sich dem Ende zuneigte. Der Vorführer macht alles: Er ist der große Organisator des Spektakels, der Regisseur-Magier, der zugleich über und mitten in der großen Schau steht, Künstler wie Publikum anspricht. Er ist Dirigent, Erzähler und *grand imagier*, beherrscht die Rede ebenso wie die Inszenierung; Monsieur Loyal als Erzähler und Vorführer ist eine deutlich ausgeprägte auktoriale Instanz des Spektakels. Er ist aber auch Teil der vorgeführten Geschichte, und zwar aus drei Gründen: erstens, weil Lola Montez' Weg zum Zirkus Teil ihrer Vita ist und somit ihre Begegnung mit dem Vorführer zur erzählten Welt gehört; zweitens, weil er in Lola Montez verliebt ist, und drittens, weil während der Vorstellung selber Lolas Leben weitergeht, sie ist gesundheitlich angeschlagen und wird während der Vorführung vom Arzt überwacht. Im Gegensatz zum nur für die Dauer einer Filmvorführung nach Wien zurückversetzten Spielleiter von *La ronde* ist der Mega-Erzähler von *Lola Montez* wirklich ubiquitär, weil er auf sämtlichen Ebenen der Darstellung präsent ist. Die Zirkuswelt *ist* zwar eine Welt der Repräsentation, aber keine pure Fiktion, sondern alltäglicher Arbeitsraum. Wie in *La ronde* und *Le plaisir* sind hier die erzählerischen Interventionen Teil des Spektakels, aber nicht allein für den Filmzuschauer, sondern auch für den diegetischen Zirkusbesucher, und die Rede des Monsieur Loyal ist doppelt, ja, wenn man die Zirkuskünstler einbezieht, teilweise dreifach adressiert.

Freilich, die meisten Episoden aus Lola Montez' Leben werden letzten Endes mit filmischen Mitteln (also als Filmerzählung) gezeigt, nicht nur weil die Heldin während der Vorführung die Szenen ihres Leben vor ihrem geistigen Auge ablaufen sieht, sondern weil die filmische Gattung insgesamt die moderne Form des narrativen Spektakels ist, die wohl für Ophüls alle anderen in sich einbegreift und übertrumpft. Das Kino ist aber auch Spektakel der Narration, spektakuläres, inszeniertes Erzählen, und spielt deshalb, nicht nur bei Ophüls, so gern mit dem einfachsten,

---

4 In einer Szene schreitet Lola genauso wie der Spielleiter von *La ronde* Schauplätze ab.

von Vorführungstechnik unhabhängigen Erzählmedium, demjenigen der Sprache.

2. Im Umkreis des Nouveau Roman

Autoren des Nouveau Roman oder der französischen literarischen Avantgarde der 60er bis 80er Jahre haben sich für die narrativen Möglichkeiten des Films sehr interessiert, nicht weil ihre Romane ›filmisch‹ gewesen wären (denn bei aller Betonung des Visuellen bilden die Vorherrschaft innerer Vorgänge und die deutlich ausgeprägten personalen Erzählsituationen ein Verfilmungshindernis), sondern weil zwei Autoren, Alain Robe-Grillet und Marguerite Duras, selber Filme gedreht und die narrativen Möglichkeiten des Kinos ausgelotet haben und weil der Regisseur Alain Resnais sich mit diesen Autoren und ihren Verfahren auseinandergesetzt hat. Ich werde meine Bemerkungen auf Duras und Resnais konzentrieren.

a) Marguerite Duras

Will man ein entscheidendes Merkmal hinsichtlich des *voice-over* hervorheben, so ist es die Desynchronisation, mit der die Synchronisation, die seit der Entstehung des Tonfilms stets perfektioniert und zur technischen Grundlage filmischer Mimesis wurde, in Frage gestellt wird. Man könnte einwenden, dass der *voice-over*, da er außerhalb der Diegese ist, gerade keine Synchronisationsprobleme darstellt, aber das hängt ganz davon ab, was man unter Synchronisation versteht. Nehmen wir zum Beispiel Marguerite Duras' *India Song* (1975). Der Film hebt mit einer langen fixen Einstellung an: Man sieht die untergehende Sonne, hört dabei aus dem Off Rede und Gesang einer Einheimischen, dann zwei weitere Frauenstimmen, die sich über eine aus der Ferne gekommene Bettlerin (vermutlich die Singende) und über die Protagonistin von *India Song* unterhalten, von der man erfährt, dass sie gestorben sei. Die Sequenz endet, als die Sonne am Horizont verschwunden ist. Man wechselt in ein aristokratisch anmutendes Interieur und es erklingt die »India Song«-Melodie auf dem Klavier, was man zunächst als Filmmusik, also extradiegetisch vernimmt, doch bald stellt sich das als erste Asynchronisierung heraus. Die Musik, und insbesondere das Klavierstück »India Song«, ist Teil der Diegese, sie erklingt bei einem Empfang in der französischen Botschaft in Calcutta, wiewohl keine Musikkapelle zu sehen ist und der vorhandene Flügel stets geschlossen bleibt. Ähnlich an- und abwesend zugleich sind die meisten Personen, es wird zwar in diesem Film viel gesprochen, doch nicht, wenn man im Bild ist, alles geschieht im Off: die Unterhaltungen der Hauptgestalten wie die Bemerkungen der Gäste. Alles dreht sich um Anne-Marie Stretter und um die Liebe, die der französische Vize-Konsul aus Lahore für sie hegt, aber diese Gespräche sind nur lose mit dem Gezeigten verbunden, also asynchron. Genauer: Manchmal handelt es sich um Nebengespräche, manchmal um eine Art erläuternden Kommentar. Und da wird es komplex und spannend, denn diese ›Erläuterungen‹ sind teils diegetisch, weil sie von Gästen, teils extradiegetisch, weil sie von »voix intemporelles« (so heißt es im Abspann), von fünf Stimmen vorgetragen werden, darunter (damals für die Franzosen leicht erkennbar) diejenige von Marguerite Duras selber.[5] Keine Stimme übernimmt hier die leitende Erzählfunktion, doch zusammen mit den Unterhaltungsfragmenten und den Bildern erzählen sie die Geschichte, die wie das Liebe, tropische Hitze, Tanz und Melancholie beschwörende Musikstück *India Song* heißt. Marguerite Duras hat im ebenfalls *India Song* betitelten Text vermerkt, diese Stimmen würden sich über die Geschichte von Anne-Marie Stretter unterhalten, sich jedoch keineswegs an den Zuschauer wenden (vgl. Duras 1973: 148). Anders gesagt: Sie existieren als nicht visuell verkörperte Gestalten auf einer anderen diegetischen Stufe. Edward Branigan unterscheidet innerhalb seiner acht Erzählstufen den »extra-fictional narrator« vom »non-diegetic-narrator« (Branigan 1992: 87), aber hier liegt der Fall etwas anders, denn die Existenzstufe dieser Frauen ist nicht ganz außerhalb der ›Welt der Charaktere‹ (um mit Stanzel zu reden), sie *geistern* durch den Film, sind wie unsichtbare Zeuginnen des Geschehens. Es ist, als ob sie die Bilder im selben Augenblick wie der Zuschauer entdeckten und gegenseitig erläuterten, wobei sie bereits vom Tod der Protagonistin wissen (wodurch diese ebenfalls auf der Leinwand zum Geist wird). Sie versuchen, die Anmut von Anne-Marie Stretter *wiederzusehen*, schreibt Duras (vgl. 1973: 149), sind demnach die Trägerinnen der bewegten Bilder. Das erklärt auch, warum teilweise in der Vergangenheitsform gesprochen wird: Die Geschichte, die im Präsens gezeigt wird, weil das kinematografische Bild immer Gegenwart bedeutet, wird zugleich von Frauen erinnert. Die Desynchronisation wird also zum Hauptmittel erhoben: Bild und Tonspur stehen in einem seltsamen, instabilen Verhältnis zueinan-

---

5   Im Buch *India Song. Texte – théâtre – film* heißt es lediglich »deux voix de femmes, deux voix d'hommes« (Duras 1973 : 6). Die Frauenstimmen werden anschließend genauer beschrieben (vgl. ebd. 11f.): Die Geschichte, die sie mit sanften Stimmen kommentieren, ist auch ihre eigene, ihr eigener Wahn. Im »résumé« (ebd. 147f.) liefert sie noch weitere Einzelheiten zu diesem Punkt.

der, sie stützen sich nicht um filmische Illusion zu schaffen, sondern behaupten ihre Autonomie, so dass die filmische Erzählung hier nicht aus gesprochenen Bildern, sondern aus Bildern, Musik und einer Verflechtung von Stimmen erfolgt (was dem visuellen Geschehen gelegentlich einen traumhaften Charakter verleiht).

Duras drehte ein Jahr später *Son nom de Venise dans Calcutta désert*, indem sie die Tonspur von *India Song* mit anderen Bildern versah. Im Zentrum stehen der verwahrloste Palast und der Park der französischen Botschaft in Calcutta, die durch langsame Kamerafahrten erkundet, abgetastet werden. Hier tritt fast keine einzige Gestalt mehr auf, lediglich ein paar Aufnahmen erinnern an die Protagonisten, aber diese werden in hieratischen Posen, schemenhaft gezeigt. Nun sind sämtliche Stimmen geisterhaft geworden, die Gestalten existieren vollends im Off (was freilich für das Filmgenre paradox genug ist), die Geschichte besteht nur noch aus Stimmen in ruinierten Räumen, die die Gestalten nur noch als Erinnerungen beherbergen.[6] Ein Jahr später benutzte Duras diese asynchrone Erzählweise in anderer Form in *Le camion*: Den Lastwagen sieht man, wie man auch die Landschaften sieht, die er durchquert, doch bekommt man den Fahrer und die von ihm mitgenommene Frau weder zu sehen noch zu hören, denn die Stimmen sind einzig und allein diejenigen von Marguerite Duras und Gérard Dépardieu, die man immer wieder sieht und die sich über einen möglichen Film namens *Le camion* unterhalten, wobei Duras die Geschichte vorschlägt und anhand der Fragen von Dépardieu weiterdenkt. Doch den *imaginierten*, nur durch Duras' Stimme evozierten Lastwagen *sieht* man realiter durch Frankreich fahren. Duras spricht gelegentlich im Irrealis (im *conditionnel passé*, was dem Konjunktiv II entspricht), die Geschichte wird also gleichsam als Film erzählt, der nie gedreht werden wird, wiewohl er als Entwurf und als Geschichte im Laufe von *Le camion* immer mehr an Konkretion gewinnt. Eine Fiktion im Irrealis also. In *Le navire night* (1978), in den Kurzfilmen *Césarée, Les mains négatives* (beide 1978) und in den beiden Fassungen von *Aurélia Steiner* (1979) kommt das Prinzip der Asynchronisation vollends zur Geltung, da hier langsame Kamerafahrten über Kunstwerke, Stadt- oder Flusslandschaften von einer erzählenden Stimme begleitet werden (derjenigen von Duras selber), die nur äußerst sporadisch Bezug auf die Bilder nimmt und teilweise vorwiegend von der bedächtigen Kamerabewegung getragen zu sein scheint: Der Einklang zwischen Stimmenführung und Bildrhythmus kompensiert sozusagen die inhaltliche Diskrepanz. In *L'homme atlantique* (1981) wird ein Grenzpunkt er-

---

6 Gedreht wurde in der französischen Botschaft in Calcutta, einem Rotschild-Palast, der seit 1942 zerfiel, weil die Rotschild das Gebäude, in dem Göring gewohnt hatte, bewusst verkommen ließen.

reicht, da während des letzten Drittels des Films die Leinwand schwarz bleibt und also die Stimme das Leinwandgeschehen vollends verdängt.

b) Alain Resnais

Alain Resnais gehört zu den experimentierfreudigsten Regisseuren im Bereich der filmischen Narration und er hat mehrmals mit zeitgenössischen Autoren zusammengearbeitet, u.a. mit Marguerite Duras für *Hiroshima mon amour* (1959) und mit Alain Robbe-Grillet für *L'année dernière à Marienbad* (1961), wobei die Drehbücher jeweils von den Autoren selber geschrieben wurden. *Letztes Jahr in Marienbad* ist ein Film, der ganz und gar von einer Stimme getragen wird, die die Bilder monologisch begleitet. Es ist dabei schwer zu sagen, ob es sich um Erinnerungen, Betrachtungen oder Fantasie handelt. Im Drehbuch wird diese Stimme einer mit X bezeichneten Gestalt zugewiesen, d.h. dem Mann, der mit seiner – erinnerten, erlebten, imaginierten? – Liebesgeschichte die Frau (hier wie in *India Song* von Delphine Seyrig gespielt) umkreist, bedrängt und begehrt. Die Stimme ist schwer lokalisierbar: oft aus dem Off, vielleicht aus dem *over*, also schwankend zwischen diegetisch und extradiegetisch, schwankend auch zwischen der Ich- und der Er-Form.

Die komplexe Eingangssequenz zeigt das Abgründige des Verfahrens: Schon während des Vorspanns setzt die mit einem ausländischen Akzent versehene Stimme zusammen mit der kalten Orgelmusik des Komponisten Francis Seyrig ein. Die Stimme erwähnt, zuerst undeutlich, einen sich wiederholenden Gang durch die unendlichen Gänge eines Barockschlosses. Da Wiederholung und Spiegelung zu den Strukturprinzipien dieses Werkes gehören, lautet nicht zufällig das Leitmotiv »Une fois encore«. Die Stimme begleitet und wiederholt aber das Geschehen nur lose, keinesfalls im Sinne einer präzisen Schilderung oder gar einer Adäquation zum Bilderfluss. Als der Vorspann zu Ende ist, zeigt die Kamera mittels langsamer, ausführlicher Fahrten durch ein Schloss ungefähr das, was die Stimme wiederholt evoziert. Das ermöglicht dem Zuschauer festzustellen, dass der Erzähler zwischen Ich- und Er-Form sowie zwischen Gegenwart und Vergangenheit hin- und herwechselt. Dies dauert über drei Minuten, ohne dass man einen einzigen Hinweis auf das Verhältnis zwischen dem Sprecher und dem Schauplatz bekäme: Inwiefern entsprechen die Bilder dem Gesagten? Handelt es sich um einen subjektiven Blick? Sind es Erinnerungsbilder? Ist das Gesprochene ein innerer Monolog? Ein zwangsneurotisches Wiederkäuen? Ist die Rede gerichtet, und an wen? Das bleibt alles ungeklärt bis zu einer Sequenz, in der Gesichter aus dem Dunkel auftauchen: allem Anschein nach einer Theateraufführung beiwohnende Hotelgäste in festgefrorener Pose. Doch die nervenzerrende Orgelmusik und die Stimme erklingen unbeirrt weiter, erst langsam vermutet man, dass die männliche Stimme die von einem Schauspieler sein könnte. Als jedoch in der Tat ein Schauspieler gezeigt wird und den Text spricht, geschieht es mit einer spürbar anderen Stimme. Man ist offenkundig hier in der Diegese (einer Theateraufführung in einem Luxushotel) angekommen, aber mit einer veränderten Stimme und auf einer Bühne, so dass das Rätsel vollkommen bleibt, bis dann letztendlich doch ein Hotelgast auftaucht, dem die Stimme gehört, wiewohl sie ihm nicht endgültig zugewiesen bleibt. Sie verlässt immer wieder die diegetische Ebene, man vernimmt sie auch, wenn er nicht spricht, und dies, ohne dass sie die Funktion eines inneren Monologs annähme. Die Stimmenführung könnte man mit einer Möbiusschleife vergleichen, sie ist teilweise extradiegetisch (als *voice-over*), teilweise diegetisch (im Off oder On) einem Körper zugewiesen. Das visuelle Geschehen entfaltet sich auch als Möbiusschleife, ist teilweise extradiegetisch, d.h. verliert ihren Status als Gesamt von fiktionalen Hier-und-jetzt-Bildern, um Erinnerungs-, Wunsch- oder Traumsequenz zu werden. Das hier vorgeführte Prinzip hat Robbe-Grillet vor allem in seinen späteren Romanen lustvoll vertieft, nur funktioniert es im Film deshalb ganz anders, weil hier zwei Systeme – das visuelle und das sprachliche – mit von der Partie sind und die Verlässlichkeit der Diegese mit ihren jeweiligen Mitteln aushebeln. Wie in *India Song* wäre es falsch, alles in Bezug auf das Visuelle zu fassen, die Bilder sind keineswegs zuverlässiger als die Stimme (was nicht bedeutet, dass der ›Erzähler‹ unverlässlich wäre). Die Paradoxie ist bereits im Titel ausgedrückt, *Letztes Jahr in Marienbad* setzt sich in eine Erinnerungsperpektive, die der filmischen Fiktion als Gegenwart der dargestellten Welt prinzipiell zuwiderläuft. Die vielzähligen Spiegelungen, Verdoppelungen und *mises en abîme* bewirken, dass eine Realitätsebene mit sicheren raumzeitlichen Koordinaten, die die Ereignisse zu ordnen erlaubten, nicht gegeben ist. Die extradiegetische Stimme scheint qua Metalepse in die Diegese zu dringen, doch stellt sich heraus, dass diese Diegese nur ein Bild ist, vielleicht sogar durch den sich erinnernden oder fantasierenden Erzähler hervorgerufen wird, und die Windungen nehmen kein Ende. Das Auseinanderklaffen von Bild und Erzählerstimme kann man als eine erweiterte, zum Stilprinzip erhobene Form der Asynchronie auffassen. Das verleiht *L'année dernière à Marienbad* (wie *India Song*) einen irreal-traumhaften Charaker und führt dazu, dass die erzählende Stimme eine eigenständige Dimension erhält. »Tout le film est en effet l'histoire d'une persuasion: il s'agit d'une réalité que le héros crée par sa propre vision, par sa propre parole« (Robbe-Grillet 1961: 12). Hier freilich kann sich keine Erzählergestalt behaupten, die Möbiusschleife verschluckt ihn und bedingt, dass er als Protagonist in einem Film auftritt, der gleichzeitig in seinem eigenen Kopf abläuft (und solche Übergänge sind für eine körperliche Gestalt schwer zu bewältigen...).

3. Lars von Triers USA-Trilogie

Dogville (2003) und *Manderlay* (2005) – der dritte Teil der Trilogie um die Heldin Grace ist für 2009 geplant – sind in zweierlei Hinsicht als Experimente zu bezeichnen. Inhaltlich, weil Lebenssituationen erprobt werden, in *Dogville* vor allem vom Idealisten und Möchtegern-Schriftsteller Tom, in *Manderlay* von Grace selber. Jedes Mal soll eine kleine amerikanische Gemeinschaft verbessert werden, jedes Mal führt es zu einem kläglichen Scheitern. *Dogville* ist ein Film über das traurige Schicksal einer Kleinstadt in den Rocky Mountains zur Zeit der Großen Depression (wie im Vorspann vom Erzähler angekündigt wird), *Manderlay* handelt vom vergeblichen Versuch, schwarzen Sklaven die Vorzüge einer freiheitlich-liberalen Gesellschaftsordnung beizubringen. Beide Filme basieren auf einer Mischästhetik, sind halb filmisch, weil von der perspektivierenden Kamerabewegung lebend, halb theatralisch, insofern der Schauplatz eine weitgehend leere große Fläche bildet, eine Art Kompromiss zwischen Theaterbühne und Studiohalle, wo Straße und Häuser (in *Dogville*) oder Herrschaftsbereich und Sklavenbereich (in *Manderlay*) lediglich durch Bodenmarkierungen und einige Requisiten gekennzeichnet sind, die diegetische Welt also insgesamt auf zeichenhafte Elemente beschränkt ist. Lars von Triers Vorliebe für die Lebendigkeit und Authentizität suggerierende Handkamera wird also hier in einem höchst antinaturalistischen, eher brechtschen Zusammenhang eingesetzt. Die Fiktion wird vorwiegend durch die Schauspieler wachgerufen, die sich in dieser reduzierten Bühnenwelt wie in der wirklichen bewegen, nicht vorhandene (d.h. unsichtbare) Türen öffnen und schließen, einen nicht vorhandenen (i.e bis auf die letzte Sequenz unsichtbaren, aber durchaus knurrenden und bellenden) Hund ansprechen (*Dogville*) usw. Durchaus und ganz massiv vorhanden ist dagegen der Erzähler, der die Fiktion dank seiner Stimme überhaupt erst errichtet. Neben Theater und Film wird also das Mittel des mündlichen Erzählens eingesetzt, ein literarisches Verfahren, das durch die Unterteilung in Kapitel (was an die Akteinteilung etlicher Stummfilme erinnert) mit Überschriften im Stil älterer Romane stark unterstützt wird. Dieser Erzähler gibt, zusammen mit der Bühnenästhetik, dem Film seinen deutlich epischen Anstrich und gleichzeitig seine fiktionale Dichte. Während die karge und stilisierte, antinaturalistische Szenenausstattung der Illusionsbildung zuwiderläuft, bewirkt der *voice-over* mit seiner klanglichen Fülle und dank der Vermittlung vieler Informationen über die Umstände des Geschehens, über die Gedanken und Gefühle der Charaktere eine auktoriale Absicherung der Fiktion. Der hier auf weite Strecken zu vernehmende, mit einer tiefen, vertrauenerweckenden Stimme versehenene Erzähler rafft und strukturiert das Geschehen ebenso wie der Erzähler am Anfang von *Amélie Poulain*, er weiß über Stoff und Personen Bescheid, ja man kann behaupten, dass er kraft seiner Autorität die fiktionale Wirklichkeit herstellt. Wenn er am Anfang von *Dogville* sagt: »Es fing an zu regnen«, ersetzt diese Information durchaus die fehlenden Tropfen. Ausschlaggebend für die Konstitution der Fiktion sind vor allem seine Innenweltdarstellungen, er teilt uns die Regungen vieler Gestalten und vor allem der Protagonistin großzügig mit, so dass diese an Konsistenz nicht zu wünschen übrig lassen. In *Manderlay* bekommt diese Stimme zudem stark ironische Akzente (was immer ein Ausweis ausgeprägter Auktorialität ist), der Erzähler betrachtet u.a. Graces teilweise äußerst naiven weltverbesserischen Optimismus mit derselben Distanz wie ihr Vater, der als abgebrühter Gangsterboss die ›Marotten‹ seiner geliebten Tochter amüsiert-widerwillig duldet.

Man könnte sagen, dass Lars von Triers Radikalität und Experimentierfreudigkeit im formalen Bereich geradezu ermöglicht (oder kompensiert) wird durch diese ganz traditionelle, durch und durch literarische Erzählerstimme (die noch durch den Einsatz barocker Musik als Filmmusik unterstützt wird), auch wenn es immer schwer ist, formale Momente per se als ›traditionell‹ oder ›experimentell‹ zu beschreiben. Sicher ist, dass der Bogen, der sich von Ophüls zu Lars von Trier spannen lässt, repräsentativ ist für den Umstand, dass das narrative Kino sich – und vielleicht gerade bei experimentierenden Regisseuren – mit der Urform des Erzählens par excellence, nämlich der erzählenden Stimme, ja dem mündlichen Erzählen auseinandersetzt und sein formales Repertoire durch diesen seltsamen Rückgriff entschieden anreichert.

Literatur

Asper, Helmut (1998): *Max Ophüls*, Berlin.
Branigan, Edward (1992): *Narrative Comprehension and Film*, London/New York.
Boillat, Alain (2007): *Du bonimenteur à la voix-over*, Lausanne.
Duras, Marguerite (1973): *India Song. Texte – théâtre – film*, Paris.
Geaudrault, André (1999): *Du littéraire au filmique*, Paris.
Genette, Gérard (2004): *Métalepses*, Paris.

Hofmann, Gert (1990): *Der Kinoerzähler*, München/Wien.
Robbe-Grillet, Alain (1961): *L'année dernière à Marienbad*, Paris.

Filme

Clair, René (1947): *Le silence est d'or*, Frankreich/USA.
Dassin, Jules (1948): *The Naked City*, USA.
Disney, Walt (1940): *Pinocchio*, USA.
Duras, Marguerite (1975): *India Song*, Frankreich.
Duras, Marguerite (1976): *Son nom de Venise dans Calcutta désert*, Frankreich.
Duras, Marguerite (1977): *Le camion*, Frankreich.
Duras, Marguerite (1978): *Césarée*, Frankreich.
Duras, Marguerite (1978): *Le navire night*, Frankreich.
Duras, Marguerite (1978): *Les mains négatives*, Frankreich.
Duras, Marguerite (1979): *Aurelia Steiner (Melbourne)*, Frankreich.
Duras, Marguerite (1979): *Aurélia Steiner (Vancouver)*, Frankreich.
Duras, Marguerite (1981): *L'homme atlantique*, Frankreich
Guitry, Sacha (1936): *Le roman d'un tricheur*, Frankreich.
Jeunet, Jean-Pierre (2001): *Le fabuleux destin d'Amélie Poulain*, Frankreich/Deutschland.
Mann, Anthony (1947): *T-Men*, USA.
Ophüls, Max (1950): *La ronde*, Frankreich.
Ophüls, Max (1952): *Le plaisir*, Frankreich.
Ophüls, Max (1955): *Lola Montez*, Frankreich.
Resnais, Alain (1959): *Hiroshina mon amour*, Frankreich/Japan.
Resnais, Alain (1961): *L'année dernière à Marienbad*, Frankreich u.a.
Staudte, Wolfgang (1951): *Der Untertan*, DDR.
von Trier, Lars (2003): *Dogville*, Dänemark u.a.
von Trier, Lars (2005): *Manderlay*, Dänemark u.a.

AUDIOVISUELLES ERZÄHLEN IN PETER GREENAWAYS FRÜHEN FILMEN

SASCHA SEILER

Einleitung

Der britische Künstler und Filmemacher Peter Greenaway ist hauptsächlich als Regisseur von mehr oder weniger konventionellem narrativem Erzählkino bekannt, was primär mit dem Erfolg seiner abendfüllenden Spielfilme *The Draughtsman's Contract, The Belly of an Architect* oder *The Cook, the Thief, the Wife, and Her Lover* aus den 80er Jahren zu begründen ist, die gerade in Deutschland noch immer als Klassiker des Programmkinos bezeichnet werden können. Andere Spielfilme wie *Prospero's Books* oder *The Baby of Macon* machten durch opulente Ausstattung und, im Falle des Letzteren, durch einen veritablen Kinoskandal aufgrund der recht freizügigen Darstellung einer Massenvergewaltigung von sich reden. Dass Peter Greenaway allerdings in erster Linie ein Konzeptkünstler ist, der im Laufe der letzten 35 Jahre ein ausuferndes, intermedial operierendes ästhetisches System konstruiert hat, an dem er unentwegt weiterarbeitet, wird erst deutlich, wenn man sich konsequent mit seinem künstlerischen Gesamtwerk auseinandersetzt und den Versuch unternimmt, anhand seiner selbst geschaffenen Ordnungskategorien ein »System Peter Greenaway« (Spielmann 1998: 1) herauszufiltern.

In diesem ›System‹ lauten die zentralen Begriffe ›Ordnung‹, ›Symmetrie‹ und nicht zuletzt ›Intermedialität‹. Im Mittelpunkt von Greenaways Werk – von den frühen Kurzfilmen der 70er Jahre über das relativ erfolgreiche Spielfilmwerk der 80er und 90er, die Ausstellungen und Installationen bis hin zum multimedial angelegten *Tulse Luper Suitcases*-Projekt Anfang dieses Jahrtausends – steht der Versuch, die Welt mit Hilfe eines minutiös entwickelten Ordnungssystems gänzlich zu katalogisieren. Aber wie der Künstler selbst bekennt, ist es naturgemäß ein gebrochener, im Grunde unmöglicher Versuch; eine zynische Parabel über eine Menschheit, die versucht, die Angst vor dem Tod und der Sinnlosigkeit ihrer Existenz zu besiegen, indem sie für das Leben immer komplexere Ordnungssysteme entwickelt, die bspw. numerologisch, evolutionsbiologisch, künstlerisch oder kartografisch sein können, in ihrer Gesamtheit aber zum Ziel haben, aufgrund einer unendlichen, immer differenzierteren Unterteilung und Subunterteilung stets neuer Ordnungskataloge einen Prozess ad infinitum fortzuführen, der von vornherein zum Scheitern verurteilt ist.

Im 1988 veröffentlichten Spielfilm *Drowning by Numbers* etwa wird dieses Prinzip ad absurdum geführt, wenn sich der Film selbst als Suche des Zuschauers nach den Zahlen eins bis hundert inszeniert, um eine recht willkürliche Subdivision der einzelnen Einstellungen numerologisch zu unterstreichen; einige Zahlen sind plakativ (und meist nicht handlungstragend) physisch vorhanden, andere sind abstrahiert, zum Teil in Handlung und Dialoge eingebunden, doch zu keinem Zeitpunkt ist die Numerierung der Szenen etwas anderes als ein selbstreferenzielles Spiel mit der Bereitschaft des Zuschauers, sich auf dieses einzulassen.

In *The Draughtsman's Contract* aus dem Jahr 1982 sind es zwölf Zeichnungen, die der Auftragszeichner Neville von einem Anwesen anfertigen soll; diese strukturieren zwar auch recht konsequent den Film, aber nur bis zu dem Punkt, an dem der Zuschauer – sofern er mitzählt – merkt, dass er im Laufe der Handlung lediglich elf Zeichnungen zu Gesicht bekommen hat. Nach dem Grund für diesen doch recht unsymmetrischen Bruch mit der Ordnungskategorie gefragt, antwortete Greenaway, der die Bilder zu seinen Filmen immer selbst malt, nur: »I got bored drawing it« (Gras/Gras 2000: 14), um später, in Bezug auf die Brüche in der Kategorisierung im Allgemeinen, auszuführen: »It serves the purpose of not serving a purpose, surely a quite valid one.« (Ebd. 17)

Natürlich ist das Aufbauen und die gleichzeitige Zerstörung dieser deterministischen Ordnungssysteme kein willkürlicher Schritt, sondern der eindeutige Versuch genau diesen Determinismus implizit zu hinterfragen. Am anschaulichsten wird das Spiel mit minutiös entwickelten Ordnungssystemen und deren allegorischer Dimension im multimedialen Projekt *100 Objects to Represent the World* – später dann in veränderter Form auch als Fotokunstprojekt *100 Allegories to Represent the World* – dargelegt, einer Parodie auf das audio-ikonografische Material, das die NASA 1977 in den Weltall schickte, um eventuellen außerirdischen Lebensformen das Leben auf der Erde zu erklären. Diesem Verständnis von selbstexplikativer Ikonografie stülpt Greenaway ein von ihm persönlich entwickeltes Ordungsprinzip über, mit dem er vorgibt, die gesamte Welt anhand von hundert Objekten erklären zu können.

»The list of 100 objects seeks to include every aspect of time and scale, masculine and feminine, cat and dog. It acknowledges everything – everything alive and everything dead. It should leave nothing out – every material, every technique, every type, every science, every art and every discipline, every construct, illusion, trick and device we utilise to reflect our vanity and insecurity and our disbelief that we are so cosmically irrelevant. Since every natural and cultural object is such a complex thing, and all are so endlessly interconnected, this ambition should not be so difficult to accomplish as you might imagine.« (Woods 1996: 20)

In seinen frühen Experimentalfilmen aus den 70er Jahren spielt die Katalogisierung eine noch viel zentralere Rolle, da die Filme keiner narrativen Struktur, keiner von Schauspielern performativ vorangetriebenen Handlung folgen. Gerade deswegen ist die spezifische Art audiovisuellen Erzählens, die Greenaways Frühwerk auszeichnet, in diesem Zusammenhang von besonderer Signifikanz.

Im Folgenden soll kurz auf die Filme *Vertical Features Remake* und *The Falls* eingegangen werden, um dann den Film *A Walk Through H* anhand der dort dargestellten topografischen Ordnungssysteme und deren audiovisueller Vermittlung zu untersuchen.

The Falls und *Vertical Features Remake*

»Order in Greenaway's work«, so Alan Woods, »is always linked to absurdity and human vanity.« (Woods 1996: 22) Im Angesicht einer ultimativen Verwebung aller Dinge untereinander, einer unendlichen Breite an Objekten, Körpern, Vorkommnissen und der Bedeutung, die der Mensch all dem (und ihrer Verbindung untereinander) zuschreibt, sind Systeme letztlich nur pompöse Beispiele für Chaos: Sie sind Mythen, die helfen, vor der Realität zu fliehen, die manipulativ sind und vor allem ein Mittel zur Selbsttäuschung darstellen. Greenaways Systeme, so Woods weiter, seien ironisch und selbstreflexiv und gerieten daher nie in einen Konflikt mit dem Überhang an nicht-katalogisiertem Material. Ordnung ist letztlich nur ein Sinnbild für Unordnung und Zerfall, und das Zählen und Arrangieren wird irgendwann sinnlos in Anbetracht all der Dinge, die in diesem Moment, in dem wir sprechen, nicht gezählt werden, jedoch durchaus gezählt werden könnten.

Peter Greenaways Ordnungsysteme basieren auf symmetrischen und numerologischen Vorgaben, von denen vor allem letztere in erster Instanz willkürlich bzw. subjektiv gewählt sind. Seine Numerologie ist also letztlich in rein künstlerischen Ordnungssystemen fundiert, die er persönlich für relevant hielt, die aber, eine Ironie des Schicksals, teilweise auf einem Fehler Greenaways basieren, wie der Künstler selbst bei vielen Gelegenheiten betont hat: Greenaways absolute Zahl ist die 92. Nun fragt man sich: Warum gerade die 92? Greenaway würde sicherlich antworten:

Warum nicht? Tatsächlich entlehnte er die 92 einer Oper des Komponisten John Cage, in der er 92 Sätze las, sich aber leider verzählte, wie er Jahre später herausfand. In *A Walk Through H* wandert der Erzähler durch 92 Karten, in *The Falls* werden 92 Fallbeispiele behandelt und das Leben Tulse Lupers wird in 92 Koffern gesammelt, zu denen tatsächlich 92 Filme geplant waren.[1]

The Falls, entstanden 1980 mit großzügiger Unterstützung der BFI[2], ist der konsequenteste filmische Ordnungsmechanismus Greenaways, weil der Film einerseits die Grundsätze des narrativen Erzählkinos zwar negiert, diese andererseits gerade aufgrund eines prä-determinierten Ordnungssystems wieder aufgreift. Was wir in den 181 Minuten, die der Film dauert, letztlich wirklich sehen, ist relativ egal – Greenaway hat für diesen Film alte Reste aus seinem Schneideraum zusammengefügt. Wichtig ist die audio-narrative Ebene und wie diese nach einem klaren System strukturiert ist, von dem wir in drei Stunden wahrscheinlich sogar nur einen kleinen, exemplarischen Ausschnitt mitbekommen.

Nicht minder befremdlich als die Form des Films ist seine Handlung: Ein nicht näher definiertes ›Violent Unknown Event‹ hat die Menschheit befallen und die Überlebenden entwickeln nun seltsame Symptome, die allesamt irgendetwas mit Vögeln zu tun haben. Der Film besteht aus 92 Fallbeispielen – im Deutschen ist diese Bezeichnung besonders treffend, da nach Art eines Telefonbuchs die Namen aller im Film dargestellten Betroffenen mit den Buchstaben F-A-L-L beginnen. Relevant ist hier in erster Linie die Erzählerstimme, die zu den meist willkürlich gewählten Bildern von Vögeln, Landschaften und Menschen – Greenaway bekannte wie gesagt, dass *The Falls* visuell eine einzige Resteverwertung von

---

1 Nicht alle Filme jedoch sollten abendfüllend sein; viele waren als Kurzfilme oder Internet-Projekte konzipiert. Entstanden sind immerhin drei abendfüllende Spielfilme, die jedoch nicht in den Vertrieb kamen und nur auf Festivals liefen. Greenaways Vorstellung eines intermedialen künstlerischen Projekts unter besonderer Einbindung des damals, Ende der 90er Jahre, noch neuen Mediums DVD wurde auch schnell ein Riegel vorgeschoben, indem nur der erste der drei Tulse-Luper-Filme jemals auf DVD veröffentlicht wurde, und dieser auch nur als niederländische DVD, die absurderweise lediglich über spanische Internethändler bezogen werden kann.

2 Die Mitwirkung des BFI bei zahlreichen Experimentalfilmen Greenaways aus den 70er Jahren sorgte dafür, dass diese, anders als viele seiner im Kino gelaufenen Spielfilme, vor einigen Jahren einen aufwendigen und international vermarkteten DVD-Start erhielten. Spielfilme wie *The Baby of Macon* oder *Prospero's Books* bleiben auf DVD unveröffentlicht, während *Drowning by Numbers* ausschließlich als mittlerweile vergriffener Australien-Import zu haben ist.

Archivmaterial sei – 92 meist abstruse Geschichten erzählt. Wichtig ist allein die numerologische, mehr oder weniger symmetrische Einteilung in 92 Teile, das Wissen des Zuschauers, dass er nach fünf Beispielen noch 87 ebenso lange vor sich hat. Die kleinen Geschichten über den jeweiligen ›Fall‹ sind mal amüsant, mal unverständlich, mal albern, mal langweilig – relevant für den Film an sich sind sie nicht.

In *Vertical Features Remake*, entstanden zwei Jahre vor *The Falls*, und wie dieser auch als fiktiver Dokumentarfilm gedreht, soll das fiktive ›Institute for Reclamation and Reconstruction‹ einen nicht fertig gestellten Film des verstorbenen Filmemachers Tulse Luper namens »Vertical Features« rekonstruieren. Luper hatte vor seinem Tod für eine mysteriöse Gesellschaft namens »Session Three« an einem Projekt namens »Veranschaulichende Konzepte von Zeit und Raum« gearbeitet, in dem die Beschaffenheit von Senkrechten in domestizierten Landschaftsräumen – »verticals in a domesticated landscape« (Greenaway 1978a) – untersucht wurde. Es entsteht nun unter der Aufsicht des IRR ein Film, der 121 Aufnahmen von Vertikalen zeigt: Strommasten, Zäune, Bäume, Torfposten usw. Wichtig ist hierbei die Einstellungslänge: Die 121 Bilder von Vertikalen sind eingeteilt in elf Sequenzen zu je elf Bildern, und mit jeder Sequenz nimmt die Länge jeder der elf Aufnahmen um einen Frame – hier eine Sekunde – zu. Dazu hört man eine Frauenstimme, welche die Bilder pro Sequenz von eins bis elf durchzählt, deren Stimme aber von Bild zu Bild proportional leiser wird. Am Anfang laufen die Bilder naturgemäß schnell, dann immer langsamer, was die Sehgewohnheiten des Zuschauers auf eine harte Probe stellt, da die Verzögerung in der Darstellung der einzelnen Aufnahmen, verbunden mit der ordnenden akustischen Dimension des Zählens, die das Ganze strukturiert, einen verzerrten Wahrnehmungseffekt mit sich bringt.

Doch die Veröffentlichung des Films sorgt für einen Skandal, Wissenschaftler und auch Freunde Lupers sehen in dem Werk eine Fälschung, basierend auf fehlerhaften Angaben und Berechnungen. Also unternimmt das Institut einen weiteren Versuch, den Film zu rekonstruieren. Neben neuen Aufnahmen anderer Landstriche, die gefunden wurden, wird nun pro Sequenz ein Klavierakkord angeschlagen, die Zählstimme wird männlich und zählt auch nicht jede einzelne Sequenz bis elf durch, sondern den kompletten Film bis 121, wobei die mathematische Kadrierung bestehen bleibt, nur teilen sich die Frame-Längen in jeder Sektion willkürlich auf. Wichtig ist nun, dass Sektion Eins elf Frames bei elf Bildern, Sektion Zwei 22 Frames bei elf Bildern, Sektion Drei 33 Frames bei elf Bildern hat usw.

Doch auch dieses Werk wird verworfen. Ein dritter Versuch variiert nun die Bildfolge, bricht also mit dem ursprünglichen System und verzichtet auch auf die Zählstimme, die vollends durch die Musik ersetzt wird, von welcher ausgehend sich die Frame-Länge einem komplexen, kaum nachzuvollziehenden musikalischen Schema unterwirft. Unnötig zu erwähnen, dass auch dieser Versuch verworfen wird. Der vierte und letzte Versuch schließlich bricht mit jeglicher formaler Ordnung, da das IRR sich der allgemeine wissenschaftlichen Meinung gebeugt hat, dass Luper eine inhaltliche Aussage mit seinem Film vermitteln wollte (die stets unklar bleibt, aber irgendetwas mit der Domestizierung englischer Landschaften zu tun hat). So ordnet man die Frame-Längen nun willkürlich an, erlaubt jedoch, um den Einfluss der Jahreszeiten zu unterstreichen, Wiederholungen bei den Bildern.

Vertical Features Remake wirkt gleichzeitig wie eine Persiflage auf und eine Vorankündigung von Greenaways kommendem filmischem Schaffen. Die Tatsache, dass es den Bürokraten des IRR nicht gelingt, den Ordnungscode des Films zu knacken, obwohl sie stets nach streng symmetrischen Ordnungsprinzipien vorgehen, weist in die Richtung der Absurdität menschlichen Strebens nach dem Determinismus explikativer Ordnungssysteme, welche die dem Menschen ureigene Angst vor Chaos und Zerfall lindern sollen. Die Geschichte dieser Rekonstruktionsversuche führt von einer mathematisch strengen Figur über eine mathematisch aufgelockerte Figur, über eine komplexe, künstlerische, aber noch den Gesetzen der Logik gehorchende Figur hin zu einer offenen, chaotischen Struktur mit völlig offenen Deutungsmöglichkeiten.

Andererseits ist *Vertical Features Remake* aufgrund der Dominanz des Narrativen über das Visuelle wie die meisten frühen Filme Greenaways ein Versuch, den auditiv rezipierbaren Text über das visuell wahrzunehmende Bild zu stellen, ohne jedoch die Bilder in irgendeiner Weise willkürlich erscheinen zu lassen. Das Dokumentarische des Films, das visuell nur aus Zeichnungen Lupers und sich stets wiederholenden, angeblich immer gleichen Fotografien besteht, die Luper und die streitbaren Wissenschaftler zeigen, wurde laut Greenaway über die formalen *Vertical Features*-Filme gelegt, denn »the human brain has difficulties recognizing symmetry, therefore I put in footnotes«[3].

Oder, etwas ausführlicher:

»The warring academics were an excuse to explain the methodology, always a structuralist bane, and maybe their explanations set down filmically between the three films, with copious apocryphal diagrams, visual aids, archival exposition and subjectively – viewed manuscript text and drawings, are the highlight of the work – how are film solutions and agendas arrived at, how are they manipulated, what intellectual devices are pulled out to justify schemes and propo-

---

3 http://petergreenaway.org.uk/vfr.htm.

sitions? After all there is no such thing as history, there are only historians. In the end though, it's the landscape ›bits‹ – trees, posts, poles standing in snow and sunshine along the Brecon Beacons, the Wiltshire Downs, and in the Suffolk marshes – that win out – the bricks of landscape that excite, please, surprise, console and delight us all.«[4]

Es ist allerdings nicht, was sie repräsentieren, sondern vielmehr wie sie repräsentieren, was die Bilder letztlich mit Bedeutung auflädt. Die abgebildeten vertikalen Strukturen an sich sind willkürlich und uninteressant, interessant ist ihre Anordnung als Filmbilder, als Teil eines Rasterbildes, einer ihnen zugrunde liegenden mathematischen Ordnung, die aber keiner der Rekonstrukteure adäquat deuten kann. Den in *Vertical Features Remake* zentralen Begriff der Kadrierung systematischer Bildfolgen greift Greenaway, dies sei nebenbei erwähnt, etwa in den berühmten Bildkadrierungen von *The Draughtsman's Contract* wieder auf. Diese verweisen nämlich auf die Verbindung der systematischen Konstruktion eines bildlichen Kunstwerks mit der mehrfach codierten Konstruktion von Bedeutungsebenen in Bild und Narrativen eines auf bewegten Bildern und Plot basierenden Spielfilms, die ihrerseits im Kontext einer Dekonstruktion eines klassischen Krimi-Plots steht.

Die Untersuchung der Möglichkeiten eines strukturellen Verhältnisses von bewegtem Bild, statischem Bild und verbaler Narrative wird jedoch in keinem anderen Film so konsequent verfolgt wie in Greenaways wohl seltsamsten Werk, *A Walk Through H*.

A Walk Through H

In einer Studie über den Einfluss des argentinischen Schriftstellers Jorge Luis Borges und seiner fiktionalen Welten auf das Werk Greenaways behauptet die portugiesische Forscherin Maria Esther Maciel, dass Greenaway sich eine eigene fiktionale Welt selbst erschaffen habe; eine Welt, die zusammengesetzt ist aus Wissen, Metaphern, Allegorien, Texten und Sprachen, deren Organisation sich rigoros nach Symmetrie und taxonomischer Ordnung richtet, die jedoch stets unterminiert wird von einer ungeordneten und letztlich abstrusen Logik (vgl. Maciel 2000: 205) Ein erster möglicher Bezug des Filmemachers auf Borges findet sich demnach bei der Lektüre von dessen Essay »El idioma analítico de John Wilkins«, in dem das Modell einer chinesischen Enzyklopädie dargestellt wird, in welcher die Korrektheit und Strenge der Klassifikation sich mit der Arbitrarität der Regeln für dieselbe vereint und somit als Parodie auf klassi-

---

4 http://petergreenaway.org.uk/vfr.htm.

fikatorische Systeme an sich intendiert ist, die seit Aristoteles den Menschen dienen, die Welt auf scheinbar rationale Art und Weise zu hierarchisieren.

Und kein Element scheint diese Klassifikation der Welt mehr zu repräsentieren als die Landkarte. In *A Walk Through H* wird die Reise durch 92 ›Karten‹ erzählt. Zu Beginn des etwa fünfzigminütigen Films wird der Zuschauer in einen Ausstellungsraum geführt, in dem 92 Zeichnungen hängen. Die Kamera fährt auf die erste dieser Zeichnungen; diese nimmt ab jetzt, wie auch die folgenden, den gesamten Bildraum ein. Ein Ich-Erzähler aus dem Off informiert den Zuschauer, dass sein Freund Tulse Luper diese Zeichnungen, später wird er sie Karten nennen, für ihn arrangiert hat, als er hörte, dass der Erzähler krank sei, und beginnt dann mit dem Bericht seiner Reise durch »H«, einer Reise durch die 92 Zeichnungen bzw. Karten. Zur Bedeutung von »H« sagt er lediglich: »Tulse Luper suggested my journey through H needed 92 maps. Anticipating my question he suggested the time to decide what H stood for was at the end of the journey and by that time it scarcely mattered.« (Greenaway 1978b)

Der Erzähler, ein Ornithologe, beschreibt nun bei jeder Karte, wie er in ihren Besitz gekommen ist und was sie eventuell für seine Reise bedeuten kann, vor allem aber beschreibt er, wie er die Karten durchquert hat. Die Kamera zoomt in die Karten hinein, auf den meisten erkennt man einen roten Strich, der als Kennzeichnung des Weges durch »H« gedacht ist. Doch stellt sich die Benutzung der Karten alsbald als problematisch heraus, denn immer öfter verirrt und verläuft sich der Erzähler, ist sich über den richtigen Weg nicht mehr sicher, und nach der Verwendung verblassen die Karten und es bleibt nur ein kleines Kreuz, »like skeletons of windmills« (Greenaway 1978b), übrig. Bei einigen Karten verblasst auch dieses – bei diesen Karten, so der Erzähler, handle es sich nämlich um Fälschungen. Auch werden die Karten immer rudimentärer. Stehen am Anfang der Reise noch richtige Gemälde, hat man es alsbald mit Aquarellen, dann mit Zeichnungen, am Ende gar nur noch mit Skizzen zu tun, die auf Gebrauchsanleitungen gekritzelt wurden. Unterbrochen werden die Aufnahmen der Zeichnungen/Karten lediglich durch Filmaufnahmen von Zugvögeln aller Art. Nach Abschluss der Reise hat der Erzähler nach eigener Auskunft 1418 Meilen zurückgelegt und sein Ziel endlich erreicht.

A Walk Through H wurde bislang vor allem formal und somit auf Greenaways Wunsch nach der Etablierung einer alles erklärenden Ordnung hin gedeutet, die sich aus dem steten Wunsch nach einem Katalogisieren und Strukturieren der Welt speist. So kann die Verflechtung von naturwissenschaftlichen Systemen der Klassifikation mit der künstlerischen Ebene in Verbindung gebracht werden, weil das Verfahren zur

Herstellung der Zeichnungen (die gerade *keine* Landkarten sind) ein rein schöpferisches ist. Greenaway selbst hatte als Nachfolgefilm zu *A Walk Through H* ein leider nicht realisiertes Projekt namens *The Cartographers* in Planung, in dem es darum ging, dass zwanzig verschiedene Menschen – ein Bäcker, ein Weber, ein Päderast – das gleiche Stück Land aufzeichnen sollten. Jeder dieser Kartografen nimmt dieses nun nach seinen eigenen, unterbewussten Vorstellungen wahr. Das gleiche Stück Land kann so mehrfach reorganisiert, neu gestaltet, ja, neu erfunden werden (vgl. Gras/Gras 2000: 16).

Yvonne Spielmann sieht in *A Walk Through H* in der

»Wechselbeziehung von Bildkarte und Kartenbild [...] die Grundlage für einen Diskurs, den Greenaway zwischen dem Bild der Malerei und dem Bild des Films auf der Ebene der Oszillation von Zwei- und Dreidimensionalität führt« (Spielmann 1998: 204).

Begründet wird dies auf der formalen Ebene mit der Ähnlichkeit des Kameraflugs mit dem dargestellten Vogelflug sowie gemeinsamen historischen Entwicklungen in der Kartografie und der Aviatik. Da eine topografische Karte kein reines Abbild zu vermitteln vermag, da sie eine zweidimensionale Aufnahme von Flächen- und Raumverhältnissen ist, bringt die Möglichkeit der filmischen Dreidimensionalität bzw. die Tatsache, dass diese niemals genutzt wird, ein interessantes Element mit in die Diskussion ein. So bewegt sich der formale Diskurs auf mehreren Ebenen:

Erstens ist durch die Bewegung der Kamera das Wissen um die Dreidimensionalität zwar vorhanden, doch wie man weiß, ist das, was der Film zu zeigen vermag, nur eine vorgespiegelte Dreidimensionalität, die in Wahrheit natürlich nur zweidimensional ist. Dies ist bezüglich des Spannungsverhältnisses zwischen statischem und bewegtem Bild von zentraler Bedeutung.

Zweitens entsteht der Konflikt durch Bewegung, denn die Kamera re-kreiert die Bewegung im eigentlich statischen Bild und macht es somit in der Vorstellung des Zuschauers dreidimensional und nicht-statisch.

Womit man zum dritten Punkt gelangt: dem Eingriff der Erzählerstimme, also des Auditiven, in die visuelle Narration. Erst durch den Kommentar über seine Reise durch »H« wird die Verbindung von Zwei- und Dreidimensionalität und die der Bilder untereinander deutlich, auch wenn die Problematik des Films auf der recht abstrusen Prämisse beruht, dass wir – und wir bewegen uns immer noch auf der formalen Ebene – eigentlich nicht das zu sehen bekommen, was wir hören. Die Reise läuft von vornherein ausschließlich auf der sprachlichen Ebene ab, da sie ohne Umschweife ins Reich der Metapher und der Allegorie tritt. Ohne die

Kenntnis um die Bedeutung dieser elementaren sprachlichen Funktionen ist für den Zuschauer ein Nachverfolgen der Reise nicht möglich. Die auditive Ebene konterkariert also auf den ersten, oberflächlichen Blick die visuelle, indem sie diese erst einmal ad absurdum führt.

Als Beispiel hierfür dient ein Teil der langen Reise durch die »most important map, the Amsterdam Map« (Greenaway 1978b):

»At the end of the field came the gate. Tulse Luper called it the Owl Gate. It was to introduce perhaps the most significant map, The Amsterdam map.
I had known in advance that this map would be significant. Up until my possession of it, any accumulation of maps I might have made was unplanned, fortuitous. It was only after I had been persuaded to steal this map did I look for a map in everything I possessed and in most things I didn't possess as well. I had no idea how to use it. As far as I could see, no road was more clearly marked than any other. Cautiously, I followed what I considered to be an amenable route – and soon had to retrace my path.
Up until I stole this map I'd made no mistakes about collecting the right information for this journey. After it was mine my mistakes were legion. I collected rubbish, worthless junk. Tulse Luper on the evening of my last illness waded through that worthless ephemera with a frown, tossing the papers into the air like confetti.
[...]
At the time I had passed one point on this map nine times, it occurred to me I might in fact be marking time by arrangement, awaiting the convenience of future maps. Perhaps the time allowance for each map stretched forwards as well as backwards? Perhaps I had now been walking through H too fast?« (Ebd.)

Über die Rolle, welche die Topografie für das audiovisuelle Erzählen des Films spielt, erschließt sich jedoch die Bedeutung dieses Zusammenspiels. Dass der Erzähler sich anscheinend selbst nicht sicher ist, ob es sich bei den Bildern um »maps«, »drawings« oder »plans« handelt, verwischt die eigentliche Funktionalität derselben und macht sie gleichzeitig zu topografischen wie zu psychologischen Wegweisern. Dazu passt, dass Greenaway selbst seinen Film als Reise der Seele im Moment des Todes bezeichnet – zu einem Ort, der als »H« gekennzeichnet ist, weil es sich, dies ist im Moment der Reise noch unbekannt, entweder um den Himmel oder die Hölle handelt; eine Tatsache übrigens, die in den zahlreichen meist formalen Analysen des Films völlig ignoriert wird.

Er habe 92 Karten gezeichnet, die dem Protagonisten helfen sollen, zu diesem Ort zu gelangen, so Greenaway.

»Each map fades as the traveller uses it, suggesting that the maps were intended for him alone and that his journey is unrepeatable. The secondary title of the film, *The Reincarnation of an Ornithologist*, might well indicate that the journey taken is his last, from the point of death to his own particular ornithological Hell or Heaven.«[5]

Beschrieben wird eine Bewegung von urbanen Landschaften – am Anfang werden noch die Namen fiktiver Städte genannt, die es zu erreichen gilt – hin zu einer, wie der Filmemacher es ausdrückt, »wilderness landscape« mit »cross-references to all sorts of systems«[6]. Tulse Luper, das alter ego Greenaways, das dem Erzähler den Vergil mimt, sei ein »archcataloguer, a maker of lists, taking pleasure in accumulating more of the same yet relishing the essential minor differences«[7]. Die Landkarte dient als Metapher für die Suche in einem topografischen und psychologischen Sinne, für Tulse Luper bedeutet die Karte eine Manifestation des Suchens. Eine Karte ist eine omnipotente Kraft, denn sie zeigt dem Reisenden, wo er war, wo er sich befindet und wo sein Weg hinführen wird, Vergangenheit, Gegenwart und Zukunft auf einer zweidimensionalen Fläche vereint. Die Vögel sind hierbei nicht willkürlich, sieht man in vielen Kulturen doch den Tod als den Moment, in dem die Seele auf die Reise geht und zu diesem Zweck zum Vogel wird oder zumindest einen Vogel als Transportmittel zur nächsten Inkarnation verwendet.

Wichtig ist auf jeden Fall, dass die Lesbarkeit der Karten ein rein subjektiver Mechanismus ist – daran hätte sicherlich auch *The Cartographers* angeknüpft, wäre er jemals gedreht worden –, der, so Spielmann noch einmal, »wie der Erzähler in der Lage ist, die ästhetische Gestaltung von Flächenbeziehungen auf einer Zeichnung kartographisch zu deuten« (Spielmann 1998: 212).

Borges schrieb einmal eine kurze Parabel mit dem Titel »Von der Strenge der Wissenschaft« (»Del rigor en la ciencia«), die wie folgt beginnt:

»...In jenem Reich erlangte die Kunst der Kartographie eine solche Vollkommenheit, dass die Karte einer einzigen Provinz den Raum einer Stadt einnahm und die Karte des Reichs den einer Provinz. Mit der Zeit befriedigten diese maßlosen Karten nicht länger, und die Kollegs der Kartographen erstellten eine Karte des Reichs, die die Größe des Reichs besaß und sich mit ihm in jedem Punkt deckte.« (Borges 1982: 121)

Und in Dominik Grafs Dokumentarfilm *München – Geheimnisse einer Stadt* wird anhand der Verbindung zwischen Kartografie und Erinnerung die Entwicklung einer gleichzeitig psychologischen und topografischen

---

5 http://petergreenaway.org.uk/walkthroughh.htm.
6 http://petergreenaway.org.uk/walkthroughh.htm.
7 http://petergreenaway.org.uk/walkthroughh.htm.

Landkarte nachgezeichnet, die sich im Unterbewusstsein des heranwachsenden Protagonisten so tief verankert hat, dass er seine Vergangenheit anhand der Topografie der Stadt München liest, sowohl plastisch als auch als ständige Überlagerung von Eindrücken und Erinnerungen, die kartografisch sortiert und geordnet werden, so wie bei den Landvermessern in Borges' Geschichte, wie auch Michael Althens in seinem Drehbuch zum Film bemerkt.

Die Diskursüberlagerung bezüglich Textualität und Visualität, also die Verbindung von Motivation und Ablauf der Reise – das Sammeln der Bilder und die Deutung derselben – sowie die kartografische Reise, die das Gesagte simuliert, nachzeichnet, dabei aber einer klaren Diskursverschiebung unterliegt (bzw., wie Spielmann den Film deutet, »eine charakteristische Gleichzeitigkeit von ›Vortäuschung‹ (Simulation) und ›Verstellung‹ (Dissimulation) veranschaulicht«; Spielmann 1998: 215), steht also gerade im Kontext audiovisuellen Erzählens im Mittelpunkt von diesem äußerst seltsamen Film.

Schlussbetrachtung

Zusammenfassend lässt sich sagen, dass Peter Greenaway in seinen frühen Filmen dem filmischen Erzählen eine neue, experimentelle Stimme gegeben hat. Da er sich in erster Linie als Künstler und erst in zweiter als Filmemacher sieht, konzipierte er von Anfang an seine Filme als interaktive Kunstwerke – zu Zeiten, als noch niemand die technischen Entwicklungen hin zu interaktiver Kunst vorhersehen konnte. So ist es kein Wunder, dass Greenaway heutzutage fast ausschließlich im interaktiven Kunstbereich wirkt; neben dem *Nightwatching*-Projekt, das aus Spielfilm, Ausstellung und begleitendem Bildband (samt ›Enthüllungsgeschichte‹) besteht,[8] inszenierte er im Juli 2008 Leonardo da Vincis Ge-

---

8   *Nightwatching* baut auf der These auf, dass auf Rembrandts berühmtem Gemälde *Die Nachtwache* ein Mordkomplott dargestellt wurde, was Greenaway anhand seines multimedialen Zugangs zu diesem bestimmten Kunstwerk zeigen möchte. Der Film steht in der Tradition von Greenaways barocken, eher narrativ strukturierten Filmen wie *The Draughtsman's Contract*, war aber bis auf das eine oder andere Festival bislang nirgends zu sehen.
    Wie oben diskutiert wird in *A Walk Through H* eine Bewegung im statischen Bild simuliert. Dies gelingt Greenaway auch in *Nightwatching*, indem er das Bild zerlegt und einen Erzähler seinen Text über die Bildausschnitte legen lässt. Gleichzeitig wird das Gemälde, wie bereits die in der erwähnten Nachbildung der Maltechnik bei *The Draughtsman's Contract*,

mälde *Das letzte Abendmahl* als interaktive Lasershow, in der mit technischen Mitteln auf die im Bild versteckten Metaphern hingewiesen werden sollte. Die visuelle Ebene von *The Falls* und *Vertical Features Remake* basiert lediglich auf ›Found Footage‹ mit wenigen von Greenaway eigens konstruierten Filmbildern. Für *A Walk Through H* verwendet der Filmemacher eigene Zeichnungen und Gemälde (teilweise wiederum auf zufällig ausgewählten Unterlagen gezeichnet). Die auditive Ebene jedoch erzählt – angelehnt an literarische Ästhetik – Geschichten, die auf den ersten Blick nichts mit den dargestellten Bildern zu tun haben. Im Falle des ›Found Footage‹ ist dies noch ein im Dokumentarfilm öfter angewandtes künstlerisches Prinzip zur Unterstreichung der Inhaltsebene durch eine diese konterkarierende Form, was den Filmen mutmaßlich einen höheren ästhetischen Wert zuspricht. Bei *A Walk Through H* allerdings lässt Greenaway bewusst zwei vollkommen unzusammenhängende künstlerische Artikulationen, also die visuelle (Malerei) und auditive Ebene (Kurzgeschichte über eine Reise) aufeinanderprallen, mit der Besonderheit, dass der Schöpfungsprozess beider Ebenen im Labor des Künstlers gleichzeitig stattfand. So liegt der besondere Reiz von Greenaways frühen Filmen in seiner Handhabung audiovisueller Sprache, dem scheinbaren Widerspruch von dargestelltem Bild und darüber gelegtem Ton, der eine neue, seltsame Bedeutungsebene offenbart.

Literatur

Barchfeld, Christiane (1993): *Filming by Numbers: Peter Greenaway. Ein Regisseur zwischen Experimentalkino und Erzählkino*, Tübingen.
Borges, Jorge Luis (1960): »El idioma analítico de John Wilkins«. In: ders.: *Otras inquisiciones*, Buenos Aires.
Borges, Jorge Luis (1982): »Von der Strenge der Wissenschaft«. In: ders.: *Borges und Ich*, üb. von Karl August Horst. München/Wien.

---

kadriert, also zerlegt, und anhand der Interpretation neu zusammengesetzt. Interessant ist, dass es Greenaway gelingt, das Tableau durch die Schilderung seines Plots zum Leben zu erwecken, es quasi zum bewegten, Geschichten erzählenden Bild zu machen. Im zweiten Teil des Spielfilms sieht man dieses Arrangement ebenfalls, als quasi dreidimensionale Nachstellung, bei der aber aufgrund der verschiedenen Kontextualisierung eine weitere, finstere Ebene hinzugelangt. Interessant ist hierbei, wie die Erzählstimme quasi in das Bild integriert wird, der Auteur Greenaway also sozusagen als Kommentator von Rembrandts Bild auftritt, der auf die sich im Bild befindende allegorische Dimension hinweist (vgl. Greenaway 2006).

Gras, Vernon/Gras, Marguerite (2000): *Peter Greenaway. Interviews*, Mississippi.
Greenaway, Peter (1998): *100 Allegories to Represent the World*, London.
Greenaway, Peter (2006): *Nightwatching. A View of Rembrandt's The Nightwatch*, Amsterdam.
Lüdeke, Jean (1995): *Die Schönheit des Schrecklichen. Peter Greenaway und seine Filme*, München.
Maciel, Maria Esther (2000): »Peter Greenaway, lector de Jorge Luis Borges«. *Variaciones Borges. Revista del Centro de Estudios y Documentación* 10, S. 203-214.
Petersen, Christer (2001): *Jenseits der Ordnung. Das Spielfilmwerk Peter Greenaways. Strukturen und Kontexte*, Kiel.
Petersen, Christer (2003): *Der postmoderne Text: Rekonstruktion einer zeitgenössischen Ästhetik am Beispiel von Thomas Pynchon, Peter Greenaway und Paul Wühr*, Kiel.
Spielmann, Yvonne (1998): *Intermedialität. Das System Peter Greenaway*, München.
Willoquet-Maricondi, Paula/Alemany-Galway, Mary (2001): *Peter Greenaway's Postmodern/Poststructuralist Cinema*, Boston.
Woods, Alan (1996): *Being Naked Playing Dead. The Art of Peter Greenaway*, Manchester.

Onlinequellen

Greenaway, Peter: »On *A Walk Through H*«, http://petergreenaway.org.uk/walkthroughh.htm.
Greenaway, Peter: »On *Vertical Feature Remake*«, http://petergreenaway.org.uk/vfr.htm.

Filme

Graf, Dominik/Althen, Michael (2001): *München – Geheimnisse einer Stadt*, Deutschland.
Greenaway, Peter (1978a): *Vertical Features Remake*, Großbritannien.
Greenaway, Peter (1978b): *A Walk Through H*, Großbritannien.
Greenaway, Peter (1980): *The Falls*, Großbritannien.
Greenaway, Peter (1983): *The Draughtman's Contract*, Großbritannien.
Greenaway, Peter (2006): *Nightwatching*, Großbritannien u.a.

Vom Theaterfilm zum *Mock-Documentary*: Audiovisuelles Erzählen im Fernsehen am Beispiel der britischen Situation Comedies *Dad's Army* und *The Office*

Roy Sommer

1. Einleitung

Arbeiten aus dem Bereich der Filmnarratologie untersuchen in der Regel den abendfüllenden Spielfilm, betrachten also das Kino als das Leitmedium audiovisuellen Erzählens. Dies liegt sicherlich nicht zuletzt an einer Konzentration auf den etablierten Kanon der audiovisuellen ›Hochkultur‹. Dieser beinhaltet vor allen Dingen Klassiker, die für die Entwicklung der filmischen Ästhetik sowie der Erzählkonventionen des Kinos maßgeblich waren. Mit der Vorliebe für komplexe, ästhetisch anspruchsvolle Filmerzählungen geht eine Kanonisierung der Fragestellungen einher: Probleme der Adaption und des Medienwechsels, Fragen nach der Existenz und Funktion von Erzählinstanzen in Filmen oder Untersuchungen filmischer Unzuverlässigkeit dominieren nicht nur im Bereich der literaturwissenschaftlichen Erzähltextanalyse, sondern auch in der Filmnarratologie.[1]

Allerdings hat sich in den letzten Jahren auch eine Reihe von Arbeiten speziell mit dem Erzählen im Fernsehen auseinandergesetzt (vgl. z.B. Mikos 2003 und die Beiträge in Allrath/Gymnich 2005), und Allrath/Gymnich/Surkamp (2005) haben sogar die Grundlagen einer eigenständigen Narratologie von Fernsehserien entwickelt. Wie die genannten Arbeiten zeigen, bietet auch das »Erzählen im Fernsehen« (Sommer 2005) für die Filmnarratologie reichlich Diskussionsstoff. Da narrative Medien stets eigene Erzählweisen ausbilden, die den Möglichkeiten und Be-

---

1 Dies gilt übrigens auch für die Filmdidaktik, die sich – von wenigen Ausnahmen abgesehen (Sommer/Zerweck 2006; Scheffel 2007) – auf filmisches Erzählen konzentriert und darüber den Bereich des Fernsehens vernachlässigt.

schränkungen des jeweiligen Mediums angepasst sind, und Narrativität somit als eine medienspezifische Eigenschaft zu betrachten ist, wird die narratologische Analyse von Fernsehunterhaltung den Blick möglicherweise auf andere Phänomene lenken als die ›klassische‹ Filmnarratologie – zum Nutzen der weiteren Entwicklung der Poetik audiovisuellen Erzählens insgesamt.

Der folgende Beitrag beschäftigt sich vor diesem Hintergrund mit der mediengeschichtlich relevanten Frage nach den Formen und Funktionen von Erzählstrategien für die Ausprägung von Gattungskonventionen in einem klassischen TV-Format, der Situation Comedy (Sitcom). Die theoretische Grundlage der Beispielanalysen bilden zum einen Chatmans (1990: 135) Unterscheidung und Ausdifferenzierung der auditiven und visuellen Informationsvergabe im Film.[2] Zum anderen orientiert sich die Vorgehensweise an schematheoretischen Ansätzen der Filmanalyse, die das Zustandekommen von Erwartungshaltungen sowie deren Bestätigung oder Widerlegung im Rezeptionsprozess untersuchen. Dabei wird zwischen kontextuellen und textuellen Frames unterschieden (vgl. Sommer 2006). Während kontextuelles Framing die Einstimmung des Publikums auf das Filmerlebnis (u.a. durch Medienberichte, die Plakatwerbung oder das Vorwissen bezüglich der Regisseure und Schauspieler) bezeichnet,[3] sind mit textuellen Frames alle auditiven und visuellen Informationen im Sinne Chatmans gemeint, die implizit oder explizit Gattungskonventionen aufrufen (etwa die Titelsequenz, Titelmusik, Ausstattung, Licht- und Soundeffekte etc.).

Der Fokus dieses Beitrags liegt auf textuellen Aspekten wie der Semantisierung und wechselseitigen Beeinflussung von Off-screen-Sound und On-screen-Sound sowie auf der Kameraführung und Performance.[4] Der folgende Teilabschnitt gibt zunächst einen kurzen Überblick über das kontextuelle Framing bei TV-Formaten sowie über die Gat-

---

2 Auf die Reproduktion von Chatmans Systematik kann hier angesichts der weiten Verbreitung dieses Modells verzichtet werden; eine kritische Auseinandersetzung mit seiner Terminologie ist für die hier verfolgten Zwecke ebenfalls nicht erforderlich. Chatman unterscheidet im auditiven Kanal zwischen der Art (*noise, voice, music*) und dem Urspung des Tons (*on-screen, off-screen*) auf der einen sowie – bei der visuellen Informationsvergabe – zwischen Typen und der Art der Inszenierung von Bildern auf der anderen Seite.

3 Vgl. Bordwell (1985: 34): »Generally, the spectator comes to the film already tuned, prepared to focus energies toward story construction and to apply sets of schemata derived from context and prior experience.«

4 Diese Begriffe werden hier im Sinne von Chatman (1990: 135ff.) verwendet.

tungskonventionen der Situation Comedy, da hierzu bislang kaum Forschungsarbeiten vorliegen. Im Anschluss daran wird anhand von zwei Beispielen die große Bandbreite und Variabilität der Sitcom aufgezeigt, die von theatralischen Inszenierungen wie *Dad's Army* bis hin zu Gattungsparodien wie *The Office* oder *Extras* reichen, die selbstreflexiv die Medienkonventionen des Fernsehens sowie die filmische Ästhetik bestimmter Fernsehgenres thematisieren und sich somit als Medienbeobachtungen zweiter Ordnung interpretieren lassen.[5]

2. Charakteristische Merkmale der Situation Comedy. Gattungskonventionen und kontextuelles Framing

Das kontextuelle Framing ist bei TV-Genres, insbesondere bei seriellen Formaten, sehr stark ausgeprägt. Es beginnt mit der Programmstruktur der Fernsehsender, die nicht nur einer strikten Einteilung in Vormittags-, Nachmittags- und Abendprogramm folgt, sondern auch bestimmten Formen der Unterhaltung in der Regel feste Tage zuweist (ein Beispiel ist die Vermarktung des »Comedy-Freitags« durch den deutschen Sender RTL). Im Zuge der Ausdifferenzierung des Senderangebots haben sich zudem Spartensender etabliert, die sich auf ein spezielles Programm festlegen (etwa CNN, die Verkaufskanäle oder Comedy Central) – wer einen solchen Sender wählt, weiß von vornherein, welche Art von Information bzw. Unterhaltung geboten wird. Das Ziel dieses intensiven kontextuellen Framings ist natürlich die Zuschauerbindung, speziell die Bindung von Zuschauern aus der jeweiligen Zielgruppe.

Auch die Sitcom selbst folgt klar umrissenen Konventionen, die durch das halbstündige Format (inklusive Werbeunterbrechungen) sowie die serielle Erzählweise bestimmt sind. Anders als die in der Regel mehrmals wöchentlich in Fortsetzungen ausgestrahlte Soap Opera, die ihre Geschichten über die Episodengrenzen hinweg erzählt und daher stets mit einem spannenden Moment als *cliffhanger* endet, ist die meist in wöchentlichem Rhythmus ausgestrahlte Sitcom gekennzeichnet durch eine zyklische Rückkehr zum Status Quo, der zugleich der Ausgangspunkt der Episodenhandlung ist. Diese lässt sich mit Marc (1997: 190f.) als ein Ritual beschreiben, in deren Verlauf die Figuren eine Lektion lernen müssen, bevor sie zum Ausgangspunkt zurückkehren können. Allerdings ist dabei zu beachten, dass die Figuren keine Konsequenzen aus diesen Lektionen ziehen: Ihre Funktion besteht ja gerade darin, dieselben

---

5   Zur Geschichte der Sitcom vgl. Alley/Brown (1990: 5-17) und Bermans (1999) kurze Einführung in ausgewählte britische Sitcoms.

Fehler in leicht abgewandelter Form immer wieder zu begehen und jedes Mal aufs Neue einen Weg zu suchen, auf dem sich die alte, vertraute Ordnung wiederherstellen lässt. Neben der Episodenhandlung gibt es in neuerer Zeit auch Sitcoms mit einem übergeordneten Handlungsstrang, der die Episoden einer Staffel oder gar mehrere Staffeln zu einem kohärenten Plot verbindet.

Die traditionellen Subgenres der Sitcom sind die *family sitcom* (auch als *domestic sitcom* bezeichnet) und die *workplace sitcom*.[6] Während der erste Typus, dem in Großbritannien etwa *The Royle Family* (1998-2000) oder *Till Death Do Us Part* (1965-1975) zuzurechnen sind,[7] seinen komödiantischen Grundkonflikt in familiären oder familienähnlichen Lebensgemeinschaften ansiedelt und das Verhältnis zwischen den Generationen, Nachbarn oder Freunden thematisiert, wählt die *workplace sitcom* den Arbeitsplatz als Setting und stellt die Konflikte zwischen frustrierten Untergebenen und notorisch unfähigen Chefs in den Vordergrund, aber auch die Beziehungen zwischen Kolleginnen und Kollegen, die als Familienersatz fungieren können – »the workplace can provide a pseudo-family of co-workers who take the place of the traditional nuclear family« (Feuer 2001: 67). Bekannte Beispiele für solche Sitcoms sind *The Rug Trade* (1961), *The Brittas Empire* (1991-97), *Drop the Dead Donkey* (1990-98) und *The Office* (1999/2003).[8]

---

6   Zur Beschreibung dieser beiden Haupttypen vgl. Hartley (2001). Berman (1999: xvii) weist darauf hin, dass die britische Sitcom häufig Alternativen zu dieser in den USA etablierten Dichotomie von ›family‹ vs. ›workplace‹ entwickelt. Beispiele für innovative Subgenres sind die historische Sitcom (*Dad's Army*, *'Allo, 'Allo!*, *Blackadder*) oder die Science-Fiction-Sitcom (*Red Dwarf*).

7   *Till Death Do Us Part* (1965), eine Familienkomödie mit der Hauptfigur des ewig nörgelnden Familienvaters Alf Garnett, war ein Meilenstein nicht nur in der Geschichte der britischen Sitcom: Die deutsche Adaption von Wolfgang Menge mit dem Titel *Ein Herz und eine Seele* (auch bekannt als *Ekel Alfred*) wurde ab 1973 zunächst von West 3 (heute WDR), später von der ARD ausgestrahlt und gilt heute als die Geburtsstunde der deutschen Sitcom.

8   Mit dem soziokulturellen Kontext ändern sich natürlich auch langsam, aber unaufhaltbar die thematischen Bezugspunkte der Unterhaltungskomödie, die sehr sensibel und zeitnah auf den kulturellen Wandel reagiert. Der Repräsentation der heilen Familienwelt in *The Good Life* (1975-1978) steht in den 1990er Jahren die (stets komisch überspitzte und positiv gewendete) Darstellung der zerrütteten Ehen und sog. Patchwork-Familien gegenüber, die sogar zur Ausprägung eines eigenen Subgenres geführt hat, das Feuer als »unruly woman sitcom« (Feuer 2001: 68) bezeichnet. Solche Sitcoms, wie z.B. *Birds of a Feather* oder *Absolutely Fabulous*, verbinden das tradi-

Neben den klassischen Subgenres der *family sitcom* und der *workplace sitcom* gewinnen in den vergangenen Jahrzehnten zunehmend auch die Aspekte der nationalen bzw. kulturellen Identität in der Sitcom an Bedeutung. Typisch ›englische‹ Settings und Konflikte der 1970er, die *Fawlty Towers* oder *To the Manor Born* kennzeichnen, werden zunehmend durch multikulturelle Produktionen ergänzt. Die Geschichte der *ethnic sitcom* in Großbritannien beginnt mit *Love Thy Neighbour* (1972-76), »one of the first British comedies to deal exclusively with the subject of race relations« (Lewis/Stempel 1998: 150), und *The Fosters* (1976-77), »Britain's first all-black sitcom« (ebd. 66). Der *multicultural turn* der Fernsehkomödie setzt sich in den 1980ern und 1990ern mit der von Mustapha Matura und Farukh Dhondy entwickelten Sitcom *No Problem!* sowie mit *Desmond's*, der bislang erfolgreichsten multikulturellen Comedy-Produktion, fort.[9]

Wie diese Beispiele der veränderten Repräsentation der Familie und der zunehmenden Multikulturalität des Genres zeigen, bietet die Sitcom als massenkompatibles und im Fernsehmarkt seit Jahrzehnten fest verankertes Genre ein ideales Untersuchungsfeld für eine diachrone Betrachtung der britischen *popular culture*. Ihre stets an weit verbreiteten Alltagswahrnehmungen orientierte Themenwahl, Figurenkonstellation und Handlungsstruktur lässt die Situation Comedy als einen kulturellen Seismografen erscheinen, der bereits in einem relativ kurzen Zeitraum von vierzig Jahren die Auswirkungen demografischer, politischer und sozialer Veränderungen auf kollektiv geteilte Wahrnehmungsmuster und Unterhaltungsschemata sichtbar macht.

Auch aus narratologischer Perspektive erweist sich die Situation Comedy aufgrund ihrer langen Geschichte als ein geeigneter Untersuchungsgegenstand zur Erforschung der Veränderung narrativer Strategien des Fernsehens seit dem Beginn der Ausstrahlung des weltweit ersten Programms in Großbritannien im Jahr 1936 (vgl. Esslin 1972: 239). In der Anfangszeit zeigt sich noch die für die Frühphase der Einführung neuer Medien charakteristische Nähe zu älteren, bereits etablierten Medien, insbesondere dem Theater. Die personellen und dramaturgischen Kontinuitäten zwischen dem Theater bzw. Theaterstück und dem Fernse-

---

tionelle Motiv der *class* mit Aspekten der *gender*-Debatte und setzen dabei auf ein überwiegend weibliches Figurenpersonal mit starken, eigenwilligen Hauptfiguren.

9 Weitere nennenswerte multikulturelle Produktionen sind *Porkpie*, ein Spinoff von *Desmond's*, sowie die Restaurant-Sitcom *Chef!* mit dem erfolgreichen TV-Comedian Lenny Henry (*The Lenny Henry Show*) in der Hauptrolle.

hen bzw. Fernsehspiel setzten sich zunächst fort,[10] bis sie in den 1970er Jahren bereits in nostalgischer Absicht ›zitiert‹ werden, wie sich am Beispiel *Dad's Army* zeigen lässt. Mit der Etablierung des Fernsehens als eigenständigem Medium kommt es jedoch erwartungsgemäß zur Differenzierung medienspezifischer Rezeptionskontexte und Erzählstrategien sowie – in den letzten Jahren – zu einem Anstieg von Metareferenzen, etwa in Gattungsparodien wie *The Office*.

3. Theatralische Inszenierung: Die Ensemble-Sitcom *Dad's Army* (1968-77)

Dad's Army ist eine Ensemble Sitcom, die im Zweiten Weltkrieg angesiedelt ist und deren Protagonisten unter dem Kommando von Captain Mainwaring als Soldaten der Home Guard dienen. Der große Erfolg der Sitcom lässt sich in erster Linie damit erklären, dass sie für das Fernsehpublikum der späten 1960er und 1970er Jahre eine längst vergangene und aus der Retrospektive nostalgisch verklärte Zeit wiederauferstehen ließ – die 1940er Jahre im ländlichen Süden Englands (der Schauplatz ist das fiktionale Städtchen Walmington-on-Sea).

Ein wesentlicher Bestandteil des textuellen Framing ist neben dem Titel selbst der Titelsong »Who do you think you are kidding, Mr Hitler«,[11] der unmittelbare Signalwirkung haben und historische Assoziationen wecken sollte, so der Komponist und Erfinder der Serie, Jim Perry:

»My aim is to write something that makes you know, as soon as the show starts, exactly what it's going to be about. For Dad's Army, I wanted to come up with something that took you straight back to the period and summed up the attitude of the British people.« (Zit. in McCann 2002: 71)

Neben dem Text und der Orchestrierung trug auch die Wahl des Sängers dazu bei, dass der gewünschte Effekt erzielt wurde, denn der 72-jährige Bud Flanagan war dem Publikum noch als Star aus der Zeit der Music Halls in guter Erinnerung und verlieh dem Song durch seine Stimme die gewünschte ›Patina‹:

---

10   Vgl. Esslin (1972: 257): „Viele der besten Dramatiker – etwa John Arden, David Mercer und Harold Pinter – hatten ihre ersten Erfolge beim Fernsehen."
11   Im Unterschied zu dem ursprünglichen, vom damaligen Leiter der Comedy-Abteilung der BBC, Michael Mills, abgelehnten Titel *The Fighting Tigers* (vgl. McCann 2002: 47) verbindet *Dad's Army* Ironie mit einer emotionalen, nostalgischen Haltung.

»Flanagan [...] was still associated firmly and fondly in the public's mind with such popular wartime recordings as ›Run, Rabit, Run‹ and ›We're Gonna Hang Out The Washing On The Siegfried Line‹, and his warm and reedy voice was the ideal instrument to age artificially this new ›old‹ composition.« (Ebd. 72)

Der ironische Titelsong stimmt das Publikum nicht nur auf das historische Setting, sondern auch auf den ›altmodischen‹ Humor der Serie ein, die sich einer klassischen Form von Off-screen-Sound bedient, um das Publikum zum (Mit-)Lachen zu animieren: ein sog. *laugh track* hält die Reaktionen des (in der Ausstrahlung stets unsichtbaren) Live-Publikums fest und markiert die Gags in den Dialogen.

Die hier analysierte Folge, »The Deadly Attachment«, wurde 1973 erstmals ausgestrahlt und erreichte fast 13 Millionen Zuschauer. Die erste Wiederholung im folgenden Jahr sahen immerhin noch knapp 11 Millionen, und auch die zweite und dritte Wiederholung in den Jahren 1978 und 1989 konnten mit ca. 9 Millionen und 10,5 Millionen Zuschauern an den Erfolg der Erstausstrahlung anknüpfen (vgl. McCann 2001: 4f.) Die Episode beginnt in typischer Sitcom-Manier mit einem kurzen, in sich abgeschlossenen komischen Konflikt, der expositorische Funktion hat: Captain Mainwaring verliest in der Church Hall, dem Hauptquartier seiner Truppe ebenso gebrechlicher wie nostalgischer Veteranen aus dem Ersten Weltkrieg, ein Rundschreiben der militärischen Führung, in dem davor gewarnt wird, im Falle eines Angriffs feindlicher Nazi-Fallschirmspringer aus Versehen eigene Leute zu beschießen, die nach einem eventuellen Abschuss ebenfalls mit dem Fallschirm abspringen müssten. Da britische Flugzeuge nur sechs Mann Besatzung an Bord haben, werden die Mitglieder der Home Guard angewiesen, nur dann das Feuer auf Fallschirmspringer zu eröffnen, wenn die Zählung eine höhere Zahl ergibt.

Die offenkundige Absurdität von Mainwarings Verlautbarung, ein satirischer Seitenhieb auf Bürokratentum und Schreibtischstrategen, zieht eine Vielzahl von (noch absurderen) Reaktionen der anderen Mitglieder der Home Guard nach sich, die der Charakterisierung der Figuren dienen: hier *spielen* alte Männer Armee, ohne jemals ernsthaft in den Krieg hineingezogen zu werden. Die Komik der Episode wie der ganzen Serie beruht zu einem großen Teil darauf, dass sich die Akteure ihrer Schwäche nicht bewusst sind bzw. diese keinesfalls offen zugeben wollen, sie durch ihr Reden und Handeln aber immer wieder sichtbar werden lassen. »The Deadly Attachment« spielt offensiv mit diesem charakterlichen Defizit der Figuren, denn die Haupthandlung lässt den Ernstfall eintreten: Zum ersten Mal kommt Mainwarings Truppe tatsächlich mit dem Feind in Berührung. Eine deutsche U-Boot-Besatzung ist gefangen genommen worden und soll nun bis zum nächsten Morgen in der Church Hall unter

Arrest gestellt werden, da der Gefangenentransport sich verspätet hat. Daraus ergibt sich eine Reihe komischer Komplikationen, bis in der für die Gattung konstitutiven Schlussgebung (*happy ending*) sich schließlich alles zum Guten wendet.

Wie bereits erwähnt, unterstützt der Off-stage-Sound den Eindruck des Publikums, einer (Live-)Performance auf der Bühne beizuwohnen. Die im Studio anwesenden Zuschauer bestimmen das Timing der Schauspieler, die nach Gags die Reaktionen abwarten und den Dialog erst fortsetzen, wenn das Gelächter nachlässt. Der Live-Charakter wird zusätzlich dadurch hervorgehoben, dass unbedeutende Fehler (etwa kleinere Versprecher) nicht durch eine Wiederholung der Aufzeichnung und das Editieren der entsprechenden Szene in der Postproduktion behoben werden, sondern in der Endfassung zu hören sind. Beispiele hierfür finden sich in der Expositionsszene.

Zeitsprünge werden zum einen visuell markiert: Kürzere Zeitsprünge werden durch Überblendungen, längere durch eine Schwarzblende angezeigt. Darüber hinaus fungiert zum anderen die Einspielung des Titelsongs während des Schnitts als Indikator einer Ellipse. Mit Ausnahme dieser musikalischen Markierungen von Zeitsprüngen gibt es kaum auffällige Manipulationen des Audiomaterials. Für die Analyse des Tons ist zum einen von Bedeutung, dass abgesehen von diesen kurzen, konventionalisierten Musikeinspielern und den ebenso konventionellen Lachern kein extradiegetischer, also nicht innerhalb der fiktionalen Welt zu verortender, Off-stage-Sound Verwendung findet. Zum anderen verweist der im Vergleich zu heutigen Produktionen wenig nachbearbeitete Live-Sound auf die Aufführungssituation: Der Fernsehzuschauer wird in die Perspektive des Studiopublikums versetzt, das einer Theateraufführung beiwohnt.

Aus kognitiv-narratologischer Sicht lässt sich die daraus resultierende Wirkung am besten als die Aktivierung eines Theater-Frames beschreiben: Ton, Bildregie und Beleuchtung (die Schatten verraten die Positionierung der Scheinwerfer) in *Dad's Army* erinnern an die medialen Konventionen des Theaters. Die ›vierte Wand‹ manifestiert sich im Kontext der Rezeption im Fernsehgerät, das den Blick auf die ›Bühne‹ freigibt. Der theatralische Charakter bleibt selbst dann noch erhalten, wenn die Handlung außerhalb der bühnenähnlichen Church Hall angesiedelt ist – wie in der letzten Sequenz der Episode, die die Figuren auf dem Weg zum Hafen zeigt –, denn auch hier werden komische Szenen und Repliken durch Lachen kommentiert.

Dieses Lachen entspringt, dem Klang nach zu urteilen, derselben akustischen Umgebung wie das Lachen, das auf die Ereignisse im Inneren der Church Hall reagiert. Es ist also nach wie vor den Zuschauern im

Vorführraum zuzuschreiben, dem die in dem Städtchen Thetford in East Anglia gedrehten Außenaufnahmen während der Aufzeichnung der Tonspur vermutlich auf einem Bildschirm vorgeführt werden. Die klangliche Kontinuität des *laugh track*, der nicht zwischen Innen und Außen differenziert, unterstreicht den extradiegetischen Charakter des Lachens. Allerdings wird dadurch die Illusionsbildung nicht beeinträchtigt – das extradiegetische Lachen zählt schließlich zu den Konventionen des Genres, es ist konstitutiv für die Dominanz des Theater-Frame, der die Erwartungshaltung entscheidend beeinflusst.[12] In diesem Punkt unterscheidet sich *Dad's Army* fundamental von der etwa dreißig Jahre später entstandenen Sitcom *The Office*, die sich von der theatralischen Tradition der Sitcom löst und stattdessen die Gattungskonventionen des TV-Dokudramas parodiert.

4. Die Parodie dokumentarischen Erzählens im *mock-documentary The Office* (2003)

The Office ist eine *workplace*-Sitcom, die in zwei Staffeln mit je sechs Folgen in den Jahren 2001 und 2003 von BBC 2 ausgestrahlt wurde. Hauptdarsteller Ricky Gervais schrieb mit Stephen Merchant die Drehbücher für die zwölf Folgen, bei denen die beiden gemeinsam Regie führten. Das Setting ist das Großraumbüro einer fiktiven Papierwarenfirma in der südenglischen Stadt Slough, das von dem egozentrischen und eitlen Geschäftsführer David Brent geleitet wird. Anders als bei anderen Sitcoms gibt es einen beide Staffeln überspannenden Handlungsbogen, der die zahlenmäßig von vornherein begrenzten Episoden miteinander verbindet und mit ›The Rise and Fall of David Brent‹ überschrieben werden könnte: Der ungeliebte Chef, der nicht merkt, was seine Angestellten über ihn denken, deutet in der ersten Episode der ersten Staffel an, dass es aufgrund von Rationalisierungsmaßnahmen der Firmenleitung zu Entlassungen kommen könnte, er sich aber für alle Mitarbeiter einsetzen wird. Die erste Staffel porträtiert ihn und seine selbstverliebte Art der Geschäfts- und Mitarbeiterführung. Im Verlauf der zweiten Staffel leidet er zunehmend unter Größenwahn und Realitätsverlust, bis er schließlich erfährt, dass er der Erste ist, dem nach der Zusammenlegung seiner Filiale mit einer anderen Abteilung gekündigt wird.

Das besondere Markenzeichen von *The Office* ist die parodistische Erzählweise, bei der visuelle, dramaturgische und auditive Strategien zusammenwirken, um den Eindruck der Nichtfiktionalität zu erwecken: Die

---

12 Zu den Formen und Funktionen des Framing für das audiovisuelle Erzählen im Film vgl. Sommer (2006).

Sitcom gibt sich als Dokumentation aus und setzt verschiedene Strategien des textuellen Framing ein, um Realismus-Effekte zu erzielen. Drei Aspekte sollen hier besonders hervorgehoben werden, nämlich erstens die Kameraführung, zweitens die Unterbrechung des Plots durch (simulierte) Interviewsituationen, in denen die vier Hauptdarsteller in der Manier von ›Talking Heads‹ über ihr Leben, ihre Arbeit und ihre Einstellung zu den Kollegen philosophieren und dadurch die *storyworld* kommentieren, und drittens der On-screen-Sound: Die Doku-Fiktion erreicht ihren Höhepunkt in der unten analysierten, metareferenziellen Szene aus der letzten Episode der zweiten Staffel,[13] in der die Ausstattung der Akteure mit Ansteckmikrofonen ins Bewusstsein der Zuschauer gerufen wird.

Die genannten Verfahren haben ihren Ursprung in der Ästhetik des Dokumentarfilms, insbesondere in der im zeitgenössischen Privatfernsehen äußerst beliebten Subgattung des Dokudramas, einer Mischung aus unbeteiligter Beobachtung und (un)bewusster (Selbst-)Inszenierung, die von der als *mock-documentary* gestalteten Sitcom gekonnt parodiert wird. Die Anwesenheit einer Filmcrew und einer Reporterin[14] wird durch die Reaktionen der Akteure suggeriert, die sich vor der Kamera anders verhalten, als wenn sie sich unbeobachtet fühlen. Am auffälligsten ist der direkte Blick in die Kamera, der im fiktionalen Film traditionell vermieden wird, um die Illusionsbildung nicht zu gefährden. Im Drehbuch werden diese Reaktionen in den Regieanweisungen vermerkt, so etwa in Szene neunzehn in der zwölften und letzten Episode der zweiten Staffel: »We see Gordon, the maintenance man, come out of the fire door carrying a bag of toilet rolls. As ever, he's stunned by the camera, trapped in its gaze like a rabbit in the headlights.« (Gervais/Merchant 2003: 239)

Anders als bei *Dad's Army* (und der Mehrzahl der klassischen Sitcoms) wird also durch Kameraführung und Performance der Schauspieler kein Theater-Frame aktiviert; das textuelle Framing zitiert vielmehr die Konventionen nicht-fiktionaler Dokumentationen.[15] Es verwundert

---

13 Der Begriff der Metareferenz wird hier in der von Werner Wolf (2007: 41) vorgeschlagenen, weiten Bedeutung verwendet, die auch Parodien einschließt: »Parodie ist ja eine kritische intertextuelle Bezugnahme auf einen Prätext oder eine Prätextgruppe, die als solche, d.h. in ihrer Gemachtheit, als kritikwürdig erscheinen soll, was die Grundbedingung der Metareferenz, nämlich das Implizieren einer Aussage über ›Fiktionalität‹ erfüllt.«

14 Das Drehbuch zur ersten Staffel identifiziert die fiktive BBC-Produzentin Samantha Norton als Reporterin und Regisseurin.

15 Dieser Eindruck wird auch durch kontextuelles Framing unterstützt: Der erste Band der publizierten Drehbücher deutet in Form eines Briefwechsels eine der Dokumentation vorangegangene Rahmenhandlung an, die in der Fernsehserie selbst nicht zur Sprache kommt. Sam Norton, eine (fiktive)

daher nicht, dass auf das konventionelle Publikumslachen der Sitcom verzichtet wird. Stattdessen kommt dem On-screen-Sound besondere Bedeutung zu: Die akustische Atmosphäre eines Großraumbüros, zu der Telefonklingeln, Gespräche oder laufende Drucker und Kopierer gehören, bildet eine kontinuierliche Geräuschkulisse, die nur dann unterbrochen wird, wenn die Figuren sich in schallisolierte Besprechungsräume zurückziehen oder das Büro verlassen.

Der Realitätseffekt wird auch dadurch unterstützt, dass Kamerateam und Interviewpartner nicht in Erscheinung treten, wenn in den Talking-Heads-Szenen das Geschehen kommentiert wird. Da diese Kommentare innerhalb des zitierten Gattungs-Frame zu den gängigen Konventionen zählen und die Interviews Teil der fiktionalen Welt sind, etablieren sie keine extradiegetische Kommunikationsebene. Die Funktionen dieser Monologe liegen sowohl in der bewussten und unbewussten Selbstcharakterisierung der Figuren als auch in der Erzeugung dramatischer Ironie, etwa dann, wenn das Selbstbild des Büroleiters David signifikant von der Einschätzung der anderen Figuren (und der des Publikums) abweicht.

Der realitätsnahe On-stage-Sound, der zu den wichtigsten Strategien des Framing in *The Office* zählt, spielt in der letzten Episode der zweiten Staffel eine zentrale Rolle. Hier wird die Beziehung zwischen der Rezeptionistin Dawn, deren Lebensgefährte Lee im Lager der Firma beschäftigt ist, und ihrem Kollegen, dem Sachbearbeiter Tim, aufgelöst, die als zentrale Nebenhandlung einen Spannungsbogen über beide Staffeln etabliert. Die anfänglich kollegiale Beziehung entwickelt sich im Verlauf der ersten Staffel zu einem Flirt. Während der zweiten Staffel kühlt die Beziehung zwischen den beiden merklich ab, doch es kristallisiert sich mehr und mehr heraus, dass sich Tim, der kurzzeitig hofft, Dawn durch eine Affäre mit seiner Kollegin Rachel eifersüchtig zu machen, tatsächlich in Dawn verliebt hat. Als er in der letzten Episode erfährt, dass Dawn mit Lee in die USA auswandern will, beschließt er, reinen Tisch zu machen. Diese Entscheidung fällt typischerweise in einer der Talking-Head-Einstellungen, in denen die Hauptdarsteller – offensichtlich in einem separaten Interview-Raum und ohne Zeugen – ihre Gedanken und Gefühle der Kamera offenbaren:

Produzentin der BBC (Factual and Documentaries Department) sucht ein geeignetes Großraumbüro für eine Doku-Serie zum Thema »modern office life«. Im Anschluss an ihren Brief wird die E-Mail-Korrespondenz zwischen ihr und dem Bewerber David Brent abgedruckt, in der die Kooperation vereinbart wird (vgl. Gervais/Merchant 2002).

TIM
You know, as I said at the time, when I asked Dawn out, I didn't ›ask her out‹; I asked her out as a friend, you know. I felt sorry for her because she was having trouble with Lee at the time and it was... No, it wasn't like a, you know – under different circumstances, then sure, something may have happened – but she's going away now, you can't act... You can't change circumstances, you know...
He trails off and falls silent for a moment.
TIM
Sorry, excuse me...
Tim suddenly gets up and walks out of the frame. The camera begins to move – it's obviously being lifted off its tripod. The cameraman hastily follows Tim, who is striding purposefully down a corridor. He approaches Dawn at reception. (Ebd. 248)

Der (inszenierte) Live-Charakter wird dadurch auf die Spitze getrieben, dass Tim nicht nur sein unsichtbares Gegenüber direkt anspricht (»Sorry, excuse me...«), sondern das Interview abrupt beendet und den Raum verlässt. Das Geschehen wird von nun an von einer mobilen Handkamera aufgezeichnet, die Tim folgt, so dass der Eindruck einer spontanen, unvorhergesehenen Situation entsteht. Die unmittelbare Wirkung dieses Konventionsbruchs sowie der Kameraführung in dieser Szene ist die Steigerung der ohnehin schon über zwölf Episoden aufgebauten Spannung: Was wird Tim zu Dawn sagen, und wie wird sie reagieren? Die nun noch stärker dokumentarisch erscheinende Kamera verspricht schnelle Aufklärung, doch der Film spielt nochmals mit den etablierten Erzählkonventionen, indem Tim Dawn in ein nur durch ein Fenster einsehbares Besprechungszimmer bittet und dann – für die Kamera sichtbar – als erste und einzige Figur der Sitcom sein Ansteckmikrofon entfernt. Damit ist einer der wichtigsten und mit Spannung erwarteten Dialoge der ganzen zweiten Staffel für das imaginäre Produktionsteam wie für die Fernsehzuschauer plötzlich nur zu sehen, aber nicht zu hören: Der Onscreen-Sound verstummt völlig. Die Regieanweisungen dokumentieren diesen retardierenden Effekt:

Tim unhooks his interview microphone and the sound from inside the meeting room disappears. We see Tim saying something to Dawn. We cannot hear what is being said. Dawn puts her arms round him and hugs him, then she says something in response.
Pause.
They both emerge from the meeting room but we cannot see their faces. Tim walks past the camera and we follow him to his desk. He realises that he hasn't got his microphone on. He clips it back on and lifts the mic to his mouth.
TIM
She said no, by the way. (Ebd. 248f.)

Die im Drehbuch markierte Pause entfaltet in der Inszenierung eine besondere Wirkung: Im sprachfixierten Genre der Sitcom, das von Gags, Wortspielen und witzigen Erwiderungen lebt, ist das Verstummen des On-screen-Sound ein Konventionsbruch. Dass dabei durch Tims Verhalten (das Abnehmen und Anstecken des Mikrofons sowie das theatralische Hineinsprechen zum Ende der Szene) die Aufmerksamkeit auf die komplexe Kommunikationssituation gelenkt wird, bewirkt einen Metaisierungseffekt im Sinne von Wolf (2007). Die dominante Wirkung ist jedoch nicht Illusionsstörung, sondern vielmehr eine Bekräftigung des (vermeintlich) nicht-fiktionalen, dokumentarischen Charakters der ›Aufzeichnung‹.

Abschließend sei noch anzumerken, dass die oben untersuchte Szene in der Schlussepisode von *The Office* nicht nur formal, sondern auch thematisch mit den Konventionen der Sitcom spielt: ›Echte‹ Gefühle und vor allem tragische Momente (immerhin hat Tim mehrfach unter Beweis gestellt, dass er der bessere Partner für Dawn wäre) haben in diesem Genre keinen Platz bzw. werden grundsätzlich sofort durch eine witzige Wendung im Dialog oder in der Handlungsführung relativiert und komisch perspektiviert. Eine solche Auflösung durch *comic relief* bleibt hier aus. Stattdessen erlauben sich Gervais und Merchant zum Abschluss ihrer Erfolgsserie neben dem formalen Experiment auch einen inhaltlichen Verstoß gegen die Gattungskonventionen, der das innovative Potenzial der Produktion nachdrücklich unterstreicht und deutlich macht, wieso dieser Sitcom eine Vielzahl von Preisen und Auszeichnungen zuteil wurde.[16]

---

16 Im Jahr 2004 brach *The Office* alle Rekorde, da die Serie bei den Golden Globes als erste nicht-amerikanische Produktion in der Kategorie ›Best Television Series – Musical or Comedy‹ und Hauptdarsteller Ricky Gervais als erster Ausländer in der Kategorie ›Best Performance by an Actor in a Television Series – Musical or Comedy‹ nominiert wurde. *The Office* gewann beide Preise und setzte sich damit unerwartet, aber verdient gegen die hochkarätige amerikanische Konkurrenz von *Sex and the City*, *Will and Grace* und *Friends* durch. Zu den zahlreichen Auszeichnungen zählten der British Comedy Award für ›Best New TV Comedy‹ (2000), der South Bank Comedy of the Year Award (2001), BAFTA Awards in den Kategorien ›Best New Comedy Series‹ und ›Best Comedy Actor‹ (2002), British Comedy Awards (2002) sowie der Preis in der Kategorie ›Situation Comedy and Comedy Drama‹ der Royal Television Society Programme Awards (2003).

5. Fazit: Ansätze einer diachronen Narratologie des Fernsehens

Das in diesem Beitrag exemplarisch analysierte Zusammenspiel von Gattungskonventionen, Hör- und Sehgewohnheiten erscheint aus der Perspektive einer rezeptionsorientierten Fernsehnarratologie deshalb besonders interessant, weil die Tonspur in der Regel in der Rezeption weniger bewusst wahrgenommen wird als das Bild bzw. die durch das Zusammenspiel von Ton und Bild evozierte Atmosphäre einer Szene. Dabei ist davon auszugehen, dass sich auch in Fernseherzählungen ein Wandel der Hörkonventionen nachweisen lässt, der eng mit der Entwicklung der Bildsprache, des Schnitts und der Kameraführung zusammenhängt. Die diachrone und vergleichende Analyse der Formen und Funktionen von Tonspuren stellt für die Film-, insbesondere aber für die Fernsehnarratologie ein bislang weitgehend unerschlossenes Untersuchungsfeld dar, das zur weiteren Entwicklung der von Allrath, Gymnich und Surkamp initiierten Fernsehnarratologie beitragen kann.

In dem vorliegenden Beitrag wurden zwei Beispiele für das Erzählen in der Sitcom analysiert, in denen die auditive Informationsvermittlung eine besondere Rolle spielt. Die Beispielanalysen stellen die Produktivität von Chatmans Unterscheidung zwischen On-screen-Sound und Off-screen-Sound unter Beweis: Während in den klassischen Varianten des Genres zentrale Funktionen des Off-screen-Sound – des (extradiegetischen) Lachens – in der Kohärenzstiftung und Rezeptionslenkung sowie der Aktivierung des Theater-Frame zu sehen sind, zeigen die experimentellen Ton-Bild-Relationen neuerer Sitcoms (neben *The Office* wäre hier sicher auch *Extras* zu nennen), dass auch die Fernsehkomödie an jenem Trend zur Selbstreflexivität teilhat, den die Beiträge in Hauthal/Nadj/Nünning/Peters (2007a) als Metaisierung bezeichnen.

In der Einleitung zu dem genannten Band wird zu Recht hervorgehoben, dass sich metaisierende Elemente nicht mit Illusionsstörung gleichsetzen lassen (vgl. Hauthal/Nadj/Nünning/Peters 2007b: 5). Diese These bestätigt sich durch die Analyse von *The Office* – Gattungsparodien und Konventionsbrüche sind gerade in der Komödie Teil einer Gesamtillusion, auf die sich die Zuschauer im Rahmen der *willing suspension of disbelief* bereitwillig einlassen. In der Tat zeigt sich gerade am Beispiel der Fernsehkomödie, dass der intendierte und erwartete Effekt, das Lachen mit dem Publikum im Off über die Figuren auf der Bühne als Spiegel des Selbst vor dem Fernseher, stets im Vordergrund steht und dass Metareferenzen im Rahmen einer Gattungsparodie die Illusionsbildung noch verstärken können.

Literatur

Alley, Robert S./Brown, Irby B. (1990): *Murphy Brown. Anatomy of a Sitcom*, New York.
Allrath, Gaby/Gymnich, Marion (Hg.) (2005): *Narrative Strategies in Television Series*, Basingstoke/New York.
Allrath, Gaby/Gymnich, Marion/Surkamp, Carola (2005): »Introduction: Towards a Narratology of TV Series«. In: Allrath/Gymnich (2005), S. 1-43.
Berman, Garry (1999): *Best of the Britcoms. From ›Fawlty Towers‹ to ›Absolutely Fabulous‹*, Dallas.
Bordwell, David (1985): *Narration in the Fiction Film*, London.
Chatman, Seymour (1990): *Coming to Terms. The Rhetoric of Narrative in Fiction and Film*, Ithaca/London.
Esslin, Martin (1972): *Jenseits des Absurden. Aufsätze zum modernen Drama*, Wien.
Feuer, Jane (2001): »Situation Comedy Part 2«. In: Glen Creeber/Toby Miller/John Tulloch (Hg.), *The Television Genre Book*, London, S. 67-70.
Gervais, Ricky/Merchant, Stephen (2002): *The Office: The Scripts, Series 1*, London.
Gervais, Ricky/Merchant, Stephen (2003): *The Office: The Scripts, Series 2*, London.
Gymnich, Marion (2007): »Meta-Film und Meta-TV: Möglichkeiten und Funktionen von Metaisierung in Filmen und Fernsehserien«. In: Hauthal u.a. (2007a), S. 127-154.
Hartley, John (2001): »Situation Comedy Part 1«. In: Glen Creeber/Toby Miller/John Tulloch (Hg.), *The Television Genre Book*, London, S. 65-66.
Hauthal, Janine/Nadj, Julijana/Nünning, Ansgar/Peters, Henning (Hg.) (2007a): *Metaisierung in Literatur und anderen Medien. Theoretische Grundlagen, historische Perspektiven, Metagattungen, Funktionen*, Berlin/New York.
Hauthal, Janine/Nadj, Julijana/Nünning, Ansgar/Peters, Henning (2007b): »Metaisierung in Literatur und anderen Medien: Begriffsklärungen, Typologien, Funktionspotentiale und Forschungsdesiderate«. In: dies. (2007a), S. 1-21.
Lewis, Jon E./Stempel, Penny (1998): *Cult TV. The Comedies. The Ultimate Critical Guide*, London.
Marc, David (1997): *Comic Visions. Television Comedy and American Culture*, 2. Aufl., Malden.

McCann, Graham (2002): *Dad's Army: The Story of a Classic Television Show*, London.

Mikos, Lothar (2003): *Film- und Fernsehanalyse*, Konstanz.

Scheffel, Michael (Hg.) (2005): Themenheft ›Erzählen: Theorie und Praxis‹. *Der Deutschunterricht*.

Sommer, Roy (2005): »Erzählen im Fernsehen: Der Nutzen erzähltheoretischer Modelle für die Fernsehanalyse«. In: Scheffel (2005), S. 59-68.

Sommer, Roy (2006): »Initial Framings in Film«. In: Werner Wolf/Walter Bernhart (Hg.), *Framing Borders in Literature and Other Media*, Amsterdam/New York, S. 383-406.

Sommer, Roy/Zerweck, Bruno (Hg.) (2005): Themenheft ›Teaching TV‹. *Der Fremdsprachliche Unterricht Englisch*.

Wolf, Werner (2007): »Metaisierung als transgenerisches und transmediales Phänomen: Ein Systematisierungsversuch metareferentieller Formen und Begriffe in Literatur und anderen Medien«. In: Hauthal u.a. (2007a), S. 25-64.

Musik

JAZZ ERZÄHLT – NARRATIVITÄT ZWISCHEN KONSTRUKTION UND IMPROVISATION IN JAZZFILMMUSIK DER 1950ER JAHRE

LARS OBERHAUS

> »Jazz is a way of creation that is greater than the
> genre of music itself.« (Miles Davis)

Einleitung

In der europäischen und amerikanischen Filmmusik der 1950er und 1960er Jahre wird auffällig viel Jazz verwendet. Die Sekundärliteratur thematisiert in diesem Zusammenhang dessen geschichtliche und soziale Wurzeln (vgl. Kloppenburg 2000: 130). So wird seit *Endstation Sehnsucht* (*A Streetcar Named Desire*) Jazz klischeehaft mit urbanem Lebensgefühl und gesellschaftlichen Randbereichen (Gewalt und Drogen) assoziiert. Musik dient zur atmosphärischen Grundierung des Films. Die schnellen Tempi und raschen Harmoniewechsel im Bebop und Cool Jazz symbolisieren das hektische Großstadtleben sowie die (gestörten) menschlichen Beziehungen. Dabei wird übersehen, dass die Verwendung von Jazzmusik über die bloße atmosphärische Verdichtung hinausgeht und erzählerische Dimensionen besitzt.

Im Folgenden sollen zunächst das Spannungsverhältnis von Musik und Erzählen sowie grundlegende filmmusikalische Funktionen vorgestellt werden. Anschließend werden narrative Aspekte von Jazzfilmmusik anhand zweier Beispiele aufgezeigt.

Erzählende Musik

Die Frage, ob, was und wie die Musik erzählt, ist letztlich so alt wie die Musik selbst und führt in das Innerste der Musik, nämlich zu ihrer ästhetischen Sinnhaftigkeit. Ist Musik Selbstzweck? Reagiert sie auf sozialhistorische Veränderungen, bildet sie die Realität ab, ermöglicht sie die

Verstärkung sinnlicher Reize, stellt sie ästhetische Erfahrungen bereit? Ohne hier eine eindeutige Antwort auf diese Fragen geben zu können, wurde Musik als ›Spezialästhetik‹ innerhalb der Rangfolge der Künste entweder auf- oder abgewertet. Die Musik ist nach Schopenhauer »im Wesen der Dinge und des Menschen gegründet« (Schopenhauer 1977 [1844]: 537), wobei Jean-Paul Sartre Musik als »eine schöne Stumme« (Sartre 1968: 7) betrachtet, die auf die Begrifflichkeit und Logik der Wortsprache verzichten muss. Auch Georg W. F. Hegel wertet Musik als »die Kunst des Gemüts« ab, denn »ihr Inhalt ist das an sich selbst Subjektive, und die Äußerung bringt es gleichfalls nicht zu einer räumlich bleibenden Objektivität« (Hegel 1987 [1838]: 443). Musik steht somit im Spannungsfeld zwischen Formal- und Inhaltsästhetik, indem sie entweder auf außermusikalische Bezüge verweist oder als »tönend bewegte Form« (Hanslick 1965 [1854]: 32) auf sich selbst angewiesen bleibt.

Diese gegensätzlichen musikästhetischen Zuschreibungen finden sich auch im Bereich ›Musik und Erzählen‹ wieder. So lassen sich aus sprachwissenschaftlicher Perspektive zwei ›konkurrierende Lager‹ von Befürwortern und Kritikern ›erzählender Musik‹ ausmachen. In der Kontroverse wird auf der einen Seite angenommen, dass Musik unter allen künstlerischen Medien »wohl am wenigsten mit Narrativität zu tun hat« (Wolf 2002: 77). Als schlagkräftiges Argument wird hierbei auf das »semiotische Problem musikalischer Referenz« (ebd.) verwiesen. Musik kann sich als Tonsprache ausschließlich auf sich selber beziehen (Selbstreferenz) und nicht über sich hinausweisen (Heteroreferenz). Die Beliebigkeit von Sinnzuschreibungen führt dazu, dass letztlich jede Musik narrativ gelesen werden könnte. So behauptet Jean-Jacques Nattiez: »In itself [...] music is not a narrative and [...] any description of its formal structures in terms of narrativity is nothing but a superfluous metaphor« (Nattiez 1990: 257).

Auf der anderen Seite wird euphorisch die Erzählfunktion in Bezug auf programmatische musikalische Bezüge (z.B. Beethoven: *Pastoralsinfonie*, Paul Dukas: *Der Zauberlehrling*), auf die sprachähnliche formale Anlage (Gegensätze, Dialog, Entwicklung) und nicht zuletzt auf die Zeitlichkeit der Musik als narrative Grundbedingung par excellence hervorgehoben.[1] So wird aus erzähltheoretischer Perspektive die zeitliche Zuspitzung musikalischer Ereignisse auf einen Höhepunkt im Sinne der ›Plot-Funktion‹ aufgegriffen: »In instrumental music one can see musical

---

1 Vgl. z.B. Newcomb (1987); Nattiez (1987; 1990). Besonders die Sonatenhauptsatzform lässt sich im Rahmen der dialektisch motivierten Entwicklung (Exposition – Durchführung – Reprise) als Erzählung betrachten.

events as tracing, or implying at any given moment, a paradigmatic plot« (Newcomb 1987: 167).²

Bereits in der barocken Affektenlehre (Figurenlehre) wurden festgelegte musikalische Floskeln als Seelenzustände gelesen. ›Seufzer‹ (Sekundvorhalte), abwärts geführte Chromatik (passus duriusculus), aber auch Ton- und religiöse Zahlensymbolik (Kreuzmotiv, die Zahl Zwölf) sowie Tonbuchstaben (B-a-c-h) stehen für verschlüsselte semiotische Botschaften der über die Musik hinausweisenden kompositorischen Anlage.³ Aus musikwissenschaftlicher und -pädagogischer Sicht liegt hierbei die Gefahr nahe, erzählerische Potenziale von Musik zu banalisieren, so dass Moll für ›Trauer‹, tiefe Töne für ›Donner‹ und schnelles Tempo für ›Hektik‹ stehen, was sich aus der musikimmanenten Struktur keinesfalls ableiten lässt. Aus diesen zum Teil lächerlichen Zuschreibungen, die übrigens hartnäckig in den Köpfen und Ohren verankert sind, lassen sich nur schwerlich komplexe Erzählungen in Form sich entwickelnder Handlungszusammenhänge ableiten. Als Kontrast zu den trivialen Deutungsmustern initiiert ein Überschuss an Deutungsmöglichkeiten »narrative Impulse« (Nattiez 1987: 128), die zwar keine konkreten und intersubjektiv verallgemeinerbaren, aber zumindest individuelle und mehrdeutige Erinnerungen an Erzählsituationen hervorrufen.

Im Hinblick auf eine Annäherung der beiden konträren Positionen wäre auf Adornos Aussage über die Musik Mahlers hinzuweisen, nämlich dass »Musik ohne Erzähltes erzähle« (Adorno 1960: 106). Sie ermögliche narrative Erlebnisqualität und eine sich in der Zeit entfaltende potenzielle Sinnhaftigkeit. Aber die fehlende Präzision der Referenz verhindert die Entfaltung einer für das Erzählen so notwendigen auf Spezifisches abzielenden präzisen Darstellungsqualität. »Music is not a narrative, but an incitement to make a narrative« (Nattiez 1987: 127). Sie kann nicht narrativ sein, besitzt aber aufgrund der Bereitstellung von Zeit, Dramatik, Struktur und Stimuli das Potenzial zur Narrativierung.⁴

---

2   In ähnlicher Weise argumentiert auch Neubauer: »Though instrumental music is incapable of narrating, it can enact stories: it can show even if it cannot tell, it can suggest plots« (Neubauer 1997: 119). Vgl. auch Chatman (1978).
3   Die Tonsymbolik findet sich auch in der Romantik bei Robert Schumann, der z.B. im *Carnaval* mit Tonchiffren als einer Art Geheimsprache arbeitet.
4   Vgl. auch Wolf (2002: 85). In der Vokalmusik finden sich besondere erzählerische Voraussetzungen, da Text und Bedeutung vorgegeben sind.

Verfahrensweisen der narrativen Verbindung von Musik und Film

Durch die Kopplung der Musik an bewegte Bilder (Film) wird ihr Erzählpotenzial durch die Referenz auf die Bildebene konkretisiert und intensiviert. Da Musik »ihrer Natur nach immer zweischichtig ist, da sie durch sich jeweils zugleich auf etwas von ihr verschiedenes« (Lissa 1965: 115) verweist, ist die von Andreas Solbach angeführte Ebene einer »bezuglosen«, »inhaltsleeren«, »unspezifischen« (Solbach 2004: 12) Musik nicht haltbar. Alles Erklingende im Film, auch das ›Unpassende‹, besitzt funktionale Bedeutung und kann niemals ›leer‹ sein (vgl. ebd.).[5]

Die musikalischen Verfahrensweisen im Film lassen sich in zwei Strategien (›Underscoring‹ und ›Mood-Technique‹) und eine Kompositionsweise (›Leitmotivtechnik‹) zusammenfassen. Grundlage der Differenzierung ist dabei die Beziehung der Musik zum Filminhalt.

1. *Underscoring* verdeutlicht die Untermalung des Sichtbaren mit illustrierender Musik. Bewegungen werden musikalisch unterlegt und verstärken bzw. unterstützen den Bildinhalt.[6] Hierbei können auch nichtsichtbare bzw. noch-nicht-sichtbare und nicht-mehr-sichtbare Bildinhalte angedeutet werden.

2. *Mood-Technique* dient dazu, die emotionale Wirkung einer Szene zu verstärken. Diese Technik ist nicht an das Bildgeschehen gekoppelt, sondern grundiert eine ganze Szene mit einer stimmungsmäßigen musikalischen Einfärbung.

3. Durch die *Leitmotivtechnik* werden Personen, Gegenstände oder Begebenheiten der Handlung mit einem markanten musikalischen Motiv versehen, das im Verlauf des Films wiederkehrt.[7] Die Wiederholung ermöglicht das In-Beziehung-Setzen von Ereignissen, ohne das Gemeinte

---

5   Demnach gibt es auch keine ›schlechte Filmmusik‹, bei der »der Zuschauer Langeweile und Ekel« (Solbach 2004: 16) empfindet. Genauso wenig besitzt ›gute Filmmusik‹ einzig die Funktion ›Attention‹ zu erzeugen. Film und Musik gehen vielmehr eine vielschichtige Verbindung ein, die nicht zu trennen ist.

6   Underscoring ist keineswegs plakativ. Filmmusikkomponisten wie Erich Wolfgang Korngold entwerfen z.B. subtile Nachahmungen von Bewegungsabläufen.

7   Die Leitmotivtechnik verweist auf die Kompositionsästhetik Richard Wagners und wurde im Film besonders durch Max Steiner (*King Kong*, 1933; *The Informer*, 1935) perfektioniert. Aus heutiger Sicht sind besonders die filmmusikalischen Arbeiten von Howard Shore (die *Lord of the Rings*-Filme) und John Williams (die *Star Wars*-Filme) hervorzuheben.

sichtbar werden zu lassen. Dazu gehört auch das Anzeigen von Befindlichkeits- und Situationsveränderungen durch Variation musikalischer Motive (Augmentation/Diminution, Tempo, Arrangement).

Alle drei Verfahrensweisen lassen sich nicht strikt voneinander trennen. So kann eine Musik des Underscoring immer auch an spezifische leitmotivische Mittel gekoppelt sein. Die Leitmotivtechnik besitzt zweifellos das deutlichste narrative Potenzial, da sie komplexe semantische Verweisungszusammenhänge herstellen kann. Die Wiederkehr eindeutig konnotierbarer Motive in jeweils unterschiedlichen Situationen ermöglicht die Konstruktion einer oftmals indirekten Erzählweise. Aber auch die direkte Verbindung zwischen Musik und Bild in den Verfahren des Underscoring und der Mood-Technik sollte im Rahmen der narrativen Verstärkung von Bild und Sprache gesehen werden.

Im Bereich sprachwissenschaftlicher Forschungen wird oftmals auf das Verhältnis von Hintergrundmusik und erklingender Musik im Film und auf die Begriffe intra-/extradiegetisch bzw. homo-/heterodiegetisch verwiesen.[8] Diese stehen in einem filmästhetischen Kontext, da sie von der französischen Filmwissenschaftlerin Anne Souriau um 1950 verwendet wurden.[9] Diegese (erzählte Welt) und Diegesis (dichterische Darstellung einer Welt) bezeichnen das ›raumzeitliche Universum‹, das ein narrativer Text, ein Drama oder ein Film eröffnen, »l'univers d'une œuvre, le monde qu'elle évoque et dont elle représente une partie« (Souriau 1990: 581).

Die Berücksichtigung der filmmusikalischen Funktion liegt v.a. in der damit verbundenen Zuschreibung der Erzählperspektive (vgl. Solbach 2004). Die zentrale Grundfrage lautet, ob Filmmusik Teil der filmischen Wirklichkeit ist (intradiegetisch) oder ob sie weitestgehend untermalt (extradiegetisch). Andreas Solbach parallelisiert z.B. die intradiegetische Musikverwendung mit einem homodiegetischen und die extradiegetische mit einem heterodiegetischen Erzähler. Intradiegetische Musik unterliegt den Gesetzen der dargestellten Welt, »während die extradiegetische Musik sich anscheinend von der Macht eines auktorialen Erzählers herschreibt« (ebd. 8).

Bereits diese Typologie macht deutlich, dass sich zwischen Filmnarratologie und Filmmusikanalyse viele strukturelle Ähnlichkeiten ergeben,

---

8 Vgl. etwa Genette (1998); Levinson (1996); Solbach (2004).
9 Der Ausdruck wurde 1950 anlässlich einer universitären Veranstaltung von Anne Souriau entwickelt und ein Jahr später explizit von ihrem Vater verwendet (vgl. Souriau 1990: 581). Die Unterscheidung lehnt sich an Platons Unterscheidung von Mimesis und Diegesis (Zeigen und Sagen) in der *Politeia* an.

ohne dass die beiden Disziplinen eine einheitliche Terminologie verwenden. So deuten in der Filmmusikanalyse die selbsterklärenden Begriffe On und Off die grundlegende Unterscheidung zwischen intra- und extradiegetisch an.[10]

Für die Zukunft wäre eine Annäherung von Narratologie und Filmmusikanalyse im Hinblick auf die terminologische Fundierung sowie die Berücksichtigung interdisziplinärer Strukturen wünschenswert.

Funktionale Erzählverfahren in der Filmmusik

Neben den oben aufgeführten drei Verfahrensweisen wird Filmmusik funktional eingesetzt, um die Wahrnehmung des Zuschauers bzw. Zuhörers zu steuern. »Music must completely and fully serve the film. It must complement and amplify the emotional text and subtext of the film« (Karlin 1994: 78). Im Rahmen der Funktionalisierung von Filmmusik lassen sich drei Ansätze zusammenfassen, die verstärkt auf die narrative und semiotische Bedeutung von Filmmusik eingehen. Zofia Lissa stellte als eine der Ersten eine ausführliche Liste von primär emotionalen Funktionalisierungen zusammen, ohne Bezüge zur erzählerischen Dimension von Musik zu berücksichtigen:

»Musikalische Illustration, Musik als Unterstreichung von Bewegung, musikalische Stilisierung von Geräuschen, Musik als Repräsentation des dargestellten Raumes, Musik als Repräsentation der dargestellten Zeit, Deformation des Klangmaterials, Musik als Kommentar im Film, Musik in ihrer natürlichen Rolle, Musik als Ausdrucksmittel psychischer Erlebnisse, Musik als Zeichen von Wahrnehmungen, Musik als Mittel der Repräsentation von Erinnerungen, Musik als Widerspiegelung von Phantasievorstellungen, Musik als Mittel zur Aufdeckung von Trauminhalten, Musik als Mittel zur Aufdeckung von Halluzinationen, Musik als Mittel zum Ausdruck von Gefühlen, Musik als Zeichen von Willensakten, Musik als Grundlage der Einfühlung, Musik als Symbol, Musik als Mittel zur Antizipierung des Handlungsinhaltes, Musik als formal einender Faktor« (Lissa 1965: 115).

---

10 Fälschlicherweise werden für die Unterscheidung oftmals die von Hans Erdmann bereits 1927 verwendeten Begriffe Handlungsmusik (Inzidenz) und Ausdrucksmusik (Expression) angeführt. Während die Ausdrucksmusik den Gefühlsausdruck der Szene unterstreicht und hinsichtlich der Intensität (lyrisch, dramatisch) eingesetzt werden kann, dient die Handlungsmusik dazu, »Vorstellungen von Ort, Zeit und Gelegenheit zu erwecken« (Becce/Erdmann 1927: 40).

Hansjörg Pauli (1976; 1981) fasste die komplexe Liste von Lissa in drei elementare Grundfunktionen zusammen.[11] ›Paraphrasierung‹ umschreibt die musikalische Mitgestaltung der sichtbaren Bewegungsabläufe oder Stimmungen, ähnlich dem Underscoring. ›Polarisierung‹ beinhaltet die eindeutige musikalische Bedeutungsaufladung neutraler Bildinhalte und *Kontrapunktierung* verweist auf die Kopplung eines Bildinhalts mit gegenläufiger musikalischer Stimmung.[12] Paulis Gliederung hilft bei der systematischen Einteilung von Filmmusik, sieht aber keine Querverweise zu zeitlich versetzten und sich aufeinander beziehenden Szenen vor. Allerdings wird anhand dieser Einteilung am ehesten eine ›narrative Haltung‹ deutlich, indem die Filmstory sozusagen musikalisch glaubwürdig (paraphrasierend), eindeutig (polarisierend) oder gegenläufig (kontrapunktierend) erzählt wird.

Aus erzähltheoretischer Perspektive sind v.a. die filmmusikalischen Untersuchungen von Helga de la Motte-Haber hervorzuheben, die sich um eine Erweiterung der dramaturgischen und syntaktischen Funktionen bemüht (vgl. de la Motte-Haber/Emons 1980). Bezug nehmend auf Christian Metz' ›Semiologie des Films‹ hat sie eine Art grammatikalisches Grundvokabular entwickelt, mit dem die gliedernden und abgrenzenden Aufgaben der Musik untersucht (1.-4.) und anschließend ihre zusammenfassenden Aufgaben aufgelistet werden (5.-9.):

»1.) Musikeinsatz als Verdeutlichung eines Sequenzabschlusses, 2.) Musikeinsatz als Verdeutlichung eines Schnitts, 3.) Musikeinsatz als Verdeutlichung von Überblendungen, 4.) Musikeinsatz als Verdeutlichung von Rückblenden, 5.) Musik als Entschärfung von Montagen, 6.) Musik als akustischer Zusammenhalt zweier Sequenzen, 7.) Integration von Übergängen durch Anpassung an Geräusche, 8.) Integration von Ort, Zeit und Handlung durch wechselnde Melodik über gleichbleibender Harmonik als Mittel der Kontrastminderung« (ebd. 191ff.).

Diese Systematik liegt heute jeder angemessenen filmmusikalischen Untersuchung zugrunde und ist auch für die Erzähldimensionen der Musik bedeutsam, da hier die Referenz von Musik und Bild wieder aufgegriffen wird.[13] Anhand der aufgestellten Verfahrensweisen und Funktionen von Filmmusik lässt sich die Integration spezifischer Musikstile, wie z.B. Jazz, analysieren.

---

11 Pauli hat seine Einteilung 1981 revidiert und als unzureichend klassifiziert.
12 Die Möglichkeit der Nichtübereinstimmung zwischen Musik und Filmgeschehen wird von Schneider (1986) weiter ausdifferenziert.
13 Das gilt auch für die hier nicht näher ausgeführten Überlegungen von Aaron Copland (vgl. Prendergast 1992: 213-226).

Jazz erzählt

Die musikgeschichtliche Entwicklung von Jazz ist komplex und vielschichtig. An dieser Stelle soll daher ein kurzer Überblick über wesentliche musikalische und historische Zusammenhänge gegeben werden.[14]

Jazz ist ein ›musikalisches Zwitterwesen‹ zwischen Kunst- und Popularmusik. Demzufolge ist dieser Musikstil immer wieder aus unterschiedlicher Perspektive geschätzt oder kritisiert worden. So wurde entweder seine Relevanz für die Entwicklung der Popmusik sowie der Neuen Musik hervorgehoben oder aber Jazz als ›Negermusik‹ deklassiert.[15] Jazz ist charakterisiert durch 1. ein bestimmtes Verhältnis zur musikalischen Zeit (Swing, Offbeat), 2. ein konstitutives Spannungsverhältnis zwischen Komposition und Improvisation und 3. durch ein Konzept des Musizierens, dass die Pole Spontaneität, Individualität und Kollektivität umfasst.

Von grundlegender Bedeutung ist dabei der sozialhistorische Hintergrund des Jazz: Die Ursprünge liegen in den Worksongs der farbigen Sklaven, die sich mit einfachen Gesängen die Arbeit erleichtern und mit Spirituals bzw. Gospels mittels symbolischer Botschaften auf ihre desolate Lage aufmerksam machen wollten. Erst im Swing der 1930er Jahre wandelte sich das Bild. Jazz wurde als ›Tanzmusik der Weißen‹ akzeptiert. Dennoch bleibt der Jazz in seiner weiteren Entwicklung im Grunde ›Musik der sozialen Grenzbereiche‹, auch wenn er durchaus populär wurde und sich heutzutage längst etabliert hat. Jazz ist somit sozialhistorisch gesehen eng an Topoi wie ›schlechte Lebensbedingungen‹, ›Drogen‹, ›urbanes Lebensgefühl‹ und ›Protest‹ gebunden.

Jazz im Film

Als musikalisches Mittel im Film wird Jazzmusik zum ersten Mal 1935 in *Der Verräter* (*The Informer*) von Max Steiner eingesetzt. Grundlegendes Ziel ist es, die an Jazzmusik gekoppelten sozialen Tabus (Leid, Arbeit, Drogen, Gewalt) zu verdeutlichen. Der Einsatz ist an eine Metaebene gebunden, da die Musik im Film auf eine sozialhistorische Bedeutung verweist. Diese Kopplung von Jazz mit einem bestimmten Lebensgefühl wird im Laufe der Filmgeschichte von vielen Komponisten nicht nur aufgegriffen und weiter ausdifferenziert, sondern auch ideologisch ›miss-

---

14 Zur Geschichte des Jazz vgl. z.B. Behrendt (1999); Jost (2003).
15 Vgl. z.B. Theodor W. Adornos negative Bewertung des Jazz und des Jazzhörers.

braucht«. Der Filmkomponist Elmar Bernstein sucht z.b. nach einer soziologisch bedeutenden Filmmusik,

»in which jazz elements were incorporated toward the end of creating an atmosphere, a highly specialized atmosphere specific to this film. [...] There is something very American and contemporary about all the characters and their problems. I wanted a musical element that could speak readily of hysteria and despair, an element that would localize these emotions to our country, to a large city if possible, ergo – jazz« (Elmar Bernstein, zit. nach Marmorstein 1997: 205).

Besonders plakativ wird dieses Mittel im Film *Endstation Sehnsucht* (*A Streetcar Named Desire*, 1951; Regie: Elia Kazan; Musik: Alex North) eingesetzt. Die Musik dient zur Charakterisierung der Stadt New Orleans, der Geburtsstätte des Jazz. Die klangliche Idiomatik ist dabei von Beginn an auf Konflikte angesetzt und verrät bereits im Vorspann durch dissonante Sekundvorhalte in den Streichern das dekadente Leben in der Großstadt. North unterlegt »die Liebesszenen mit herkömmlicher romantischer Streicher-Symphonik« und »die Passagen, in denen die sexuelle Spannung zwischen den beiden Protagonisten Blanche und Stanley deutlich wird, dagegen mit Jazz bzw. jazzorientierter Musik« (Schudack 1995: 115). Auch wenn die Musik »sehr überzeugend« (Kloppenburg 2000: 131) eingesetzt wird, bleiben deren stereotype Anwendung und das daran gebundene ideologische Konzept durchaus fragwürdig. Solche Stilisierungen tragen wesentlich dazu bei, dass Jazz seit den 1950er Jahren zur klischeehaften Veranschaulichung niedriger Lebensumstände missbraucht wird und so gleichsam zur Popularisierung oder ablehnenden Haltung beiträgt.

Nicht ohne Grund findet sich Jazzfilmmusik zunächst in Sozialdramen, wie z.B. in *Die Faust im Nacken* (*On the Waterfront*, 1954; Regie: Elia Kazan; Musik: Leonard Bernstein), und anschließend in Kriminalfilmen, wie z.B. *Fahrstuhl zum Schafott* (*Ascenseur pour l'échafaud*, 1958; Regie: Louis Malle; Musik: Miles Davis) oder *Anatomie eines Mordes* (*Anatomy of a Murder*, 1959; Regie: Otto Preminger; Musik: Duke Ellington).[16] In allen Filmen korrespondiert die wertende Funktion von Jazz weitestgehend mit dem ›Social Problem Film‹ der 1950er Jahre. Mit Tabuthemen (›Sex & Crime‹) wurden Jugendliche in Kinos ›gelockt‹, um der beginnenden Allmacht des Fernsehens in den Privathaushalten entgegenzuwirken.

---

16 Vgl. auch *Wenig Chancen für Morgen* (*Odds against Tomorrow*, 1959; Regie: Robert Wise; Musik: Modern Jazz Quartett).

Die klischeehafte Verwendung von Jazz als »musikalische[m] Äquivalent für Sexualität, Drogenabhängigkeit und Gewalt« (Motte-Haber/ Emons 1980: 134) findet sich auch später und vornehmlich in Kriminalfilmen, wie z.B. in *Bullit (*1968), *Chinatown* (1974) oder im Trailer zu *Tatort* (ab 1970). Bis heute wird immer wieder explizit auf die filmmusikalischen Möglichkeiten hingewiesen, mittels Jazz »soziale Unterschichten musikalisch zu beschreiben« (Kloppenburg 2000: 130).[17]

Auffällig erscheint in diesem Zusammenhang, dass die Etikettierung von Jazzfilmmusik als atmosphärische Verdichtung und Kommentierung urbanen Lebensgefühls bis heute ohne Widersprüche akzeptiert wird. Es gibt keine Kritik am musikalischen Klischeebild und dessen ideologischem Missbrauch. Im Folgenden soll daher anhand verschiedener Filmbeispiele bewusst eine Gegenposition aufgestellt und die narrative Funktion von Jazzfilmmusik als grundlegendes filmästhetisches Paradigma hervorgehoben werden.

Die Faust im Nacken (1954) – Konstruiertes Erzählen

Die Faust im Nacken setzt sich mit den Problemen zwischen Hafenarbeitern und gewerkschaftlicher Organisation in den USA auseinander. Der Regisseur Elia Kazan legt in seinem ›Soziothriller‹ große Sorgfalt auf eine Milieustudie samt der Darstellung sozialen Pathos. Die Filmmusik soll nach Meinung des Regisseurs die desolate Lebenssituation der Hafenarbeiter und die kriminellen Machenschaften der Gewerkschaften nachzeichnen. Dieses Vorhaben erläutert der Regisseur dem Komponisten und Dirigenten Leonard Bernstein (1918-1990), der zum ersten und letzten Mal für den Film arbeiten sollte. Bernstein greift als Grenzgänger zwischen verschiedenen Musikstilen die Idee von Kazan auf. Der Einsatz von sinfonischem Jazz erfolgt aber aus anderen Gesichtspunkten: »It is all jazz, and I love it, because it is an original kind of emotional expression, in that it is never wholly sad or happy« (Bernstein 1959: 94).[18] Der Filmkomponist hebt, im Widerspruch zu der Auffassung des Regisseurs, die eher universellen Einsatzmöglichkeiten von Jazzmusik hervor, die zu jeder Filmthematik passt.

Die Filmmusik ist im Verfahren der Leitmotivtechnik komponiert. Bernstein verwendet insgesamt acht verschiedene Themen, die im Verlauf des

---

17 Vgl. auch Schudack (1995).
18 North und Bernstein haben im strengen Sinne keinen Original-Jazz komponiert, da in ihrer Musik das entscheidende Merkmal der Improvisation fehlt.

Films an unterschiedlichen Stellen wiederkehren. Dabei arbeitet er nur mit drei kurzen, aber markanten Motiven. Diese werden kaum Personen oder Situationen zugeordnet, sondern beziehen sich auf Gefühlszustände. So lässt sich das dritte Thema als »motive of pain« (Gottlieb 1964: 323) und das sechste als eine Art »Liebesthema« (Schudack 1995: 134) bezeichnen.

Die Musik erhält ihren Erzählcharakter nicht nur durch die leitmotivische Arbeit mit acht Themen, sondern auch durch deren Variation und Anpassung an die Filmstory. Das motivische Material aller acht Themen ist so aufeinander abgestimmt, dass sich die Leitmotive ähneln und sich so je nach Verlauf der Story miteinander kombinieren lassen. Der narrative Zusammenhang wird durch die »strukturelle[n] Bezüge zwischen den Themen selbst« (Schudack 1995: 130) ermöglicht. So nimmt z.B. das zweite Thema die Terz als charakteristisches Intervall des ersten Themas auf. Thema drei nimmt wiederum die kleine Sekunde des zweiten Themas auf und endet mit einer fallenden Septime, die an das Anfangsmotiv des sechsten Themas erinnert. Diese »synthesis of the characteristic intervalls from the significant motives« (Gottlieb 1964: 186) findet sich auch zwischen der Intervallstruktur der Themen wieder, die gespiegelt, ergänzt (Themen vier und drei) oder umgekehrt (Themen drei und sechs) werden.

Ferner kombiniert Bernstein extra- und intradiegetische Erzählformen miteinander, wenn das Liebesthema unmittelbar hintereinander zunächst als Mood-Technique im Off und anschließend als Tanzmusik im On erklingt. Hierbei wird anfangs auf die emotionale Nähe der Protagonisten hingewiesen, die sich auch im Bild durch die Berührung der Wangen andeutet. Im nächsten Take wird durch die Tanzszene die körperliche Vertrautheit intensiviert. Das nun im On erklingende Liebesthema deutet die auch in der Öffentlichkeit zur Schau gestellte physische Nähe und emotionale Vertrautheit an. Der Einsatz von Mood-Technique als On-tone-Musik »ist auf Bernsteins Wunsch nach thematischer Integration der einzelnen Tracks zurückzuführen« (Schudack 1995: 150). Er entwickelt so eine Art musikalische Matrix, die in Verbindung mit der fortschreitenden Filmstory ein immer größer werdendes Reservoir an syntaktischen Kombinationsmöglichkeiten zur Verfügung stellt. Die Beschränkung auf wenige markante ›Leitthemen‹, die Kombinationsmöglichkeiten sowie intra- und extradiegetische Verflechtungen sind die zentralen Verfahren, um filmmusikalische Narrativität zu konstruieren.

Fahrstuhl zum Schafott (1958) – Spontanes Erzählen

Der französische Kriminalfilm *Fahrstuhl zum Schafott* ist eng an die Ideale des französischen Kinos zwischen Film Noir und Nouvelle Vague gebunden. Es gibt keine lineare Erzählstruktur, keine gekünstelten Dialoge, keine Studioatmosphäre, aber intensive Schwarz-Weiß-Bilder. Der erste Film von Louis Malle entwirft passend zu den filmästhetischen Paradigmen ein für damalige Verhältnisse futuristisch anmutendes und entfremdetes Paris und erzeugt ein Bild von der Stadt als entmenschlichtem Großstadtmoloch. Im Film werden geschickt die beiden Themen ›enttäuschte Liebe‹ und ›perfektes Verbrechen‹ miteinander kombiniert. Der Büroarbeiter Julien Tavernier erschießt seinen Chef, den Ehemann seiner Geliebten Florence, in dessen Büro und bleibt im Fahrstuhl stecken. Im Anschluss an einige weitere absurde Verwechslungen wird er verhaftet. Obwohl sich Malle jeder Bewertung des Verhaltens der Akteure enthält, finden sich gesellschaftskritische Anspielungen, wie z.B. die Entlarvung der Verlogenheit des Bürgertums, die schicksalhafte Verstrickung der Charaktere und die Darstellung von Figuren im gesellschaftlichen Umbruch (Indochinakrieg, Konsumgier, Jugendgewalt). Besonders bedrückend wirkt der Film durch den inneren Monolog (*voice-over*) von Florence, die über ihre Angst vor der Zerstörung einer Beziehung reflektiert. Das Erzähltempo wirkt daher für einen Thriller äußerst langsam. Im Film selbst fehlen ausgefeilte Charakterstudien. Vielmehr wird Wert auf die Darstellung der absurden existenzialistischen Situation gelegt (stehen gebliebener Fahrstuhl, Verwechslung des Mörders) und eine enge atmosphärische Verbindung zwischen Sprache, Bild und Musik anvisiert.

Die Filmmusik stammt vom bekannten Jazzkomponisten und Trompeter Miles Davis (1926-1991). Es ist seine erste Filmmusik.[19] Malle war selbst großer Jazzfan und von Anfang an um die Einbindung dieser Musik in den Kriminalfilm bemüht, da sie das triste Leben in der Großstadt und die nächtliche Atmosphäre spiegelt. Auch Malle koppelt also Jazz an die Darstellung der sozialen Probleme im Film. In Bezug auf die Filmmusik lassen sich mehrere für bisherige Jazzfilmmusik-Konzepte ungewöhnliche Verfahren festmachen. Es wurde im kleinen Ensemble (Quintett) gearbeitet und es entstand ein Soundtrack zum Film. Die Musik wurde im Laufe einer Nacht frei improvisiert eingespielt.[20] In enger Ver-

---

19 Miles Davis komponierte auch die Filmmusik zu *The Hot Spot* (1990) und *Dingo* (1991).
20 Miles Davis hatte allerdings genügend Zeit, um die Hauptthemen und das Arrangement vorzubereiten. »I could see he was working in a very relaxed way, writing down a few phases« (Romano 1988: 10).

bindung zum ›reduzierten Programm‹ der Nouvelle Vague verwendet Miles Davis im Film nur achtzehn Minuten Filmmusik und improvisiert weitestgehend über einer Skala (Modaler Jazz).

Durch den gezielten und markanten Einsatz von Cool Jazz besitzt die Musik einen hohen Wiedererkennungs- und Erinnerungswert, der über eine rein atmosphärische Wirkung hinausgeht. Dies scheint auch Malle erkannt zu haben, denn er schreibt der Filmmusik, abweichend von seinem ursprünglichen Vorhaben, kontrapunktische Funktion zu:

»Was er machte, war einfach verblüffend. Er verwandelte den Film. Ich erinnere mich, wie er ohne Musik wirkte; als wir die Tonmischung fertig hatten und die Musik hinzufügten, schien der Film plötzlich brillant. Es war nicht so, dass [...] Musik [...] die Emotionen vertiefte, die die Bilder und der Dialog vermittelten. Sie wirkte kontrapunktisch, elegisch und irgendwie losgelöst« (Louis Malle, zit. nach Frey 2004: 77).[21]

Die Musik steht konträr zu den filmästhetischen Paradigmen und weist eine die Handlung zusammenhaltende Struktur auf. Diese narrative Grundierung der Handlung durch Jazzfilmmusik gelingt durch die modale Improvisationstechnik. Die Reduktion auf eine Skala (überwiegend g-lydisch) ermöglicht es, blitzschnell auf Veränderungen des Bildes und der Story Bezug zu nehmen.[22] Es gibt keine komplizierten Akkordwechsel, die den musikalischen Ablauf determinieren. Besonders markant ist der oft wiederkehrende Tritonus (Intervall einer verminderten Quinte), der aufwärts und oft im Glissando/Slide sowie Forte gespielt wird. An ihn schließen sich oft zwei absteigende Sekunden an. Das dissonante Intervall der verminderten Quinte zeigt Spannung und Gefahr an und verdichtet sich in den Improvisationen parallel zur sich verzweigenden Story. Die einzelnen musikalischen ›Tracks‹ verweisen auch melodisch aufeinander. Dabei gibt es kein musikalisches Thema, sondern nur eine modale Skala und nur zwei Akkordwechsel, wobei der Kontrabass Ostinati spielt.[23] Dies hebt auch der auf der Aufnahme spielende Bassist Pierre Michelot hervor:

---

21 Malle scheint dieser Effekt bereits während der Einspielung der Musik aufgefallen zu sein. »He explained that music ought to be in counterpoint to the image« (Michelot 1988: 12).
22 Miles Davis baut die 1954 auf *Kind of Blue* begonnene Arbeit mit dem Modalen Jazz weiter aus. Im Film selbst wird das Plattencover kurz eingeblendet (vgl. Kahn 2000).
23 Die Verwendung von Ostinati (sich wiederholende Basstöne) wird im Laufe der Jazzfilmmusik der 1960er und 70er Jahre intensiviert, wie z.B. in *Bullitt* oder im *Tatort*.

»What was typical of this session was the absence of a specific theme. [...] In fact, he just asked us to play two chords – D minor and C7 – with four bars each, ad lib. That was new, too, the pieces weren't written to a specific length« (Michelot 1988: 12).

Zusätzlich fungiert die Solotrompete als eine Art Darstellung des inneren Monologs. Je nach Gefühlslage zeigt sie, konträr zu der kühlen Stimme der Protagonistin, deren momentane emotionale Verfassung an. Es entsteht eine Art interne Fokalisierung, da parallel zum Bild improvisiert wird und der Musiker nicht mehr als der Ich-Erzähler weiß. Abrupte Schlüsse verstärken den Wechsel von der Gedankenwelt hin zur Realität. Zusätzlich wird in der Fahrstuhl-Szene die Trompete nur sehr reduziert eingesetzt und wirkt nicht als innerer Monolog des Eingeschlossenen. Dagegen wirkt die in den Filmausschnitten der durch die Stadt irrenden Jeanne Moreau eingesetzte Solotrompete als Kommentierung ihrer Gedankenwelt. Die in den Filmausschnitten der beiden Hauptdarsteller verwendete Jazzstilistik verweist trotz der physischen Distanz auf die emotionale Nähe zwischen den beiden Hauptpersonen. Wenn Außenstehende im Film auftreten, wird bewusst hektische Bebop-Musik der Combo (Schlagzeug, Bass, Klavier ohne Trompete) eingesetzt, die zudem als Underscoring die Filminhalte paraphrasiert (z.B. schnelle Autofahrt). Hierbei wird kein Modaler Jazz, sondern die komplexen Akkord-Changes des Jazzstandards »Sweet Georgia Brown« verwendet.

Das komplexe filmmusikalische Programm in *Fahrstuhl zum Schafott* zeigt, dass Miles Davis die improvisatorischen Möglichkeiten des Modalen Jazz als eine spontane Kommentierung der Story und der psychologischen Situation der Hauptakteure begreift. Das bis heute in der Sekundärliteratur vorhandene Bild einer schnell eingespielten und rein atmosphärischen Filmmusik erscheint obsolet.

Zusammenfassung und Ausblick

Die angestellten Überlegungen zielten primär darauf ab, das negative Image von Jazzfilmmusik als atmosphärischer Untermalung niedriger sozialer Umstände oder gestörter Beziehungen zu revidieren. Durch Bezugnahme auf zwei filmmusikalische Analysen lässt sich dagegen die narrative Dimension hervorheben. Die in *Die Faust im Nacken* aufgezeigte Kopplung mehrerer Leitmotive untereinander, die sich flexibel miteinander kombinieren lassen, sowie die Verschmelzung von intra- und extradiegetischen filmmusikalischen Mitteln ermöglichen konstruktives Musikerzählen. Im Film *Fahrstuhl zum Schafott* eröffnen die improvisatorische modale Filmmusik, die minimalistischen motivischen

Verfahren und die Kommentierung des inneren Monologs durch die Solotrompete spontanes Musikerzählen.

In beiden Beispielen lässt sich die zunehmende Komplexität der Handlung bzw. Erzählstruktur auch durch eine Komplexität musikalischen Materials und dessen Verdichtung festmachen. Hieran wird deutlich, dass das Problem musikalischer Referenz letztlich nicht durch die Bezugnahme auf den Film behoben werden kann. Aber es zeigt, dass der Musik ein narratives Potenzial innewohnt, das durch die Kombination mit anderen Künsten zum Vorschein gelangt.

Literatur

Adorno, Theodor W. (1960): *Mahler. Eine musikalische Physiognomik*, Frankfurt.
Adorno, Theodor W./Eissler, Hans (1969): *Komposition für den Film*, München.
Becce, Giuseppe/Erdmann, Hans (1927): *Allgemeines Handbuch der Film-Musik*, Bd. 1, Berlin.
Behrendt, Joachim-Ernst (1999): *Das Jazzbuch. Entwicklung und Bedeutung der Jazzmusik*, Frankfurt.
Chatman, Seymour (1978): *Story and Discourse. Narrative Structure in Fiction and Film*, London.
Frey, Hugo (2004): *Louis Malle,* Manchester/New York.
Hanslick, Eduard (1965 [1854]): *Vom Musikalisch-Schönen. Ein Beitrag zur Revision der Ästhetik der Tonkunst*, Darmstadt.
Genette, Gérard (1998): *Die Erzählung*, aus d. Frz. v. Andreas Knop, mit einem Nachw. hg. von Jochen Vogt, 2. Aufl., München.
Gottlieb, Jack (1964): *The Music of Leonard Bernstein. A Study of Melodic Manipulations*, Diss., University of Illinois.
Grob, Norbert/Kiefer, Bernd/Klein Thomas (Hg.) (2006): *Nouvelle Vague*, Mainz.
Hegel, Georg W.F. (1987 [1838]): *Vorlesungen über die Ästhetik*, Frankfurt/M.
Jost, Ekkehard (2003): *Sozialgeschichte des Jazz*, Frankfurt/M.
Kahn, Ashley (2000): *Kind of Blue: The Making of the Miles Davis Masterpiece*, New York.
Karlin, Fred (1994): *Listening to Movies*, New York.
Kloppenburg, Josef (Hg.) (2000): *Musik multimedial. Filmmusik, Videoclip, Fernsehen*, Laaber.
Krakauer, Siegfried (1963): *Theorie des Films. Die Errettung der äußeren Wirklichkeit*, Frankfurt/M.

Levinson, Jerrold (1996): »Film Music and Narrative Agency«. In: David Bordwell/Noël Carroll (Hg.), *Post Theory – Reconstructing Film Studies*, Wisconsin, S. 248-282.

Lissa, Zofia (1965): *Ästhetik der Filmmusik*, Berlin.

Marmorstein, Gary (1997): *Hollywood Rhapsody. Movie Music and Its Makers 1900 to 1975*, New York.

Michelot, Pierre (1988): »Taped Interview«. Booklet zu Miles Davis' *Ascenseur pour l'échaufaud*, Polygram Jazz.

Motte-Haber, Helga de la/Emons, Hans (Hg.) (1980): *Filmmusik. Eine systematische Beschreibung*, München.

Nattiez, Jean-Jacques (1987): *Music and Discourse: towards a Semiology of Music*, Princeton.

Nattiez, Jean-Jacques (1990): »Can one speak of Narrativity in Music?« *Journal of the Royal Musical Association* 115.2, S. 240-257.

Newcomb, Anthony (1987): »Schumann and the Late Eighteenth-Century Narrative Strategies«. *19th-Century Music* 11, S. 164-174.

Pauli, Hansjörg (1976): »Filmmusik: Ein historisch-kritischer Abriß«. In: Hans C. Schmidt (Hg.), *Musik in den Massenmedien, Rundfunk und Fernsehen*, Mainz, S. 91-119.

Pauli, Hansjörg (1981): »Filmmusik. Ein historisch-kritischer Abriß«. In: Carl Dahlhaus (Hg.), *Funkkolleg Musik*, Mainz, S. 341-368.

Prendergast: Roy M. (1992): *Film Music. A Neglected Art. Critical Study of Music in Films*, New York.

Romano, Marcel (1988): »Taped Interview«. Booklet zu Miles Davis' *Ascenseur pour l'échaufaud*, Polygram Jazz.

Sartre, Jean-Paul (1968 [1964]): »Der Künstler und sein Gewissen« [»L'artiste et sa conscience«]. In: ders., *Porträts und Perspektiven* [*Situations, IV*], Reinbek.

Schneider, Norbert Jürgen (1986): *Handbuch Filmmusik I. Musikdramaturgie im Neuen Deutschen Film*, München.

Schopenhauer, Arthur (1977 [1844]): *Zürcher Ausgabe. Werke in zehn Bänden*, Bd. 4, *Die Welt als Wille und Vorstellung II/2*, Zürich.

Schudack, Achim (1995): *Filmmusik in der Schule – Studien zu Kazan/ Bernsteins »On the Waterfront«. Ein Beispiel interdisziplinärer Filmanalyse und integrativen Musikunterrichts*, Augsburg.

Solbach, Andreas (2004): »Film und Musik: Ein klassifikatorischer Versuch in narratologischer Absicht«. *AugenBlick – Marburger Hefte zur Medienwissenschaft* 35, S. 8-22.

Souriau, Etienne (1990): *Vocabulaire d'esthétique,* Paris.

Thiel, Wolfgang (1981): *Filmmusik in Geschichte und Gegenwart*, Berlin.

Troupe, Quincy (1989): *Miles. The Autobiography*, New York.

Wolf, Werner (2002): »Das Problem der Narrativität in Literatur, Bildender Kunst und Musik: Ein Beitrag zu einer intermedialen Erzähltheorie«. In: Vera Nünning/Ansgar Nünning (Hg.), *Erzähltheorie transgenerisch, intermedial, interdisziplinär*, Trier, S. 23-104.

Filme

Cooper, Merian C./Schoedsack, Ernest B. (1933): *King Kong*, USA.
de Heer, Rolf (1991): *Dingo*, Australien/Frankreich.
Ford, John (1935): *The Informer*, USA.
Hopper, Dennis (1990): *The Hot Spot*, USA.
Kazan, Elia (1951): *A Streetcar Named Desire*, USA.
Kazan, Elia (1954): *On the Waterfront*, USA.
Malle, Louis (1958): *Ascenseur pour l'échafaud*, Frankreich.
Polanski, Roman (1974): *Chinatown*, USA.
Preminger, Otto (1959): *Anatomy of a Murder*, USA.
Wise, Robert (1959): *Odds against Tomorrow*, USA.
Yates, Peter (1968): *Bullit*, USA.

Bild/Ton/Text. Narrative Kohärenzbildung im Musikvideo, am Beispiel von Rosenstolz' »Ich bin ich (Wir sind wir)«

ANDREAS BLÖDORN

Das 2006 publizierte Musikvideo[1] »Ich bin ich (Wir sind wir)«[2] von Rosenstolz beginnt mit einem logischen Paradoxon, das gleich zu Anfang die Frage nach dem Verhältnis von Filmbild (Wahrnehmungsperspektive) und Gesangsstimme (Sprechinstanz) aufwirft: Gezeigt wird ein Mann beim Betrachten von Kindheitsdias, und zwar so, dass zunächst die Situation des Betrachtens räumlich etabliert wird und anschließend kaderfüllend die dadurch im Mann ausgelöste, in die Kindheit rückblickende Erinnerungssequenz zu sehen ist, die nach dem Koreferenzprinzip auf die Kindheit des zuvor gezeigten Mannes bezogen werden muss. Der Zuschauer scheint dabei mittels des ›Kamera-Auges‹ die filmintern von der Figur imaginierte Vergangenheit mit eigenen Augen zu verfolgen; er sieht sich unvermittelt an die Stelle des zu Beginn im Bild gezeigten, sich erinnernden Mannes innerhalb der Diegese gesetzt und ›taucht‹ quasi in die Imagination des sich Erinnernden ein. Und doch widersprechen dieser Situierung die anschließend gezeigten Erinnerungsbilder, ist in ihnen doch der Erinnerte aus der *Außensicht* zu sehen. Während der Songtext begleitend dazu die Korrespondenz von sich Erinnerndem (Mann) und Erinnertem (Junge) durch eine Ich-Sprechsituation etabliert (»Gehör ich hier denn noch dazu?«), scheinen die Filmbilder dem perspektivlogisch zu widersprechen: der sich Erinnernde sieht sich als Kind aus der Außen-

---

1 Ich verwende nachfolgend die Begriffe ›Musikvideo(clip)‹ und ›Videoclip‹ synonym, wenngleich damit jeweils durchaus divergierende Implikationen verbunden sind. Zur hier vernachlässigten begrifflichen Differenzierung vgl. Thaler (1999: 22-24) sowie Decker (2005: 35).
2 Das Video zu »Ich bin ich (Wir sind wir)« ist erschienen auf der DVD Rosenstolz: *Das grosse Leben* (Deluxe Edition, Universal Music, 2006). Textgrundlage der im Beitrag zitierten *lyrics* ist das dieser Edition beigegebene Booklet. Die nachfolgend genannten Laufzeitangaben des Videoclips richten sich ebenfalls nach der dort enthaltenen Video-DVD.

sicht, das Erinnerte wird folglich nicht aus dem logisch erwartbaren Blickwinkel einer subjektiven Kamera gezeigt. Wir als Zuschauer sehen den Jungen, wie er auf einem Sprungturm im Schwimmbad steht, nicht aber den Anblick, der sich ihm auf dem Sprungturm bietet; wir sehen ihn an, aber wir sehen nicht mit seinen Augen auf das Geschehen.

Die Ich-Identifikation, mit der hier gespielt wird, thematisiert in der Folge noch einmal der Songtext: »Ich bin jetzt / Ich bin hier / Ich bin ich«, heißt es im Refrain. Doch wer dies vorträgt, ist wiederum eine andere, und zwar weibliche Figur: die Sängerin, die erst später, nach Etablierung der Erinnerungssituation des Mannes, im Bild gezeigt wird. In welchem Verhältnis, so fragt sich hier, stehen zu dieser von der Sängerin performativ vorgetragenen Behauptung von Ich-Präsenz die auf der Bildebene alternierend gezeigten Erinnerungssequenzen aus der Vergangenheit sowie die Bilder aus der Gegenwart des männlichen Ichs? Und in welchem Verhältnis wiederum stehen dazu die alternierend montierten Bildsequenzen der gleichfalls in Gegenwart und Erinnerungssequenzen *ihrer* Vergangenheit gezeigten Sängerin?

Die *intradiegetische*, im Bild gezeigte Sprechinstanz behauptet ihr Ich in Zeit und Raum der dargestellten ›Erzählgegenwart‹ und spaltet sich dabei, wie ein Ich-Erzähler im literarischen Text, in erzählendes vs. erzähltes Ich auf. Doch kann die intradiegetische Sprechinstanz nicht identisch sein mit der anzunehmenden *extradiegetischen* ›Hervorbringungsinstanz‹[3] des audiovisuellen Musikvideos als Ganzem, denn diese nimmt einen übergeordneten Status ein und zeigt das Ganze aus der ›allwissenden‹ Über- bzw. Außensicht. »Ich bin ich« spielt jedoch mit der Fiktion, die filmintern gezeigte Sängerin sei zugleich als Sprechinstanz des Gesamttextes des Musikvideos anzunehmen. Diese Fiktion wird vor allem dadurch behauptet, dass Anfang und Ende des Songs und seiner Musik mit dem Anfang und Ende desselben Musikvideos zusammenfallen, in dem sich die Ich-Erzählinstanz artikuliert. Doch dies widerspricht dem auf der visuellen Ebene Gezeigten: Denn so wie ein weibliches Ich im Videoclip von sich erzählt, so erzählt der Clip als *Ganzes* doch die Geschichte *zweier* Ichs: des Ichs der ›Ich‹ sagenden Sängerin und des Ichs der simultan zum Sprechakt gezeigten Bildsequenzen des männlichen Ichs, dessen visuell repräsentierte Geschichte der Gesang illustriert.

---

3   Um die Implikationen des letztlich personalisierten Konzeptes ›Erzähler‹ – v.a. hinsichtlich der narratologischen Kategorie der ›Stimme‹, also Subjektivität und Intentionalität betreffend – zu vermeiden, schlage ich vor, den Begriff für den Film durch das weniger an die Vorstellung einer ›Person‹ gebundene Konzept einer ›Hervorbringungsinstanz‹ zu ersetzen. Zu den Implikationen eines personalisierten, mit der Kategorie ›Stimme‹ verbundenen Erzählerbegriffs generell vgl. Blödorn/Langer (2006).

Lässt sich angesichts dieser ambivalenten Doppelung der Ich-Bezüglichkeit überhaupt noch von kohärenter Bedeutungserzeugung sprechen? Oder erzeugt die audiovisuelle Zeichenkombination in Musikvideos gar grundsätzlich inkohärente Strategien und Brüche, Leerstellen, Ambivalenzen und Metalepsen sowie assoziative Verfahren, die eine kohärente, eindeutig nachweisbare Bedeutungszuschreibung verhindern?

Das Beispiel von »Ich bin ich« führt direkt ins Zentrum der Forschungsdiskussion zur Bedeutungserzeugung im Musikvideo, und ich möchte im Folgenden an diesem Beispiel der Frage nachgehen, wie kohärente Bedeutung im Musikvideo überhaupt erzeugt werden kann. Meine These ist, dass für die Rezeption des Musikvideos als sinnhaftes Ganzes bzw. als erzählte Geschichte entscheidend ist, wie eine implizit anzunehmende Hervorbringungsinstanz und eine im Bild gezeigte Sprechinstanz (Gesangsinstanz) sich zueinander verhalten, in welchem Verhältnis also textinterne und textexterne Pragmatik zueinander stehen. Das bedeutet für »Ich bin ich«, dass paradoxerweise die im Bild (intradiegetisch) gezeigte Frauenfigur und die außerhalb der Filmbilder zu verortende Hervorbringungsinstanz des Gesamtclips als dieselbe Größe behauptet werden.[4] Grundsätzlich aber ist das erzählpragmatische Verhältnis von Bild- und Musikebene im Musikvideo durch *Inkongruenz* gekennzeichnet: gezeigt wird im Regelfall gerade keine schlichte (und schon gar keine lückenlos ungeschnittene) Abfilmung eines Gesangsvortrags, sondern eine zu einem vorgängig existenten Song nachträglich hinzugefügte visuelle Ebene. Die im Bild zu sehende Gesangsinstanz ist dabei prinzipiell nicht identisch mit der logischen Hervorbringungsinstanz auf der Präsentationsebene des Gesamtvideoclips. Wenn aber das Verhältnis zwischen Bildebene und Song (als auditiver Einheit aus Text/Sprache und Musik) im Musikvideo grundsätzlich durch Divergenz, Inkongruenz und gegebenenfalls durch Inkohärenz bestimmt ist, dann wirft dies die Frage auf, wie Bild, außermusikalischer Ton und Text einander überhaupt zu einem kohärenten audiovisuellen Zeichensystem (auf der Ebene des Gesamttextes Musikvideoclip) ergänzen können?

---

4   Dies wird durch zwei Momente gewährleistet: zum einen dadurch, dass der gesungene Song auf der extradiegetischen Ebene die gesamte Bildfolge des Videoclips verbindet. Hinzu kommt ein zweites: Einmal als Sängerin des Songs auf der intradiegetischen Ebene *im Bild* etabliert (das für die Dauer der Einstellung dann mit dem extradiegetischen Gesang kongruent ist!), erzeugt dies die Fiktion, der Sängerin sei selbst dann, wenn sie nicht im Bild zu sehen ist, der gesamte Gesangsakt zuzuschreiben.

1. Auditive vs. visuelle Ebene: Das Divergenzverhältnis von Song und Filmbild

Aus semiotischer Sicht stellt ein Musikvideo eine Synthese dar aus heterogenen Codes, die sowohl in ›engem‹ als auch in ›lockerem‹ Zusammenhang stehen und häufig durch einen spezifischen Grad an Inkohärenz insbesondere zwischen Bild- und Textebene gekennzeichnet sind. Pragmatisch handelt es sich dabei zunächst um einen auf einen Songtext bezogenen Sprechakt, bei dem einer Sprechinstanz (dem Sänger bzw. mehreren Sängern) ein Gesangsvortrag zuzuordnen ist. Für diesen ›Text‹ gilt, was auch für andere filmische ›Texte‹ gilt: Ist dieser Gesangsvortrag immer ein Vorgang in der Zeit (auf der Ebene des *discours*), so kann optional auch das, wovon gesungen wird (das, was in narratologischer Hinsicht der *histoire* entspricht), zeitlich strukturiert sein, d.h., es können damit auch im engeren Sinne ›Geschichten‹, also kausal verknüpfte, zeitlich geordnete Ereignisfolgen erzählt werden.[5] Damit ist allerdings noch nichts gesagt über den Gesamttext des Musikvideos und die *strukturell* übergeordnete visuelle Präsentation dieses Gesangsvortrags, kann doch die Visualisierung diesen Sprechakt *on-* oder *off-screen* lokalisieren und damit bewusst halten, dass sich der Gesang im Genre Musikvideoclip sowohl intradiegetisch als auch extradiegetisch verorten lässt. Die Visualisierung des Gesangsvortrags kann dabei sowohl als veranschaulichende ›Abfilmung‹ des Gesangs erfolgen (als Fiktion einer Live-Aufnahme unter Studiobedingungen) als auch als ›Playback‹-Inszenierung des Vortrags (losgelöst von der Darstellung der Aufnahme und Produktion des Songs; z.B. bei Dance-Clips, wenn der Song als Tanz inszeniert ist). Außerdem können Gesangsvortrag und Bildwelt teilweise oder – im Extremfall – völlig divergieren; die ›Bilderzählung‹ stellt dann einen erweiternden Kommentar zum Text dar.[6] Zu den Elementen ›Bild‹ und gesanglich dargebotenem, an die Musik gekoppeltem ›Text‹ tritt dann noch jener Ton hinzu, der einer außerhalb der Musik zuzuordnenden filmi-

---

5 Das bedeutet, dass das Aufeinander der erzählten Ereignisse als ihr Auseinander präsentiert und motiviert sein muss; vgl. hierzu Martínez/Scheffel (2007: 109).

6 In Anlehnung an Serge Denisoff unterscheidet Thaler (1999: 74) hier drei verschiedene mögliche Relationen zwischen Text und Bild im Musikvideo: *illustration* (Veranschaulichung), *amplification* (Erweiterung) und *disjuncture* (Zusammenhanglosigkeit), wobei nach Denisoff die Veranschaulichung, d.h. die Inszenierung einer Geschichte oder einer Stimmung, den häufigsten Fall darstelle (vgl. ebd.).

schen Realität zugehörig ist:[7] durch ihn wird zusätzlich verdeutlicht, dass der eigentliche Gesangsvortrag auf einer anderen diegetischen Ebene angesiedelt ist.

Auf der visuellen Ebene nun beginnt »Ich bin ich« damit, dass ein Mann (dargestellt von Peter Plate) beim Betrachten von Dias gezeigt wird. So wie er sich selbst diese Kinderbilder vorführt, so wird dem Zuschauer in der darauf folgenden Sequenz eine Bilderfolge aus der Vergangenheit des Mannes vorgeführt, der später alternierend montierte Kindheitserinnerungen der Sängerin folgen. Die filmintern vorgeführte Konfrontation des Mannes mit seinem eigenen vergangenen Ich wird dabei auf der Ebene einer filmextern, auf den Zuschauer ausgerichteten Pragmatik mit jenen Erinnerungssequenzen von Mann *und* Frau (dargestellt von der Sängerin AnNa R.) parallelisiert, die das Musikvideo *kaderfüllend* folgen lässt. Daraus ergibt sich für den Zuschauer ein an sich paradoxer Betrachterstandpunkt, nimmt er doch mittels *point of view shots*[8] die imaginäre Perspektive der sich erinnernden Figuren ein; vor *seinem* Auge laufen folglich die Erinnerungen des im Videoclip *gezeigten Mannes* bzw. der *gezeigten Frau* ab (welche in der filmischen Gegenwart ebenfalls allein ist und sich überdies an einem anderen Ort befindet). Im Bereich der Literatur gehören Innenperspektive und Bewusstseinsschau zu den etablierten literarischen Darstellungstechniken (z.B. in Form von innerem Monolog, Bewusstseinsstrom, erlebter Rede), mit denen der Rezipient Zugang zum Bewusstsein einer dargestellten Figur bekommen kann. Im Fall der Erzählliteratur ist dabei insbesondere an die von Käte Hamburger hervorgehobene Möglichkeit zu erinnern, über einen erzählenden Vermittler zum Bewusstsein einer anderen, dritten Figur Zugang zu erhalten.[9] Gerade im Fall erlebter Rede ist dabei mittels der *dual voice* eine paradoxe ›doppelte‹ Sichtweise auf die Figur gegeben, deren stimmliche Innenschau möglich wird bei partieller Beobachtung und Beschrei-

---

7 Wobei für das Zeichensystem Musik nach Lotman gelten mag, dass sie eine »freie Strukturreserve« aufweist und damit einen semantisch offenen »Bedeutungsraum« (Lotman 1993: 79) eröffnet, ohne diesen konkret zu füllen (vgl. dazu auch Decker 2005: 43). Gleichwohl lassen sich Parameter des musikalischen Codes bestimmen, deren Verhältnis zu Bild- und Text-Montage relevant ist: Rhythmus, Melodie/Harmonie und Klangfarbe/Sound (vgl. Faulstich 1978: 32-60 sowie Thaler 1999: 72). Für das Musikvideo stellt dabei insbesondere die »syntaktische[ ] Ordnung der Musik« eine »tendenziell abstrakte[ ] Strukturvorgabe« (Schenk 2008: 230) dar.

8 Zur Klassifizierung von *point of view shots* im Gefolge von Edward Branigans Typologie vgl. Borstnar/Pabst/Wulff (2002: 168-172).

9 Vgl. Hamburgers Ausführungen zu den »Verben der inneren Vorgänge« (Hamburger 1977: 78-80).

bung der Figur von außen (durch die Erzählinstanz). Eine ähnliche Divergenz von Fokalisierung und Erzählstimme lässt sich nun auch am Beginn des Musikvideos »Ich bin ich« feststellen, werden doch in den rückblickenden Erinnerungssequenzen Mann und Frau aus der Außensicht gezeigt. Wahrnehmungshorizont und Kameraperspektive widersprechen sich daher: in den ›erinnerten‹ Sequenzen aus der Vergangenheit blickt der Zuschauer nicht mit den Augen der sich filmintern Erinnernden auf das Geschehen, sondern es ist wiederum der/die erinnerte Person von *außen* zu sehen. Im Zusammenhang mit dem unmittelbar darauf einsetzenden, von der Frau gesungenen Text »Gehör ich hier denn noch dazu, / Oder bin ich längst schon draußen« wird, ohne dass eine explizite Verknüpfung mit dem auf der Bildebene Gezeigten erfolgt, das Involviertsein/Nichtinvolviertsein bzw. das Außerhalbstehen und gleichzeitige Zuschauen thematisiert. In dieser logischen Divergenz bei gleichzeitiger *semantischer Korrelation* von Bild- und Sprachebene zeigt sich ein komplexes Darstellungsverfahren, wie es so nur dem audiovisuellen Zeichensystem Film möglich ist: Während es dem Medium Sprache zu eigen ist, semiotisch und semantisch diskrete Bedeutung zu erzeugen (auf der Ebene primärer Signifikanten), dabei aber auf einer visuell abstrakten Ebene zu bleiben, kennzeichnet sich das visuelle Medium Film dadurch, dass es zwar visuell ›konkrete‹ Erscheinungsformen zeigt, deren semantischer Gehalt aber zunächst unspezifisch bleibt und letztlich von der Identifizierung durch Worte abhängt.[10] Der Bedeutungsaufbau innerhalb des aus dem audiovisuellen Zusammenspiel entstehenden ›Supermediums‹ Musikvideoclip basiert daher auf den Bedingungen der Einzelmedien Bild, Sprache und Musik. Diese medial bedingte Inkongruenz/Inkohärenz der Medien ließe sich in Reinform einzig durch eine solche Verwendung des Mediums Film in einen kohärenten Text-Bild-Zusammenhang verwandeln, die einen Gesangsvortrag durchgängig abfilmen würde – und damit eine binnenpragmatische Kohärenz in Zeit und Raum herstellte. Die Bilder würden dann die Sprache einerseits referenziell konkretisieren und andererseits gleichzeitig durch die Sprache semantisch spezifiziert werden. Dieser ›Idealfall‹ von Kohärenz entspricht

---

10 Bildelemente sind daher semiotisch ›nicht-diskrete Einheiten‹, die nur »*potentielle Signifikanten* für *potentielle Signifikate*« und somit »*Zeichenäquivalente*« (Titzmann 2006: 217f.) darstellen. Erst durch sprachliche Identifizierung, durch die Ableitung sprachlicher Propositionen, können hieraus »primäre bildliche Signifikanten« entstehen (ebd. 218); Sprache ist somit »generell die *letzte Metasprache für alle Zeichensysteme bzw. zeichenhaften Äußerungen*« (ebd. 221). Zur damit im Zusammenhang stehenden Frage der Implikation narrativer Strukturen im Bild vgl. grundlegend Wünsch (1999).

jedoch weder dem gängigen Darstellungsverfahren des Musikvideos im Allgemeinen noch dem Aufbau von »Ich bin ich« im Besonderen. Zu fragen ist daher weiter, welchen Regeln und Bedingungen die Konstruktion von Bedeutung und Kohärenz im ›Standardfall‹ des Musikvideos unterliegt, bei dem eine aus Musik und Sprache bestehende auditive Schicht mit einer zusätzlichen Bildfolge kombiniert wird, die in Zeit und Raum zumindest partiell von der pragmatischen Situierung des Songs sowie vom Gesangsvortrag abweicht.[11] Denn die prinzipielle Differenz zwischen der auditiven Sprechsituation und der visuellen, besprochenen Situation tritt im Musikvideo immer dann zu Tage, wenn die Gesangsinstanz im Bild zu sehen ist: in solchen Momenten *kann* die Sängerin/der Sänger nicht zugleich mit der Hervorbringungsinstanz des Gesamtvideoclips identisch sein. Der sprachliche Text dominiert folglich die visuelle Ebene, er ist ihr (mit den in ihm enthaltenen Präsuppositionen) *logisch* übergeordnet. Bevor ich den speziellen Text-Bild-Zusammenhang in »Ich bin ich« näher betrachte, möchte ich daher noch einmal grundlegend auf das Verhältnis von Bild und Sprache im Musikvideo eingehen.

2. Dominanz der Sprache für den Bedeutungsaufbau im Musikvideo

Eine »›von außen kommende‹ Überdeckung des Visuellen durch das Verbale« liege im Film immer dann vor, so Reinhold Rauh, »wenn Sprache und Bild kombiniert sind« (Rauh 1990: 96). Das Genre Musikvideo scheint dabei in besonderer Weise durch eine Dominanz des sprachlichen Textes gekennzeichnet. Denn lässt sich der Videoclip grundsätzlich »als multimediale[s] Genre« definieren, bei dem »die Medien Musik und Sprache (als Gesang) sowie Film so miteinander kombiniert [sind], daß neue Kohärenzen und damit ein neuer Sinn entstehen«, so gilt dabei, dass die Musik »das hierarchisch übergeordnete Element« darstellt, dass also

---

11 Insofern stellt das Musikvideo mit seiner durchgängigen musikalischen Tonebene einen Extremfall filmischer Bedeutungserzeugung dar, der auf der Kontinuität des Tons und der Diskontinuität der Bilder beruht. Ein »Bedeutungskontinuum« entsteht dabei, so Hickethier, immer auch »im Spiel der einzelnen Ausdrucks- und Mitteilungsebenen miteinander« (Hickethier 2001: 24), so dass Film, Fernsehen und Video »als *Zeichenprozesse* zu verstehen sind«, bei denen »neben dem Bild und dem Ton verschiedene Codes wirksam [sind], die zur Bedeutungsproduktion beitragen. Über ihre Wirksamkeit entscheidet der Kontext, in dem sie in Film und Fernsehen in Erscheinung treten« (ebd. 117). Von Interesse für die Filmanalyse ist daher die jeweils spezifische *Zuordnung* der einzelnen Codes.

»[d]er Song [...] zum Ausgangspunkt eines komplexen, multimedialen Signifikations-Prozesses [wird], bei dem unterschiedliche Strategien der Kohärenzbildung zum Tragen kommen« (Decker/Krah 2003: 781). Decker/Krah unterscheiden dabei vier Formen der Kohärenzbildung: strukturelle, illustrative, explikative und konnotative Kohärenz. Am Beispiel von Madonnavideos zeigt Decker zudem überzeugend, dass sich

»[e]ine übergeordnete und textintern konstruierte kohärente Bedeutung [...] immer zwischen den Polen *sprachlich dominierte auditive vs. beigeordnete visuelle Ebene* und niemals zwischen ausschließlich musikalischer und visueller Ebene [entfaltet]« (Decker 2005: 44).

Die Sprache dominiert dabei das rein musikintern aufgebaute Bedeutungsgefüge, weil sie den strukturell freien Bedeutungsraum der Musik durch konkrete Bedeutungsvermittlung auffüllt (vgl. ebd.). Die in sich kohärente auditive Bedeutungsschicht aus Musik und Sprache, der vorgefertigte Popsong als »vorausgesetzte Größe« (Altrogge 2001: 15), ist daher als hierarchisch höchste Ebene der Bedeutungsproduktion im Musikvideo anzusehen; die Filmbilder treten dann als »zusätzlicher Kotext« (Decker 2005: 44) hinzu. Die semantische Unterordnung der Bilder unter den Text resultiert dabei vor allem daraus, dass die Signifikate der Filmbilder *per se* immer implizit sind, da die Signifikanten der Bilder erst in sprachliche Propositionen übersetzt werden müssen.[12] Daher gilt,

»dass Sprache der entscheidende semantische Bezugsrahmen in Musikvideos ist – sei es als im Songtext explizite Proposition, sei es als musikalisch oder visuell implizierte Proposition –, auf den hin alle potenziellen Signifikanten in Musikvideos ausgerichtet sind und eine in sich kohärente übergeordnete Bedeutung textintern konstruieren« (ebd. 45).

---

12 Vgl. dazu Decker (2005: 44); Titzmann (1990: 378f.). Die semantische Unterordnung der Bilder unter den sprachlichen Text lässt sich leicht an einem – wenn auch vergleichsweise seltenen – filmischen Spezialfall zeigen, der gleichwohl für den Videoclip paradigmatisch ist: der Fall des sprachlichen Off-Kommentars zu dem auf der visuellen Ebene Gezeigten. Das beste Beispiel dafür stellt wohl der Propagandafilm dar, bei dem ein Kommentar »dem zu Sehenden einen bestimmten Inhalt zu[weist], bzw. das zu Sehende bebildert das zu Hörende« (Rauh 1990: 98), und zwar relativ unabhängig davon, was ›in Wirklichkeit‹ vor der Kamera stattgefunden hat bzw. was auf dem Filmbild zu sehen ist. Bildwirkung (oder Bildverstehen), so lässt sich hieraus unmittelbar erkennen, ist immer abhängig von der sprachlichen Kommentierung (und dieser folglich nachgeordnet).

Was demnach die visuelle Schicht im Musikvideo leistet, ist die Vermittlung eines semantischen Mehrwertes, der die *vorgängige* Bedeutung des Songs *erweitert*. Wie beeinflusst dies nun die Kohärenzbildung im Musikvideo?

3. Bedeutungsaufbau und die Bildung narrativer Kohärenz im Musikvideo

Unter ›Kohärenz‹ fasst die Literaturwissenschaft einen »semantisch-thematische[n] Zusammenhang«, genauer eine »implizite Verknüpfung von Textelementen, wobei drei Arten der Wiederaufnahme wirksam werden können« (Stuck 2000: 280), die zu dem Gegenstand, auf den sie sich rückbeziehen, in einer Äquivalenz- oder Oppositionsrelation oder in einer thematisch unbestimmten Nachbarschaft stehen können.[13] Mag Rückbezüglichkeit hier zwar als notwendige Bedingung von Kohärenz gelten, so stellt sie doch kein hinreichendes Kriterium dar. Für den Bereich des Films zumal ist hier die grundsätzliche mediale Differenz der kombinierten Codes zu berücksichtigen, die Rückbezüglichkeit immer auch als ein narratives Perspektivenproblem ausweist. Hickethier (2001: 120) benennt daher als Grundkonstituenten filmisch-narrativer Kohärenzbildung zumindest drei Ebenen: die dramaturgische Ebene der Handlung vor der Kamera, die durch die Kamera bedingte Erzählperspektive und die Ebene der Montage. Insbesondere letztere Kategorie aber impliziert eine oberste, den Gesamttext organisierende Instanz (auf einer Ebene ober- bzw. außerhalb filmischer Handlung und ihrer Beobachtung durch die Kameraperspektive). Mit Bienk lässt sich diese »erzählende Instanz« im Film formallogisch als »die Summe aller verwendete[n] filmsprachliche[n] Mittel« (Bienk 2008: 35) beschreiben.[14] Narrative Kohärenzbildung im Film ist somit noch ungenauer beschreibbar als solche in der Literatur, vermag sie doch nur auf ganz »unterschiedliche Weise erzielt« zu werden: »durch einstellungsinterne Verweise, die Einstellungen miteinander in Beziehung setzen, durch einstellungsübergreifende Ele-

---

13 Zu den genauer bestimmbaren Kohärenzkriterien gehören dabei stilistische Elemente und formbezogene Gattungsspezifika (»strukturelle Kohärenz«) sowie das, was linguistisch unter »Kohäsion« gefasst wird (also »syntaktische, grammatische Kohärenz«; Stuck 2000: 280). Hingegen gehören die pragmatischen Aspekte der Kohärenzbildung, »die Verflechtung von Text und situationellem Kontext durch den Rezipienten« (»pragmatische Kohärenz«; ebd.), zu den nur sehr vage bestimmbaren Kohärenzkriterien.

14 Zur Bestimmung und zum logischen Status eines filmischen ›Erzählers‹ bzw. einer ›Erzählinstanz‹ vgl. detailliert Lohmeier (2003: 513-515).

mente (z.B. die Musik) und nicht zuletzt durch den erkennbaren Sinnzusammenhang, eine vom Zuschauer im Gezeigten erkannte Geschichte« (Hickethier 2001: 120).

So stellte sich eingangs die Frage, wie und ob Kohärenz in »Ich bin ich« überhaupt zustande kommt. Problematisch, weil einander widersprechend, sind dort eben jene beiden Kategorien, die auch in der Narratologie zu den Grundfragen erzählerischer Textgenese gehören: die Frage, aus welcher Perspektive (mit wessen Augen) das Geschehen präsentiert wird (›wer sieht?‹), und die Frage, wer als Sprechinstanz zu betrachten und wo diese anzusiedeln ist (›wer spricht?‹). Die perspektivlogischen Widersprüche zwischen Text und Bild, welche die Annäherung von nicht gezeigter Sprech- und gezeigter besprochener Situation wieder durchbrechen, verweisen jedoch darauf, dass Kohärenz insgesamt – auf der audiovisuellen Gesamttextebene des Musikvideos – letztlich nur durch einen narrativen *Erklärungszusammenhang* hergestellt werden kann: durch die Bedeutungszuweisung, die mittels des Textes den Bildern zugewiesen wird. Die Sukzession der einzelnen, aufeinander folgenden Einstellungen kann dabei vom Text als eine narrative Ereignisfolge identifiziert werden, die sich als eine kausale Zustandsveränderung, d.h. als ein fundamentaler Prädikatenwechsel lesen lässt. In »Ich bin ich (Wir sind wir)« wird diese Transformation bereits im Titel vorweggenommen: die Entwicklung vom ›Ich‹ zum ›Wir‹, die als Grenzüberschreitung im Sinne Jurij Lotmans interpretiert werden kann,[15] verbindet Sprach- und Bildebene und korreliert zudem mit der filminternen Funktionalisierung der Musik, wenn Mann und Frau gegen Ende bei einem *gemeinsamen* Musikauftritt gezeigt werden. Die Musik selbst wird somit zu einem medialen ›Gemeinschaftsraum‹ funktionalisiert, der implizit nicht nur den Zuschauer miteinschließt, sondern der auch die perspektivischen Widersprüche semantisch auflöst: der einmal geschaffene ›mediale Raum‹[16] der Musik verortet sich jenseits von Zeit und Raum und

---

15 Mit Jurij Lotmans Grenzüberschreitungstheorie lassen sich narrative Strukturen in Texten (und Filmen) mittels raumsemantischer Modelle als ›Raumwechsel‹ (›Ereignisse‹) zwischen oppositionell gesetzten ›semantischen Räumen‹ beschreiben, d.h. als »Versetzung einer Figur über die Grenze eines semantischen Feldes« (Lotman 1993: 332). Ereignisse sind demnach von der *semantischen* Struktur eines Textes abhängig. Im Fall von »Ich bin ich« liegt ein solcher Raumwechsel vor, wenn das Ich des Textes vom Raum des Außenseiters übertritt in den Gemeinschaftsraum des ›Wir‹.

16 Das Konzept des ›medialen Raums‹ geht zurück auf Decker (2005), der hierbei zwei Ebenen unterscheidet: den ›im Musikvideo vorgeführten me-

visueller Innen-/Außenperspektive. Er konstituiert sich vielmehr als gegenseitig imaginierter Erlebnisraum der beiden in der Erinnerungssituation wieder getrennten Figuren, die jedoch über die Musik unabhängig voneinander beide *gleichzeitig* das gemeinsame Musizieren (der erinnerten Situation) imaginieren. Kohärenzbildung ereignet sich in diesem Fall jenseits kausalrealer Raumzeitlichkeit in einem medialen Raum, der dazu tendiert, Sprech- und besprochene Situation zu entgrenzen und einen metaphorischen Bedeutungshorizont zu eröffnen. Wie dies in »Ich bin ich« geschieht, soll nun im Einzelnen betrachtet werden.

4. Beispielanalyse: Die Bildung narrativer Kohärenz in »Ich bin ich (Wir sind wir)«

Der Songtext von »Ich bin ich« etabliert eine Situation, in der ein Ich über sich reflektiert und in der Sprechsituation und besprochene Situation zunächst zusammenzufallen scheinen, wenn das Ich im Refrain postuliert: »Ich bin jetzt / Ich bin hier / Ich bin ich / Das allein ist meine Schuld«. ›Ich‹ – ›hier‹ – ›jetzt‹: kürzer als diese deiktisch-präsentische Selbstbehauptung kann sich ein Subjekt nicht in Raum und Zeit definieren. Gesetzt wird dabei vom Text allerdings die Differenz dieser Ich-Behauptung zu einem vergangenen Stadium drohenden Ich-Verlustes, in dem das Ich sein »Gleichgewicht verlorn« hatte und das potenziell noch immer mit Selbstverlust droht (»Darf mich nur nicht verliern«). Der drohende Selbstverlust wird denn auch als Ausschluss von Zeit und Raum, d.h. einer als ›Innen‹ gesetzten Gegenwärtigkeit formuliert (womit der Songtext einsetzt): »Gehör ich *hier* denn noch dazu / Oder bin ich *längst schon* draussen« (meine Hervorhebungen). Die sprachlich postulierte Selbstbehauptung des Ichs (»Doch kann trotzdem gerade stehn«) wird dabei ursächlich einem Du zugeschrieben, dessen bloße Präsenz dem Ich geholfen hat: »Daß du da warst tat mir gut / Bitte stell jetzt keine Fragen«. Der Zusammenfall von Sprech- und besprochener Situation wird nun allerdings dadurch gestört, dass die Wiederholung des Refrains am Ende des Songs unvermittelt vom Ich zum Wir wechselt, ohne dass diese Verdoppelung im Subjektbezug (von »ich«/»meine« zu »wir«/»unsre«) expliziert wird: »Wir sind jetzt / Wir sind hier / Wir sind wir / Das allein ist unsre Schuld«. Aus dem Textverlauf ist diese gedankliche Entwicklung nur implizit erschließbar: als geistig-imaginäre Rettung des Ichs durch das Du, das »[g]estern Nacht« anwesend war.

---

dialen Raum‹ und den ›medialen Raum Musikvideo‹ insgesamt (vgl. ebd. 148).

Die Bildebene des Musikvideos jedoch verknüpft mit dem Text von Beginn an eine doppelte Ich-Bezüglichkeit: illustrativ-implizit erläutert der Text dann die parallel gezeigten Bilder des in Erinnerungsfotos blätternden Mannes sowie er im Wechsel dazu direkt und explizit-abbildend mit den Einstellungen der den Text singenden Frau kongruent ist. Dies führt im ersten Teil des Musikvideos dazu, dass die doppelte Ich-Bezüglichkeit ambivalent bleibt und, wenn auch der Gesang pragmatisch der Frau zugeordnet ist, der zeichenhafte Gehalt *metaphorisch* doch auf beide zu beziehen ist: beide stehen zu dem, wie und was sie sind – ›ich‹, ›hier‹, ›jetzt‹ –, und *beide* erleben Demütigungen und Ausgeschlossensein. In separaten Einstellungen (1-26; 0:00-1:01) werden Mann und Frau dabei zunächst getrennt gezeigt, dann folgen im Wechsel solche Einstellungen, die aus ihrer gemeinsamen Vergangenheit stammen (Einstellungen 27-85; 1:01-2:23). Die einzelnen Rückblickserinnerungen sind dabei in größeren Sequenzen jeweils einem der beiden zugeordnet: die Schwimmbadsituation dem sich erinnernden Mann, der sich als Junge nicht traut, vom Sprungturm zu springen, das Theaterspiel in der Schule der Frau, die als Mädchen ihren Text vergisst, und die Situation im Klassenraum zeigt den Jungen, der von seinen Mitschülern gehänselt wird. Das sprachliche Paradigma des Allein- und Ausgeschlossenseins wird somit konkretisiert zum *visualisierten* Paradigma des Außenseitertums beider: beide versagen jeweils in signifikanten Situationen ihrer Kindheit und fühlen sich von der umgebenden Gemeinschaft ausgeschlossen. Ab Einstellung 86 (2:23) jedoch erfährt die ambivalente, weil auf beide zu beziehende Ich-Behauptung eine neue Qualität, indem eine neue Gegenwartsebene eingeführt wird, in der beide in der Erzählgegenwart zusammen Musik machen (er begleitet ihren Gesang am Klavier). Diese Ebene gemeinsamer Gegenwart substituiert in den Einstellungen 86-138 (2:23-3:25) die vorher getrennten Gegenwartsebenen, die im Dia-Projektionsraum (er) bzw. in der Theatergarderobe (sie) situiert waren; weiterhin aber ist diese neue Gemeinschaftsebene alternierend montiert mit Rückblickssequenzen aus der gemeinsamen Jugend der beiden (DDR-Jugend, Einstellung 87-98; 2:23-2:38; Jugenddisco, Einstellung 100-124; 2:40-3:09).

Einstellungen 125-138 (3:09-3:25) schließlich zeigen auf der Bildebene nur noch das gemeinsame Musizieren, und zwar im Wechsel als Kinder, als Jugendliche, als Erwachsene. Die Zeitebenen werden dadurch nicht nur verschränkt, sie heben sich metaphorisch auf, da dieselbe Situation sich durch die Zeiten hindurch in demselben Raum immer wiederholt: beide machen gemeinsam, von allem anderen ausgeschlossen bzw. alles andere ausblendend, in einem nur von ihnen beiden eingenommenen Raum Musik. Im dadurch eröffneten Bedeutungsraum ›Musik‹ steht somit jedes Bild für jedes andere Bild; ›Zeit‹ scheint hier als Größe aufgehoben.

Die finalen Einstellungen 139-159 (3:25-4:03) knüpfen an den Anfang des Videos an und zeigen Mann und Frau in der Gegenwart nur noch getrennt; geschlossen wird dabei auch die Rahmensituation im Schwimmbad, bei der nun auch zu sehen ist, dass das Mädchen schon in diesem frühesten der erinnerten Kindheitserlebnisse des Jungen mit anwesend war. Das Mädchen ›rettet‹ den Jungen, indem es ihn an die Hand nimmt, gemeinsam mit ihm ins Wasser springt und dem Freund das eigene ›Seepferdchen‹-Schwimmabzeichen weiterreicht. Zwar am eigentlichen Ziel gescheitert, ist der Junge somit von seinem Ausgeschlossensein durch eine neue Gemeinschaft befreit – eben so, wie *er* das Mädchen in der zuvor gezeigten Sequenz von ihrem Alleinsein nach *ihrem* Scheitern auf der Theaterbühne ›befreit‹ hatte – durch seine bloße Anwesenheit.[17]

Die ambivalente, doppelt beziehbare Ich-Behauptung des Songtextes, die mit dem Moment ihres gemeinsamen Musizierens als metaphorische Ausgeschlossenheit *beider* lesbar wird, wird dabei ab Einstellung 125 durch den Text »Wir sind wir« ersetzt (der jedoch nach wie vor nur von der Sängerin gesprochen wird). Damit korreliert der innerhalb der *lyrics* unmotivierte Wechsel vom ›Ich‹ zum ›Wir‹ mit jener audiovisuell vorgeführten sequenziellen und semantischen Verdichtung, die mit dem überzeitlichen Bedeutungsraum der Musik geschaffen wird: das Erleben von Gemeinsamkeit wird somit als Funktion der Musik etabliert. Musik selbst erscheint so – in einer Homologierelation auf das Musikvideo als Ganzes bezogen – als ein medialer Raum, der als ein exklusiver, gegenüber der ›feindlichen‹ Außenwelt abgegrenzter ›Innenraum‹ der Freundschaft semantisiert wird: er befreit die Beteiligten von ihrem beiderseitigen Ausgeschlossensein.

Kohärenz kommt hier folglich zustande durch die gegenseitige Erklärung von Text und Bild: einerseits konkretisiert die Bildsequenz visuell, was im Text unmotiviert (bzw. nur implizit erschließbar) bleibt; der Wechsel zum ›Wir‹ wird mit der raumzeitlichen Kopräsenz beider Subjekte verbunden. Andererseits weist der Text dem alle Zeiten überdauernden Musizieren beider erst eine spezifische Bedeutung zu: die

---

17 Dies wird zudem in den letzten Sekunden des Musikvideos als akustische ›Geburt‹ semantisiert: Nach dem Auslaufen der letzten Takte der Musik wandelt sich der ›Stummfilm‹ der Bildsequenz zum ›Tonfilm‹, wird ein extradiegetischer Ton (nämlich das gemeinsame Ins-Wasser-Springen der Kinder) hörbar. Dieses *nach* dem Ende des Songs situierte zentrale Initiationsereignis markiert somit am Ende des Videoclips explizit die Existenz einer extradiegetischen Hervorbringungsinstanz, die sich von der Gesangsinstanz unterscheidet.

Etablierung einer ›Wir‹-Gemeinschaft, die die vorige Vereinzelung beider ›Ichs‹ substituiert. Damit werden einander zwei konträre semantische Räume im Musikvideo gegenübergestellt: der durch Linearität, Differenz und Chronologizität geprägte Raum der Kindheit und des Heranwachsens, in dem beide Figuren unabhängig voneinander ihr Alleinsein erfahren; dem steht der durch die *Aufhebung* von Differenz, Linearität und Chronologizität gekennzeichnete mediale Raum der Musik gegenüber. Die Entwicklung vom ›Ich‹ zum ›Wir‹ stellt somit eine narrative Grenzüberschreitung im Lotman'schen Sinne dar: der Übertritt vom Raum kausalrealer Zeitlichkeit und des Getrenntseins in den Gemeinschaftsraum der Musik, der zugleich die Aufhebung von Zeitlichkeit und Getrenntsein bedeutet. Musik, so das über die eingangs aufgezeigte Verschränkung von intra- und extradiegetischer Sprechinstanz auch selbstreferenziell auf das Musikvideo als Ganzes zu beziehende Postulat, stellt einen Erlebnisraum zur Verfügung, der die primäre Realität von Zeit und Raum kompensiert und erweitert.

Text- und Bildebene stellen damit in ihrem *sukzessiven* Wechselbezug Kohärenz her, indem sie durch gegenseitige Konkretisierung/Referenzialisierung bzw. Semantisierung die jeweiligen medial bedingten Leerstellen auffüllen (die prinzipielle Bedeutungsoffenheit des Bildes, die Unspezifiziertheit der sprachlich evozierten Vereinzelungserlebnisse der Figuren; vgl. dazu generell Titzmann 2006: 220). Insbesondere der zunächst durch pragmatische Widersprüche gekennzeichneten Ambivalenz der Sprecherposition zwischen extra- und intradiegetischer Position kommt dabei die Funktion zu, ›Singen/Musizieren‹ als einen medialen Raum zu etablieren, der sich einer an empirischen Zeit- und Raumvorstellungen orientierten Konzeption gerade entzieht. Narrative Kohärenzbildung im Musikvideo ist also, vom Einzelfall abstrahierend, bestimmt durch die je spezifische, gegenseitige Bedeutungsgebung in Text und Bild; sodann jedoch auch dadurch, dass sich im Verlauf des Videos das Aufeinander und Gegeneinander der Einstellungen als ein Auseinander innerhalb eines (gegebenenfalls metaphorischen) Kausalzusammenhangs erklären lässt. Dieser Zusammenhang besteht in »Ich bin ich« in einer trotz der Diskontinuität der Bilder erkennbaren räumlichen Kontinuität: über die Zeiten und Altersstufen hinweg kommen Mann und Frau jeweils in derselben Konstellation immer wieder in *demselben* Raum zusammen. Das Heranwachsen der beiden Protagonisten stellt sich dadurch als temporale Ereignisfolge dar, die logisch-chronologisch rekonstruierbar ist. Durch *point of view shots* wird dabei auf der Bildebene die kausale Verknüpfung von Vergangenheit (Erinnerungssequenzen) und Erzählgegenwart gewährleistet: ›Eintauchen‹ in die Erinnerungen und Rückkehr in die Gegenwart werden als Lernprozess semantisiert, bei dem auf das eigene Scheitern stets Beistand und Trost durch den jeweils anderen folgen. Die Serie der Demütigungen, die innerhalb des Syntagmas vorgeführt wird, lässt somit in der linearen Zeitfolge zwar einerseits das Paradigma ›Versagen/Demütigung/Ausgeschlossensein‹ hervortreten, das alle Erfahrungen innerhalb der Zeitfolge verbindet. Andererseits aber wird dadurch gerade erst die Folgeerfahrung ermöglicht: einen *eigenen* musikalischen ›Raum der Freundschaft‹ zu schaffen, in dem nicht die fremdbestimmenden äußeren Werte ›Erfolg‹ und ›Leistung‹ zählen (das Schwimmabzeichen, Anerkennung durch die soziale Gruppe, Textbeherrschung auf der Bühne), sondern das gemeinsame Musizieren, das mit selbstbestimmtem Handeln korreliert ist.

Die *point of view shots* weisen das ›Zurückblicken‹ dabei als doppelte Wahrnehmung von Differenz aus: räumliche Differenz zur Gruppe, von der man ausgeschlossen ist (innerhalb der erinnerten Situation) *und* zeitliche Differenz des sich Erinnernden an das Erinnerte. Das im Refrain rekurrente, selbstreferenzielle ›Ich-Sagen‹, die beschwörende Selbstbehauptung des Ichs, wird somit durch die Bilder als Kappung bzw. Verweigerung von Fremdreferenz lesbar: Nach demütigendem Scheitern auf sich selbst zurückgeworfen, versucht sich das Ich, ohne die von außen und von anderen festgelegten Wertmaßstäbe neu zu definieren – durch und *als* seine bloße Präsenz.

Mit den jeweils auf die Rückblicke folgenden Einstellungen aber, welche die Rückkehr in die Gegenwart zeigen, wird sodann eine perspektivische Umkehrung der Vergangenheit möglich: obwohl die Frau auch in der Gegenwart in einer Theatergarderobe sitzt, wird statt der Differenzerfahrung des Ausgeschlossenseins nun die Erfahrung neuer Gemeinschaft innerhalb des exklusiven Raums der Freundschaft als die *entscheidende* Erfahrung gesetzt. Denn die Erinnerung an das gescheiterte Schwimmabzeichen in der finalen Fortführung der zu Beginn eingeführten Sequenz mündet in das gemeinsame, händchenhaltende Ins-Wasser-Springen beider Kinder. Der Songtext »Hab mein Gleichgewicht verlorn / Doch kann trotzdem gerade stehn« erklärt das ›Geradestehen‹ somit am Ende durch das ›Zusammenstehen‹ beider. Damit erscheint auch die zuvor erfolgte Verweigerung von Fremdreferenz wieder umkehrbar; sie wird nun als *gezielte* Fremdreferenz auf einen spezifischen ›Freund‹ und die damit korrelierte spezifische Gemeinschaft zweier Außenseiter neu etabliert, die einander in gegenseitigem Verständnis verbunden sind. Eben dies vollzieht sich, wenn der Refrain in seiner finalen Wiederholung unvermittelt vom »Ich bin ich« zum »Wir sind wir« wechselt. Das ›Zusammenstehen‹ der Freunde aber findet nicht nur *innerhalb* des Musikvideos, auf der gemeinsamen Gegenwartsebene der beiden, seinen Ausdruck im gemeinsamen Musikausüben, sondern es wird damit zugleich als Kommunikat im medialen Raum der Musik selbst transportiert, wie die ambivalente Verschränkung von intra- und extradiegetischer Sprechinstanz nahelegt: Musik wird als ästhetisches Konzept positioniert, das außerhalb raumzeitlicher Kausalität einen jederzeit ›betretbaren‹ semantischen Raum der ›Gemeinschaft‹ eröffnet.

Damit führt das Musikvideo zugleich eine Neuordnung im Umgang mit Vergangenheit vor: nicht Differenz dominiert länger die Bedeutung der Vergangenheit für die Gegenwart, sondern *Äquivalenz*. Im medialen Raum der Musik sind Vergangenheit und Gegenwart somit nicht nur korreliert, sondern aufgehoben: raumzeitliche Kausalität selbst erscheint transzendierbar. Am Ende, so führt die Schlussequenz von »Ich bin ich« vor, ist dafür nicht einmal mehr die physische Anwesenheit des Anderen nötig, sondern nur die – sich über den extradiegetischen Gesangsvortrag manifestierende – erinnerte bzw. imaginierte Anwesenheit des anderen.

5. Schlussfolgerungen

Narrative Kohärenzbildung kommt in »Ich bin ich« zustande als Reflexion raumzeitlicher Bedingtheit und Vermitteltheit von Filmbild und Popsong. Die prinzipiell getrennten Zeichensysteme Film, Sprache und Musik werden dabei mittels der narrativen Grundkategorien Modus und Stimme (perspektivische Vermittlung auf der Bildebene, gesangliche Vermittlung auf der Äußerungsebene) zunächst problematisiert und gegeneinander ausgespielt – in dem Sinne, dass die einzelnen Einstellungen diskontinuierliche Perspektiven etablieren, die pragmatische Widersprüche erzeugen. Die durch das paradoxe Zusammenspiel von Bild- und pragmatischer Ebene erzeugte Differenz von Figur (Sängerin im Bild) und Sprechinstanz (der extradiegetischen Sängerin des Musikvideos) wird durch die intra- und extradiegetische Kongruenz des Songs (es ist derselbe Song, der gesungen wird) jedoch auf der musikalischen Ebene aufgehoben. Kohärenz erzeugt »Ich bin ich« daher auf einer metaphorischen, auf die Musik selbst bezogenen Bedeutungsebene. Dieser als gemeinsamer Erlebnisraum postulierte semantische Raum ›Musik‹ steht metaphorisch für die Aufhebung raumzeitlicher Kausalität und ist gerade durch die Entgrenzung der Sprechpositionen in der Zeit gekennzeichnet: derselbe Song, so führt der Gesamttext vor, integriert alle einzelnen Gesangsvorträge desselben Songs durch die Zeiten hinweg. Die narrativen Inkohärenzen und Ambivalenzen bezüglich Modus und Stimme werden daher semantisch in Kohärenz überführt. Diese Semantik wird dabei als narrativ kohärente, dreiteilige Ereignisfolge etabliert, die in der transformativen Grenzüberschreitung der Zeit-Transzendenz (t_2) von der linearen

Raumzeitlichkeit (t_1) in den überzeitlichen medialen Raum ›Musik‹ besteht (t_3).

Aus dem Beispielfall »Ich bin ich« sind zuletzt drei grundlegende Bedingungen und Funktionsweisen narrativer Kohärenzbildung im Musikvideo ableitbar.[18]

1) Der *pragmatische Aspekt* (auf das Verhältnis des Gesprochenen zu den Blicken der Figuren und zum Standpunkt der extradiegetischen Hervorbringungsinstanz bezogen): Anfang und Ende eines Songs markieren in der Regel Anfang und Ende des Musikvideoclips. Dadurch stellt ein Musikvideo als Inszenierung des Songs einen scheinbar pragmatisch geschlossenen Äußerungsakt dar, der dem Clip eine anzunehmende Hervorbringungsinstanz zuweist, welche auf einer alle Elemente (Bild/Ton/Text) umfassenden Ebene angesiedelt ist. Doch darf diese höchste Textinstanz nicht mit der intradiegetisch gezeigten Gesangsinstanz verwechselt werden, auch wenn pragmatische, strukturelle und semantische Aspekte illusionistisch dazu tendieren, intradiegetische Sprechinstanz und extradiegetische Hervorbringungsinstanz des Musikvideos anzunähern bzw. in eins zu setzen. Denn immer dann, wenn *asyntope*[19] Einstellungen und Sequenzen vorliegen, in denen die Sprechinstanz nicht im Bild zu sehen ist, wenn also auf der visuellen Ebene die Kohärenz des Sprechakts unterbrochen wird, stellt sich die Frage, in welchem pragmatischen Verhältnis die Filmbilder zum Songtext stehen.

2) Der *semantische Aspekt* (bezogen auf die gegenseitige Kommentierung von Text und Bild und auf Präsuppositionen von Sprech-/Zeigeakten): Genrekonstitutiv für das Musikvideo ist die zentrale Stellung des Songs und also der *lyrics*, des Songtexts, und zwar vor allem hinsichtlich seines Bedeutungsaufbaus. Das Musikvideo als Ganzes ist daher auf den sprachlichen Songtext *funktional bezogen* – in einem Spektrum zwischen illustrierender und konterkarierender Funktion, zwischen Äquivalenz und Opposition.

---

18 Diese Unterteilung in pragmatische, semantische und syntaktische Faktoren der Kohärenzbildung orientiert sich partiell an den Überlegungen von Rauh (1990).

19 Zu *Syntopie/Asyntopie* (›Ist die Sprechinstanz im Bild zu sehen?‹) und *Synchronie/Asynchronie* (›Erfolgt das Sprechen in der Zeit der Visualisierung?‹) als strukturelle Rahmenbedingungen, die das Verhältnis von Sprache und Bild im Film regeln, vgl. Rauh (1990: 100-104), der ein »System des sprachlich-bildlichen Zusammenhangs im Film« (ebd. 104) mittels vier verschiedener Kombinationsmöglichkeiten vorschlägt (1. Synchronie und Syntopie, 2. Asynchronie und Asyntopie, 3. Synchronie und Asyntopie, 4. Asynchronie und Syntopie).

3) Der *syntaktische Aspekt* (auf das Verhältnis des Gesprochenen zum Bildaufbau und zur Sukzession der Einstellungen bezogen): Der Videoclip präsentiert dabei, orientiert am jeweiligen musikalischen Genre, Sprache und Bild in ›Reibung‹, so dass Divergenzen zwischen Text und Bild funktionalisiert werden, die wesentlich auf Ungleichzeitigkeit, zumindest aber auf Unterbrechung der Kontinuität zielen, um dadurch Mehrsträngigkeiten, Ambiguisierungen und Metaphorisierungen in die übergeordnete strukturelle und pragmatische Kohärenz zu integrieren. Sprache und Bild wird dadurch immer wieder kurzzeitig der eindeutig feststellbare Zusammenhang entzogen, um dann eine neue, primär semantische Kohärenz auf metaphorischer Ebene herzustellen. Etabliert wird dadurch nicht zuletzt ein medialer Raum, der als Bedeutungsraum die Inszenierung des Popsongs außerhalb bzw. oberhalb einer kausalrealen Raumzeitlichkeit – quasi in einem ›Imaginationsraum‹ – situiert. Musikvideos bedienen sich dabei einer spezifischen Art narrativer Kohärenzerzeugung, die auf Diskontinuitäten, Inkongruenzen und Inkohärenzen in den Text-Bild-Bezügen beruht: nicht durch auf empirischer Erfahrung beruhende Raum-Zeit-Kontinuitäten ist der mediale Raum gekennzeichnet, sondern durch eine imaginative Bedeutungswelt, die auf Konstanz und Intersubjektivität der *bedeuteten* Stimmungen, Gefühle und Bedeutungen beruht. Narrativ erzeugt wird diese semantische Kohärenz durch eine spezifische Paradigmenbildung: In »Ich bin ich« ist es die Konstanz subjektiver Erfahrung, die in der narrativen Ereignisstruktur des Musikvideos die Ausgangssituation (doppeltes Außenseitertum) über die Transformation (den gegenseitigen Beistand beider Außenseiter) in eine zur Ausgangssituation oppositionelle Endsituation verwandelt (die Eröffnung eines ›Freundschaftsraums‹ der Musik, mit dem die Exklusion als Exklusivitätsmerkmal umgedeutet wird). Verallgemeinern lässt sich diese spezifische Form narrativer Kohärenzbildung im Musikvideo zwar nicht; doch bleibt festzuhalten, dass die perspektivischen Inkongruenzen und Ambivalenzen, die zu den Standardverfahren filmischer Inszenierung in Musikvideos gehören, die konventionellen Regeln filmischer Erzählweise vielfach brechen können, ohne deshalb insgesamt Inkohärenz zu erzeugen. Vielmehr gehört insbesondere auch die Außerkraftsetzung der klassischen Regeln des *continuity system* zu den Verfahren, die eine andere Art narrativer Kohärenzerzeugung im Musikvideo ermöglichen: eine Kohärenzerzeugung im medialen Raum, die jenseits kausalrealer Raumzeitlichkeit narrative Kausalität dadurch erzeugt, dass sie den Semantisierungsprozess selbst, die Bedeutungserzeugung, *als Bedeutungserzeugung* narrativ inszeniert und begründet. Bedeutung wird hier ›erzählt‹: Eine Sprechinstanz (in »Ich bin ich«: die Sängerin) erzählt, wie sie einer Sache (in diesem Fall: sich selbst) Bedeutung zuweist, wie sie

also *für sich* Bedeutung erzeugt. In diesem Sinne erzählt Rosenstolz' »Ich bin ich« insgesamt, wie zwei Ichs durch ihre ›Wir‹-Erfahrung jeweils zu einem ›Ich‹ werden.

Literatur

Altrogge, Michael (2001): *Tönende Bilder. Interdisziplinäre Studie zu Musik und Bildern in Videoclips und ihrer Bedeutung für Jugendliche*, Bd. 1, *Das Feld und die Theorie*, Berlin.

Bienk, Alice (2008): *Filmsprache. Einführung in die interaktive Filmanalyse*, Marburg.

Blödorn, Andreas/Langer, Daniela (2006): »Implikationen eines metaphorischen Stimmenbegriffs: Derrida – Bachtin – Genette«. In: dies./Michael Scheffel (Hg.), *Stimme(n) im Text. Narratologische Positionsbestimmungen*, Berlin/New York, S. 53-82.

Borstnar, Nils/Pabst, Eckhard/Wulff, Hans Jürgen (2002): *Einführung in die Film- und Fernsehwissenschaft*, Konstanz.

Decker, Jan-Oliver (2005): *Madonna: Where's that girl? Starimage und Erotik im medialen Raum*, Kiel.

Decker, Jan-Oliver/Krah, Hans (2003): »Videoclip«. In: Jan-Dirk Müller u.a. (Hg.), *Reallexikon der deutschen Literaturwissenschaft*, 3., neu erarb. Aufl., Bd. III, S. 781-782.

Faulstich, Werner (1978): *Rock – Pop – Beat – Folk. Grundlagen der Textmusik-Analyse*, Tübingen.

Hamburger, Käte (1980): *Die Logik der Dichtung*, 3. Aufl., Frankfurt/M.

Hickethier, Knut (2001): *Film- und Fernsehanalyse*, 3. Aufl., Stuttgart/Weimar.

Krah, Hans/Titzmann, Michael (Hg.) (2006): *Medien und Kommunikation. Eine interdisziplinäre Einführung*, Passau.

Lohmeier, Anke-Marie (2003): »Filmbedeutung«. In: Fotis Jannidis u.a. (Hg.), *Regeln der Bedeutung. Zur Theorie der Bedeutung literarischer Texte*, Berlin/New York, S. 512-526.

Lotman, Jurij M. (1993): *Die Struktur literarischer Texte*, 4. Aufl., München.

Martínez, Matías/Scheffel, Michael (2007): *Einführung in die Erzähltheorie*, 7. Aufl., München.

Rauh, Reinhold (1990): »Sprache und filmische Wahrnehmung«. In: Knut Hickethier/Hartmut Winkler (Hg.), *Filmwahrnehmung*, Berlin, S. 95-106.

Schenk, Irmbert (2008): *Kino und Modernisierung. Von der Avantgarde zum Videoclip*, Marburg.

Stuck, Elisabeth (2000): »Kohärenz«. In: Harald Fricke u.a. (Hg.), *Reallexikon der deutschen Literaturwissenschaft*, 3., neu erarb. Aufl., Bd. II, S. 280-282.

Thaler, Engelbert (1999): *Musikvideoclips im Englischunterricht. Phänomenologie, Legitimität, Didaktik und Methodik eines neuen Mediums*, München.

Titzmann, Michael (1990): »Theoretisch-methodologische Probleme einer Semiotik der Text-Bild-Relation«. In: Wolfgang Harms (Hg.), *Text und Bild, Bild und Text*, Stuttgart, S. 368-384.

Titzmann, Michael (2006): »Interaktion und Kooperation von Texten und Bildern«. In: Hans Krah/Michael Titzmann (Hg.), *Medien und Kommunikation. Eine interdisziplinäre Einführung*, Passau, S. 215-248.

Wünsch, Marianne (1999): »Narrative und rhetorische Strukturen im Bild. Das Beispiel Werbung«. In: Horst Brunner u.a. (Hg.), *helle döne schöne. Versammelte Arbeiten zur älteren und neueren deutschen Literatur. Festschrift für Wolfgang Walliczek*, Göppingen, S. 323-359.

Erzählstrategien im Videoclip am Beispiel des Songs »Savin' Me« der kanadischen Rockband Nickelback

OLIVER KRÄMER

Videoclips gehören als mediale Artefakte mittlerweile fest zu unserer Wahrnehmungswirklichkeit. Insbesondere für Jugendliche sind sie zu einer ganz selbstverständlichen Spielart der Musikrezeption geworden. Dies verdeckt allerdings ihre oft erstaunliche Komplexität, die sich erst bei genauer Betrachtung und eingehender Analyse erschließt.

Unter formalem Gesichtspunkt sind Videoclips ästhetische Informationseinheiten aus Musik, dem zugehörigen Songtext und einer Folge bewegter Bilder. Über die Verlaufszeit von drei bis vier Minuten hinweg werden diese Informationsschichten für sich allein genommen entfaltet und zugleich netzartig miteinander verwoben. Erzählen im Videoclip ist daher ein hochkomplexer Mitteilungsakt, der einerseits von den narrativen Möglichkeiten der einzelnen Komponenten abhängt, der andererseits aber auch von den Möglichkeiten der intermedialen Bezugnahme bestimmt wird.

Was uns im Alltag meist problemlos gelingt – nämlich die integrale Wahrnehmung auditiver, verbaler und visueller Information – birgt für den zergliedernden Verstehensversuch jedoch einiges an Schwierigkeiten. Um der Komplexität dennoch Herr zu werden und Strategien mehrdimensionalen Erzählens im Videoclip nachvollziehen zu können, gilt es zunächst, genauer nach den Erzählmöglichkeiten der einzelnen Informationsschichten zu fragen, bevor sie dann im Verhältnis zueinander betrachtet werden können. Die folgenden grundsätzlichen Überlegungen werden der besseren Nachvollziehbarkeit halber an einem Videoclip der kanadischen Rockband Nickelback exemplifiziert. »Savin' Me« heißt der zugrunde liegende Song aus dem Album *All the Right Reasons*, das im Jahr 2005 erschienen ist.[1]

Was Musik erzählt

Ob und inwiefern Musik Sprachähnlichkeit besitzt, ist seit alters her eine Streitfrage. Unterschieden wird dabei in eine Außen- und eine Innenseite der Verwandtschaftsbeziehung. Die äußerliche Nähe ist evident. Musik und Sprache sind beides klangbasierte, sukzessive Ausdrucksformen in der Zeit. Der sprachähnliche Duktus der Musik offenbart sich in fachlichen Termini wie ›Melodiephrase‹, ›Vordersatz‹ und ›Nachsatz‹. Entsprechend wurde in der Vergangenheit von Musik auch gern als ›Klangrede‹ oder ›Tondichtung‹ gesprochen. Entwicklungsgeschichtlich beruht die äußerliche Nähe von Musik und Sprache auf dem Hervorgehen der reinen Instrumentalmusik aus dem Gesang, und die Melodik des Gesangs blieb in der Geschichte der abendländischen Musik noch viele Jahrhunderte lang nachahmenswertes Vorbild für das instrumentale Komponieren.

Während die äußerliche Verwandtschaft kaum in Zweifel gezogen wird, ist es umstritten, inwieweit der Musik über die Strukturähnlichkeit hinaus auch eine narrative Funktion zugestanden werden kann. Diskussionsanlass ist hier das unmittelbar Berührende und dennoch schwer Fassbare musikalischer Mitteilung: ihr begriffloses Zu-verstehen-Geben, das sich im sprachlichen Nachvollzug nie vollständig einholen lässt.

Die Andersartigkeit musikalischen Mitteilens erfuhr durch die Epochen hindurch unterschiedliche Bewertung. Galt seit der Aufklärung wegen der Klarheit des Wortes die Dichtkunst als höchste Gattung, der sich die anderen Künste möglichst anzuähneln hatten, vollzog sich spätestens mit der Romantik ein Paradigmenwechsel, denn nun galt gerade der konturlos entgrenzten Gefühlstiefe der Musik die besondere Wertschätzung: »Wo Worte nicht mehr hinreichen, sprechen die Töne.« (Grillparzer 1909 [1821]: 35) Musik wird hier als Fortsetzung der Wortsprache verstanden, wenngleich mit anderen Mitteln. Und E.T.A. Hoffmann betont diesen transzendentalen Aspekt noch, wenn er schreibt:

»Die Musik schließt dem Menschen ein unbekanntes Reich auf; eine Welt, die nichts gemein hat mit der äußern Sinnenwelt, die ihn umgibt, und in der er alle

---

1 Das Video zum Song »Savin' Me« lässt sich im Internet mit Hilfe des Videoportals YouTube betrachten, wenn man Bandname und Songtitel in die dortige Suchfunktion eingibt.

durch Begriffe bestimmbaren Gefühle zurückläßt, um sich dem Unaussprechlichen hinzugeben.« (Hoffmann 1963 [1810]: 34)

Unabhängig von diesem kurzen historischen Rückblick lässt sich die Frage nach den Mitteilungspotenzialen der Musik vor allem durch systematische Überlegung klären. Trotz der inhärenten semantischen Unschärfe lassen sich drei prinzipiell verschiedene Arten musikalischen Mitteilens voneinander trennen: Tonmalerei, Tonsymbolik und Gefühlsschilderung.

Tonmalerei

Mit Hilfe von Tonmalerei kann Musik sehr wohl einen narrativen Bezug zur äußeren Welt herstellen. Tonmalerei ist ein schlichter Akt klanglicher Nachahmung. Derart angelegte Musik ist so beschaffen, dass sie realen Klangeindrücken vom Wellenrauschen bis zum Großstadtlärm möglichst nahezukommen versucht – wie nahe, hängt von den Möglichkeiten des Instrumentalspiels und vom jeweiligen ästhetischen Kontext ab: von epochenbedingten Geschmacksvorstellungen, von Stilkriterien und Konventionen des Komponierens. Die tonmalerische Nachahmung realer akustischer Eindrücke bleibt allerdings ein begrenzter Sonderfall musikalischer Mitteilung, wenngleich es die durchaus plausible Hypothese gibt, die Musik selbst sei ursprünglich aus einem solchen akustischen Nachahmungsspiel heraus entstanden.

Der Nickelback-Song »Savin' Me« wartet gleich in den Anfangstakten mit einem anschaulichen Beispiel von Tonmalerei auf. Die Gitarre spielt rhythmisch betrachtet ein Muster aus Achtelnoten, das von der zweiten auf die dritte Zählzeit des Taktes allerdings durchbrochen wird. Der kurze Zeitstau durch die Punktierung und die anschließenden doppelten Sechzehntelnoten wirken wie ein Stolpern. Die Frage, ob dieser Eindruck hier tatsächlich intendiert ist oder ob es sich schlichtweg um ein rhythmisch interessantes Instrumentalpattern handelt, muss allerdings zunächst noch offen bleiben, bis sich andere Erzählmomente finden, die interpretatorisch in eine ähnliche Richtung weisen.

Tonsymbolik

Eine weitere Möglichkeit musikalischen Mitteilens ist die Tonsymbolik: Musik kann auch mit Hilfe festgelegter Klangformeln auf die äußere Welt Bezug nehmen. Anders als bei der Tonmalerei geht es bei dieser Form der Referenz nicht um Nachahmung, sondern um symbolische Verkörperung. Hier kommt die Musik der Wortsprache wohl am nächsten, weil das Klangvokabular in seiner Bedeutung ähnlich wie das Wort durch den ständig gleichen Verwendungszusammenhang konventionalisiert wird.²

Das Wirken von Tonsymbolik lässt sich ebenfalls gleich am Beginn des Nickelback-Songs demonstrieren. Der Gesang setzt mit einer Kreisfigur ein. Die Melodie bewegt sich im engen Dreitonraum ›es-g‹ und umspielt dabei den Zentralton ›f‹. Das melodische Kreisen verkörpert zum einen das Gefühl des Eingeschlossenseins, zum anderen ist die Kreisfigur ein Ewigkeitssymbol. Hier wird deutlich, dass die Auslegung solcher symbolischer Sinngehalte abhängig von dezidiertem Kontextwissen ist. Bei gesungener Musik steht allerdings zusätzlich noch die korrespondierende Textstelle für eine Überprüfung zur Verfügung.»Prison gates won't open up for me«: Das Wort-Ton-Verhältnis ist hier also durchaus stimmig.

Doch nicht nur die Melodik, auch die Harmonik transportiert Symbolgehalt. Musiktheoretisch betrachtet handelt es sich bei dem zugrunde liegenden Akkordschema um einen Dur-Moll-Parallelismus (halbtaktiger Wechsel von As-Dur/Es-Dur/f-Moll/c-Moll). Allerdings bleibt der harmonische Gang im vierten Takt auf der Subdominante (f-Moll) unvermittelt stehen und verweigert die Auflösung. Die Grundtonart (c-Moll), die wir aufgrund der Akkordfortschreitung eigentlich erwarten dürften, fehlt am Ende. Symbolisch gedeutet, erzählt diese kleine harmonische Besonderheit ebenso von Ausweglosigkeit wie schon die melodische Kreisfigur und der Songtext selbst.

Schließlich lässt sich diese im Grunde genommen einfache Akkordwendung sogar noch zahlensymbolisch entschlüsseln: »I'm terrified of these four walls«, heißt es im Text, und es sind vier verschiedene Akkorde (»four walls«), auf denen das gesamte Stück aufbaut.

Gefühlsschilderung

Die letzte und wohl wichtigste Art musikalischen Mitteilens ist allerdings die Gefühlsschilderung. Musik steht in enger Verbindung mit der Psyche des Menschen. Ihre Machart wirkt sich direkt auf die emotionale Befindlichkeit aus: Solche Eigenschaften wie Tempo und Lautstärke, Melodik,

---

2 Im Lauf der Musikgeschichte hat sich eine Fülle solcher Tonsymbole angesammelt. Sie wirken wie Signale und haben mehr oder minder feste Bedeutungen. Hierzu gehören Fanfaren, bestimmte Instrumente (Pauken und Trompeten als Instrumente des Königs), bestimmte Intervalle (der Tritonus als Teufelsintervall), Tonarten (c-Moll als Schicksalstonart), Rhythmen (Trauermarsch), Leitmotive und Zitate (wie die oft und gern aufgegriffene »Marseillaise«).

Harmonik und Dissonanzgrad, Klangfarbe und Artikulation haben einen unmittelbaren gefühlsmäßigen Einfluss auf den Hörer und werden von ihm sogar selbst dann noch als Ausdruck wahrgenommen, wenn die Musik wie bei bestimmten Formen der Avantgarde vom Komponisten gerade auf Vermeidung von Ausdruck hin angelegt ist. Die Verbindung zum emotionalen Erleben ist letztlich unaufkündbar und liegt der Wahrnehmung von Musik wesenhaft zugrunde.

Im Falle des Nickelback-Songs beruht die Gefühlsschilderung auf der Düsternis der Moll-Tonart, auf der Melancholie des mäßigen Tempos und auf der Vehemenz und Intensität, mit der der Sänger und die Band nach dem Gitarrenintro schließlich einsetzen.

Episches und lyrisches Prinzip

Schaut man sich außerdem noch verschiedene Arten von Musik genauer an, lassen sich zwei grundlegende Strukturprinzipien unterscheiden, je nachdem, welche formalen Prozesse der musikalischen Entfaltung in der Zeit zugrunde liegen. Es gibt Musik, die stärker dem epischen Prinzip verpflichtet ist, weil sie auf entwickelnden Formprinzipien beruht: auf der Variation, der Fortspinnung, der Abspaltung musikalischer Motive. Das Gegenteil davon ist eine Musik, die dem lyrischen Prinzip verpflichtet ist, weil ihr statische Formprinzipien und ein zyklisches Zeitbewusstsein zugrunde liegen. Solche Musik zeichnet sich durch ein hohes Maß an Wiederholung und durch symmetrische Formbildung aus.

Denkt man den musikalischen Kosmos in dieser Antinomie, ist Popmusik als Gattung eindeutig der lyrischen Seite zuzuordnen. Als Vokalmusik basiert sie auf dem wiederholten Wechselspiel von Strophe und Refrain, wenngleich immer wieder versucht wird, diesem Wechsel durch zusätzliche Formteile wie *intro*, *prechorus* und *bridge* das allzu Offensichtliche zu nehmen. Entscheidend ist dennoch, dass Popsongs meist eine einheitliche Grundstimmung oder aber den in Strophe und Refrain verkörperten Kontrast zweier Grundstimmungen transportieren und anders als sinfonische Musik über die gesamte Dauer ihres Erklingens hinweg in diesem Setting verharren.

Innerhalb des Videoclips sorgt Musik also zunächst für die Grundierung. Was sie als Ausdrucksmedium vorrangig vermittelt, sind vage Empfindungen, stimmungsmäßige Tönungen, die unser Erleben unterschwellig einfärben. Sie entfaltet eine Atmosphäre, die durch den Songtext und die Bilder noch spezifiziert wird.

Was Songtexte erzählen

Popmusik ist Massenkultur. Demnach werden Songtexte auch nicht für eine kritisch-intellektuelle Elite geschrieben, sondern wollen möglichst viele Menschen erreichen. Dies hat Auswirkungen auf die Inhaltsebene. Es müssen Ereignisse thematisiert werden, die möglichst jedem vom Erleben her vertraut sind. Deshalb ist in Popsongs so viel von Liebe, Trennung und Sinnfragen die Rede.

Der weite Adressatenkreis hat aber nicht nur inhaltliche Auswirkungen, sondern birgt Konsequenzen auch hinsichtlich der Darstellungsform. Zwar haben die einzelnen Worte des Textes anders als die Töne der Musik klare Bedeutungen. Dennoch wird in Hinblick auf die Gesamtaussage jegliche Konkretion vermieden und über Details geschwiegen. Songtexte brauchen dieses Maß an Unschärfe und semantischer Offenheit als freie Projektionsfläche, damit sich möglichst viele Menschen angesprochen fühlen und in den Worten wiederfinden können. Songtexte sind prinzipiell auf Ergänzung hin angelegt. Die Leerstellen – fehlende Namen, unklare Begleitumstände, fehlender Orts- und Zeitbezug – vervollständigt der Hörer, füllt das schemenhaft Skizzierte mit eigenen Erfahrungen auf und hat am Ende das Gefühl, der Text sei nur für ihn geschrieben worden. Was immer man Songtexten vorwerfen mag – die oftmals klischeehafte Thematisierung von Liebe, stereotyp wiederkehrende Wortwendungen etc. –, diese Kritik hat immer nur jenen Teil der Wirklichkeit im Blick, der sich im gesungenen Text objektiviert. Was aber der Einzelne für sich daraus macht, welchen Sinn er in die Texte hineinlegt, ist damit noch nicht erfasst. Songtexte müssen offen sein, klischeehaft und wenig individuell, um zu funktionieren. Sie sind gewissermaßen noch nicht fertig, sondern erfüllen sich erst, wenn die Kommunikation gelingt. Beim Anhören vollenden wir die Texte und werden gleichsam zu Co-Autoren, indem wir die Aussage vor dem Hintergrund der eigenen Lebensumstände ergänzen und dadurch individuell mit Bedeutung füllen.

Was bedeutet das für den Text des Nickelback-Songs? Zunächst zur ersten Strophe: Skizziert wird die Situation des Eingesperrtseins, der Wunsch nach Rettung und die Botschaft, dass dabei Eile geboten sei.

»Prison gates won't open up for me
On these hands and knees I'm crawlin'
Oh, I reach for you
Well I'm terrified of these four walls
These iron bars can't hold my soul in
All I need is you
Come please I'm callin'

And oh I scream for you
Hurry I'm fallin'«³

Unklar ist allerdings, wie die Situation des Sängers zu verstehen ist: Handelt es sich um reale Gefängnistore, die sich nicht öffnen, oder muss der Text eher metaphorisch aufgefasst werden im Sinne eines emotionalen Gefangenseins? Im Dunkeln bleibt auch die gesamte Vorgeschichte: jene Ereignisse, durch die der Sänger überhaupt erst in die Isolation getrieben wurde. Wie bei einer Kurzgeschichte werden wir ohne Vorinformation unmittelbar mit der Situation konfrontiert. Ungeklärt bleibt auch, wer im Text letztlich angesprochen wird (»Oh, I reach for you«): die Geliebte, der Freund, der spirituelle Lehrer oder gar Gott als Erlöser?

Die erste Strophe ist, wie wir hier sehen können, durch die für Popsongs so typische Detailunschärfe gekennzeichnet und lässt zudem offen, vor welchem Hintergrund der Text überhaupt zu verstehen ist: Geht es hier um Liebe, Lebenssinn- oder Gottsuche? Auch die Betrachtung von Refrain und zweiter Strophe bringt kaum mehr Klarheit:

»Show me what it's like
To be the last one standing
And teach me wrong from right
And I'll show you what I can be
Say it for me
Say it to me
And I'll leave this life behind me
Say it if it's worth saving me

Heaven's gates won't open up for me
With these broken wings I'm fallin'
And all I see is you
These city walls ain't got no love for me
I'm on the ledge of the eighteenth story
And oh I scream for you
Come please I'm callin'
And all I need from you
Hurry I'm fallin'«

Während der Refrain zusätzlich die Sehnsucht nach einem orientierenden Vorbild zum Ausdruck bringt (»Show me what it's like / To be the last one standing«) und Bereitschaft zur inneren Kehrtwende artikuliert (»And teach me wrong from right / And I'll show you what I can be«),

---

3 Die *lyrics* werden zitiert nach dem CD-Booklet des Nickelback-Albums *All the Right Reasons* (Roadrunner Records, 2005).

legt die zweite Strophe anfänglich eine religiöse Deutung nahe: Die verschlossene Himmelspforte, die gebrochenen Flügel – bei diesen Chiffren drängt sich der Mythos von Luzifer, dem gefallenen Engel, auf. Damit liefe es auf ein religiöses Ringen zwischen Gut und Böse hinaus. Nimmt man aber die folgenden Verszeilen noch hinzu, bleibt auch das Verständnis im Sinne eines Liebesgedichts möglich: unerfüllte Zuneigung in der Anonymität der Großstadt (»These city walls ain't got no love for me«) und daraus hervorgehende Selbstmordgedanken, am Abgrund stehend, kurz vor dem Fall (»I'm on the ledge of the eighteenth story / And oh I scream for you«).

Das Nebeneinander möglicher Deutungen zeigt, worin letztlich die Funktion des Textes liegt: Der Songtext erzählt weniger, als dass er malt. Es geht nicht um die erzähltechnisch korrekte konsekutive Entfaltung eines Handlungsgeschehens, sondern um die Addition möglichst aussagekräftiger, überwältigender Sprachbilder.

Was Bilder erzählen

Bilder haben in Bezug auf Musik ein dreifaches Deutungspotenzial. Sie können musikalische Struktur veranschaulichen, sie können mögliche Sinngehalte konkretisieren, und sie können Situationen und Lebenszusammenhänge zeigen, um sichtbar zu machen, wie Musik kulturell eingebettet ist. Bilder können in Hinblick auf Musik also grundsätzlich die Funktionen von Strukturbildern, Sinnbildern oder Weltbildern übernehmen.

Strukturbilder sind auf objektivierbare Eigenschaften der Musik gerichtet. Sie dienen der genauen Untersuchung, der musikalischen Analyse. Klangereignisse erscheinen in diesen Bildern in sichtbarer Formgestalt. Strukturbilder dienen der orientierenden Wahrnehmung und helfen dabei, sich innerhalb des musikalischen Zeitverlaufs zurechtzufinden.

Sinnbilder hingegen dienen der Bedeutungszuweisung, der Interpretation. Durch sie gerät die Wirkung auf den Rezipienten in den Blick. Sinnbilder versuchen darzustellen, was die Musik uns sagt. Sie richten sich auf inhaltliche Momente, auf Sinngebungen, die die Musik durch uns als Zuhörer erfährt.

Weltbilder schließlich zeigen die Musik in ihrer Verankerung in der Welt. Sie dienen der Kontextualisierung des musikalischen Geschehens und haben in erster Linie dokumentarische Qualität. Weltbilder richten den Blick von innermusikalischen Aspekten weg auf die pragmatische Ebene, indem sie Begleitumstände des Musizierens thematisieren.

Auch für die Untersuchung von Videoclips leisten diese drei Basiskategorien einen guten Zugriff. Mit ihrer Hilfe lassen sich verschiedenen Bildszenen klare Funktionen zuweisen. Tatsächlich sind Videoclips, was die Bilder angeht, in den meisten Fällen nämlich nach dem Prinzip der Parallelmontage gestaltet als schnell geschnittene Kombination aus Sinnbildern (*narration*) und Weltbildern (*perfomance*). Die *performance*-Szenen zeigen die Musiker in einer konkreten Aufführungssituation (entweder mit Realbezug oder als Playback), um Authentizität zu suggerieren. In den *narration*-Szenen hingegen wird unabhängig von der musikalischen Aufführung eine rudimentäre Filmhandlung gezeigt, um zu veranschaulichen, worum es in dem Song inhaltlich geht. Zugleich sind alle Videobilder in einer Art Doppelfunktion immer auch Strukturbilder. Nur findet sich die Visualisierung musikalischer Struktur nicht in den Bildinhalten wieder, sondern – da es sich um bewegte Bilder handelt – eben in der Bildabfolge: Wichtige Bildschnitte sind oft an den musikalischen Strukturablauf gebunden und inszenieren beispielsweise den Einsatz des Refrains.

Die inhärente Doppelstruktur der Bildebene ist auch im Nickelback-Video deutlich zu erkennen. Die Story, die neben den *performance*-Szenen entfaltet wird, handelt von der Begrenztheit unserer Wahrnehmung und von der zufälligen Befähigung, darüber hinauszublicken: An einer belebten Straßenkreuzung wird ein junger Mann von einem verstört scheinenden Passanten zurückgerissen und vor einem drohenden Verkehrsunfall bewahrt, als er die Straße überqueren will. Bei dieser kurzen Berührung und Rettung geschieht etwas Merkwürdiges, ohne dass es für den Zuschauer sogleich ersichtlich ist. Erst später klärt sich, dass der junge Mann nun über die Fähigkeit verfügt, anderen Menschen die ihnen noch verbleibende Lebenszeit anzusehen – anhand orangefarbener Digitalziffern, die über ihren Köpfen aufleuchten. Zunächst scheint er wissbegierig, was diese Zahlen bedeuten, und als er es erfährt, möchte er helfen. Schließlich gelingt es ihm, die Hellsichtigkeit wieder loszuwerden und in sein gewohntes Leben zurückzukehren, indem er selbst eine junge Frau vor einer niederstürzenden Marmorstatue rettet.

Von der formalen Anlage her haben wir es also mit einer repetitiven, potenziell endlosen Erzählstruktur zu tun, denn die Geschichte könnte nach der neuerlichen Rettungstat problemlos von vorn beginnen. Jenseits des kleinen Ausschnitts, den die Videobilder einfangen, handelt es sich um eine *never ending story*, und die darin beschlossene Kreissymbolik kennen wir bereits von der Melodieanalyse her.

Das Video beginnt mit einer Abfolge von Kamera-Einstellungen, die alle der Kategorie der Sinnbilder angehören, in denen es also explizit um die Entfaltung der Handlung geht. Was sich hier zeigt, wenn man auf die wechselnde räumliche Perspektive achtet, ist eine sukzessive Bewegung des Blickfelds von oben nach unten. Erst sind es die Dächerkanten, dann die Häuserschlucht, als Nächstes eine Kreuzung von oben und schließlich die Straße auf Augenhöhe der Passanten, die wir zu sehen bekommen. Von den Bildern geführt, schweben wir als Zuschauer gleichsam von oben in die Geschichte hinein. Wie schon der Songtext erzählt auch der Perspektivwechsel hier vom Fallen.

Interessant sind die anfänglichen Kamera-Einstellungen aber nicht nur in Hinblick auf die räumliche Perspektive, sondern auch hinsichtlich des Blickwinkels. Beim Hineinschweben in die Geschichte verkörpert die Kamera noch den neutralen Beobachterstandpunkt. Sobald wir aber auf Augenhöhe mit den Passanten sind, wechselt sie blitzartig zwischen distanzierender Beobachterrolle und involvierender Ich-Perspektive hin und her. Als Zuschauer werden wir quasi in das Geschehen hineingesogen. Um die herausgehobene Bedeutung des herumirrenden Passanten für den Erzählfortgang kenntlich zu machen, sehen wir die Welt kurzzeitig mit seinem Blick, schauen mit seinen Augen auf die vorbeihastenden Menschen.

Initialmoment der Handlung ist schließlich die Berührung, die ja zugleich eine Rettungstat ist. Wie die narrative Bedeutsamkeit dieses Moments inszeniert wird, hängt mit dem Tempo der Bildschnitte zusammen. Anfänglich sind die Schnitte noch ruhig und regelmäßig. Unmittelbar im Vorfeld der Rettung beschleunigt sich das Schnitttempo aber dramatisch. Beim Betrachten der Bilder achten wir nicht nur auf Inhaltliches, sondern nehmen mehr oder minder bewusst auch diese Akzeleration mit auf. Tempo und Rhythmus, mit denen hier gestaltet wird, sind allerdings originär musikalische Parameter: Die Bilder versuchen zu klingen, indem sie mit zentralen Gestaltungsmitteln der Musik arbeiten.

Deutlich wird das ›Klingen der Bilder‹ zusätzlich noch in den *performance*-Szenen. Vor dem Hintergrund der zuvor erzählten Geschichte wirkt das plötzliche Erscheinen der Musiker völlig deplatziert. Die in ihrer emotionalen Aufgeladenheit höchst befremdliche Mimik und Gestik der Akteure ergibt nur dann einen Sinn, wenn man sie nicht im Zusammenhang der Erzählung, sondern als Abbild der Musik versteht.

Synästhetische Verwebung, inhaltliche und erzähltechnische Kohärenz

Bündelt man die vorangegangenen Einzelbetrachtungen, gelangt man zu der Erkenntnis, dass Musik, Text und Bilder im Videoclip durch Versuche der gegenseitigen Funktionsübernahme zu einem synästhetischen

Zirkel miteinander verwoben werden. Die Musik versucht zu erzählen, indem sie Gefühle und Atmosphären schildert. Der Songtext versucht zu malen, indem er bedeutungsmächtige Sprachbilder entwirft. Und die Bilder versuchen zu klingen, indem sie auf struktureller Ebene mit originär musikalischen Parametern wie Tempo und Rhythmus arbeiten sowie die Mimik und Gestik der Musiker zeigen.[4]

Über die synästhetische Verwebung hinaus besteht im Videoclip natürlich auch noch die Möglichkeit der narrativen Kohärenzbildung. Musik, Text und Bilder thematisieren auf unterschiedliche Weise mit dem je eigenen Grad an Unschärfe bzw. Klarheit meist dasselbe Kernmotiv – so wie hier, wo die Figur des Kreises und das Motiv des Eingeschlossenseins die verbindende Klammer sind.

Neben solchen inhaltlichen Entsprechungen kann narrative Kohärenz allerdings auch durch erzähltechnische Verzahnung der verschiedenen Komponenten erzeugt werden. Im Falle des Nickelback-Videos ist die Musik nämlich nicht nur eigenständige Schicht innerhalb des medialen Gefüges, sondern spielt zusätzlich noch eine dezidierte Rolle im Kontext der Bildhandlung. Die Musik beginnt zeitversetzt zu den Bildern, und diese Verzögerung ist intradiegetisch begründet. Abgesehen von der einleitenden großstädtischen Geräuschatmosphäre erklingt der eigentliche Song erst nach der Rettungstat, sobald der junge Mann merkt, dass etwas mit ihm nicht stimmt, dass eine Veränderung stattgefunden hat. Durch den Synchronpunkt verkörpert die Musik gewissermaßen diesen neuen herausgehobenen Zustand. Sie erklingt aus der Perspektive des Protagonisten als sein subjektiver Soundtrack, solange die Hellsichtigkeit anhält. Folgerichtig endet die Musik in dem Augenblick, wo die besondere Fähigkeit auf den nächsten Menschen übergeht – und wie schon zu Beginn begleiten am Ende nur noch Geräusche die letzten Bilder.

Erzählen im Videoclip ist, wie sich hier zeigt, ein extrem komplexer Vorgang im mehrdimensionalen medialen Raum. Das dabei entstehende Netz zwischen Musik, Text und Bildern beruht auf unterschiedlichen Arten der Beziehungsstiftung: auf synästhetischer Verwebung, auf der Konstruktion inhaltlich-motivischer Entsprechungen und auf erzähltechnischer Verzahnung. Angesichts der Dichte und Differenziertheit der Beziehungsmöglichkeiten muss die eingangs erwähnte integrale Wahrnehmungsleistung umso mehr erstaunen, die mit der Rezeption von Video-

---

4   Prinzipiell ist noch ein zweiter synästhetischer Zirkel in genau umgekehrter Richtung denkbar, nämlich wenn der Songtext von sich aus zu klingen versucht, wenn die Bilder exakt am Text entlang erzählen und wenn die Musik durch Wiederholung immer gleicher Rhythmusmuster bildhaft-statischen Charakter bekommt. Diese zweite Form der synästhetischen Verwebung lässt sich vor allem in Rap-Videos nachweisen.

clips einhergeht. Allerdings wird damit zugleich auch deutlich, worin der besondere Reiz von Videoclips liegt: Auch bei wiederholtem Betrachten bietet das reichhaltige Beziehungsgeflecht mehr als genügend Anregungen und Interpretationsstoff, weil in der Überfülle der Sinnesangebote immer wieder neue Details und Bezüge, aber auch Widersprüchlichkeiten und Brüche auftauchen.

Literatur

Abou-Dakn, Masen (2006): *Songtexte schreiben. Handwerk und Dramaturgie*, Berlin.
Altrogge, Michael (2000): *Tönende Bilder. Interdisziplinäre Studien zu Musik und Bildern in Videoclips und ihrer Bedeutung für Jugendliche*, 3 Bde., Berlin.
Dahlhaus, Carl/Eggebrecht, Hans Heinrich (1985): *Was ist Musik?*, Wilhemshaven.
Grillparzer, Franz (1909 [1821]): »Der Freischütz«. In: ders., *Sämtliche Werke*, Bd. 14/15, Wien, S. 33-36.
Hoffmann, E.T.A. (1963 [1810]): »Ludwig van Beethoven, 5. Sinfonie«. In: ders., *Schriften zur Musik. Aufsätze und Rezensionen*, Darmstadt, S. 34-51.
Krämer, Oliver (2009, im Druck): *Strukturbilder, Sinnbilder, Weltbilder. Visualisierung als Hilfe beim Erleben und Verstehen von Musik*, Augsburg.

Forschungsübersicht zum unzuverlässigen, audiovisuellen und musikalischen Erzählen im Film

LAURA SULZBACHER UND MONIKA SOCHA

Unzuverlässiges Erzählen im Film

Das Phänomen des unzuverlässigen Erzählens wurde erstmals von Wayne Booth in *The Rhetoric of Fiction* für literarisches Erzählen definiert (vgl. Booth 1969: 155ff.). Diskrepanzen zwischen Erzählung und Handlung oder Widersprüche in der Erzählung lassen sich nach Booth auf die Unzuverlässigkeit des homodiegetischen Erzählers zurückführen. Diese werde dem Leser offenbar, indem der implizite Autor hinter dem Rücken des Erzählers das eigentlich Gemeinte kommuniziert. Ein Erzähler sei »reliable when he speaks for or acts in accordance with the norms of the work (which is to say, the implied author's norms), unreliable when he does not« (ebd. 158f.). Die Forschung zum unzuverlässigen Erzählen weist dem impliziten Autor im Anschluss an Booth die Funktion zu, die Aussagen des Erzählers in Frage zu stellen. Durch eine heimliche Kommunikation mit dem Leser könne er die Normen und Werte des Erzählers und damit dessen Informationen als unzuverlässig entlarven. Die Instanz des impliziten Autors ist in der Narratologie jedoch stark umstritten. Booth gibt keine Hinweise darauf, wie sich deren implizite Normen im Text manifestieren und der Leser sie erkennen soll. Dieser wird schlicht aufgefordert, zwischen den Zeilen zu lesen.

Bis heute gibt es keine einschlägige Definition des unzuverlässigen Erzählens. Beiträge wie die von Ansgar Nünning und Monika Fludernik versuchen deshalb, die bestehenden Definitionen zu sammeln und zu ordnen (vgl. Nünning 1998; Fludernik 2005). Grob lassen sich zwei gegensätzliche Positionen zum unzuverlässigen Erzählen ausmachen. Die erste sieht mit Booth den impliziten Autor als zuverlässige Instanz an. Die zweite basiert auf Nünning, der dem Phänomen erzählerischer Unzuverlässigkeit seinen willkürlichen Charakter nehmen möchte, indem er bei seiner Definition auf die »notorisch vage und unklare Kategorie«

(Nünning 1998: 10) des impliziten Autors verzichtet. Nünning betrachtet unzuverlässiges Erzählen als ironische Erzählweise:

»Im Falle eines *unreliable narrator* resultiert dramatische Ironie aus einer Diskrepanz zwischen den Wertvorstellungen und Absichten des Erzählers und den Normen und dem Wissenstand des realen (nicht eines impliziten) Lesers. Hat der Leser die mangelnde Zuverlässigkeit des Erzählers anhand bestimmter Textsignale einmal durchschaut, dann erhalten aufgrund dieses Informationsvorsprungs die Aussagen des Erzählers eine diesem nicht bewußte und von ihm nicht beabsichtigte Zusatzbedeutung.« (Ebd. 17)

Die Bewertung des Erzählers als unzuverlässig ist demnach eine Interpretationsstrategie des Lesers: Entdeckt der Leser Ungereimtheiten im Text, löst er sie auf, indem er dem Erzähler Unzuverlässigkeit attestiert.[1] Gaby Allrath konkretisiert diese Überlegung:

»Dieser [der Leser; L.S.] interpretiert jeden Text vor dem Hintergrund seines individuellen Voraussetzungssystems sowie der ihm zur Verfügung stehenden kulturellen Referenzrahmen. Wenn sich auf dieser kontextuellen Basis Widersprüche und Ambiguitäten innerhalb des Textes sowie Gegensätze zwischen dem im Text evozierten Weltmodell und der Wirklichkeitssicht des individuellen Lesers ergeben, so löst letztere diese Diskrepanzen durch Projektion von *unreliability* auf die Erzählinstanz auf.« (Allrath 1998: 60)

Allrath versammelt unterschiedliche Textsignale, die auf unzuverlässiges Erzählen hinweisen können, und nimmt auch die Psyche der Erzählerfigur als mögliche Quelle für deren Unzuverlässigkeit in den Blick. Nünning und Allrath erkennen zwar, dass die Kategorie des impliziten Autors, dessen Werte und Normen schließlich von der Interpretation des Lesers abhängen, problematisch ist, ihr eigener Ansatz gestaltet sich jedoch nicht weniger willkürlich: wenn die Unzuverlässigkeit ein Ergebnis der Interpretation ist, kann jeder Text unzuverlässig erzählt sein.[2] Zwar bezeichnet Allrath richtig die Textsignale als wichtiges Hilfsmittel zur Einstufung der Zuverlässigkeit eines Erzählers, erklärt dann jedoch ein-

---

1   Tamar Yacobi hält schon lange vor Nünning die Bestimmung eines Erzählers als unzuverlässig für eine von fünf Naturalisierungsstrategien für das Textverständnis. Allerdings geht sie nicht kritisch mit der Instanz des impliziten Autors um, sondern sieht diese als adäquates Mittel, um eine Erzählung als unzuverlässig einzustufen. Vgl. ihre aufschlussreichen Aufsätze zum Thema sowie Monika Fluderniks kritische Reflexion ihrer Theorie (Yacobi 1981; 1985; 1987a; 1987b; Fludernik 2005: 39f.).

2   Greta Olson weist darauf hin, dass sich die Ansätze von Booth und Nünning weniger unterscheiden, als Nünning suggeriert (vgl. Olson 2003: 93).

schränkend, dass diese nicht notwendig mangelnde Zuverlässigkeit unter Beweis stellen (vgl. ebd. 78).

Bruno Zerweck betrachtet unzuverlässiges Erzählen ebenfalls als Interpretationsstrategie und begreift die Unzuverlässigkeit als abhängig vom geschichtlichen und kulturellen Kontext: »Unreliable narration as a reading strategy is an historically determined phenomenon.« (Zerweck 2001: 158) Ein Text könne demnach für einen Kulturkreis in einem bestimmten Zeitraum unzuverlässig erzählt sein, für einen anderen Kulturkreis in einer anderen Epoche hingegen nicht.

Matías Martínez und Michael Scheffel sparen in ihrem Konzept die Problematik des impliziten Autors aus und bestimmen Unzuverlässigkeit als rein textimmanentes Phänomen. Die Glaubwürdigkeit des Erzählers werde innerhalb des Textes als fragwürdig gekennzeichnet, wenn z.B. seine Aussagen in Diskrepanz zur Handlung oder zu Figurenaussagen stehen (vgl. Martínez/Scheffel 2002: 95ff.).

Auch in der Filmwissenschaft wird das Phänomen erzählerischer Unzuverlässigkeit, das Seymour Chatman bereits 1978 in *Story and Discourse* auf den Film übertrug, bedingt durch das Aufkommen vieler unzuverlässig erzählter Filme ab Ende der 90er Jahre insbesondere in jüngster Zeit verstärkt diskutiert. Viele theoretische Auseinandersetzungen mit dem unzuverlässigen Erzählen im Film schließen direkt an Untersuchungen literarischer Unzuverlässigkeit an, wodurch sie erstens dem Medium Film in seiner audiovisuellen Natur nur selten gerecht werden und zweitens oft die Unstimmigkeiten der literaturwissenschaftlichen Definitionsversuche übernehmen. Chatman hält an Booths Konzept des impliziten Autors fest und nimmt an, dass dieser auch im Film dazu diene, den Erzähler als unzuverlässig zu markieren. Für Chatman muss der unzuverlässige Erzähler zwar nicht unbedingt die Hauptfigur, aber zumindest ein »minor or peripheral character« (Chatman 1978: 234) der erzählten Handlung sein. Denn wenn er gar nicht mit ihr in Verbindung stehe, habe er auch keinen Grund, eine deformierte Darstellung von ihr zu geben. Die Kamera sieht er als Instrument des impliziten Autors, das einen zuverlässigen Blick garantiert. Allerdings führt er Beispiele an, in denen die Bilder falsche Informationen geben. Er erklärt z.B. irreführende Rückblenden damit, dass sie Teil des Berichts des unzuverlässigen Erzählers seien. Der implizite Autor sei für das Zutagetreten der Wahrheit verantwortlich und damit zuverlässig. Indem ein Filmemacher die Kamera die Lüge des Erzählers abbilden lasse, problematisiere er die Regeln des zuverlässigen Erzählens (vgl. ebd. 235ff.).

Dem Phänomen des unzuverlässigen Erzählens im Film wird, z.B. in den Bänden *Was stimmt denn jetzt?* und *»Camera doesn't lie«*, vor allem in Fallstudien auf den Grund gegangen.³ Neben den Fragen, ob und wie unzuverlässig erzählt wird, werden auch Funktionen des unzuverlässigen Erzählens untersucht.⁴

Jörg Schweinitz konstatiert für das filmische im Gegensatz zum literarischen Erzählen eine »Kopräsenz narrativer Instanzen« (Schweinitz 2005: 93). Er geht davon aus, dass beim literarischen Erzählen immer nur eine narrative Instanz »aktuell präsent sein« (ebd.) kann, unterschiedliche Erzählerstimmen könnten nur nacheinander auftreten. Im Film hingegen könne es eine »Kopräsenz« geben, da dieser auf verschiedenen perzeptuellen Ebenen vermittle. Er bediene sich nicht nur der Sprache, sondern erzähle audiovisuell. Die verschiedenen narrativen Instanzen seien einer zentralen, impersonalen narrativen Instanz untergeordnet, die von Chatman etwa *cinematic narrator* genannt werde.⁵ Diese sei »als dem jeweiligen Film implizite, die Erzählung organisierende Kraft zu verstehen, die ebenso wie der literarische Erzähler über alle Ausdruckskanäle ihres Mediums verfügt« (ebd. 95). Eine einzelne narrative Instanz, die sich etwa in einer Erzählstimme manifestiere, habe keine Kontrolle über die weiteren Kanäle, über die der Film sich ausdrücke; die einzelnen Instanzen könnten sich sogar widersprechen. Schweinitz beschreibt in Anlehnung an Sarah Kozloff (1988) den Widerspruch zwischen Erzählstimme und szenischer Darstellung als eines der Signale für unzuverlässiges Erzählen oder auch für Ironie. Die kopräsente, den Erzählvorgang im Ganzen kontrollierende narrative Instanz könne also auf Unzuverlässigkeiten im Erzählprozess hinweisen. Meist werde die visuelle szenische Präsentation im Gegensatz zur Erzählerstimme dabei als zuverlässig dargestellt.⁶ Koebner (2005) stärkt diese Ansicht und überträgt Nünnings De-

---

3 Vgl. Fludernik 1999; 2000; 2001 sowie die Beiträge aus Liptay/Wolf (2005) und Helbig (2006). Die Beiträge können sowohl für literarisches als auch für filmisches unzuverlässiges Erzählen fruchtbar gemacht werden.

4 Während Booth von der Unzuverlässigkeit des Erzählers bloß auf eine moralisch verderbte Erzählerfigur schließt und eine mutwillige Irreführung des Lesers erkennt (vgl. Booth 1969: 274f.), sieht Ronny Bläß (2005) im unzuverlässigen Erzählen etwa die Möglichkeit, die Erzählerfigur und die Diskursebene in den Fokus zu rücken, satirisch zu erzählen und die Leser zum Enträtseln aufzufordern. Nach Bernd Kiefer (2005) reflektiert die Unzuverlässigkeit des Erzählers die Unzuverlässigkeit des Gedächtnisses eines jeden Subjekts: stark subjektiv berichtende Erzähler machten vermehrt unzuverlässige Angaben.

5 Chatman definiert den *cinematic narrator* als »a composite of a large and complex variety of communicating devices« (Chatman 1990: 134).

6 Vgl. hierzu auch Chatman (1990: 136). Schweinitz glaubt weiterhin, dass die zentrale narrative Instanz ebenfalls unzuverlässig sein könne. Dies sei in Filmen wie *Lost Highway* der Fall, in denen überhaupt keine zuverlässi-

finition des unzuverlässigen Erzählens als Interpretationsstrategie auf das Medium Film. Er sieht die Unzuverlässigkeit des Erzählens also nur gegeben, wenn der Zuschauer das Gesehene und Gehörte anzweifelt. Werde eine unzuverlässige Erzählhaltung zu lange eingenommen, schlage sie in Zuverlässigkeit um, da Unzuverlässigkeit nur temporär als solche erkannt werden könne.

In der filmnarratologischen Diskussion herrscht besonders Uneinigkeit darüber, ob von unzuverlässigem Erzählen gesprochen werden kann, wenn kein eindeutig als Charakter auszumachender Erzähler vorhanden ist. In der Literaturwissenschaft wird zwar vereinzelt davon ausgegangen, dass auch heterodiegetische Erzähler unzuverlässig sein können, Fallbeispiele hierfür gibt es aber kaum.[7] In Filmen gibt es eher selten echte Erzählerfiguren; meist bleibt unklar, *wer* erzählt. Deshalb wird aktuell die Existenz eines impersonalen *cinematic narrator* diskutiert bzw. einer unzuverlässigen Erzählsituation ohne personalen Erzähler. Robert Burgoyne weist darauf hin, dass die Instanz des *cinematic narrator* umstritten ist. Sie werde aber meist als »illocutionary source or the instance of emission of the narrative discourse« (Burgoyne 1990: 4) verstanden. Da der Film eher visuell als sprachlich vermittle, wird das Konzept einer erzählenden Instanz teilweise für entbehrlich gehalten (vgl. Griem/ Voigts-Virchow 2002: 163). Nach Emile Benveniste (1971) erzählen die Geschehnisse der fiktionalen Welt sich selbst. Burgoyne vertritt wie Edward Branigan und David Bordwell die kognitivistische Position, dass eine Erzählung nicht zwangsläufig eine Erzählerfigur benötigt (vgl. Burgoyne 1990: 4ff.; Branigan 1984: 59ff.; Bordwell 1985: 60ff.). Bordwell stellt fest:

»Most films do not provide anything like such a definable narrator, and there is no reason to expect they will. [...] Far better, I think, to give the narrational process the power to signal under certain circumstances that the spectator should construct a narrator. [...] we need not build the narrator in on the ground floor of our theory.« (Bordwell 1985: 62)

Marie Laure Ryan weist auf die Notwendigkeit eines Erzählers, aber Entbehrlichkeit seiner psychologischen Ausgestaltung hin:

---

ge Ebene mehr bestehe. Wenn szenische Repräsentation sich als unzuverlässig erweise, dann meist weil sie im Nachhinein als subjektiv perspektiviert gedeutet werde. Sie könne aber, wenn sie direkte Äußerung der zentralen narrativen Instanz sei, sehr wohl absichtlich täuschen, dies jedoch nur punktuell (vgl. Schweinitz 2005: 97).

7   Vgl. hierzu etwa Cohn (2000) und Liptay (2005).

»The concept of narrator is a logical necessity of all fictions, but it has no psychological foundation in the impersonal case. This means that there is no need for the reader of impersonal narrations to seek an answer to the question ›who speaks?‹« (Ryan 1981: 519)

Burgoyne hält die Existenz einer, wenn auch impersonalen, Erzählinstanz im Film für notwendig: »[Only the cinematic narrator] can produce truth-functional discourse within what is manifestly a fictional construct.« (Burgoyne 1990: 6) Die Wahrheit über die fiktionale Welt könne nicht in Bezug auf den Autor extrahiert werden. Dieser habe nicht die Fähigkeit, den Wahrheitsgehalt zu bewerten. Nur die *cinematic narration* sei stets zuverlässig und könne die Unzuverlässigkeit von intradiegetischen Erzählern aufdecken. Mithilfe des Konzepts des impersonalen Erzählens lasse sich auch unzuverlässiges Erzählen im Film erläutern. Der impersonale Erzähldiskurs besteht aus zwei grundlegenden Aktivitäten: »[I]t both creates or constructs the fictional world while at the same time referring to it as if it had an autonomous existence, as if it preexisted the illocutionary act.« (Ebd. 7) Das personale Erzählen hingegen könne nur von der fiktionalen Welt berichten, sie aber nicht selbst kreieren. Die Fähigkeit des impersonalen Erzähldiskurses, über die fiktionale Welt zu sprechen und zu reflektieren, sei für die Entlarvung eines unzuverlässigen, personalen Erzählers ausschlaggebend. Die impersonale Erzählinstanz könne die Aussagen von personalen Erzählern bekräftigen oder dementieren. Burgoyne zeigt zwei Möglichkeiten auf, wie die Figurenerzählung als unzuverlässig gekennzeichnet werden kann. Entweder korrigiere die impersonale Erzählinstanz das Gesagte explizit, etwa wenn die Bilder in Konflikt mit der Figurenrede stehen. Oder das Gesagte werde aus der erzählten Welt heraus korrigiert, z.B. wenn die Aussagen des personalen Erzählers mit denen anderer Figuren der fiktionalen Welt kontrastiert werden (vgl. ebd. 8). Der impersonale Erzähler sei jeweils für die Entlarvung ausschlaggebend, aber selbst stets zuverlässig. Wenn in einem Film Bilder, die eindeutig keinem personalen Erzähler zugeordnet werden können, falsche Informationen vermittelten, müsse der Zuschauer diese schlicht als Inkohärenzen der fiktionalen Welt begreifen (vgl. ebd. 9). Volker Ferenz hält sogar nur den »pseudo-diegetic character-narrator« (Ferenz 2005: 135) für zuverlässig. Nur dieser Erzähler könne wie eine echte Person empfunden und für eine Unzuverlässigkeit in Bezug auf die Mitteilung von Fakten der fiktionalen Welt verantwortlich gemacht werden. In anderen Fällen seien problematische Angaben und Darstellungen z.B. eher über das vorliegende Filmgenre (fantastische oder unheimliche Filme) zu erklären.[8]

Gregory Currie versucht hingegen die Existenz einer unzuverlässigen *cinematic narration* zu belegen, indem er die fragwürdige Instanz des impliziten Autors rehabilitiert (vgl. Currie 1995: 19). Es sei Aufgabe des Zuschauers herauszufinden, warum der Film sprachlich und bildlich falsche Informationen gebe. Für Currie ist der Schlüssel zur Ergründung der Unzuverlässigkeit die Intention des Films. Diese Intention gehe auf den impliziten Autor zurück. Unzuverlässig sei eine Filmerzählung, wenn der Zuschauer neben der offensichtlichen Intention des Films Elemente in Bild, Sprache etc. ausmachen könne, die dieser Intention widersprechen. Diese zweite, weniger auffällige Intention des impliziten Autors könne auch die impersonale *cinematic narration* unzuverlässig werden lassen: »Defining unreliable narrative in terms of complex intentions attributable to an implied author allows us to count a narrative unreliable even when there is no narrator who we can identify as the source of unreliability.« (Ebd. 23) Er erläutert jedoch nicht, wie genau der Zuschauer die Intentionen des impliziten Autors entdecken und somit das impersonale Erzählen als unzuverlässig entlarven soll. Sein Hinweis, dass die Zuschauer den Grund für die lügenden Worte und Bilder mithilfe ihrer Sehgewohnheiten entschlüsseln können, ist dabei wenig hilfreich.

Die mangelnde konzeptuelle und begriffliche Genauigkeit des Phänomens erzählerischer Unzuverlässigkeit wird in der Filmnarratologie ebenso wie in der Literaturwissenschaft beklagt. Es verwundert daher kaum, dass Fallbeispiele bisweilen von einer Seite als unzuverlässig, von einer anderen als zuverlässig klassifiziert werden.[9] Allerdings hat die Literaturwissenschaft auch Kriterien vorgelegt, die eine differenzierte Beschreibung des Phänomens ermöglichen. So unterscheiden James Phelan und Mary Patricia Martin zwischen Diskrepanzen im Erzählen auf drei Ebenen, die Monika Fludernik »factuality, ideology und objectivity« (Fludernik 2005: 43) nennt. Auf jeder Ebene werde noch einmal zwi-

---

8 Auch Jörg Helbig geht davon aus, dass nur ein solcher *character-narrator* unzuverlässig sein könne. In seinem Aufsatz zu unzuverlässigen Rückblenden im Film führt er jedoch den seltenen Fall an, in dem dieser Erzähler den *cinematic narrator* vorübergehend kontrolliere. Ein solcher *invoking narrator* erzähle temporär nicht nur sprachlich, sondern lasse auch die Bilder für sich ›lügen‹ (vgl. Helbig 2005: 67f.).

9 Der bekannteste Fall solcher Unstimmigkeit ist wohl die Diskussion um Nabokovs Roman *Lolita*: Booth findet den Erzähler unzuverlässig (vgl. Booth 1961: 391), während Chatman an Humbert Humbert gerade die Zuverlässigkeit eines unmoralischen Erzählers aufzeigen möchte (vgl. Chatman 1978: 234). Vgl. dazu auch Hof (1984: 28ff.).

schen einer »Fehldarstellung (*misreporting, misevaluating, misinterpreting*) und einer unvollständigen, inkompletten Darstellung (*underreporting, underregarding, underreading*)« (ebd.) unterschieden.[10] Dorit Cohn unterscheidet bloß zwei Varianten des unzuverlässigen Erzählens: die falsche Darstellung von Fakten sowie die ideologische Unzuverlässigkeit;

»a factual kind of unreliability that is attributed to a mis- or disinformed narrator, unwilling or unable to tell what ›actually‹ happened [...]; and an ideological kind that is atrributed to a narrator who is biased or confused, inducing one to look, behind the story he or she tells, for a different meaning from the one he himself or she herself provides.« (Cohn 2000: 307)

Die ideologische Unzuverlässigkeit grenzt sie mit dem Begriff »discordant narration« (ebd.) von *unreliable narration* ab.[11]

Volker Ferenz greift die Unterscheidung von Phelan/James für seine Definition des u.e. im Film auf, beschränkt sich dabei aber auf einen Erzählertypus: »In unreliable narration, we are presented with character-narrators who unintentionally give themselves away and thus turn out to be factually, epistemologically or ideologically unreliable.« (Ferenz 2005: 143) In der Filmnarratologie wird gerne die Unterscheidung von Fehldarstellung und unvollständiger Darstellung benutzt und in Fallbeispielen die Unzuverlässigkeit oft im Rückgriff auf diese präzisiert.[12] Fabienne Liptay führt in ihrem Aufsatz über David Cronenbergs Film *Spider* einen Begriff ein, der für die Diskussion um unzuverlässige *cinematic narration* hilfreich sein könnte. Sie will nur bei personalen Erzählsituationen im Film von unzuverlässigem Erzählen sprechen; für den Fall einer irreführenden *cinematic narration*, in dem die Unzuverlässigkeit eine »visuelle Qualität« (Liptay 2006: 194) bekommt, bevorzugt sie hingegen den Terminus »Ambiguität« (ebd.).

---

10 Vgl. hierzu Phelan/Martin (1999).
11 Renate Hof (1984) unterscheidet zudem zwischen Unzuverlässigkeit und Unglaubwürdigkeit, präzisiert diese Termini jedoch nicht ausreichend. Die Unterscheidung von theoretischer und mimetischer Unzuverlässigkeit, die Martínez und Scheffel treffen, entspricht im Wesentlichen Cohns Konzept. Sie definieren zusätzlich einen besonderen Fall von Unzuverlässigkeit, das ›mimetisch unentscheidbare Erzählen‹ (vgl. Martínez/Scheffel 2002: 103). Klare Aussagen über den Wahrheitsgehalt der Erzählerrede könnten bei mimetisch unentscheidbarem Erzählen nicht mehr getroffen werden, da »hinter der Rede des Erzählers [k]eine stabile und eindeutig bestimmbare erzählte Welt erkennbar« (ebd.) werde.
12 So z.B. Schweinitz (1999) und Helbig (2005).

Im Band *Falsche Fährten in Film und Fernsehen* wird, vorwiegend in Fallstudien, den unterschiedlichen Täuschungsmechanismen, zu denen die Autoren auch erzählerische Unzuverlässigkeit zählen, der Medien nachgegangen. Anton Fuxjäger und Britta Hartmann wollen den Begriff ›Falsche Fährte‹ in ihren einleitenden Aufsätzen definieren; Fuxjäger konturiert den Begriff nur undeutlich, wenn er ihn zur »Bezeichnung all jener Elemente in Vermittlungen« verwendet, »die für das Zustandekommen einer Täuschung beim Rezipienten verantwortlich sind« (Fuxjäger 2007: 13). Hartmann geht genauer vor und definiert ›Falsche Fährten‹ als

»Sammelbegriff zur Beschreibung unterschiedlicher narrativer und dramaturgischer Verfahren, die den Zuschauer veranlassen (oder veranlassen sollen), zu unzutreffenden Zusammenhangshypothesen, Annahmen oder Schlussfolgerungen zu gelangen« (Hartmann 2007: 34).

Werde dem Zuschauer die ›Falsche Fährte‹ im Laufe eines Films oder Fernsehbeitrags als solche offenbart, führe dies im Extremfall dazu, dass der Zuschauer seine bisherigen Erkenntnisse über die Handlung revidieren müsse, so dass eventuell die Zuverlässigkeit der Erzählung und der Wahrheitsgehalt der Darstellung hinterfragt werden müssten. Hartmann sieht erzählerische Unzuverlässigkeit gegeben, wenn Teile einer Erzählung der internen Wahrheit der erzählten Welt widersprechen (vgl. ebd. 43). Erzählerische Unzuverlässigkeit führe nicht zwangsläufig zu ›Falschen Fährten‹. Nur die Erscheinungsweisen des unzuverlässigen Erzählens, »mit denen in irreführender Absicht auf Fabelbildung und Diegetisierung eingewirkt wird« (ebd. 44), seien als ›Falsche Fährten‹ zu verstehen. Der Band *Falsche Fährten* versammelt interessante Beiträge zu Täuschungsmechanismen in Film und Fernsehen, hat aber nicht den Anspruch, neue Erkenntnisse zum unzuverlässigen Erzählen beizusteuern.

Die wichtigsten Fragestellungen der Filmnarratologie zu dem Phänomen erzählerischer Unzuverlässigkeit haben die verschiedenen Forschungsansätze deutlich gemacht. Als grundlegendes Problem der Filmnarratologie stellt sich heraus, inwieweit die Erkenntnisse zum literarischen Erzählen auf das Filmerzählen übertragen werden können. Besonders die Anwendung der Kategorie des unzuverlässigen Erzählens, die auch als literaturwissenschaftliche umstritten ist, erkennen die Filmwissenschaftler als problematisch.

Grundsätzlich erscheint es sinnvoll, Unzuverlässigkeit nicht als psychologischen Makel einer Erzählerfigur, sondern als einen irreführenden Erzählvorgang zu definieren, der nicht notwendig an eine personalisierbare

Erzählerfigur gebunden ist.[13] Damit wird zudem die Frage geklärt, ob nur ein filmischer ›Ich-Erzähler‹ oder auch die Instanz des *cinematic narrator* unzuverlässig sein kann, weil ein Unzuverlässigkeitsbegriff, der sich vom anthropomorphisierenden Erzählbegriff emanzipiert, der Tatsache Rechnung trägt, dass das filmische Erzählen oft nicht zwischen personaler und auktorialer Perspektivierung unterscheidet. Unter Umständen ist aber eine zufriedenstellende Definition auf Basis der bekannten Unzuverlässigkeitsmerkmale gar nicht realistisch, weil das Untersuchungsfeld nicht hinreichend abgegrenzt werden kann. Eine zweckmäßige Fokussierung stellt der Vorschlag von Kaul und Palmier in diesem Band dar, narrative Unentscheidbarkeit als eigentliches Unzuverlässigkeitskriterium anzusehen.

Audiovisuelles und musikalisches Erzählen im Film

Obwohl der Film ein audiovisuelles Medium ist, betrachtet die Filmnarratologie Bild und Ton meist nicht als Einheit. Weil der Film sich ursprünglich primär über das Visuelle definiert, beschäftigt sie sich vorwiegend mit der Bildebene. Auf diese beziehen sich grundlegende Untersuchungsaspekte der Filmanalyse wie Kameraeinstellung, -bewegung und -perspektive sowie Montage. Doch seit der Etablierung des Tonfilms – obwohl der Stummfilm zumindest zur atmosphärischen Untermalung auch schon von Musik begleitet war – nimmt neben dem Bild auch das Sounddesign eine immer wichtigere Rolle im Erzählvorgang ein. Das Sounddesign, bestehend aus Stimmen, Musik, Geräuschen und Stille, bleibt von der Forschung jedoch entweder unberücksichtigt oder wird isoliert untersucht.

Im Fokus des Forschungsinteresses an der Tonebene steht die Filmmusik. Diskutiert und variiert werden insbesondere Begriffe für die Bezeichnung des Verhältnisses von Musik bzw. Ton und Bild im Film. Daniel Percheron bezeichnet den Ton, der eine Quelle im Bild hat, als »onsound« und denjenigen, der keine Quelle im Bild hat, als »off-sound« (Percheron 1980: 17).[14] Claudia Gorbman und Andreas Solbach führen hierfür erzähltheoretische Begriffe ein: Gorbman spricht von »diegetic« und »non-diegetic music«[15] (Gorbman 1980: 196ff.), Solbach von »intra-

---

13 Vgl. den Beitrag von Robert Vogt in diesem Band.
14 Vgl. auch Chatmans (1990: 135) Unterscheidung von On-screen- und Off-screen-Sound.
15 Gorbmans Begriffswahl ist bisher die einflussreichste in der Filmforschung. Ihr hier erwähnter Aufsatz ist vor ihrer bahnbrechenden Studie

diegetischer« und »extradiegetischer« (Solbach 2004: 8f.) Musik. Nach Michel Chion wiederum gibt es nicht zwei, sondern drei Arten des Tons im Film: Der »territory sound« ahme die Geräusche der Umgebung nach, der »internal sound« informiere über die Protagonisten und der »on the air sound« (Chion 1994: 73 ff.) gebe die Geräusche eines abgebildeten Objekts wieder. Kontrovers diskutiert wird außerdem der Einsatz von Musik als Parallelismus (*parallelism*) und Kontrapunkt (*counterpoint*) zum Bild.[16] Gorbman begründet ihre Ablehnung dieser Kategorien damit, dass Bild und Ton gemeinsam die Bedeutung des Dargestellten vermitteln. Musik könne nicht Kontrapunkt zum Bild sein, da sich ihre Bedeutung ändere, wenn das Bild ohne den Ton oder der Ton ohne das Bild auftrete (vgl. Gorbman 1980: 189f.).

Einen Überblick über die diversen Stile, Techniken, Verfahren und Funktionen von Filmmusik gibt der von Josef Kloppenburg herausgegebene Sammelband *Musik multimedial* (2000a).[17] Einen bestimmten Stil hat Filmmusik laut Kloppenburg nicht. Sie zeichne sich vielmehr durch eine Vielfalt von Gattungen und Stilen aus, zitiere und adaptiere klassische und populäre Genres und werde von unterschiedlichsten Instrumenten erzeugt (vgl. Kloppenburg 2000b: 24). Im Hinblick auf narrative Funktionen sind Kloppenburgs Ausführungen zum Musikeinsatz aufschlussreich. Er unterscheidet zwischen Underscoring, Mood-Technique und Leitmotivtechnik. Beim Underscoring vollzieht Musik »alle auf der Bildebene sichtbaren Vorkommnisse, Bewegungen und dargestellten Gefühle möglichst synchron« mit, »um Affekte zu bezeichnen und/oder freizusetzen« (ebd. 42). Auch durch die Mood-Technique soll Musik die emotionale Wirkung einer Szene verstärken. Im Gegensatz zum Underscoring folgt sie dabei jedoch nicht den Bewegungen der Bilder (vgl. ebd. 43). Die Leitmotivtechnik hat das größte narrative Potenzial. Begebenheiten oder Personen werde ein eigenes musikalisches Thema zugeteilt, wodurch »Rückverweise oder Antizipationen« (ebd. 44) möglich werden. »Dazu gehört auch das Anzeigen von Befindlichkeitsveränderungen und Situationsveränderungen, ohne daß das Gemeinte sichtbar

---

Unheard Melodies (1987) erschienen, nimmt ihre darin vertretenen Thesen jedoch vorweg.
16 Nach Siegfried Krakauer liegt kontrapunktischer Musikeinsatz vor, wenn Musik und Bild gegensätzliche Bedeutungen oder auch Stimmungen erzeugen (vgl. Krakauer 1965: 141).
17 Griem und Voigts-Virchow (2002) fassen die Möglichkeiten der Verwendung von Musik im Film schematisch zusammen. Auch Prendergast (1977) stellt Möglichkeiten vor, Ton und Bild zu verbinden. Brown (1994) analysiert Musikstücke musikwissenschaftlich durch eine genaue Analyse der Noten in Bezug auf ihr Verhältnis zum Bild.

ist.« (Ebd.) Musik, die als Leitmotiv fungiert, kann somit etwas erzählen, was im Bild nicht zu sehen ist.

Musik wird nach Kloppenburg eingesetzt, »um den Film zu vermitteln, um die Wahrnehmung des Zuschauers zu steuern, um Einfluß zu nehmen auf seine Empfindungen und seine kognitive Verarbeitung des Sicht- und Hörbaren« (ebd. 48). Filmmusik habe demnach drei wesentliche Funktionen: Die syntaktische Funktion erleichtere das strukturelle Verstehen, da Musik Szenen verbinde oder voneinander abgrenze. Die expressive Funktion intensiviere die Wahrnehmung, indem sie Emotionen, Sympathien und Antipathien auslöse bzw. vermittle. Die dramaturgische Funktion charakterisiere Personen, erzeuge Spannung, kommentiere, deute, kündige eine Begebenheit an oder erinnere an Zurückliegendes (vgl. ebd. 55).[18] Jerrold Levinson spricht explizit von narrativen und nicht-narrativen Funktionen von Filmmusik. Narrativ sei Musik, wenn diese über das Innere der Protagonisten oder die Bedeutung von Situationen informiere. Nicht-narrative Musik strukturiere die Handlung, beeinflusse die Emotionen des Zuschauers, lenke den Rezipienten von den technischen Abläufen ab und trage zur Ästhetisierung des Films bei (vgl. Levinson 1996: 257f., 278). Seine These – bis hierher noch nachvollziehbar – wird unspezifisch, wenn Levinson immer wieder betont: »[F]unctions […] are arguably narrative, in that they involve making something fictional in the film« (ebd. 277f.). Darüber hinaus ordnet Levinson der narrativen und nicht-narrativen Musik Erzählerkonzepte zu, die in der Filmnarratologie umstritten sind. Narrative Musik, die Einblicke in die Fiktion gewähre, werde vom »cinematic narrator« (ebd. 277) vermittelt, den Levinson auch als »presenter« (ebd. 263) bezeichnet. Für die strukturelle Ordnung des Films sorge der »implied filmmaker« (ebd. 277), auch »inventor« (ebd. 263) genannt. An praktischen Beispielen zeigt sich aber, dass Musik sich einer solchen eindeutigen Zuordnung zu einem *cinematic narrator* oder *implied filmmaker* entzieht. Extradiegetische Musik kann, so Levinson, dem *cinematic narrator* zugeordnet werden, da sie die Gefühle und Haltungen eines Charakters evident mache. Gleichzeitig könne sie auf den *implied filmmaker* zurückgeführt werden, der die Handlung gliedere und die Szenen verbinde (vgl. ebd. 277). Ebenso wenig überzeugt Solbachs Differenzierung zwischen erzählender und kommentierender Musik. Erzählend sei Musik, die eine Quelle im

---

18 Die Funktionalität von Filmmusik wird ebenso besprochen von Zofia Lissa (1965: 115), Faulstich (1976: 35) und Schneider (1990: 90f.). Pauline Reay (2004) geht neben den Funktionen für das Sehen selbst auch ausführlich auf die kommerziellen Funktionen der Filmmusik ein: Enthalte ein Film besonders einschlägige Musik, werde sich auch sein Soundtrack gut verkaufen und die Musikindustrie fördern (vgl. Reay 2004: 92ff.).

Bild habe und damit Geräusche der Umgebung oder eines Objekts der erzählten Welt wiedergebe. Solbach setzt sie strukturell mit dem homodiegetischen Erzähler gleich. Kommentierende Musik dagegen habe keine Quelle im Bild, unterstütze die Handlung atmosphärisch und lasse sich daher mit dem heterodiegetischen Erzähler parallelisieren (vgl. Solbach 2004: 13ff.).

Auffallend ist, dass solche Unterscheidungen zwischen nichtnarrativer und narrativer oder erzählender und kommentierender Musik von den Autoren nicht in Bezug auf Bilder getroffen werden. Knut Hickethier behauptet sogar, dass insbesondere dem bewegten Bild »grundsätzlich ein narrativer Charakter eigen [ist], weil es die Veränderung, die Differenz zwischen verschiedenen Zuständen einer Situation, als Grundprinzip enthält« (Hickethier 2000: 97). Im Gegensatz dazu ist das narrative Potenzial von Musik umstritten. Carolyn Abbate zufolge hat Musik zwar narrative Momente, ihr semantischer Gehalt sei hingegen uneindeutig (vgl. Abbate 1991: 27). Musik habe lediglich eine mimetische Funktion, kein Präteritum sowie keine erzählte Zeit, sondern nur eine Erzählzeit (vgl. ebd. 52ff.). Nach Werner Wolf könne Musik überdies nicht als narrativ bezeichnet werden, weil sie nur auf sich selbst verweise (vgl. Wolf 2002: 77). Unter diesem Gesichtspunkt nimmt Filmmusik jedoch eine Sonderstellung ein, da sie eine klare Referenz im Bild erhält. Auf gleiche Weise argumentiert Birger Langkjær und relativiert damit die Uneindeutigkeit der Bedeutung und Aussage von Filmmusik: Da Filmmusik immer in einem Kontext erscheine, lasse sich ihre Bedeutung näher bestimmen als ohne den Kontext (vgl. Langkjær 2000: 104).[19]

Das Verhältnis von Bild und Ton und das narrative Potenzial von Filmmusik werden häufig diskutiert, aber nicht systematisch im Hinblick auf audiovisuelles Erzählen untersucht. Generell besteht für die Filmforschung bereits eine Schwierigkeit darin, einen konkreten Erzähler im Film ausfindig zu machen. Da der Film aus einer auditiven und einer visuellen Ebene besteht, leuchtet Hickethiers Aussage ein:

»Die Erzählposition im audiovisuellen Erzählen ist von vornherein mehrdimensional; der Betrachter erzeugt ähnlich dem Leser ein homogenes Bild in seinem Kopf, indem er die verschiedenen Dimensionen als Formen versteht und sie zu einer homogenen Welt zusammenfügt.« (Hickethier 2007: 96)

Demnach gehen Bild und Ton eine Symbiose ein und vermitteln gemeinsam diegetische Inhalte. Laut Hickethier gelingt es dem Film sogar, durch das Zusammenspiel von Bild und Ton dem Rezipienten den Ein-

---

19 Vgl. zu diesem Themenkomplex den Beitrag von Lars Oberhaus in diesem Band.

druck zu vermitteln, dass die Bilder »ganz ohne narrative Strategie etwas ›Reales‹« (ebd. 103) zeigen. Gemeinsam ahmen sie eine »vormedial[e] Wahrnehmung« (ebd. 93) nach, die sich aus Hören und Sehen zusammensetze. Sie machen die selbstständige Imaginationsleistung überflüssig, die etwa für die Rezeption von Literatur notwendig sei. Hickethiers These wird jedoch inkonsistent, wenn er behauptet, dass bei der Wahrnehmung eines Films der Eindruck entsteht,

»an einer anderen als der realen Welt teilzuhaben, an einer Welt, in der Dinge geschehen, die unserer Alltagserfahrung und Gewissheit der Lebenszusammenhänge widersprechen und in der wünschbare, mögliche Ereignisse geschehen« (ebd.).

Er übersieht dabei, dass sich der Film auch strukturell anders darstellt als die Realität. Klaus-Ernst Behne hat die Rezeption des Films daher zu Recht als einen »artifizielle[n] Vorgang« bezeichnet:

»Über das Auge erreichen uns visuelle Brocken (Schnitte), die in der Vorstellung des Zuschauers erst sinnvoll montiert werden müssen, die Kamera springt abrupt zwischen entfernten Orten und Zeiten, wir hören Musik, die wir nur in Ausnahmefällen als Musik für sich anhören würden, sie erklingt an Orten, wo sie normalerweise mit Sicherheit nicht zu hören ist (ein Orchester in der Wüste oder im Schlachtengetümmel).« (Behne 1987: 7)

Die Frage nach dem Wie des audiovisuellen Erzählens führt somit zu der Frage, wie Filme überhaupt wahrgenommen werden. In der Forschung wird eine Hierarchie für die Wahrnehmung von Bild und Ton angenommen, die sich darüber definiert, in welchem Verhältnis der Ton zum Bild steht. Dabei suggeriert die Fokussierung der Forschung auf die Bild-Ebene eine Vorrangstellung derselben gegenüber der Tonebene. Diese Vorrangstellung wird von den meisten Autoren aus dem musikwissenschaftlichen Bereich hingegen negiert. Während Gorbman darauf verweist, dass der Ton als dem Bild gleichwertig betrachtet werden sollte, da sie gemeinsam eine bestimmte Bedeutung vermitteln, die sich durch die Absenz einer der Ebenen wohlmöglich veränderte, geht Rick Altman auf den technischen Aspekt der Ebenen ein: Bild und Ton schaffen einen Realitätseffekt, indem der Rezipient über die technischen Vorgänge hinweggetäuscht werde (vgl. Gorbman 1980: 189f.; Altman 1980b: 78f.). Außerdem werden Auge und Ohr bei der Filmwahrnehmung unterschiedliche Funktionen zugesprochen. Norbert Jürgen Schneider schreibt im ersten Band seines *Handbuchs Filmmusik* (1990), dass das Auge wesentlich für die Informationsaufnahme und das Ohr eher für die Emotionsbildung zuständig sei. Das Sehen sei demnach gemeinhin mit dem Denken zu vergleichen und geschehe bewusst. Im Gegensatz dazu entspreche das Hören dem Fühlen und vollziehe sich unbewusst (vgl. Schneider 1990: 64f.).[20] Bei diesen suggestiven Zuschreibungen handelt es sich jedoch um musikwissenschaftliche Gemeinplätze, die zwar plausibel, aber neurowissenschaftlich noch unbewiesen sind. Unklar ist ebenso, ob Filmmusik überhaupt bewusst wahrgenommen wird. Gorbmans Studie *Unheard Melodies* (1987) gilt als grundlegend für die psychoanalytisch orientierte Filmmusikforschung.[21] Der Titel deutet ihre These bereits an: Der Rezipient nehme Musik nur unbewusst wahr.[22] Der psychoanalytischen Unbewusstheitsthese steht die kognitivistische Filmtheorie gegenüber. Sowohl Smith als auch Levinson behaupten, dass der Rezipient Musik sehr wohl bewusst wahrnimmt; schließlich vollziehe er die Bedeutung der Handlung nach, indem er Ton und Bild in Verbindung setzt (vgl. Smith 1996: 234; Levinson 1996: 250).[23] Auch Langkjær negiert die Unbewusstheitsthese und behauptet, die Bedeutung von Filmmusik werde erst durch das bewusste, »gefühlsmäßige Engagement« (Langkjær 2000: 97) des Zuschauers konkretisiert. Musik werde immer gehört, aber mit verschiedenen Graden der Aufmerksamkeit. Der Rezipient erinnere sich dabei ebenso sehr an die Gestaltung des Bildmaterials wie an musikalische Details (vgl. ebd. 99f.). Unabhängig von der Frage, wie bewusst Filmmusik nun wahrgenommen wird, zeigen die verschiedenen Ansätze, dass sie für die emotionale Beteiligung des Rezipienten die unmittelbarste Rolle spielt.[24]

Literatur

Unzuverlässiges Erzählen

Allrath, Gaby (1998): »›But why will you say that I am mad?‹ Textuelle Signale für die Ermittlung von *unreliable narration*«. In: Ansgar Nünning (Hg.), *Unreliable Narration. Studien zur Theorie und Pra-*

---

20 Wefelmeyer (2003: 17) teilt die Ansicht, dass das Auge wesentlich Informationen aufnimmt und das Ohr Gefühle vermittelt.
21 Psychoanalytisch argumentieren auch Doane (1980) und Silverman (1988).
22 Auch De la Motte-Haber (1977: 153) behauptet, dass Musik nicht bewusst gehört und daher nicht erinnert wird.
23 Sinnverwandt wurde bereits Hickethier (2007) zitiert. Reay (2004) vergleicht ausführlich Gorbmans und Smiths Theorien zur Filmmusik.
24 Zum Verhältnis von Ton/Musik und Bild im Hinblick auf die emotionale Einbindung des Zuschauers vgl. den Beitrag von Palmier in diesem Band (insb. Kap. vier, »Gefühle erzählen«).

xis unglaubwürdigen Erzählens in der englischsprachigen Erzählliteratur, Trier, S. 59-79.
Benveniste, Emile (1971): *Problems in General Linguistics*, Coral Gables.
Bläß, Ronny (2005): »Satire, Sympathie und Skeptizismus. Funktionen des unzuverlässigen Erzählens«. In: Liptay/Wolf (2005), S. 188-203.
Booth, Wayne (1969): *The Rhetoric of Fiction*, Chicago.
Bordwell, David (1985): *Narration in the Fiction Film*, Madison.
Branigan, Edward (1984): *Point of View in the Cinema*, Berlin u.a.
Burgoyne, Robert (1990): »The Cinematic Narrator: the Logic and Pragmatics of Impersonal Narration«. *Journal of Film and Video* 42.1, S. 3-16.
Chatman, Seymour (1979): *Story and Discourse. Narrative Structure in Fiction and Film*, Ithaca/London.
Chatman, Seymour (1990): *Coming to Terms. The Rhetoric of Narrative in Fiction and Film*, Ithaca/London.
Cohn, Dorrit (2000): »Discordant Narration«. *Style* 34.2, S. 307-316.
Currie, Gregory (1995): »Unreliability Refigured: Narrative in Fiction and Film«. *The Journal of Aesthetics and Art Criticism* 53, S. 19-29.
Ferenz, Volker (2005): »Fight Clubs, American Psychos and Mementos. The Scope of Unreliable Narration in Film«. *New Review of Film and Television Studies* 3.2, S. 133-159.
Fludernik, Monika (1999): »Defining (In)Sanity: The Narrator of *The Yellow Wallpaper* and the Question of Unreliability«. In: Klaus Grünzweig/Andreas Solbach (Hg.), *Grenzüberschreitungen: Narratologie im Kontext*, Tübingen, S. 75-95.
Fludernik, Monika (2000): »Unreliable Narration. Studies in the Theory and Practice of Unreliable Narration in English-Language Literature«. *Poetica – Zeitschrift für Sprach- und Literaturwissenschaft* 32, S. 251-255.
Fludernik, Monika (2001): »Fiction vs. Non-Fiction: Narratological Differentiations«. In: Jörg Helbig (Hg.), *Erzählen und Erzähltheorie im 20. Jahrhundert. Festschrift für Wilhelm Füger*, Heidelberg, S. 85-104.
Fludernik, Monika (2005): »Unreliability vs. Discordance. Kritische Betrachtungen zum literaturwissenschaftlichen Konzept der erzählerischen Unzuverlässigkeit«. In: Liptay/Wolf (2005), S. 39-59.
Fuxjäger, Anton (2007): »Falsche Fährten. Ein Defintionsvorschlag und eine Erörterung jener Untervariante, die durch die Vorenthaltung von expositorischen Informationen zustande kommt«. In: Patric Blaser/ Andrea B. Braidt/Anton Fuxjäger/Brigitte Mayr (Hg.), *Falsche Fährten in Film und Fernsehen*, Wien u.a., S. 13-32.

Griem, Julika/Voigts-Virchow, Eckart (2002): »Filmnarratologie: Grundlagen, Tendenzen und Beispielanalysen«. In: Vera Nünning/Ansgar Nünning (Hg.), *Erzähltheorie transgenerisch, intermedial, interdisziplinär*, Trier, S. 155-184.

Hartmann, Britta (2007): »Von roten Heringen und blinden Motiven. Spielarten Falscher Fährten im Film«. In: Patric Blaser/Andrea B. Braidt/Anton Fuxjäger/Brigitte Mayr (Hg.), *Falsche Fährten in Film und Fernsehen*, Wien u.a., S. 33-54.

Helbig, Jörg (2005): »Erzählerische Unzuverlässigkeit und Ambivalenz in filmischen Rückblenden: Baustein für eine Systematik unzuverlässiger Erzählweisen im Film«. *Anglistik. Mitteilungen des deutschen Anglistenverbandes* 1, S. 67-81.

Helbig, Jörg (2005): »›Follow the white rabbit!‹ Signale erzählerischer Unzuverlässigkeit im zeitgenössischen Spielfilm«. In: Liptay/Wolf (2005), S. 131-146.

Helbig, Jörg (Hg.) (2006): »*Camera doesn't lie*«. *Spielarten erzählerischer Unzuverlässigkeit im Film*, Trier.

Hof, Renate (1984). *Das Spiel des »unreliable narrator«. Aspekte unglaubwürdigen Erzählens im Werk von Vladimir Nabokov*, München.

Koebner, Thomas (2005): »Was stimmt denn jetzt? ›Unzuverlässiges Erzählen‹ im Film«. In: Liptay/Wolf (2005), S. 19-38.

Kozloff, Sarah (1988*): Invisible Storytellers. Voice-Over Narration in American Fiction Film*, Berkeley/London.

Liptay, Fabienne/Wolf, Yvonne (Hg.) (2005): *Was stimmt denn jetzt? Unzuverlässiges Erzählen in Literatur und Film*, München.

Liptay, Fabienne (2006): »Spinn' es noch einmal, Spider! Ambiguität als Voraussetzung für die doppelte Filmlektüre am Beispiel von David Cronenbergs SPIDER«. In: Helbig (2006), S. 189-223.

Martínez, Matías/Scheffel, Michael (2002): *Einführung in die Erzähltheorie*, 3. Aufl., München.

Nünning, Ansgar (1998): »›Unreliable Narration‹ zur Einführung. Grundzüge einer kognitiv-narratologischen Theorie und Analyse unglaubwürdigen Erzählens in der englischsprachigen Erzählliteratur«. In: ders. (Hg.), *Unreliable Narration. Studien zur Theorie und Praxis unglaubwürdigen Erzählens in der englischsprachigen Erzählliteratur*, Trier, S. 3-40.

Olson, Greta (2003): »Reconsidering Unreliability: Fallible and Untrustworthy Narrators«. *Narrative* 11, S. 93-109.

Phelan, James/Martin, Mary Patricia (1999): »The Lessons of ›Weymouth‹, Homodiegesis, Unreliability, Ethics and ›The Remains of the Day‹«. In: David Herman (Hg.), *Narratologies. New Perspectives on Narrative Analysis*, Columbus, S. 88-109.

Ryan, Marie Laure (1981): »The Pragmatics of Personal and Impersonal Narration«. *Poetics* 10, S. 517-539.

Schweinitz, Jörg (2005): »Die Ambivalenz des Augenscheins am Ende einer Affäre. Über Unzuverlässigkeit und die Kopräsenz narrativer Instanzen im Film«. In: Liptay/Wolf (2005), S. 89-106.

Yacobi, Tamar (1981): »Fictional Reliability as a Communicative Problem«. *Poetics Today* 2, S. 113-126.

Yacobi, Tamar (1985): »Hero or Heroine? Daisy Miller and the Focus of Interest in Narrative«. *Style* 19, S. 1-35.

Yacobi, Tamar (1987a): »Narrative and Normative Patterns: On Interpreting Fiction«. *Journal of Literary Studies* 3.2, S. 18-41.

Yacobi, Tamar (1987b): »Narrative Structure and Fictional Mediation«. *Poetics Today* 8, S. 335-372.

Zerweck, Bruno (2001): »Historicizing Unreliable Narration: Unreliability and Cultural Discourse in Narrative Fiction«. *Style* 35, S. 151-178.

Audiovisuelles und musikalisches Erzählen

Abbate, Carolyn (1991): *Unsung Voices: Opera and Musical Narrative in the Nineteenth Century*, Princeton.

Altman, Rick (Hg.) (1980a): *Cinema/Sound*, New Haven.

Altman, Rick (1980b): »Moving Lips: Cinema as Ventriloquism«. In: ders. (1980a), S. 67-79.

Behne, Klaus-Ernst (1987): »An Stelle eines Vorwortes: Zur besonderen Situation des filmischen Erlebens«. In: Klaus-Ernst Behne (Hg.), *Film – Musik – Video oder Die Konkurrenz von Auge und Ohr*, Regensburg, S. 7-11.

Brown, Royal S. (1994): *Overtones and Undertones: Reading Film Music*, Berkeley u.a.

Chatman, Seymour (1990): *Coming to Terms. The Rhetoric of Narrative in Fiction and Film*, Ithaca/London.

Chion, Michel (1994): *Audio-Vision: Sound on Screen*, übers. v. Claudia Gorbman, New York.

De la Motte-Haber, Helga (1977): »Komplementarität von Sprache, Bild und Musik – Am Beispiel des Spielfilms«. In: Roland Posner (Hg.), *Zeichenprozesse: Semiotische Forschung in den Einzelwissenschaften*, Wiesbaden, S. 146-154.

Doane, Mary Ann (1980): »The Voice in the Cinema: The Articulation of Body and Space«. In: Altman (1980a), S. 33-50.

Faulstich, Werner (1976): *Einführung in die Filmanalyse*, Tübingen.

Gorbman, Claudia (1980): »Narrative Film Music«. In: Altman (1980a), S. 183-203.

Gorbman, Claudia (1987): *Unheard Melodies: Narrative Film Music*, London.

Griem, Julika/Voigts-Virchow, Eckart (2002): »Filmnarratologie: Grundlagen, Tendenzen und Beispielanalysen«. In: Vera Nünning/Ansgar Nünning (Hg.), *Erzähltheorie transgenetisch, intermedial, interdisziplinär*, Trier, S. 155-183.

Hickethier, Knut (2007): »Erzählen mit Bildern: Für eine Narratologie der Audiovision«. In: Corinna Müller/Irina Scheidgen (Hg.), *Mediale Ordnungen: Erzählen, Archivieren, Beschreiben*, Marburg, S. 91-106.

Kloppenburg, Josef (Hg.) (2000a): *Musik multimedial: Filmmusik, Videoclip, Fernsehen*, Laaber.

Kloppenburg, Josef (2000b): »Filmmusik: Stil – Technik – Verfahren – Funktionen«. In: ders. (2000a), S. 21-56.

Krakauer, Siegfried (1965): *Theory of Film*, New York.

Langkjær, Birger (2000): »Der hörende Zuschauer: Über Musik, Perzeption und Gefühle in der audiovisuellen Fiktion«. *montage/av* 9.1, S. 97-124.

Levinson, Jerrold (1996): »Film Music and Narrative Agency«. In: David Bordwell/Noël Carrol (Hg.), *Post-Theory: Reconstructing Film Studies*, Madison, S. 248-281.

Lissa, Zofia (1965): *Ästhetik der Filmmusik*, Berlin.

Percheron, Daniel (1980): »Sound in Cinema and its Relationship to Image and Diegesis«. In: Altman (1980), S. 16-23.

Prendergast, Roy M. (1977): *Film Music: a Neglected Art. A Critical Study of Music in Films*, New York/London.

Reay, Pauline (2004): *Music in Film: Soundtracks and Synergy*, London u.a.

Schneider, Norbert Jürgen (1990): *Handbuch Filmmusik I. Musikdramaturgie im Neuen Deutschen Film*, 2., überarb. Aufl., München.

Silverman, Kaja (1988): *The Acoustic Mirror. The Female Voice in Psychoanalysis and Cinema*, Bloomington u.a.

Smith, Jeff (1996): »Unheard Melodies? A Critique of Psychoanalytic Theories of Film Music«. In: David Bordwell/Noël Carrol (Hg.), *Post-Theory: Reconstructing Film Studies*, Madison, S. 230-247.

Solbach, Andreas (2004): »Film und Musik: Ein klassifikatorischer Versuch in narratologischer Absicht«. *AugenBlick – Marburger Hefte zur Medienwissenschaft* 35, S. 8-22.

Wefelmeyer, Bernd (2003): »Musik zweiter Klasse? Musik zum Film – eine Standortbestimmung«. *Das Orchester* 2/2003, S. 16-21.

Wolf, Werner (2002): »Das Problem der Narrativität in Literatur, Bildender Kunst und Musik: Ein Beitrag zu einer intermedialen Erzähltheorie«. In: Vera Nünning/Ansgar Nünning (Hg.), *Erzähltheorie transgenerisch, intermedial, interdisziplinär*, Trier, S. 23-104.

Hinweise zu den Autorinnen und Autoren

Andreas Blödorn, Akademischer Oberrat am Lehrstuhl für Allgemeine Literaturwissenschaft und Neuere deutsche Literaturgeschichte der Bergischen Universität Wuppertal.

Bernard Dieterle, Professor für Germanistik an der Université de Haute-Alsace, Mulhouse.

Gudrun Heidemann, DAAD-Vertreterin und wissenschaftliche Mitarbeiterin am Institut für Germanistik der Universität Wrocław/Breslau.

Susanne Kaul, Privatdozentin und Akademische Oberrätin im Fach Literaturwissenschaft an der Universität Bielefeld.

Oliver Krämer, Professor für Didaktik der Musik an der Hochschule für Musik und Theater Rostock.

Sabine Nessel, wissenschaftliche Mitarbeiterin im Bereich Filmwissenschaft am Institut für Theater-, Film- und Medienwissenschaft der Johann Wolfgang Goethe-Universität Frankfurt a.M.

Jean-Pierre Palmier, wissenschaftlicher Mitarbeiter im Fach Literaturwissenschaft an der Universität Bielefeld.

Sandra Poppe, Junior-Professorin für Allgemeine und Vergleichende Literaturwissenschaft an der Johannes Gutenberg-Universität Mainz.

Lars Oberhaus, Junior-Professor für Musik und ihre Didaktik an der Pädagogischen Hochschule Weingarten.

Josef Rauscher, Professor für Philosophie an der Johannes Gutenberg-Universität Mainz.

Michael Scheffel, Professor für Allgemeine Literaturwissenschaft und Neuere deutsche Literaturgeschichte an der Bergischen Universität Wuppertal.

Sascha Seiler, wissenschaftlicher Mitarbeiter am Institut für Allgemeine und Vergleichende Literaturwissenschaft der Johannes Gutenberg-Universität Mainz

Timo Skrandies, Junior-Professor für Medien- und Kulturwissenschaft an der Heinrich-Heine-Universität Düsseldorf.

Monika Socha, Promovendin im Fach Literaturwissenschaft an der Universität Bielefeld.

Roy Sommer, Professor für Anglistik (Literatur-, Kultur- und Medienwissenschaft) an der Bergischen Universität Wuppertal.

Laura Sulzbacher, Promovendin im Fach Literaturwissenschaft an der Universität Bielefeld.

Robert Vogt, wissenschaftlicher Mitarbeiter am Institut für Anglistik der Justus-Liebig-Universität Gießen.

ZfK – Zeitschrift für Kulturwissenschaften

Michael C. Frank, Bettina Gockel,
Thomas Hauschild, Dorothee Kimmich,
Kirsten Mahlke (Hg.)

Räume

Zeitschrift für Kulturwissenschaften,
Heft 2/2008

Dezember 2008, 160 Seiten, kart., 8,50 €,
ISBN 978-3-89942-960-2
ISSN 9783-9331

ZFK – Zeitschrift für Kulturwissenschaften

Der Befund zu aktuellen Konzepten kulturwissenschaftlicher Analyse und Synthese ist ambivalent: Neben innovativen und qualitativ hochwertigen Ansätzen besonders jüngerer Forscher und Forscherinnen steht eine Masse oberflächlicher Antragsprosa und zeitgeistiger Wissensproduktion – zugleich ist das Werk einer ganzen Generation interdisziplinärer Pioniere noch wenig erschlossen.

In dieser Situation soll die **Zeitschrift für Kulturwissenschaften** eine Plattform für Diskussion und Kontroverse über Kultur und die Kulturwissenschaften bieten. Die Gegenwart braucht mehr denn je reflektierte Kultur, historisch situiertes und sozial verantwortetes Wissen. Aus den Einzelwissenschaften heraus kann so mit klugen interdisziplinären Forschungsansätzen fruchtbar über die Rolle von Geschichte und Gedächtnis, von Erneuerung und Verstetigung, von Selbststeuerung und ökonomischer Umwälzung im Bereich der Kulturproduktion und der naturwissenschaftlichen Produktion von Wissen diskutiert werden.

Die **Zeitschrift für Kulturwissenschaften** lässt gerade auch jüngere Wissenschaftler und Wissenschaftlerinnen zu Wort kommen, die aktuelle fächerübergreifende Ansätze entwickeln.

Lust auf mehr?

Die **Zeitschrift für Kulturwissenschaften** erscheint zweimal jährlich in Themenheften. Bisher liegen die Ausgaben Fremde Dinge (1/2007), Filmwissenschaft als Kulturwissenschaft (2/2007), Kreativität. Eine Rückrufaktion (1/2008) und Räume (2/2008) vor.
Die **Zeitschrift für Kulturwissenschaften** kann auch im Abonnement für den Preis von 8,50 € je Ausgabe bezogen werden.
Bestellung per E-Mail unter: bestellung.zfk@transcript-verlag.de

www.transcript-verlag.de

Medienkulturanalyse

SIMONE DIETZ, TIMO SKRANDIES (HG.)
Mediale Markierungen
Studien zur Anatomie
medienkultureller Praktiken

2007, 276 Seiten, kart., 27,80 €,
ISBN 978-3-89942-482-9

REINHOLD GÖRLING, TIMO SKRANDIES,
STEPHAN TRINKAUS (HG.)
Geste
Bewegungen zwischen Film und Tanz

Mai 2009, ca. 300 Seiten, kart., zahlr. Abb.,
ca. 31,80 €,
ISBN 978-3-89942-918-3

TRIAS-AFRODITI KOLOKITHA
Im Rahmen
Zwischenräume, Übergänge und die
Kinematographie Jean-Luc Godards

2005, 254 Seiten, kart., 26,80 €,
ISBN 978-3-89942-342-6

Leseproben, weitere Informationen und Bestellmöglichkeiten
finden Sie unter www.transcript-verlag.de

Medienkulturanalyse

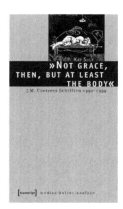

KAY SULK
»Not grace, then, but at least the body«
J.M. Coetzees Schriften 1990-1999

2005, 204 Seiten, kart., 24,80 €,
ISBN 978-3-89942-344-0

STEPHAN TRINKAUS
Blank Spaces
Gabe und Inzest als Figuren des Ursprungs
von Kultur

2005, 350 Seiten, kart., 28,80 €,
ISBN 978-3-89942-343-3

Leseproben, weitere Informationen und Bestellmöglichkeiten
finden Sie unter www.transcript-verlag.de